京剧艺术大师梅兰芳研究丛书

父亲梅兰芳（上）

梅绍武 著

国家出版基金项目
NATIONAL PUBLICATION FOUNDATION

文化艺術出版社
Culture and Art Publishing House

图书在版编目（CIP）数据

父亲梅兰芳 / 梅绍武著 . —北京：文化艺术出版社，2014. 10
（京剧艺术大师梅兰芳研究丛书）
ISBN 978 - 7 - 5039 - 5875 - 5
Ⅰ. ①父… Ⅱ. ①梅… Ⅲ. ①梅兰芳（1894 ~ 1961）—生平事迹 Ⅳ. ①K820. 6

中国版本图书馆 CIP 数据核字（2014）第 229162 号

父亲梅兰芳

（京剧艺术大师梅兰芳研究丛书）

著　　者　梅绍武
责任编辑　齐大任　栗　鹏
装帧设计　姚雪媛
出版发行　文化艺术出版社
地　　址　北京市东城区东四八条 52 号（100700）
网　　址　www. whyscbs. com
电子邮箱　whysbooks@ 263. net
电　　话　（010）84057666（总编室）　84057667（办公室）
　　　　　（010）84057691—84057699（发行部）
传　　真　（010）84057660（总编室）　84057670（办公室）
　　　　　（010）84057690（发行部）
经　　销　新华书店
印　　刷　国英印务有限公司
版　　次　2015 年 9 月第 1 版
印　　次　2015 年 9 月第 1 次印刷
开　　本　710 毫米 × 1000 毫米　1/16
印　　张　36. 75
字　　数　510 千字
书　　号　ISBN 978 - 7 - 5039 - 5875 - 5
定　　价　68. 00 元（上下）

编委会

名誉主编 梅葆玖

主　　编 王文章

副 主 编 秦华生

编　　委（按姓氏笔画排序）

王建东　王　馗　刘文峰　刘　祯　李世跃　李　祥

吴　江　吴开英　沈　梅　张　涛　钮　骠　俞　冰

贾志刚　徐福山　高显莉　屠　珍　董瑞丽

总　序

王文章

今年是梅兰芳艺术大师诞辰120周年。为了总结他的艺术成就，回顾他卓越的艺术创造，学习和继承他的艺术遗产和高尚精神，中国艺术研究院在院图书馆和梅兰芳纪念馆珍藏的丰富文献资料的基础上，编辑出版《京剧艺术大师梅兰芳研究丛书》，其中包括：

1. 《梅兰芳演出剧本选集》

2. 《梅兰芳演出戏单集》

3. 《梅兰芳演出曲谱集》

4. 《梅兰芳往来书信集》

5. 《一代宗师梅兰芳》

6. 《齐如山谈梅兰芳》、《父亲梅兰芳》、《忆艺术大师梅兰芳》、《梅兰芳若干史实考论》、《品梅记》、《梅兰芳京剧艺术研究》

上述书籍之外，《梅兰芳访美京剧图谱》也将同时增订再版。以上书籍中有许多资料是第一次公开面世，如“演出戏单”和“往来书信”等。还有第一次翻译出版的1919年梅兰芳首次访日演出后由日本汇文堂出版的日文版《品梅记》，还有法籍华人傅秋敏博士根据其1998年在法国出版的法文版专著《梅兰芳戏剧艺术研究》和博士论文翻译撰写的

《梅兰芳京剧艺术研究》等。这套系列丛书的出版，会从梅兰芳表演艺术本体及社会人文历史的变迁中，从艺术史的角度整体性地反映出梅兰芳与京剧及社会演变的关系。这些文献资料的出版，相信会为研究一代京剧艺术大师梅兰芳开拓更加宽阔的社会人文视野。

梅兰芳作为一代创立完整表演艺术体系的京剧艺术大师，首先是他在艺术上深入继承传统，并勇于改革创新，发展、提高了京剧旦脚乃至京剧艺术的整体水平，形成了具有标志性、代表性的京剧梅派艺术。他出身梨园世家，从小经过严格的戏曲艺术基础训练，11 岁登台演出，20 岁左右即形成轰动性的舞台艺术影响，但这时也是他进行艺术革新尝试、创演时装新戏的开始。正是他继承传统又发展传统，锐意革新，在不断超越前人和超越自己的过程中，把京剧旦脚艺术开创到前所未有的艺术高峰。

梅兰芳作为一代具有广泛性群众影响的京剧艺术大师，不仅是因为他具有精湛的表演艺术，更因为他品德高尚，德艺双馨。他把为观众演好戏放在心中至高无上的地位；他扶危济困，提携同仁，待人诚恳，仁爱宽善。正是他对广大观众的无私奉献，才赢得观众的竭诚拥戴。

梅兰芳作为享誉世界的京剧艺术大师，还因为他以建立在对京剧艺术深入理解基础上的文化自信，抱着极大的热情，筚路蓝缕，在世界艺术舞台上努力传播京剧艺术。梅兰芳于 1919 年、1924 年、1956 年三次去日本，1930 年去美国，1935 年和 1952 年两次去苏联访问演出，其精湛的表演无不引起巨大轰动。这些演出，特别是 1930 年的访美演出，梅兰芳和他的剧团做了艰苦、细致的筹备，个中艰辛，外人难以体会。梅兰芳以自己的表演，真正让世界了解了中国戏曲的独特魅力，打破了当时欧美戏剧界把写实主义戏剧视作唯一正统舞台艺术的格局，增强了中国人对以京剧为代表的中国戏曲艺术的自信力和自豪感，加强了中西文化艺术的交流。

梅兰芳作为中国人爱戴并引以自豪的京剧艺术大师，还因为他在民族危亡之际，将个人安危置之度外，蓄须明志，不为敌伪演出，以大义凛然的爱国情怀，彪炳青史，为人景仰。梅兰芳先生正是以这样的气节，表现了一位艺术家对祖国和人民的真挚情怀。

梅兰芳大师为我们留下了珍贵的艺术遗产和精神遗产，在今天我们按照习近平总书记提出的立足中华优秀传统文化，培育和弘扬社会主义核心价值观而努力之时，梅兰芳大师的艺术遗产和精神遗产尤其值得我们珍视。梅兰芳曾是中国艺术研究院前身之一的中国戏曲研究院的首任院长，使我们作为今天中国艺术研究院的一员，更对梅兰芳大师怀有一种特殊的感情。在他诞辰120周年之际，我们整理编辑出版《京剧艺术大师梅兰芳研究丛书》，正是表达对他留下的这份丰富戏曲遗产的珍视，以及对他艺术实践和思想精神的研究、继承和弘扬。

2014年10月13日

序　一

吴晓铃

清德宗光绪二十年甲午九月廿四日，即公元1894年10月22日，我们的伟大艺术家梅畹华（兰芳）大师诞生了。他诞生于中华民族正处于危急存亡的一年。且不说这年一元复始之际，慈禧皇太后由于她的六旬万寿庆典大肆晋封妃嫔、宗室和外藩王公，加恩内外文武大臣的粉饰升平，荼毒百姓的罪行，2月，驻美使臣杨儒和美国签订了荼毒百姓的《华工条约》六款。接着便是7月至次年4月之间的中日甲午战争，以《马关条约》的签字而结束。畹华大师诞生的这天，法无可逭而又是封建统治者的替罪羊的济远舰管带方伯谦被斩首示众和李鸿章被褫去三眼花翎和黄马褂。这个婴儿真是生不逢辰！在他呱呱坠地的时候没有人预想到他在后来会成长为蜚声中外的伟大艺术家。就连他自己也不会预想到能在人民世纪得以充分发挥其才智，受到党和人民予以的崇高殊荣。特别是他在戏曲艺术方面所作出的贡献不只是位居一代之宗师，而必将永世长存。

今年10月是畹华大师90岁诞辰，上距他辞世之年已经二十有四载了。他的哲嗣梅绍武兄把历年来所写的18篇回忆文章在裒辑为《我的父亲梅兰芳》之后，又增写了12篇，共辑为30篇，交由天津百花文艺出版社印行，作为纪念。在他修订旧稿和撰写新篇期间，我不单荣幸地成为第一个读者，而且就所知见，参与了末议。绍武兄要我写几句话，这倒使我为了难。因为从交谊来说，我是义不容辞的；但是就学力来说，我实在是没有资格来以蠡测海，以管窥豹。不获已，只好说些文不对题的话充数，也顾不得那离题万里之讥了。

首先，我觉得像畹华大师这样不世出的巨人，应该而且必须有一部足以传世的传记垂诸永久。当然，这只有大手笔承当才能相得益彰，以期能媲美罗曼·罗兰的《贝多芬传》和《圣雄甘地传》，否则便是采取集体撰著的方法，即有组织、有领导地进行，以收群策群力之功。这是一件任何人都不能推卸和责无旁贷的工作，而且还要尽速尽好地完成之。

然而已经迟了，与畹华大师并世的许多师友和同侪大都做了古人，弟子辈在世而能多知博识其业绩者亦是寥寥可数。人证难期，还有什么可说的！幸好现存的物证，诸如半个多世纪以来中外报刊发表的叙述性和评论性文章以及戏单和海报之类的文献资料，设若勤于搜寻，总能有所收获。在十年动乱期间，梅宅惨遭洗劫，损失綦重；连我收藏的一些被许姬传老人借去的名贵照片也被殃及池鱼。在劫难逃，更没有什么可说的。幸好，梅夫人福芝芳女士在畹华大师逝后将家藏的有关文献、信件、照片、剧本、戏单、图书、期刊、剪报、书画、纪念品、实物、外文书刊和杂件 13 类，编号 3236，共计 31415 件，悉数寄存原中国戏曲研究院暂为保管，据闻迄今完璧无损，这是一件容待发掘和利用的宝藏，给予有心人无穷的希望。如果说万事俱备，那就只欠东风吹起了。

绍武兄写的这本书始发其轫，送来了东风的信号。这本书的特点是科学性强。这表现在无论是他自己的回忆（如《在香港沦陷的日子里》)，还是采访的实录（如《和王琴生先生的一次谈话——忆父亲的表演艺术及其他》)，都质朴平实，不加夸饰，称得起是信史。我特别喜欢他写的那几篇记述畹华大师和国际间文学艺术界人士交往的文章，所引资料丰富翔实，称得起是有据的信史。信而有据是要付出辛勤的劳动的，因为它的劳动强度大，难度也大。即以掌握外国语言一事来说，就不是轻易可以染指的，又何况有关世界文艺的知识了。如果有人认为这本书的文笔在风格上缺乏光昌流丽之致，那就未免买椟而还珠了。因为这是在供给信而有据的素材，只要求实事求是的科学探索精神。

当然，总结畹华大师的艺术生涯和道德品质，这本书的内容还是远远不够的，绍武兄在着手之先，也并未作如是想。我们不应当苛求，而是应当理解其用心所在。其用心所在则又绝非是作为人子的不匮孝思，但是也不妨说隐寓着他的焦虑情怀。

我们是多么企盼着能够出现一部《梅兰芳传》，一部《梅兰芳论》，一部《梅兰芳表演艺术体系》，一部或多部这类的专著呀！哪怕是一部或多部《梅兰芳文献长编》、《梅兰芳年表》和《梅兰芳年谱》及《梅兰芳身段谱》、《梅兰芳扮相谱》、《梅兰芳指法》、《梅兰芳歌曲谱》和《梅兰芳演出剧本全集》之类的导乎先路的资料性编纂工作呢，都是迫切需要的，而且这与为个人树碑立传毫无关系，这是关系我们民族文化的大事因缘，包括精神文明和物质文明。

我在开头时特别谈到了畹华大师诞生之年的特定历史环境是有所考虑的。在这里，我寄希望于为他撰写传记的人一定要把他的艺术生活纳入他成长的历史环境中，才能说明问题，解决问题，否则一本备忘式的陈谷子、烂芝麻的流水账簿是无法说明和解决问题的。绍武兄在这本书里已经做了一个很有启发性的开头。例如：《表——童年的一段遭遇》和《傲骨从来耐岁寒——忆父亲坚决拒为敌伪演出的事迹》等篇。此外还有畹华大师在沟通中外文化交流和国际友好关系方面所作出的贡献是非常巨大的，绍武兄在这个课题上付出了不懈的劳动，尤其值得表彰。

我说这本书是始发其轫，意云开了个好头，还是那句话，远远不够。今值畹华大师九十诞辰之契机，很多事情都应该做起来了，不只是传记的撰写，我看以畹华大师为纽带的并寓有远远超过纪念性的戏剧博物馆，专门以中国戏剧发展史为纲的梅兰芳艺术研究机构，以及供中外人士瞻礼的故居和沦于荒烟蔓草间的万华山麓的孤冢也应该予以庄严。一句话，要做些切实的工作、有益的工作来表彰畹华大师，促进我国艺术事业的发展。

是为序，未免不像序，序所思，寓取瑟而歌之思，思无邪，故不遑虑及人言如何如何也。

1984年元旦开笔于京华宣南文双楢书屋

（此为吴晓铃为1984年百花文艺出版社出版的《我的父亲梅兰芳》撰写的《序》）

序　二

叶秀山

绍武先生《我的父亲梅兰芳》1999年出第二版时嘱我写一个书名，当时我在美国，用小孩子画画的笔和颜料，勉强交卷，印出来后，很觉惭愧。现在绍武兄要出续集，嘱我写序，这次是我在北京，他到了美国，推托不易，又只得勉为其难，印出后的惭愧，也是在意料中的事情。想起时光流转，先发一点感想，当作“序言”的引子。

我对京剧和梅兰芳的艺术，实际上所知甚少。在上海上中学时，正是刚刚新中国成立，时有美国飞机轰炸，学校课程稀松，因为父亲喜好京剧，我就到一家票房学习，我学的是老生，旁听过魏莲芳的《霸王别姬》，也算是和梅派有一点点关系。后来到北京上大学，就更加接近中国京剧的核心地区，看的戏也多一些，梅兰芳的艺术在我的脑海中印象逐渐深刻起来。

在我的心目中，梅兰芳是中国京剧以及中国传统戏剧的代表，是不容置疑的事情，因为我认为梅兰芳在中国传统艺术中的地位在中国戏剧艺术中的地位，是历史确立了的。

中国的传统戏剧艺术源远流长，远古已有其萌芽，形成于宋元，至近代大成。中国的戏剧，走的乃是综合的路子，可以说中国传统的各种艺术部类都可以在中国的戏剧中找到自己的位置。中国的戏剧，在艺术领域有如大海，百川汇集。

当然，“分析”与“综合”在艺术发展中也各有千秋。西洋的戏剧，原本也有相当的综合性，希腊悲剧大概也是载歌载舞的，可是后来的发展逐渐相互剥离开来，形成歌剧、舞剧、话剧三种比较独立的艺术部类，于是乎歌唱、舞蹈、语言三个方面都有了相对独立的发展，各自达到很高的水平，这是不能否定的。

中国的艺术似乎走了一条相反的途径，它是立足于一个部类，而尽量吸收其他部类的因素，将它们糅合进来，充实“自己”。譬如“书”、“画”原本是两类艺术，画卷上的署名，早期是不太醒目的，后来渐渐加大题款的力度，遂有“书画同源”之说，宋元以后，“文人画”成了主流。

中国戏剧至宋元时期已经形成“自己”的规模，成为集歌、舞、剧于“一身”的一种艺术形态。歌舞围绕着“戏剧”这个“中心任务”，作为“表演”“故事情节”的主干，以此兼容绘画、雕塑、文学乃至杂技、武术等等艺术——技术部类。要把原本独立的众多艺术部类因素“综合”起来，殊非易事。做这件艰巨的工作的，非巨匠——大艺术家莫属。

艺术的综合自非拼凑，而是使诸种因素互相渗透，成为一个“整体”。“整体”为“不可分”，“不可分”乃是因为“你中有我，我中有你”。举凡绘画、音乐、舞蹈、雕塑、文学、诗歌乃至武术、杂技、灯光布景等等，在中国的戏剧中，无不有“戏”。众多艺术因素融为一体，成为“戏剧”艺术“不可分割”的一个“有机部分”，是为中国戏剧之“自己——自身”。所谓“不可分割”，并非“物理”上的，因为事实上那些音乐、美术、舞蹈等等自身都是可以独立的艺术部门。说它“不可分割”，乃是就“戏剧”整体而言，如果分割出去，就不是中国的传统

“戏剧”。它可以是别的什么艺术，但不是“中国戏剧”。

说它“不可分割”，又是说诸种艺术因素在“戏剧”中是相互贯通的，在艺术精神上不可分出彼此来，这样，“中国戏剧”也就是一个综合的概念，而不是一个单纯抽象的概念。这就是说，戏剧中诸种艺术因素固然要为“戏剧”服务，而“戏剧”也要“融会”诸种艺术因素的特性，否则同样不是中国的传统“戏剧”。“取消”了戏剧中的诸种艺术因素，也就“取消”了“（中国）戏剧艺术”“本身”。

中国戏剧这种艺术精神正是中国传统文化精神——中国人文精神的一种表现，也是中国传统哲学精神的体现。

中国哲学的人文精神奠基于先秦春秋战国，是从“纷乱”中“逼”出来的综合——统一——和谐的哲学，一方面“回忆”古代的“黄金时代”，一方面也是“向往”未来的美好理想。那时候奠定的儒家思想，不仅是“复古”，同时也具有“超越（现时）”的“前瞻”性。这个学派经过汉代的提倡，果然成为中国社会长达数千年的“统治”的主流思想。

这个传统经过长久的历史演变，利弊当是需要认真思考研究的问题。

然则中国是一个善于吸纳众多外来因素的国家，中华民族的“机体”是一个最少“排他（斥）性”的民族，中国人是最善于把“异己”转化成“自己”的人民，这一点似乎也是可以确定的。

中国是一个“海纳百川”的国家，中国的戏剧也是一个艺术的“海洋”，它有很大的艺术“容量”。

中国传统戏剧艺术的代表梅兰芳也是一位海纳百川式的艺术巨匠，他或许可以说是中国传统艺术的“百科全书”式的人物，如同我们哲学里常说的像亚里士多德、黑格尔那样的人。这样的人，即使是在我们这样兼容性很强的国家，也还是不可多得的。

我们知道，梅兰芳具有多方面的艺术修养。在戏剧方面，固然“文武昆乱”不挡，在他的提倡下，濒临衰颓的昆曲得以恢复存留，他的《游园惊梦》至今仍是典范，有录像长存于世。记得40多年前在中国戏曲研究院举办梅兰芳表演艺术研究班，汇集了全国众多地方剧种演员，相互观摩演出，切磋技艺，盛况空前，固然是当时的政府政策好，也和当时作为该院院长梅兰芳的艺术胸怀之宽大密切相关。

再者，梅兰芳的书法和绘画的造诣也是公认的，有他大量的作品垂范后世演员。

从社会文化来看，梅派艺术的崛起，正当中国文化变革转型时期，中国传统文化面临严重的挑战，梅兰芳在自己的戏剧领域，勇敢地而且兴致勃勃地迎接着“西学（西艺）东渐”的浪潮。

我们从绍武先生两集《我的父亲梅兰芳》中可以读到有关梅兰芳旅欧、苏联和日本的盛况，他所到之处受到的欢迎和得到的荣誉，足以令每个中国人感到光荣，他和当时享誉世界、现已载入史册的多位大艺术家的切磋交流，足资我们后世艺术家经久地学习。

梅兰芳重视学习西方艺术的长处，为广泛吸取，做过不少的尝试，也编过一些新戏，以丰富传统的剧目，而他的目标仍是要把种种西洋的艺术因素纳入中国戏剧的大海中，把西洋艺术与中国传统艺术在精神上贯通起来，使之融为一体，自然就不会采取生搬硬套的简单做法。吸取西洋的艺术是为了丰富“自己”，使“自己”更加“博大精深”。

然而梅兰芳在自己的艺术领域里所做的工作，一度不被当时的文化精英们所理解，这种情形也是当时的历史环境的产物。

20世纪初期，中国社会仍是一个刚刚启蒙的时代，五四运动使中国的文坛起了革命性变革，人们的思想有了新的视角，文化艺术领域朝气蓬勃。这是一种活的精神，前进的精神。如今我们重温那段历史，仍然会为那种奋发激进的精神所鼓舞。

既然是“活的精神”，自然也有一个产生、发展的“过程”，世上只有那抽象的、概念式的东西，可以是一成不变的。中国的近代启蒙思想有一个成熟发展的过程，也是不足为怪的事情。于是，我们看到当年曾经非议过梅兰芳的文化精英，后来转变了态度，承认了梅兰芳艺术以及以他为代表的中国传统戏剧的伟大成就，可以说是从一个艺术部类的侧面，反映了中国文化启蒙的“成熟”过程。从这个角度来看问题，有些人前后态度之差异，就是很容易理解的事了。读者如有兴趣，可以参考上海翁思再先生主编的《京剧丛谈百年录》[1] 所汇集的不同观点的材料。

什么叫“成熟”?“成熟”就是“科学”。“启蒙”的“成熟”，就是由“激情”成长为“科学”的态度。我们知道，在历史上，“社会主义”思潮，也有个从“空想”到“科学”的发展过程。马克思主义就是“成熟”的、“科学”的“社会主义”。

什么叫“科学”?“科学”具有“现实性”和“能行性”、“可行性”。

“激情”是很可贵的，革命的激情就更可贵。然而“激情”要成为“现实”，必须要有“科学”的态度，否则就只是一种“理想”。

“理想”永远对“现实”说“不”，因为“现实”总是“不符合”“理想”的，于是谴责之，批判之，打倒之。不过，“理想”既然是“理想”，总是努力要求“实现”的，要求“现实”变得“理想”起来，反过来说，也就是“理想”也变得“现实”起来。这就是说，“理想”在为自己的“现实”化的斗争过程中，也逐渐地“现实”起来。这个过程，也就是“成熟”的过程。“成熟”的过程，也就是使“理想”“现实”起来，使“激情”“科学”起来。

“理想”原本是要“实现”的，因而只有“现实”的“理想”才是真正的“理想”。真正的“理想”是“现实”的理想，也就是“现实”自身的“理想”，而不是“理想”和“现实”分立开来，各行其是。

---

① 翁思再主编：《京剧丛谈百年录》（上下），河北教育出版社1999年版。

就文化艺术来说，变革就是“传统”自身的变革，而不仅仅是单纯引进“异己”来与之对立，更不是消灭“自己”。

于是，1949年革命政权以后，梅兰芳受到了真正革命者的极大尊重，有很高的社会地位，就不仅仅是新政权的宽容大度、待兴百业的缘故，而是有更为深层次原因在。

当然，成长—成熟是一个过程，既然是一个过程，也就会有曲折，并不总是直线式的。人们还记得在戏剧改革中梅兰芳有“移步不换形”之论，受到了批评。这个批评，应该说是那些批评者不很“成熟”的表现。这个批评之所以没有扩展，正是说明尚有更为成熟的革命者在。

我们说过，“成熟”就是“科学”，什么是“科学”？“科学”最根本的是要承认客观事物的存在，而客观事物都是具体的，因而是有“界限”的。“科学”必须承认“界限”的客观存在。

有了“界限”，才有了事物的“形”，才是“有形”之物，才是具体的事物，是看得见、摸得着的，而不只是在头脑里的抽象概念。这里的“形”，不仅是抽象意义上的“形式”，而是有“内容”的“形式”，是事物的“存在”“形式”，因而是事物的“存在方式”。

梅兰芳的“移步不换形”，正是在这个深层意义上用这个“形”字。如果就一般意义上的“形式”，梅兰芳所做的“换形”工作又岂止百千？

事物是“有形”的，这大概是一个很普通的常识，不会有很多人反对的。我们愿意说，一个“事物”总有自己的“规定性”，这个“规定性”如果是“本质的”，或者说是“重要的”，那就是这个“事物”的“形式”，在亚里士多德叫“形式因”。“形式因”就是那个“事物”之所以成为那个“事物”的“原因—因素”，或者叫它“是其所是”，“是什么”就“是什么”。在这个意义上，“形式”就好像一种“范型—范式”，对一个事物来说，也是“应该是”的“样子”。于是，这个“范型—范式”对一个事物之所以成为这个事物来说就是本质的，重要的。

亚里士多德这个“形式因”正是在“界限—存在方式”这个意义上来理解“形”的。

这样，梅兰芳说“移步不换形”，意思就是说“京剧”这个“事物”“进入”“新社会—新环境”，当然是“移”了“步”，“进”了“步”，但还应是“京剧”这个“事物”，而不应变成“另一个事物”。

我们想，这个道理也还是说得通的。

我们知道，的确有些“事物”是不能“移步”“进入”“新社会”的，譬如旧社会的“国家机器”，按照马克思列宁主义是要“彻底粉碎”的，不能让它“进入—移进”，还有那些丑恶的东西—事物，像赌场、妓院等等，也不行；但是相当一部分“事物”是可以而且应该“移进”的，像物质性的如土地、房屋、街道，还有那些大小日用品等；精神性的如大部分自然科学书籍，等等。至于文化艺术等，有的已经“移动”了几千年了，“进入”一个接一个的时代，唐诗宋词大概永久可以“移步不换形”，当然对它的理解又当别论。

事实上，需要“换形”的“事物”就不应“移步”，像上述那些反动、丑恶的“事物”，就要让它们变成“另一个事物”，才能容许“进入”；也就是说，在新的环境—新的社会不允许某些“事物”“存在”。

“京剧”作为一个“文化艺术”、“戏剧”的“事物”，当然允许“进入—移入”“新社会”，它不必非变成“非京剧”不可。这大概就是梅兰芳当年提出“移步不换形”的实在的意思所在。他怕按照某些人的“改革方案”，七改八改，打破了事物的界限，改得“不是京剧”了。

梅兰芳提出“移步不换形”当然是有针对性的，他针对的是那些“不成熟—不科学”的戏改激进派，其实有些激进派从二三十年代以来并没有成熟多少，他们仍保留了不少“幼稚”的成分，总觉得京剧既然是封建社会的产物，是“旧剧”，就应该“脱胎换骨”。他们的幼稚病并不亚于新中国成立初期那些把中医叫作“封建医”的人。

“幼稚”有可爱的一面，但一进入“现实”，就会“碰壁”。幼稚的人如果管理起众人的事，则会带来危害。毛主席说过，小孩子有许多道理是对的，但不能让他治理国家。这就是说，他们的道理是抽象的，缺乏“经验”，不成熟，让他管理众人的事情，只能坏事，对于“事业”是有害的。而“经验”是要靠“科学”的态度积累起来的。

讲到“事业”，梅兰芳也是把京剧当作一项文化事业来做的先驱之一，其中也包括了“文化产业”的因素在内。梅兰芳不仅仅是艺术家，同时也是一个艺术活动家，他组织剧团、组织演出、出国访问等等，无不有社会各个阶层的支持、协助在内。这方面的许多材料，我们在绍武的书中也能读到，对于现在正在注意实行的文化产业工作，当也有参考的价值。

以上是我个人的一点体会，其实不能叫“序言”，只是感想。

2004年3月16日于北京

[此为叶秀山为2004年百花文艺出版社出版的《我的父亲梅兰芳》（续集）撰写的《序》]

目　录

表
——童年的一段遭遇

1957 年的一个深夜，父亲刚演完戏回来，为了写作《舞台生活四十年》，他仍不知疲倦，在灯下翻阅一本《庚子大事记》……

夜阑人静，他指着书中一节对我说：“你来看看当时八国联军入侵北京，烧杀抢掠的罪行！”

随着父亲的指点，我看到杨典浩的一段记载：

> 皇城之内，杀戮更惨，逢人即发枪毙之，常有十数人一户者拉出，以连环枪杀之，以致尸横满地，弃物塞途，人皆踏尸而行……

庚子年间（1900），父亲 7 岁，亲身经历了那场浩劫。书中血迹斑斑的记载，又使父亲情不自禁地想起了那艰难的童年生活……

父亲 4 岁丧父，从小由他的伯父梅雨田抚养。雨田是当时的名琴师，给演员谭鑫培操琴。八国联军入侵后，街市一片萧条，戏院、茶园大都被焚毁，剩下的几家也掩门歇业。演员有的闭门在家，有的逃离京城，有的生活无着，只得改行，像名丑萧长华当时曾在街头卖烤白薯，名净李寿山卖萝卜和鸡蛋糕……雨田虽然是个名琴师，也只靠演一场戏挣一份钱养活全家，戏院长期关门，坐吃山空，同样得改行糊口。幸好他过去和一家修表铺的赵师傅交往甚厚，彼此传授技艺，一个学修表，一个学胡琴，因而雨田也学得一手修表的好手艺。往常同行家里钟表坏了，他都乐于代劳修理，分文不取；现在迫不得已，也只好靠修表来维持生计。

当时，侵略军成天在街巷挨门搜掠财物，抢劫行人，“竟有带同两套大车数乘，在各胡同挨户装运。不独细软之物，即衣服、床帐、米面、木器，无所不虏……倏闻前街某家被扰，又闻后巷某家被搜；适闻左邻洋人才去，又闻右邻进去洋人；自天晓至日暮不下数十起……”（仲芳氏：《庚子纪事》）“洋兵挨户查看，亦有不计次数而来者，此乃私出攫取物件也。入门便问，有银元与表否？”（杨典浩：《庚子大事记》）

梅雨田家住在前门李铁拐斜街，属于德军强占区。侵略军发现梅家有钟表，便不断闯入勒索，一天数次，骚扰不堪。

“砰砰砰”，门又被敲响。家里的一个7岁男孩把门打开，见是一个黧黑面孔的洋兵，并没有显出丝毫畏惧，冲着他说：“你怎么又来了？我认识你，你来过四趟啦！”

边说边用力把他朝门外推去。洋兵一挥手，把孩子蛮横地推倒在地，扬长而入，嘴里叽里咕噜地操着洋腔：“不用你管，叫你家大人出来！”

家里存放的亲友的钟表全给洋兵抢走，此后再没人敢来委托修表，雨田的家境于是越来越不济了。

7岁的父亲跟着寡母暂时避到外公、名演员杨隆寿家里。洋兵来犯，妇孺便藏在一间堆放舞台布景的屋子里。有一次，洋兵硬要撞进去，杨隆寿阻挡，发生争执。洋兵掏出手枪威胁，使他身心受到严重打击，于是悒郁成疾，不久便去世了。寡母只得带着孩子忧伤地重新回到梅雨田家。

父亲的两个年轻姑姑那时到陈金雀（原名陈金爵，为当时著名昆曲小生，因演《金雀记》出名而获此名）家里避难，脸上涂了煤黑，藏在他家天花板房顶里，白天送饭上去，夜深才敢下来。陈家后来也被抢劫一空，生活从此十分困窘。

庚子年底，雨田债台高筑，只好把住宅卖掉，租住百顺胡同宋家的几间房。

有一次，房东催租甚急，父亲的伯母拔下头上的簪子去变换掉，才把房钱付清。

光绪二十七年（1901），戏院还没有复业，梅家生活更形艰难，为了缩减开销，又搬到贴邻杨小楼住的那个四合院里，全家8口人（当时家中有曾祖母，梅雨田夫妇，雨田的两个妹妹和一个小女儿，加上我父亲母子二人，共计8口人），租住三间房……

黑暗的年月，悲惨的时世，在八国联军的铁蹄蹂躏下，多少中国人惨遭杀戮，多少老弱妇婴颠沛流离；当时聚居北京的一批戏曲艺人，同样是经磨历劫，终日在悲愁惊恐中过着日子。

父亲心情沉重地对我讲述了上面这段他不大向人提起的童年遭遇。

我问道："那位开门不让洋兵进来的男孩是谁啊？"

"就是我。"父亲答道，两眼闪着愤怒的光芒。

父亲童年时亲眼目睹八国联军践踏祖国大地的血腥暴行，亲身体会到国破家亡的痛楚，在他幼小的心灵中从此深深地埋下了对侵略者无比仇恨的种子，爱国主义精神在他的心中不断滋长起来。确实，父亲的一生是爱国者的一生。抗战初期，他演出《木兰从军》，并排演了新编历史剧《抗金兵》和《生死恨》，以艺术为武器，激励人们抗敌卫国。以后在八年抗战的艰苦岁月里，他蓄须明志，任凭敌人威迫利诱，拒不登台给他们演出，表现出一个具有民族气节的中国艺术家的高贵品质。虽然父亲挚爱戏曲艺术，但他更热爱自己的祖国；为了维护民族尊严，他乐于清贫自守，甘冒任何风险，甚至不惜牺牲自己的艺术。能经得住如此严峻的考验，确实是很不容易的。父亲之所以能够做到这点，除了日后的思想锻炼以外，我想，这和他幼时的生活经历不能说没有一点关联。

1976年8月8日，时为先父逝世15周年纪念日

第一次风险

父亲在《舞台生活四十年》中提到他在民国二三年头两次到上海演出的情况，说是他“一生在戏剧方面发展的一个重要关键”①。确实，通过那两次赴沪演出，父亲的表演受到了观众的热烈欢迎，名声越来越响，他在艺坛上的地位明显地巩固了。

但是就在这期间出现了戏班争夺我父亲的一次纠纷。父亲在书中写道：

> 我快要离开上海，接到翊文社田际云来信，邀我明年新春仍在他那里演唱，这是他听见俞五赶了下来，恐怕我改搭双庆班。事实上等他的信到上海，我已经接受了俞五的邀请。同时还接到另一个班社来邀请我的信，我都来不及回信，就登车北返。俞五在上海玩了好久，一直等我唱完才同走的。到了前门车站，翊文、双庆……几方面都派人来接。结果我是坐上了俞五给我预备的马车，回到鞭子巷三条。
>
> 翊文社知道我要改搭双庆，派管事来和我交谈，经过几度磋商，答应

① 梅兰芳述，许姬传记：《舞台生活四十年》（第一集），中国戏剧出版社 1961 年版，第 123 页。

正月间先在翊文唱几天，再归到双庆，这样才解决了这场小小的纠纷。①

父亲在这里只把这件事说成是一场小小的纠纷，细节没有详述，但是一些知道内幕的亲友们却对我说："那可是你父亲刚刚享名时所遇到的第一次风险!"

名声渐显　戏班挖角

情况原来是这样的。

父亲首次赴沪演出之前，在北京搭的是著名花旦田际云（即响九霄，又名想九霄）所组的玉成班，经常在鲜鱼口天乐茶园（今为大众剧场）演唱。同台的演员有老生孟小茹、贾洪林、瑞德宝、高庆奎，武生田雨农（田际云之子），旦脚王蕙芳、路三宝、胡素仙，老旦谢宝云，小生张宝昆等人。父亲唱的是《祭塔》等重唱工的戏，戏码大都排在倒数第二三个，渐渐有了点名气，那时他才十几岁。

《穆柯寨》，梅兰芳饰穆桂英

民国二年（1913）秋，上海丹桂第一台邀请著名汪派老生王凤卿和我父亲去演出。起先是王凤卿唱大轴，父亲的戏排在倒数第二，同台演出的是该舞台的基本演员，如武生盖叫天、杨瑞亭、张德俊，老生小杨月楼、八岁红（即刘汉臣）、双处（原名阔亭），花脸刘寿峰、郎

① 梅兰芳述，许姬传记：《舞台生活四十年》（第二集），中国戏剧出版社 1961 年版，第 40 ~ 41 页。

德山、冯志奎，小生朱素云、陈嘉祥，花旦粉菊花（即高秋颦）、月月红，可以说是人才济济，阵容整齐。父亲唱的《彩楼配》、《女起解》、《玉堂春》、《雁门关》、《宇宙锋》和二本《虹霓关》深受观众的欢迎，王、梅合演的《武家坡》、《御碑亭》等戏也得到赞许，于是王凤卿提议让我父亲也有个机会唱大轴，在唱到第十三天时，父亲便上演了新排的《穆柯寨》压轴。上海观众见到一个从北京来的唱正工青衣的新角也能唱刀马旦戏，都以热烈的喝彩声鼓励。接着父亲又排演了头本《虹霓关》，跟二本同一天演出，当中夹一出王凤卿的《取帅印》，也获得很大的成功，从此享名。父亲为了感激王凤卿的提携，后来同他一直合作演出了20多年，直到父亲在“九一八”事变后移居上海，两人才不得不分手。父亲还让他的儿子王少卿给他操琴伴奏直至晚年，让他的幼子王幼卿在倒仓不能演出之后去沪为我的弟弟葆玖开蒙说戏达8年之久。两家的关系亲如兄弟。

民国三年（1914）冬，上海丹桂第一台再次邀请我父亲和王凤卿南下演出，共唱了34天的戏。父亲那次又增加了《贵妃醉酒》、《破洪州》、《延安关》、《五花洞》等剧目，一直唱到民国四年（1915）一月十日为止。这次父亲在上海受欢迎的程度更超过了上次。北京的双庆班班主、名武生俞振庭（内行人称他为“俞五老板”）听说后，便专程去沪抢先邀我父亲回京后务必加入他的戏班演出。俞振庭的妻子是我父亲前室王明华的姑母，两家有这样的亲戚关系，父亲很难推却，但是田际云老板那边又不好得罪。事情确实很难办，必得想个两全其美的办法才行。

梅兰芳与老师吴菱仙

父亲载誉回到北京后，田际云听说俞振庭想把我父亲这棵摇钱树从他的戏班中挖走，十分恼火，便叫他的管事赵世兴通知我父亲不许搭别人的班，而且威胁说如果不听从就打断两条腿，永远甭想再唱戏。父亲的姑父秦稚芬听说田老板所下的这种蛮横无理的“哀的美敦”书甚为恼怒，他便仗义相助，亲自护卫我的父亲出出进进，保护他的人身安全。

义务保镖　武艺超群

秦稚芬也是京剧演员，早年学武旦，艺名“五九”。他曾跟天津著名的武术家、书法家魏铁栅学艺，当时王凤卿、时慧宝等演员也跟这位魏三爷学过书法，可是魏氏传授自己的高超武艺给演员的只有秦稚芬一人，因此秦氏练得一身真功夫，棍棒、七节鞭等件件精通，最拿手的一招是在当时陶然亭黑窑场走会①上，能够站在一辆奔驶的马车上舞耍钢叉，连名武生俞振庭都为之啧啧称赞。父亲早年学武旦踩跷和打把子就是这位姑父亲自教的。据我的表叔秦叔忍先生说，他的父亲早年练武功简直练得入了迷，甚至能在一张摆着两盆盆花的条案上，先穿梭似的打一套猴拳，然后拉开架势，在盆花上蹲坐一个钟头之久，功夫之深由此可见一斑。

秦稚芬不仅武艺超群，而且练得一手好字，跟梁启超是莫逆之交。梁氏当时住在北京梁园，离秦家不远，常常在上午来找秦稚芬，两人议论国事，畅谈艺术，侃侃而谈，十分融洽。据说梁启超最后一次递上奏折给光绪皇帝，就是自己打好草稿，由秦稚芬代他书写的。

田际云老板听说我父亲不理睬他的要挟，依然有意改搭双庆班，就想教训我父亲一顿，同时警告秦稚芬不要多管闲事。

一天上午，田老板让赵管事带领36名武把子，手持舞台上用的刀枪棍棒，朝鞭子巷梅宅闯来寻事。父亲预先听到了风声，从后门走出直奔秦家，秦姑父让他

① 走会，即当时民间一年一度在秋季举行的武术竞赛会。

先躲一躲，自己飞快赶来。他来到鞭子巷南口的一块空场时，遇到了那伙人，便阻拦他们的去路。赵管事上前搭话，问道："你姓什么？干吗多管梅家的闲事?"

秦稚芬答道："我姓祖，是你祖宗!"接着一个劈手就把那个抽大烟、瘦骨嶙峋的赵管事打翻在地，动弹不得。

36 名武行一哄而上，把秦稚芬团团围住。他撕开大褂，"嗖"地抽出一根防身用的三尺见长的马棒，挥手就舞。武行们只会在台上耍耍花枪，练两套把式，哪里经得住秦氏那一身货真价实的功夫，顿时有的被打翻在地，有的被打伤腿骨，个个弃枪丢棍，狼狈地一溜烟逃之夭夭。

田老板一听回报，气得怒不可遏，决计另找机会跟秦稚芬决个雌雄。秦氏也知道田老板不会就此善罢甘休，也加紧练功，舒展胳膊腿儿，准备鏖战一场。

果然不出所料，一个月之后的某日傍晚，秦稚芬带着儿子叔忍和另一个小侄儿，在石头胡同蹓夜市，忽见四个武把式虎视眈眈迎面而来。他猜到准是田老板不服输，又来找碴儿。

他灵机一动，闪入附近一家义聚昌干果铺，把两个小孩托给熟人掌柜的照应，只身出来对付。

这次来的四个武把式全是彪形大汉，怒目瞪视，威风不小。他们同秦稚芬过话，讲定到附近的给孤寺门口的一块空场上比武较量。来到场地，秦氏便从腰中解下一根七节钢鞭，抡起就打。霎时间，天昏地暗，只见一个被打破脑袋，一个后脊梁中了一鞭，另外两名眼见招架不住，拔腿就跑。

秦稚芬在后面向他们怒斥道："回去告诉你们的老板，唱戏的要讲义气，以后不许再干涉兰芳的行动！如若不然，再撞着你爷爷，叫你们吃不了兜着走。"

这时期，秦稚芬姑父一直保护着我的父亲，简直就像个保镖。父亲的挚友冯耿光先生捐了一根带枪的手杖，亲自登门给秦氏送去，让他作为自卫之用，以防不测。秦氏拜谢退还说，凭他自己那身铁打的功夫足以保护侄儿，不需要那种劳什子。

田老板两次败下阵来，有所收敛，不敢再轻举妄动。父亲后来就跟他讲妥先在翊文社唱几天戏，然后转入双庆班，在文明茶园（今为华北戏院）演出。

当时双庆班的演员有一部分也是由翊文社转过去的，如孟小茹、路三宝、谢宝云和高庆奎。其余同台的演员是原有的武生俞振庭、王毓楼，丑角王长林，小生程继仙和姜妙香等人。父亲从民国四年（1915）四月到民国五年（1916）九月一直就搭在双庆班里演戏，排演了《孽海波澜》等新戏，还演了好几出昆曲，声望越来越高。俞振庭开始负责保护我父亲的人身安全，秦稚芬护卫了一年多就告退了。

梅兰芳与幼年学艺时的小伙伴（前排左起：刘砚芳、姚玉芙、梅兰芳、王春林，二排左起：曹小凤、孙砚庭、姜妙卿、迟玉林，三排左起：罗小宝、姚佩兰、姜妙香、朱幼芬）

不嫌旧怨　重新修好

1976年春节，71岁的秦叔忍表叔来到我家，给我母亲拜年，闲谈中又提起了60多年前他的父亲护卫我的父亲那段往事，他不胜感慨地对我说："这是你爸爸刚刚享名时所遇到的第一次风险。一个艺人在旧社会想要混出来，是多么不容易的呵！"

父亲生前的秘书许姬传先生也在座，插嘴说道："是啊，你父亲年轻时被两个戏班争夺这桩事，《舞台生活四十年》中有过极简短的记载。当时你父亲回忆这段往事时，认为打架的事由他自己口述记载下来，不大合适，所以嘱我不要细写。现在绍武世兄回忆父亲的生活，写些回忆录，把这段往事详细记载下来也好，可以说明旧社会的黑暗，无处不有。"

"你爸爸成名可不是一帆风顺的，后来还遇到好几次风险哪。"母亲接过话碴儿对我说，"就在方才提到的那件事过后六七年，又有一次有人把你的姚玉芙叔叔误当作你的爸爸，在戏院后台门口，像电影《夜半歌声》里那样，用硝镪水冲他脸上泼去，损害面容，不让他唱戏。你姚叔叔脸上留下的那个伤疤就是这么得的。这事的前前后后，你将来有时间也应当把它记下来。"

母亲叹了口气，接着说道："不过，田际云后来又为了笼络你爸爸，派人来求亲，恢复旧好。梅家不嫌旧怨，把亲戚王家的五姑娘——大姑奶奶嫁给了他的儿子田雨农。两家结下的这个不愉快的疙瘩总算就此解开了。"

1976年4月

第一次访问香港

南下奏艺 轰动港粤

“南京号”邮轮徐徐驶入九龙码头，顿时许多小轮划艇围绕过来，岸上人群也越聚越多。人们早已闻讯梅兰芳乘这艘轮船抵港，蜂拥赶来，抢先一睹风采，港九之间的轮渡交通竟被这次罕见的欢迎所阻而停顿达四小时之久。

1922 年 10 月 15 日，我父亲刚一踏上港九地界就受到人们如此热烈的欢迎，使他深受感动。当时，他年仅 28 岁，已经在国内颇享盛名，1919 年首次赴日本访问演出，还获得了国际声誉。他在 1922 年夏季第五次到上海演出后返回北京不久，就应香港太平戏院的邀请，率领 140 余人的“承华社”剧团，从天津和上海分两路队伍千里迢迢乘船来到南方这一商埠。他想把自己的艺术介绍给港粤同胞，同时检验一下北方古老的传统剧种是否也能得到南方观众的认可。

各界人士盛情接待

父亲抵港后，暂住在友人邓昆山先生家中。当时英国驻华公使艾斯顿先生，因在京和我父亲素有交往，曾事先写信给香港总督司徒拔爵士（又名施云），说明我父亲平时对于促进中英两国之间的友谊多有尽力，到港后，希望多加照拂。司徒拔先生当即指派西警五人跟随照应，父亲出入上下车，都由他们开闭车门；在剧场后台化装时，他们鹄立门外守卫，以保安全。果然不出港督所料，父亲抵港后不久就收到一封索诈5万英镑的恐吓信，于是警务司又加派人员侦防，并通知我父亲，如所派警员有所疏惰，一接电话，即可调换。警方还特制了两种襟章给出入剧场的工作人员佩戴，演员为绿色，其余办事人员为红色，都用我父亲的相片作为标记，以便稽查，真可说是极其慎重地加以护卫。

父亲当时曾给上海报界的一位朋友写了一封信，详细谈到他在旅途中和抵港后头两天的情况：

敬启者，别后偕敝眷暨同人等搭南京号邮船于旧历廿五日晨八钟抵港，沿途托庇安适。船主为美国人劳臣君，极承过爱，亲导游览全船，特请翻译解释船中各机件及器具，出示海图，指点航线，备极详尽。游览后导往办事室，饷以茶点，特赠所藏各种明信片，并唱最新式之留声机，机为美产，唱者何人，是何词曲，尤谆谆乐道“不倦”，并以本轮日间赴美，不及在港一聆奏曲为憾。澜备受优待，几忘航海之苦，诚幸事也。

抵埠时，港中绅商士女百余人，特开小轮欢迎。此外，在码头相候者尤不可胜数。登岸后，澜与荆妻暂寓邓昆山君家。是晚，何君棣生在金陵酒店设宴相款。是日（二十六日），由昆山君介绍往谒华人代表周寿臣、伍汉墀两君，旋赴华商总会答拜。四钟赴何君甘棠住宅茶会，七钟赴陶园简琴石君宴会。是日有广州各团体派来代表梁培基君等到寓相晤，佥称现由全省学界、教育界、报界、美术家、技术家、东西洋留学生发起拟在省定期开会欢迎，特先派代表取澜同意。澜答以极愿躬逢盛会，惟日期尚难悬定；各代表殷殷相劝，情挚词坚，将来或不能免此一行也。此两日中，各界过访招饮者，络绎不绝，令人应接不暇。二十七日，绅商四十余人订在谦益公司宴会；二十八日，全港绅商士女百余人订在金陵大酒店开欢迎大会，港中诸名人当可席间会晤矣。

此间本一山岛，地址不及沪十分之一，惟庄口极多，人烟极盛，马龙车水，不减沪上繁华。此次同乐会（即组北班团体）将戏场优等券提前发售，每位定价十元，购者极为踊跃。闻有将此等座券垄断居奇，抬价竟至加五元至十元不等，尤为意料所不及。此澜到港两日之经过。兹拟于今日午后谒见英督施君。知承廑注，先以奉闻。余情容达。

澜上

旧历八月廿七日

10月17日，父亲前往拜会香港总督司徒拔爵士，感谢照拂。港督对他率领剧团不辞劳苦前来表演极表欢迎，同时表示能有机会欣赏他的艺术而感到由衷的喜悦。他建议我父亲能在后年英国举办博览会时赴英伦一游，届时他若亦能回国述职，亲自导游则更佳。又说英国人一向喜爱观看中国京剧，最近也有英国演员串演，我父亲若能赴英演出，必受欢迎无疑。港督还风趣地谈到他自己少年时亦好演剧，尤其喜欢扮演女角，因此和我父亲堪称同行。那年春季，英太子曾游历亚洲，路过香港，港督说太子回国后经医生诊断旅途劳累，须加休养，将来我父亲若赴英访问，回国后也当休息多时再作演出。港督想得真是十分周到。后来，他曾亲临剧场观看《天女散花》和《嫦娥奔月》两剧；据说他见到嫦娥在

梅兰芳创编的第一出古装戏《嫦娥奔月》

“采花”一折，手持花镰出场时，诙谐地问身旁的朋友：“密斯特梅也会高尔夫球吗?”一时在港传为趣话。

17日那天晚上，几位友人邀请我父亲到太平戏院观看著名花旦千里驹主演的粤剧，父亲怀着学习粤剧表演艺术的愿望，欣然前往，没料到竟使当晚观众的视线都移聚到他自己的身上了；另有许多人闻讯赶来，临时购票入场，不观剧而观观剧人梅兰芳。父亲后来谈到他赴剧场看戏，常会出现这种情况，扰乱了剧场秩序，影响演出，实在对不住台上的同行，所以他享名之后就很难得坐在前台看戏了，必要时宁愿站在后台观摩。他的学生和葆玖弟演出时，他也怕坐在前台会招致他们心情紧张而出差错，往往就在边幕那里观看，有时还临阵加以指点，以示鼓励。我至今记得父亲1940年在香港带我们去看电影，也甚至选定夜间9点一刻一场，掐准时间离家，正好赶上场内灯光渐暗时入场，而且把礼帽戴得很低，以免引起观众的注意。父亲一生从不愿意炫耀自己、突出自己，能够避开那种不必要的风头就尽量避开。

香港同乐会于18日在金陵酒店开欢迎会，席间邓昆山先生说：“畹华平日同居住在京沪两地的粤港人士相识甚多，交情素洽，此次惠然来港，纯属感情作用。若仅以金钱而论，则恐必无南来之日。”父亲致答辞，感谢香港各界人士盛情接待，表示当尽力奏艺答谢，以求指教。

剧目丰富多彩　以饷观众耳目

随同我父亲赴港的演员中有老生郭仲衡、武生沈华轩、武旦朱桂芳、小生姜妙香，以及姚玉芙、诸茹香、李寿山、张春彦、小荷花、福小田、贾多才和曹二庚等人，阵容相当齐整。父亲原定只演10到15天，后因各界挽留，欲罢不能而增演近一月之久。为了不辜负港澳同胞的盛意，他几乎每日更换剧目，仅有几出戏应观众一再要求而重演。据记载，上演的剧目顺序如下：

10 月 24 日　　《麻姑献寿》
10 月 25 日　　《御碑亭》
10 月 26 日　　《千金一笑》
10 月 27 日　　《汾河湾》
10 月 28 日　　《贩马记》
10 月 29 日　　《樊江关》(日场)　《嫦娥奔月》(夜场)
10 月 30 日　　头二本《虹霓关》
10 月 31 日　　《探母回令》
11 月 1 日　　《黛玉葬花》
11 月 2 日　　《牢狱鸳鸯》
11 月 3 日　　《邓霞姑》
11 月 4 日　　《春香闹学》和《游园惊梦》
11 月 5 日　　《银空山》及《回龙阁》(日场)
　　《上元夫人》(夜场)
11 月 6 日　　《贵妃醉酒》
11 月 7 日　　《甘露寺带回荆州》
11 月 8、9 日　　《天女散花》
11 月 10 日　　《佳期拷红》
11 月 11 日　　《天河配》
11 月 12 日　　《穆柯寨》(日场)　《贩马记》(夜场)
11 月 13 日　　头二本《虹霓关》
11 月 14 日　　《晴雯撕扇》
11 月 15 日　　头二本《木兰从军》
11 月 16 日　　《黛玉葬花》
11 月 17、18 日　《霸王别姬》
11 月 19 日　　《嫦娥奔月》
11 月 20 日　　《天女散花》

11 月 21 日　　《天河配》和《春香闹学》（义务戏）

11 月 22 日　　《水漫金山寺》和《辕门射戟》（反串小生）（义务戏）

抄录这张剧目表时，不禁使我联想到前些年“四人帮”安插在文艺界的一个爪牙的无耻谰言。他鄙夷不屑地说：“社会上总说样板戏少，梅兰芳不是也只会八出戏吗？（指我父亲晚年经常上演的八出戏——作者注）又有什么了不起！”其实，这种诬蔑不实之词正好暴露了那个家伙一副愚昧无知、狂妄自大的丑恶面目。早在 1930 年，父亲访问美国时，连美国著名的文艺评论家斯达克·杨（Stark Young）先生都知道我父亲的剧目甚多，十分钦佩，著文时提到“He has a repertory of four hundred plays”①。父亲一生会 400 多出戏，将来我有时间会编出一个详细目录来，以驳斥那个狂徒的一派胡言。

父亲嫡传女弟子言慧珠小姐 1962 年在中央广播电台一次讲话录音中介绍梅派唱腔时，对于我父亲的艺术讲解得非常透彻，很有道理。她说：“梅先生的一生是以艺术作为武器，为人民生活的理想而努力奋斗的一生，所取得的成就和他的虚心学习、刻苦钻研是分不开的，梅先生既尊重传统，又勇于革新。他在京剧艺术的各个方面都有所发展和创造。梅先生的老师就有吴菱仙、乔蕙兰、茹莱卿、路三宝、陈德霖、王瑶卿、钱金福、李寿山、丁兰荪、谢宝昆许多前辈名演员。实际上，他的老师还有很多，像和他同台过的谭鑫培、杨小楼的表演艺术，他都非常热爱，并且还向其他剧种汲取营养来丰富自己，像鼓界大王刘宝全先生就是他的师友之一。梅先生精通青衣、花旦、刀马旦这些旦行的表演艺术，掌握了老生、小生、武生和其他行当的技巧，在表演艺术上融合了诸位大师的优点，因此，在梅先生身上，文武昆乱、唱工做工是兼收并蓄的。他的一生所完成的创造，丰富和提高了祖国的戏曲艺术。……梅先生创作的曲调很多，这里我不能一一介绍。我想说的是，为什么任何一种曲调和唱腔，只要经

---

① ［美］斯达克·杨：《梅兰芳》，载于美刊《戏剧艺术》1930 年第 14 卷 4 月号。

梅先生唱出来以后立刻就风靡一时，群起仿效？为什么梅先生创作出来的东西那样地受欢迎呢？这是因为梅先生遵循着他自己所发现了的艺术革新天然存在着的它的规律和步骤，那就是说尊重传统，尊重前辈的艺术成果和劳动，汲取前辈的艺术的精华来充实自己，按部就班，循序渐进。自己首先精通了本行的业务，才能进而有所创造和发展，其次是梅先生很尊重群众的欣赏习惯，能够适应观众的需要。正由于梅先生正确地认识了继承与革新的辩证关系，而不是凭空捏造，闭门造车，所以设计出来的新腔，既新颖，而又不脱离京剧风格，很快地就为广大的观众所接受。”言姐姐这席话确实概括了我父亲在艺术上的成就。

言归正传。父亲首次赴港演出的剧目，既包括传统戏，也有新编的古装舞蹈戏和现代时装戏，突出地反映了他的艺术表演的丰富多彩性。

那年 6 月，他同杨小楼、王凤卿、姚玉芙、德仁趾、郝寿臣和王长林等在上海天蟾舞台演完一期戏，回到北京后，本来打算在真光剧院演出新编的《霸王别姬》同北京观众见面，未料杨小楼回京后就病倒了，只好辍演，杨先生后来也因此未能一同赴港。王凤卿先生和父亲的琴师茹莱卿先生亦因晕船未能同行。胡琴就改为父亲的姨父徐兰沅先生担任，从那时起，他一直和我父亲密切合作到抗战前夕，共同创作了不少动听的新腔。抗战胜利后，徐老年纪大了，旅行不便，就由王少卿接替，二胡伴奏由上海的倪秋萍担任。建国后，王大哥在 1958 年因患肠癌病逝，他的徒弟姜凤山便由二胡琴师升为胡琴琴师，虞化龙拉二胡，直至我父亲 1961 年病逝。如今“四人帮”被打倒后，葆玖弟重新登台演出，仍由姜、虞师徒两位正统琴师伴奏，配合得紧密无间，相得益彰，不由得使人无限怀念我父亲当年演出时的盛况。

同赴香港的老生郭仲衡先生，宗谭也宗汪，本和余叔岩先生同为“春阳友社”的票友，后下海，戏路很宽，拿手戏有《举鼎观画》、《碰碑》和《喜封侯》等，后搭我父亲的第一位大弟子程艳秋先生的戏班演出甚久。至于武生沈华轩先生，我因没能赶上看过他的戏，最近特向现任北京戏校的武生科教师徐元珊二叔打听。徐二叔说：“先父（即徐兰沅先生）生前谈起过沈华轩老先生，说他是旗人，本在梆子剧团演戏，但昆曲底子很厚，后改唱京戏，曾在上海走红，在北京也挑过大梁，可惜过世甚早。他的拿手戏为《十面埋伏》、《战濮关》、《蔡家庄》、《定燕平》等戏。《定燕平》这出戏里，老头儿戴翎子，挂白胡子，耍双枪，在京戏里很少见，可惜现在已经失传。沈先生嗓音响亮，咬字清楚，个儿虽不高，但扮相好看。你父亲因为他演《十面埋伏》里的霸王十分出色，在杨小楼先生不能去港的情况下，就请他去合演《霸王别姬》。他比你父亲大六七岁，1957 年你父亲在广州演出时还想起沈老，说他当年扮演陆文龙，耍双枪有三个特点，一干净利落，二简，三没有花枪，因此显得好看。杨小楼和尚和玉两位也都对沈老的艺术十分看重，尽管三人的路子不尽相同。沈老的霸王不同于杨派，是按昆曲《千金记》的演法，很有独创之处。”1978 年秋季，老艺人李万春先生和葆玖弟合演了三次《霸王别姬》，我在母亲答谢李老的宴会上，又向李老请教。他告诉我：“沈华轩是武生界的老前辈，特点是动作大而优美。”

演出时盛况

——“三睇散花，抵得倾家”

10 月 24 日在港首场演出，太平戏院布置得富丽堂皇。戏院门口以五色电灯缀着“梅兰芳”三个大字，院内通道直达台前都用彩布鲜花点缀。台上悬挂着南洋烟草公司所赠的绉纱大幕，并有横衽各一幅；台口和包厢栏外以及前座上空均用绉纱结彩电灯，五光十色，照耀全场。香港各界知名人士周寿臣、伍汉墀、周少岐、何棣生、何世光、刘德谱、张冠卿、邓昆山等诸位先生，以及同乐会同人均赠花篮列置台前，蔚为大观。我父亲当晚演出一个半钟头的《麻姑献寿》，其中“采花”和“当筵”两场歌舞博得热烈的掌声，报界以“惊鸿游龙”四字赞之。

此后每场演出均受欢迎，戏票早经售罄，向隅者甚多。香港当时严禁加座，也不得不略为变通。《上元夫人》、《虹霓关》和《嫦娥奔月》上演时，站立观剧者达数百人之多，《霸王别姬》一剧上演时竟有两三人合坐一席的情况出现。由于港督、市府官员和港议会议员都先后前往观剧，外籍人士观剧的人数也日渐增多；以往西方人士偶尔去中国戏院看戏，皆着便衣，而这次都郑重其事地穿上礼服，以表示对我父亲的尊重和仰慕。《霸王别姬》演到“舞剑”一场时，竟有不少外籍人士看得出神，得意忘形地引吭而歌，同台上的舞容相应和；这出戏的魅力如此之大，也出乎我父亲的意料之外。昆曲《游园惊梦》也同样大受赞扬，据说后来昆曲流行于港粤，实以我父亲演出此剧为起端。《天女散花》共演了三次，社会上竟传出这样一句谚语：“三睇散花，抵得倾家。”

那时，香港演戏向例以夜间12点钟为止，限制极严，但当局恐因我父亲的演出受时间所限，未能尽长，故经港督咨询议会得到许可，特许太平戏院展延至12点半，也实为破例之举。每场散戏，观众过多，退场时因拥挤而倾跌或失物的人逐日增多，警方为了秩序问题向戏院提出意见，院方遂自11月11日起在大轴后增添一出送客戏，由粤伶陈少五先生等演出，好让部分观众停留片刻，减少门前的拥挤，这也是以往从来没有发生过的一种现象。

舆评和赠诗

当时报界对我父亲的艺术评论甚多，现仅举几例，以窥一斑。

《大光报》曾从声调、容貌和技艺三方面加以评论，很能代表当时观众的意见。该报说：“其声色艺之佳可称三绝。以色论洵可称天仙化人。以声论，则婉转滑烈，近于流莺，吐音之际，一字百折，有如柔丝一缕，摇漾晴空，且忽然扬之使高，则其高可上九天，忽然抑之使低，则其低可达重泉，上如抗，下如堕，可谓极其能事。及曲终之际，则余韵悠然，古所谓余音绕梁三日者，斯为得之。以艺论，则喜怒哀乐处处传神，能令观者忽然而喜，忽而悠然以思，忽而穆然以会于剧场之上如亲见古人，出其性情而与之相接；至于舞蹈之际，则端庄婀娜兼而有之，容貌之间，则幽闲贞静之气达于面目。”

上海《时报》驻港记者曾报道《上元夫人》在港演出的情况如下：

是夜以梅艺员饰上元夫人，偕四仙女，且歌且舞，其为舞也，周折疾徐，偕有法度，亦动中自然，其徐也，则如明月初升，春云乍展，其折也，则如落花依草，急雪回风，其进而益疾也，则翩若惊鸿，宛若游龙，令观者目不及瞬，手不及指，而倏忽变化，不可方物。噫，技亦神矣哉。吾闻日本古舞尚未尽失传，前年该艺员应征赴日本时，日人谓其舞蹈节奏皆合古法云。其为歌也，在该艺员所演诸剧，皆唱弋阳腔，惟兹剧则独唱昆曲，笙箫并奏，倚而和之，其声静而文，柔而和，缓而不靡，沉而不弱，如听空中仙乐，近寂而远闻，如聆微风过箫，音往而神在。记者于此，诚不自知壹听壹击节也，且抑扬顿起，皆乎舞蹈之节相应，不差累黍，故一曲终，万掌齐拊，相与叹为绝技。计自开演至今，一切表情，诸剧及装演神仙故事，无不曲尽其妙，若以歌舞论则究以此剧为首屈一指，故是夕观者人山人海，皆欢喜赞叹，以为得未曾有云。(据徐元珊二叔说，这出根据《汉武帝内传》改编的《上元夫人》，其中舞蹈身段现在可惜已经大部份失传，唱腔方面他曾请教过他的父亲，如今还能依稀哼唱几句。)

除去《上元夫人》，其他几出古装歌舞剧，如《嫦娥奔月》、《天女散花》和《黛玉葬花》，在香港也获得好评。当时的粤剧名伶贵妃文和新丁香耀等亦曾演过《嫦娥奔月》，主要根据沪伶的演法，而沪伶亦本诸我父亲的演出本，仅略有所别。香港观众认为我父亲演得比较简练而清楚，精彩的地方在于身段的变化，“采花”一场，旋歌旋舞，姿势优美，如把锄头从肩后钩枝，身作斜骈式，接着曲膝一坐到地，长袖高拂云鬟，作丹凤舞式，随即荷锄疾走如风，绕场三匝，飘飘欲仙，下场时忽将脚步敛住，回头一盼，神态典雅。“思凡”

一场，嫦娥在中秋佳节和诸仙子称觞，醉后独自徘徊，惺忪醉态，如春醉海棠，如朦胧梅月，于是红袖翩翩，霓裳羽舞，歌声清脆，曲尽缠绵。《德臣西报》评论道：“梅伶举步温文，声音清亮，其晋酒时，拂袖旋舞，歌喉婉转，尤令座客鼓掌不置，咸叹观止，优界大王之徽号，梅伶可当之无愧。”

又《木兰从军》一剧中女扮男装，观众认为我父亲能于温婉妩媚之中别具一种英武雄特的姿态，顶盔贯甲，执鞭荷戈，倚马而立，模拟名画，俨然一幅木兰图，而挥戈攻敌之际，又“跳荡如生龙活虎，击刺如兔起鹘落，虽武小生无以过之”。木兰归家后，又复变为温婉婷媚之姿，与元帅相见时，一则羞涩陈词，一则惊疑不定，表演细腻入微。另外一出《穆柯寨》被誉刀马功夫娴熟自然。而《打渔杀家》中的萧桂英，作渔家装，观众认为又别是一种姿态；广东渔家女旧称珠娘，又名珠儿，诗歌中常见吟咏，父亲扮演此角，被称赞道：“梅艺员之举止态度，则恍惚一吾粤之绝妙珠娘。”

香港《华字报》当时曾登有骈体启事，为我父亲访问演出征诗，晃岩先生的七律四章和黄昆仑先生的观《上元夫人》剧七古一章获选。此外，邓稚援先生观《黛玉葬花》后歌七古一章，其中有两句是“此时翠袂春寒薄，徒倚烟中笼芍药。亭亭玉立带轻拈，沥沥珠穿歌乍作”，另一联是“揣摩熨帖乃独创，苦功想见九转丹”。

当时还有谭荔垣、张燕飞、张猛进、秦湘臣、一粟道南诸位先生赠诗，李吴林、李黄何周等七位女士以七姐妹为名，步谭荔垣先生韵赠诗。有人统计那次赠诗给我父亲的多达三四十人。古典戏剧促进香港学人诗兴大发，也可说是一段佳话。

小恙获医诊治　寿辰蒙友祝贺

父亲 11 月 5 日上演《回龙阁》，因服装厚实而受热，归后稍感不适，香港友人即请名医唐天如先生医治，一服药下去霍然痊愈。6 日，他坚持演出《贵妃醉酒》。当时报载："扶病登场，愈形其美，而精神亦毫不少懈。是夕上座既盛，彩声尤多。"

他在香港演出时，恰逢生辰之日（旧历九月廿四日），虽然秘不告人，但先期已经有人知晓。何棣生、何汉墀、周寿臣、周少岐等诸位先生，以及报界和同乐会，连日在颐和酒楼为他祝贺，每次参加者有三四百人，宴厅满饰鲜花，并燃放爆竹花炮，声响不绝于耳。道旁还有许多观众，翘首仰瞩，拍掌欢呼。各界投赠诗画和寿星观音像者，不下千余件。

在这之前，父亲曾于11 月4 日乘车游历，观赏四处景致。当时港例，一般汽车不准驶上扯旗山顶，甚至在港多年热心经办公益的同胞，也需经港议会的通过，方能获此特权，而实际上得到者为数并不多，但父亲这次出游却得到当局的破格特许，港人无不啧啧称为美谈。

游山后就在山畔一家西餐馆午宴，顷刻间云集三四千人前来围观。餐馆对面有九层楼的住宅数栋，高逾十丈，不少人攀援而上，以便远望，危窗绝顶，麇集成群，警察劝阻也无效，有人戏谑道："真是舍命探梅哟！"

载誉归故里　情谊记心间

港督司徒拔爵士赴剧场观看《天女散花》那天，赠送了一个大银鼎，雕镂极为精工。鼎镌中英两种文字，中文上款为"兰芳先生惠存"，当中为"善歌移俗"四字，跋语为"梅君兰芳于一千九百二十二年十一月南游来港，因君素具改良戏剧、转移风俗宏愿，特赠此以留纪念"等语，下款为"护理香港总督施云赠"。

其他赠银鼎的还有东华医院、潮汕赈灾会和同乐会等单位，以及何泽生父子、刘德甫、罗文亮诸位先生。

父亲在港最后两场演出，是应东华医院、潮汕赈灾会等单位之请而演的义务戏。以往港粤数十家报章，言论往往纷歧，而这次对我父亲的评论却异常一致，尤其是因为我父亲在演义务戏时，表演认真，丝毫不懈，甚至比往常营业戏还要卖力，报界对他这种高怀的剧德甚为赞扬。路透社因外籍人士前往观剧众多，也随时报道我父亲的行踪，又如《天女散花》等剧之盛况、港督赠鼎的文辞，以及小小虚惊、西警保护等事，均通电全球，甚至琐屑饮宴、谒客等事，亦见该社通电，世界各国名演员甚多，而得到这样的待遇在当时确实罕见。

父亲圆满结束首次赴港访问演出，率剧团启程离港那天，欢送的人群不下万人。沿岸鸣放爆竹送客，各小轮鸣笛致敬，团体学校拍照留念，码头放炮悬旗，路旁有一个七八十岁的老人，自言自语道："住香港一世，还有睇过咁样热闹格欢送！"

父亲初来港时，曾担心港粤同胞未必能一致欣赏北方的戏曲，未料竟获得如此佳果，心中既感激又喜悦。他后来又曾三次赴港演出。抗战初期，上海沦陷后，他坚决不同敌伪妥协而移居香港，息影艺坛，这多半也因为他对香港同胞怀有深厚的感情，从而选定那里度过他那一段心情悒郁而正气浩然的流亡生活。

以上所述的往事，距今已有56年。今日香港大概也只有七十高龄以上的老者还能记得当时的情景。诸公亲眼目睹，当然比我这后生小辈知道得更为详尽，定可证实我言之不谬也。

1978年11月

在香港沦陷的日子里

1937年，“八一三”事变后，日本军国主义者侵占上海，父亲那时虽然住在租界里，但是还时常受到日伪分子和地痞流氓的纠缠骚扰，他深感那里绝非久留之地，便趁冯耿光先生因公去香港之便，托之代为安排赴港演出的计划，假托这个契机跳出樊笼。1938年春，香港利舞台便邀他前去演出。演出结束后，梅剧团成员北返，他就在香港半山上的干德道8号租了一套公寓单元房子住下，一住就是4年。

父亲去港之后，母亲带着我们四个儿女住在上海，每年只在暑假期间去和父亲团聚两个月。我记得有一年是乘英国“加拿大皇后号”轮船前去的，母亲为了节省开支，给我们买的是三等统舱票，她在头等舱，吃饭时叫我们过去，把饭菜叫到她那个房间里一齐吃，可是有一次让一个外国女检票员撞见了。她瞪眼干涉，不许我们吃头等舱的饭，母亲生气地跟她辩理：“付了钱为什么不许吃?”我们也放下刀叉，不吃就不吃，调皮地冲那个洋婆子吐舌弄眼做怪脸，甚至掏出兜儿里的饼干问她要不要来一块，弄得她没辙，转身走了，我们于是呵呵大笑，照吃不误。1941年暑假后，父亲把我和葆琛兄留在身边，打算让我们在香港进更好一点的学校，母亲认为这样也好，便带着葆玥和葆玖返回上海。

1941 年夏，福芝芳携子女由上海来香港拍摄的全家合影（前排左起：梅葆玥、福芝芳、梅葆玖、梅兰芳，后排左起：梅绍武、梅葆琛）

初到香港　深居简出

冯老伯那次为我父亲联系赴港演出，得罪了上海一个流氓头子，就在父亲演出期间，有一天他在散场后走出剧场，遭到那人在香港的一个徒弟用棍棒猛击头部的暗算，幸好有过路行人上前营救才未遭毒手。他从地上爬起来，满脸是血，匆匆走到剧场后台化装室，真把父亲吓了一跳。冯老后来经医师治疗了好几个月才脱离危险，父亲由此更加认清上海恶势力已经蔓延到港埠，处处需加警惕，因此他初到香港，深居简出，只同少数几位熟朋友来往。

他平时在家里看看书报，提笔作画，下午请一位家庭老师来教教英语。那时还没有发明彩色照片，有几位朋友送来家庭照片请他上彩，他便试着敷色，大家都称赞他着色素雅脱俗。另一位老友许伯伯是位业余集邮家，送给他一些邮票，建议他也集邮消遣，他便买了集邮册、放大镜、镊子和一本万国邮票目录，认真积攒起来，几年之后所集的数量也很可观。

父亲表面上像个寓公，逢外人便说嗓子已经退化，今后不能再登台演戏，其实他心中深信抗战必定胜利，有朝一日他还会重返舞台。于是，在许源来先生偶尔来访时，他便关紧门户，拉上窗帘，偷偷请他吹笛唱几段昆曲，吊吊嗓子，以免荒废过甚。有时他唱得很流畅，轻松自如，心中很高兴，有时碰上个别高音唱不上去，他就慨叹"剑不离手，曲不离口"这句话确有道理，担心自己的嗓子真的退化了。

他十分关心时局，每天都按时收听广播，那时他的英语程度已经不错，能够听懂英国广播公司播放的新闻。记得"八一三"事变初期，父亲的朋友徐超侯老先生逃难来我们家暂住，他是英国留学生，据说当年他在牛津大学读书时，因为有人瞧不起中国人，他便重金雇佣两个英国人给他修脚，拍了一张照片高挂在他的宿舍里。父亲那时同徐老一起听英语广播，有些不懂的地方得请他翻译讲解。我当时上小学，下学后喜欢瞎拨弄无线电，一听见有外国话就请徐老上楼来听听又有什么重要新闻，他便吃力地上楼来，凝神闭眼一听多半是商品广告之类的宣传节目，白跑一趟，母亲为此申斥我以后可别让老先生这样辛苦地一趟一趟地爬楼梯了。

文化体育活动

葆琛和我考进了岭南大学附中初三，到九龙郊外的青山去住校。我们周末回家，父亲常带我们去看场电影。那一阵子他最欣赏的影片是卓别林的《大独裁者》，曾一连看过7次，还启发性地给我们讲解其中某些情节的讽喻含义。

有时他也带我们去湾仔一家不大起眼的“福禄寿”中餐馆去吃顿饭，菜肴完全是北方风味，爆羊肉啦，涮锅子啦，饺子啦，每次一到，那家饭馆的经理就热情地过来招呼，帮助点菜，还坐下陪他说会儿话。我当时猜想父亲一定是怀念离别多年的北京城了，后来才听说那原来是一两位进步的文艺界人士开设的。父亲告诉我那位经理其实是个画家，名叫张正宇。最近电影界老前辈戴浩同志告诉我另一位经理就是张光宇同志。父亲那时也确实十分关注进步的戏剧运动，譬如，他曾带我们去看过两出话剧，一出是旅港剧人协会在新光戏院上演的《雾重庆》，是由蓝马、凤子、虞静子、戴浩和李景波主演的，另一出是金山和王莹在利舞台上演的《马门教授》。

另有一次在九龙半岛饭店吃饭，邻座有位体格健壮的中年人冲我父亲点头招呼，他告诉我那是大名鼎鼎的李惠堂。我那时正是个小球迷，结果那顿饭没吃好，只顾得瞧球王了。在上海念书时，每有精彩的球赛，我都去观阵。记得有一次东华队和西捕（外国巡捕）队在逸园球场争夺联赛冠军。由于外国裁判不公，东华队接连踢进两球都不算数，队长戴麟经抱球率队退场以示抗议，有些愤怒的观众便奔入球场追打洋裁判，有些人还去把球门后面的稻草架起来焚烧球门，真是群情激愤，全场大乱。后来巡捕赶来驱逐观众退场，我被挤倒，差点儿让人踩死，当时情景至今历历在目。香港每星期日也有足球联赛，我还要看，父亲便请友人时而带我去看一场。球王的技术确实不凡，队员也往往在关键时刻把球“派司”到他脚下，由他使出绝招，

中国银行总裁冯耿光是梅兰芳一生最重要的支持者，图为梅兰芳和冯耿光

斜身卧地劲射，十有九中。我真纳闷儿今天怎么没人学他这一手高招。

父亲自从到香港以后，担心身体会发胖，也注意体育锻炼。他常和陈能方先生到九龙一家俱乐部去打羽毛球。陈先生过去在上海教过他西洋音乐和舞蹈，这时又成了他的体育老师。父亲经过三年的锻炼，一直保持了体型的匀称。他打起球来，矫健灵活，抽杀凌厉，我和葆琛有时也去参加，常败在父亲的手下。他还给我们哥儿俩请了一位老师在浅水湾海边教游泳。他有时站在一旁看我们练习，目的是希望我们把身体锻炼好。

父亲平时尽量照顾我们的文体娱乐活动，可是管教起来也是相当严的。举例来说，我那时刚留起分头，头发还不太长就去理发馆让师傅多给抹点油好分开梳，自以为蛮不错，哪知回到家里竟遭到父亲一顿申斥："谁叫你抹那么多油，油头滑面的，多难看，快去洗掉!"从此以后，我心有余悸，去理发再也不让抹头油了，这种习惯一直延续至今。我后来发现父亲的头发总是梳得十分整齐，原来他用的是当时香港市面上出售的一种挺便宜的绿色发蜡水，每天清晨只需搽一点，用梳子一梳，全天头发都不会凌乱，而且也没有油腻腻的样儿。

1941 年秋，时局越来越坏，内地曾来人邀请父亲前去演出，他因为梅剧团成员都在北方，自己一人无法演出而谢绝了。后来，冯耿光先生有随中国银行总行迁往桂林的打算，劝他同行。父亲认为再等一等，实在危急时再走不迟，主要是因为他当时还养活着上海一家人，照顾着京沪两地的许多同行的生活，不能只身前往内地，撇下不管。因此，他迟迟不能作出决定，就这样一拖再拖，最后等来了珍珠港事变。

12 月 8 日那一天

1941 年 12 月 8 日上午 9 点多钟，我和葆琛兄正在岭南中学上第一节课，忽听海边传来轰隆巨响，师生都急忙跑出教室张望，只见几架飞机正在轰炸一艘停泊在附近海面的英国军舰，大家都不明白怎么回事。没多会儿，校长召集

梅兰芳教儿子葆琛操琴

全体师生在操场集合，宣布日军已经开始进攻香港，大家须紧急撤离。午后，九龙公共汽车公司派来车辆陆续接我们数百学生返回九龙城。傍晚，过海渡轮已经停止航行，老师只好把我们一批家居香港的学生带到培正中学借宿一宵，我们晚饭也没吃，个个老老实实地趴在教室里的书桌上打盹儿，熬过一夜。

次日清晨，我们整队再次来到尖沙咀轮渡处，又碰了壁，因为港方当局通告港九轮渡已经停止，何时通航不得而知，据说是怕有日本奸细混入香港。校长便想法租用木船载学生偷渡过海。小船在波涛中晃晃悠悠，日军从远方射来的炮弹时而在海面上开花，惊险万分，但葆琛兄和我总算侥幸到达对岸。我们俩气喘吁吁地奔跑到半山腰家门口时，父亲正伫立在二楼阳台上焦急地等待着我们回来哪。女仆阿蓉大姐告诉我："你爸爸等你兄弟两个返来，急煞人，昨晚觉都冇困!"

父亲告诉我们日本已经向英美宣战，昨天也偷袭了珍珠港，炸沉了不少艘美国军舰，局势骤然恶化。他担心港九两地守不住，自己这时又没法离开，心情十分沉重。白天他就叫我们赶快帮着阿蓉姐把家中每扇窗户都用纸糊上"X"字，以免玻璃被炮弹震碎伤人；夜间灯火管制，我们便在黑漆漆的屋子里收听新闻广播，注意时局的发展。远处不断传来隆隆的炮声，似乎越来越近了。

一颗没爆炸的炮弹

九龙很快就失守了，香港成为孤岛。对岸连连发来炮弹，飞机在空中盘旋轰炸。父亲的不少朋友都跑到我们家中来避难，据说我们家比较安全，因为日本驻港领事馆就在附近的山坡上，日军炮弹绝不会朝这个方向打来，稍微打偏点，不就炸他们自己人了吗？家中那时住有从浅水湾饭店迁来的冯耿光夫妇，来港办事没来得及返回的中国银行重庆分行经理徐广迟先生，还有许源来先生和他的三个男孩国津、国干及国敷，加上仆人等共有十几口人。

大家患难与共，那当儿粮菜已难下山买到，幸亏家中还有点存粮和一些罐头，但又不知战事要进行多久，因此每顿饭一人一碗饭，不许再添，每次打开一个罐头，由父亲分配一人一筷子，或者炸一小块咸鱼，分而食之，每人咂点滋味儿也就算了；大家绝对服从，从未争执，可谓纪律严明。夜间，大家就挤在三间不面向九龙的屋子里打地铺和衣而卧，其实大人们哪里睡得着，通宵达旦聚在一盏防空灯泡直照下来的微弱亮光下议论时局，商讨今后的出路，但大多数时间都默默相对，一筹莫展。我们几个男孩有时大着胆子从窗户偷偷窥视对岸九龙的炮火，由此也懂得了一点战争常识：对岸炮火一亮，如果听见头顶上空“嗖”地一声响就知安然无事，没有那声响，情况便不妙了，得马上抱头趴下，炮弹准是落在附近，轰隆一声爆炸开来，震得玻璃窗格格作响。许源来先生原住在干德道下面的一条罗便臣道上，就是在日军围攻香港的头一天，一颗炮弹击中他们的邻居，大火蔓延把他们的住房也烧成废墟，迫使他们一家人连夜慌张逃到我们家避难来的。

一天清晨，睡在客厅地铺上的阿蓉姐醒来后，走回她那间面朝九龙的卧室，只见壁上一个大窟窿，床上躺着一颗挺大个儿的炮弹，吓得她惊叫一声，奔跑出来传告。我和葆琛兄从来没见过真炮弹什么样儿，就好奇地跑进去瞧瞧，还把它抱了出来。

冯老伯青年时代曾在日本陆军军官学校学习过，这时以行家身份走近前来察看它还会不会炸。

父亲闻声也奔来，一见我们哥儿俩得意地抱着一枚炮弹，仔细倾听冯老评论，连忙喊道：“您还瞧什么！炸了怎么办？赶快想法子把它转移出去吧！”

于是，他叫大家别惊惶，也别靠近，镇定地指挥我们兄弟俩小心翼翼地把它抱出门外，走到附近一条弯曲的盘山道旁，顺着斜坡把它骨碌到峡谷里去了。那颗炮弹如今也许还在那儿埋着哪，当然事隔40多年，恐怕也不会再爆炸啦。

大家都捏把冷汗，笑话日本领事馆也不灵了，炮弹照样打过来，但是庆幸那颗炮弹居然穿墙入室而没炸，争说这全是因为父亲有造化，托他的福，大家才免遭于难。冯老赞扬道："你可真像个穆桂英，指挥若定，也不怕牺牲自己的孩子！"我们小哥儿俩完成了这项重任，自然也受到大家的一番夸赞，甭提多么得意！可如今一想，倒真有点后怕咧。

香港沦陷　蓄须明志

眼看香港就要陷落了。父亲一向爱好整洁，每天清晨起来必定刮脸，但这时他看出自己难以逃出虎口，便不再剃唇髭了。过去他为了扮演旦角，怕胡子浓密，常常照着小镜子用镊子一根根地拔，初到香港那一年，他还为此吃了一次苦头。有一次拔后不久，上唇人中处长了一个疔疮，据说这种病十分危险，能够致命，后经一位名医悉心治疗才慢慢痊愈。那位大夫嘱咐他以后刮脸后务必搽一点"曼苏里达"薄荷膏，此后他便一直照办；我们脸上长个小疙瘩什么的，他也给抹一点，果然疗效甚高。据我所见，这是父亲平生所用过的唯一的一种所谓"化妆品"，至多冬天再搽点甘油而已，从没使用过外面盛传的什么驻颜秘方、珍珠霜之类的玩意儿。时至今日，我和我的子女还都喜欢用那种薄荷膏，也可算是梅派嫡传了。

我那年13岁，不懂事，看到父亲的唇髭，便问道："爸爸，您怎么留起卓别林的小胡子啦？"

他答道："我留了小胡子，日本鬼子如果来了，还能强迫我演戏吗？"

日军围攻香港18天，英军投降了，港地居民惶恐不安。我们家附近居住的英美侨民都在一夜之间被勒令进入集中营。他们的门户大敞着，我们几个孩子偷偷溜进去瞧瞧，只见室内被洗劫一空，桌椅掀翻，只剩下几根不值钱的高尔夫球棍和一些撕烂的书报狼藉在地，景象十分凄凉恐怖。据说有的是让日军先遣部队破户掳空的，有的是被流氓趁火打劫的。父亲不许我们再随便溜出门外瞎窜，万一撞上日本兵怎么办，叫我们老老实实待在家里看书。

没过多久，干德道那条路上就出现了不少站岗和巡逻的日军。夜间时而还传来零星枪声，传说是日军正在到处搜捕拒不投降而隐匿起来的英国兵呢。

敌寇两次闯入家门

日军烧杀抢掳的暴行不时传到我们耳中，气氛越来越恐怖了。

几天后，一天夜里寒风瑟瑟，忽然闯进一个冻得哆里哆嗦的日本兵，多亏冯老伯会说日本话，马上近前同他对话。原来他是附近一带的巡逻班班长，在挨门挨户为他那个班的小卒勒索毛毯，我们只好把家中的几条给了他，总算把他对付走了。

第二天上午，门又被“咚咚”敲响，这次进来了四五个凶狠的日本兵，满屋子乱窜，好像是在搜寻什么人似的，冯老再次出面对付。他们一听他说一口东京口音的日本话，以为他是什么重要的亲日派人物，便没有逞凶而陆续退出。其中一名临走时，看见我们几个孩子坐在沙发上在看简易的英语读物，就顺手抢过去一本，使劲甩在地上，用刺刀在书本上猛扎几下，还恶狠狠地嘟哝了几句话。冯老伯慌张地转告我们：“他不许你们再看英文书，再看就跟这本书的下场一样。”日本鬼子走后，他连忙吩咐大家赶快把家中的英文书刊都集中起来，堆放到后面一间储藏室里去，免得再惹麻烦。

父亲曾在1911年和1924年两次访日演出，受到日本人民和文艺界人士的热烈欢迎。尤其是日本老百姓通常对中国人的姓名都用日语的念法拼音，就连当年赫赫有名的李鸿章，一般都称他为“Li Kou Chiu”，只有少数时髦人士按英语译音读之为Li Hong Chiang，而对我父亲则一律用北京音“梅兰芳”称之，这在日本是非常罕见的事。1977年，阿英同志临终前，曾嘱吴泰昌兄把他珍藏的民国八年天津出版的 8 本《春柳》杂志从书堆中找出来转赠给我，因为其中记载了我父亲 1911 年首次访日的情况，可以提供我写回忆录时作为参考。我十分感激地阅读了，里面就有上述罕例的报道。就在最近，日本老作家山崎丰子女士来华访问时，还曾亲切地同周扬同志谈起这件事。日本人民当年对我父亲这样的礼遇，使他深受感动。他对他们一直怀有深厚友好的感情，但他痛恨日本军国主义对中国的侵略，这时他在香港又亲眼目睹日军的暴虐，更使他义愤填膺，便下定决心，蓄须明志，绝不为他们所利用。小卒两次闯入，没有认出他是谁，可是他心里明白他们的上司早晚会找上门来纠缠。他暗自打定主意同他们周旋，誓死不屈服。

决心已定，他倒平静下来。家中的几位朋友烦闷无聊，凑在一起打打桥牌，父亲向来不摸纸牌，从不在这上面浪费时间，这时也坐下来跟他们学学，沉着地等待随时都会到来的凶险。

渡海会酒井

果然不出所料，一天上午，10 点钟左右来了一个陌生人，说是要见我父亲。他身穿便服，一口东北话，看样子却像个日本人，阿蓉姐只好让他进门。

父亲刚一走进客厅，那人就装出一副笑容，近前握手道："梅先生，真高兴见到您。俺叫黑木。我们一进入香港，酒井司令就派俺找您，直到昨天才打听到您住在这疙瘩。司令想见见您。您哪天有空，俺来陪您前去。"

父亲不动声色地思索一下，答道："好吧，现在就可以去。"说完就进卧室去取衣帽。冯老伯追进去，着急地轻声问道："你怎么能就这样轻率地跟他去，难道一点也不害怕吗？"

父亲苦笑道："事到如今，生死早已置之度外，还怕什么？今天不去，早晚也得去，莫非要等他们派兵把我押去不成。"

他毫无惧色地随黑木朝门口走去。这当儿，正在我们家中做客的中国银行职员周荣昌先生自告奋勇地称自己是父亲的秘书，要陪他一起去。黑木踌躇一下，勉强同意了。家里人都跑到阳台上，揪心地瞧着他俩乘坐黑木那辆黑色汽车下山去了。

父亲走后，大家忧心忡忡，坐立不安，不知道他还能不能回来。冯老伯在室内踱来踱去，直怪自己没有拦住我父亲，连连唉声叹气。我幼稚地问他："周叔叔在打仗的时候当过 ARP①，身体强壮，一定会保护爸爸吧？"他喃喃答道："但愿如此，但愿他们平安回来！"

时间过得很慢，下午还不见他们归来。大家心情越发沉重，相对无语。家里静悄悄的，弥漫着焦虑哀愁的气氛。

等啊，等啊，天渐渐暗了，谁也没心思吃晚饭。我们趴在窗前张望，外面一片漆黑，街上没有一个行人，只偶尔路过几个打着手电筒的日本巡逻兵，皮靴踩得"咔咔"响。整个山区十分阴森可怖。

直到夜里 10 点钟，从远处山坡才爬上来一辆汽车，开到楼前停住，朦胧中走下两个人。我看到后，连忙对闭眼颓坐在沙发上的冯老伯高兴地喊道："爸爸和周叔叔回来了！"

冯老伯张开两眼，半信半疑地问道："啊，啊，真的吗？"大家于是都拥到门口去接他们。

父亲回到家中休息片刻，跟我们讲了渡海会酒井的经过：酒井司令部设在九龙的半岛饭店。黑木带他和周先生乘坐专用小艇渡海，进入饭店后，先让他们在一间昏暗的会客室里等待。酒井那时正在开会，过了好久才走进来。他一见到我父亲，堆起满面笑容，假惺惺地说道："真没想到一请您就来了。幸会，幸会！您不记得我了吗？20 年前，我在北京城看过您的戏，还在某些场合同您见过面。我那时是日本驻华使馆的武官，后来还在天津当过驻防军司令。"

父亲见他面带一副虚假的神情，直套近乎，不会怀什么好意，便冷冷地答道："也许见过……可是不大记得了。"

---

① 即 Air Raid Petrol，义务防空巡逻员。

酒井依然笑容可掬，走过来和他握手，忽然惊讶地问道："怎么，我方才没看出来，您怎么留起小胡子了。像您这样一位名闻四海的大艺术家，怎能在中年时期就退出舞台呢?"

父亲答道："我是扮演旦角的，如今快50岁了，扮相差了，嗓子也不行了，已经完全失去演剧条件，早就应该退出舞台，免得献丑丢人!"

酒井觉出话里有刺，眉头一皱，沉吟一下，说道："哪里，哪里，您一点也不显老，可以继续登台表演，大大地唱戏。以后咱们再详谈，研究研究。"接着他就叫黑木发给我父亲一张临时通行证，又补充说："皇军刚进入香港不久，诸事繁忙。您如果有什么需要，可以告诉黑木，让他帮忙解决。不多谈，下次再见。"

父亲和周先生走出半岛饭店，心想家里人一定等得着急了，正打算立刻回家，不料被黑木缠住，非要到他家中去吃晚饭不可。父亲无可奈何地随他前去。那人是个中国通，在他家里没完没了地向我父亲炫耀他对京剧的知识，直到夜里9点钟才送我父亲和周先生过海，上岸后派汽车送他们回家。

父亲最后说道："今天一关总算闯过来了。可是你们别以为他们没有难为我，会有什么好意。我看出酒井够厉害的，先同我客套一番，以后准会想方设法利用我。让他等着瞧吧!"

三次威胁

没过多久，日军某部为了召开一次占领香港的"庆祝会"，就来了一封信，要他参加表演。父亲那时心情越来越不好，火气上升，患了牙疼，脸部发肿，便请医生开了一张证明，随信附去，说明不能演出，就这样名正言顺地挡了回去。

一个月之后，他们又派专人来百般威胁利诱，非要他出来演几天戏不可，借此繁荣市面。父亲提出自己已经多年不登台，嗓音丧失，且剧团不在港地无法演出等理由来回绝，再次应付过去了。

第三次情况就比较严重了。那是在1942年春，南京汪伪政府无耻地庆祝什么“还都”，由日本特务机关派专人来香港接我父亲前往参加演出，并说已备好专机护送。父亲还是照以前两次那样提出种种拒绝的理由，可是那个家伙屡次前来纠缠，父亲费尽唇舌也打发不走他。最后，父亲坚持自己患有心脏病，平生从不乘坐飞机，使那人再也无法搬动这位不驯的艺术家，又鉴于他的国际声望，也不敢把他怎么样，只好空手回去复命。

父亲虽然处于这样的逆境，仍然每夜收听国外广播，密切注意国际形势的发展。他关紧窗户，熄灭电灯，用被子盖住无线电，把声音开得很小，屏息静听。那时，我们家周围的楼房里已经搬进不少日本军人，常常开宴会，花天酒地，寻欢作乐。父亲那样偷听广播，实在是危险极了。我们几个孩子就在外间屋给他把风，如有人敲门，便立刻飞报。他每次听完之后，都沮丧地走出来，转告大家没有什么好消息。但是，他一直这样冒着危险坚持听下去，巴望总有一天会传来胜利的喜讯。

敌人三番五次的威胁动摇不了他的决心，局势的恶化也动摇不了他对胜利的信心。

日子越来越艰苦

日军占领香港之后，严格配给粮食。家中粮食尽管存得不多，父亲仍然照顾着亲友。齐如山先生的次子齐煐那时全家住在九龙，生活更加困难，来看望我父亲时谈起缺粮的事，父亲就叫他多来几趟，每次装一手提篮米带回去凑合度日。

那时街上行人路过日军某些岗哨前面必须低头鞠躬行礼，稍有疏忽被发现就会遭到一顿痛打，甚至被枪杀。父亲怕我们小孩逞能，偏不行礼而遭遇危险，就让我们待在家里少出门。他把积存的邮票拿出来，让我用水洗净，然后分国整理，还嘱咐荷兰邮票万不可泡在水里，一泡就变成白纸了。我便花了一个多月的工夫，按照他那本万国邮票目录加以整理，晚上也在昏暗的灯光下摆弄，终于把他所有的上千张邮票都整整齐齐地贴在几大本邮票簿子上了，可是眼睛也就从那时起变近视了。许伯明老先生曾翻阅了一下，说是没有一张珍贵的，但是现在过了40年，我想其中想必已有不少是稀有的品种了。以后如有时间，我当会专写一篇文章谈谈父亲收藏的邮票。

有一次我下山去理发，路过街头出现的许多旧货地摊，见有五大本邮票册，翻开一看，其中品种繁多，琳琅满目，看样子是由进集中营的英国侨民家中偷劫出来的，要价50元港币。我越看越舍不得放下，可兜儿里没有那么多钱。回家后，我就死乞白赖地向父亲要钱，非把五本都买下来不可，还说那里面的邮票咱们一张也没有啊。

父亲叹口气，说道："孩子，你不知道，现在日本人只许每户人家每月从银行中提取50块钱。咱们都买了邮票，还吃什么?"

我这时才领悟到日子真是越来越艰苦了，真不该瞎开口要钱。父亲在多么艰难地维持着全家那么多人的生活啊！我默默地哭了。

离港返沪

由于粮食和物资严重短缺，日本占领当局下令紧急疏散人口，住在我们家中的朋友便趁机离开香港。徐广迟先生住在我们家里一直对外隐匿着自己的身份，再待下去恐出危险，便首先化名乘船返回上海，再设法通过沦陷区返回重庆。许源来先生一家随后也返回上海。还有些朋友轻装简从地从广州湾转道到内地去。

1942年春，父亲不愿我们哥儿俩再回到沦陷的上海念书，便决定托付给老朋友先后带到内地去求学。我们兄弟临行前，父亲怕日寇发现拦阻我们，就给改了名字，按照小名"小四"、"小五"谐音改为"绍斯"、"绍武"，这样遇到盘问时也容易答得上来。在离别时，父亲嘱咐我好好念书，注意身体。我走出好远，回头一看，父亲还在窗口向我招手，心里真是十分难过，不知还能不能再见到亲爱的父亲。阿蓉姐送我下山，还用自己的钱给我买了许多罐头放在手提篮里。我临上船时，她扑簌簌地落泪，低声哭了。写到这里，我真是十分怀念那位淳朴善良的劳动妇女，她在我家工作那四年，把家中收拾得干干净净，井井有条，尽心照料着我们一家人的生活，亲如自己一家人一样。我后来没有再见到过她，不知如今她还健在否？大概快近70岁了吧。我从广州湾到了贵阳，进入花溪的清华中学，直到抗战胜利，高中毕业后才又回到上海。

后来，有人劝我父亲化装偷渡到内地去，但有的朋友觉得这个办法不妥，日本人容易认出父亲的面貌来，万一让他们发现，事情反倒不好办了。冯老伯认为香港已和上海一样，孩子都走了，父亲一个人再留在香港也不妥当，不如回上海去和家人同甘共苦。父亲最后接受了这个意见，便于1942年夏，快快不乐地取道广州返回沪滨。

那一时期，母亲在上海得不到父亲的音讯，日日焦虑，如坐针毡。一天下午，父亲悄然走进马斯南路的家门，使她真是又惊又喜。她见他又黑又瘦，还蓄着唇髭，紧紧握住他的手，含着眼泪说："我以为这辈子见不到你了哪。前不久，上海传遍你的凶信。徐九爷（超侯）前来说，听国外广播报道有一艘从香港来上海的轮船途中被打沉了，据说乘客里有你，我一下子就晕了过去。现在你回来了，真该谢天谢地。"她看看父亲的身旁，问道："两个孩子呢？"

父亲说明实情，母亲听后埋怨道："你也不跟我商量商量。他们那么小就出远门，吃得了苦吗？你可真够狠心的！"接着就哭泣起来。

这时，父亲才发现母亲的颜面神经抽搐不止，连忙问道："你脸上怎么这样直抽不停？"

"唉，那次别人误传你的凶信，我一惊就犯了这个毛病，扎针吃药都无济于事。"是啊，母亲从那时起就留下了这个病根，直到晚年也没治愈。

父亲虽然平安回到上海，但是城郭依旧，而面目全非，等待他的是更为严峻的日子……

1983年11月5日

傲骨从来耐岁寒

——忆父亲坚决拒为敌伪演出的事迹

1961 年，田汉老在我父亲逝世后不久写了 25 首绝句，作为献给他墓上的花环。其中有一首表彰他在抗战时期所表现的爱国主义精神，生动地刻画了他那正义凛然的气质，诗曰：

八载留须罢歌舞，
坚贞几辈出伶官。
轻裘典去休相虑，
傲骨从来耐岁寒。

我父亲当年蓄须明志，深明大义，为世人广为传诵，但是他如何不畏敌人的威胁，多次拒为他们演出的斗争经过，外人则知者甚少。我想读者一定愿意听我讲一讲其中较详细的情况吧。

岂能奏艺傀儡国　赴苏绕道海参崴

事情一直要追溯到 30 年代初期。“九一八”事变后，日本军国主义在我国东北阴谋筹建一个傀儡满洲国，曾多次派一个旗人邀我父亲前去演几天戏，以志“庆祝”。父亲对他的纠缠每次都给予严辞拒绝，最后那人无计可施，便摆出一副清朝遗老的架势，气急败坏地说：“你们梅府三辈受过大清朝的恩典，樊樊山先生且有‘天子亲呼胖巧玲’这样的诗句，而今大清国再次复兴，你理应前去庆祝一番，况且这跟演一次堂会戏又有何区别？我真纳闷你为何不能前去？”

父亲义正辞严地答道：“这话可不能这么说，清朝已经被推翻，溥仪先生现在不过是个普通老百姓罢了，如果他以中国国民资格祝寿演戏，我可以考虑参加。而现在他受到日本人的操纵，要另外成立一个伪政府，同我们处于敌对地位，我怎么能去给他演戏，而让天下人耻笑我呢？”

那人冷笑一声，问道：“如此一说，大清朝的恩惠就此一笔勾销了吗？”

“这话更不能这样说，”父亲反驳道，“过去清朝宫里找我们艺人演戏，是唱一次开一次份儿，也完全是买卖性质，谈不上什么恩惠。就说当差，像中堂尚书一类官，也许可以说受过皇恩宠惠，一般当小差使的人多了，都能算受恩吗？我们卖艺的还不及当小差使的人，何所谓‘恩惠’二字呢？”

这一席话说得那个家伙哑口无言，悻悻然离去。

没隔多久，苏联对外文化协会邀请我父亲前去访问演出，但剧团乘车前往必须路经东北，而那时恰值伪满洲国成立。父亲拒绝通过那里，苏联之行看来只好放弃。苏方得知这一消息，当即派人再次商洽，最后决定特派专轮迎接他直赴苏联。

1935 年 2 月 21 日，我父亲便在上海登上苏联派来的“北方”号轮船，直赴海参崴，3 月 12 日抵达莫斯科，作了为期一个半月的访问。在那里，他受到了苏联人民盛大的欢迎，并结识了高尔基、阿·托尔斯泰、斯坦尼斯拉夫斯基、丹钦科、梅耶荷德、爱森斯坦等文艺界人士。

息影艺坛甘清贫　梅华诗屋讥魍魉

国难日益深重。1938 年，父亲赴香港演出后，就租了干德道 8 号一套公寓房子留居下来。当时有人劝说道：“您曾经两次赴日，日本人对您向来友好，何必一定要迁居呢？”

父亲答道：“日本人民对我是友好的，可是他们的军阀政府对我们国家则是太可恨了。我有什么理由只管自己，不顾国家呢？”他毅然决定息影舞台，不再返回当时已沦陷的上海。

梅兰芳蓄须照

父亲蛰居香港，心情虽然悒郁，但他对抗战胜利充满了信心。他相信总有一天他会重登舞台，把自己的艺术献给人民，因此他常常夜间独自拉着二胡悉心复习和研究自己的唱腔，并且严格锻炼身体以免发胖，影响将来的演出。不幸1941年12月太平洋战争突然爆发，香港很快就陷落了。父亲事先未能离开，甚感懊丧。

就在日军侵占香港那天，他决定蓄起唇髭，没出几天，浓黑的小胡子就挂在他的脸上了。我当时年幼，不懂事地问道：“爸爸，您怎么不刮胡子了？”

“我留了小胡子，日本鬼子还能强迫我演戏吗？”

父亲后来回到上海，杜门谢客，时常在书房里的台灯下作画，年复一年靠卖画甚至典质度日。记得有一年除夕，我的外婆寻找一个每逢过节都要取出来使用的古瓷碗，但遍寻不到，父亲悄悄对她说：“老太太，别找了，早就拿它换米啦！”

上海几家戏院老板，见我父亲生活日渐窘迫，争先邀他出来演剧，但他都一一婉言谢绝。当时有一名汉奸多次纠缠不休，并以金钱利诱道：“只要梅老板肯出来，百根金条马上送到府上。”父亲只是一笑置之。

1942年秋季的一天，汪伪政府的大头目褚民谊突然来访，说是有要事相商，非要会见不可，仆人阻拦不住。父亲听说后，心想不会有什么好事，怏怏不乐地从楼上下来。他的挚友冯耿光和吴震修两位先生正巧在我们家中，放心不下，也跟随他走下楼来，进入书房。

马斯南路121号二楼那间书房里挂着清代金冬心隶书“梅华诗屋”的斋额。父亲在抗战初期曾在这里编演过反抗侵略的《抗金兵》和《生死恨》两出爱国戏剧，在最艰苦的岁月里，又曾坐在临窗的一张大书桌前，挥笔画过多幅青松、红梅、仕女和佛像，他在一幅《达摩面壁图》上还题了双关的跋语：“穴居面壁，不畏魍魉，壁破飞去，一苇横江。”［此画先父已于1959年赠给钱杏邨先生（阿英）留作纪念。］

褚逆走进“梅华诗屋”，寒暄几句便说明来意，原来是要邀我父亲在12月作为团长率领剧团赴南京、长春和东京轮回演出，以庆祝所谓的“大东亚战争胜利”一周年纪念。

父亲用手指着自己的唇髭，沉着地说道：“我已经上了年纪，没有嗓子，早已退出舞台了。”

褚逆阴险地笑道：“小胡子可以剃掉嘛，嗓子吊吊也会恢复的。哈哈哈……”

笑声未落，父亲说：“我听说您一向喜欢玩票，唱大花脸唱得很不错。我看您作为团长率领剧团去慰问，不是比我更强得多吗？何必非我不可！”

褚逆那肥嘟嘟的脸蛋顿时敛住笑容，刷地红一阵白一阵。他自讨没趣，坐在那里很不自在，又支支吾吾不知说了两句什么，就站起来狼狈地离去。在座的冯、吴二位，起先深为我父亲捏把冷汗，不知他怎样对付这一难题，如今见他这样讥诮地臊走了那个没骨头的大汉奸，都翘起大拇指冲他说：“畹华，你可真有一手！”

父亲从沙发上站起来，凝视着“梅华诗屋”壁上挂着的那幅苍松墨画。那是他的绘画老师汤定之老先生在他1935年访问苏联，漫游欧洲归来后送给他的一幅笔力苍劲、气势纵横的大横幅，鼓励他如古松般经霜不凋，抵抗外来的侵略，不与敌寇妥协。他沉思片刻，说道：“我猜想他们不会就此善罢甘休的。”

小丑痴想搬大王　智斗敌酋志更坚

果然不出父亲所料，没隔多久，他们就又由华北驻屯军报道部部长山家少佐出面进行胁迫。这个臭名昭著的少佐当时掌管文化宣传事务，权势很大，号称“王爷”。他每天在家里摆设十桌筵席，聚集大小汉奸吃吃喝喝，商议如何搜括中国老百姓的民脂民膏；这帮家伙贩毒聚赌，搜捕抗日爱国者，无恶不作。座上客有个北平《三六九》画报社社长，名叫朱复昌，这个小丑毛遂自荐，愿意效劳，夸下海口定能搬出梅大王去东京慰劳皇军。他诡计多端，进谗言道：“梅兰芳说他年纪大了不能再登台，那就请他出来讲一段话，他总不能再有什么理由推却了吧。”山家少佐当即全权委托他去沪办理，事成之后加倍犒赏。

这个汉奸先打听到一向经营梅剧团业务的姚玉芙先生刚从上海回京，就鬼鬼祟祟地来到安福胡同姚宅。他请姚先生马上再乘飞机回沪向我父亲讲明一切，他本人随后就坐火车赴沪亲自邀请，说完就洋洋自得地走了。

姚叔叔知道我父亲绝不会听任他们摆布，心中焦急万分，正在进退两难之际，秦叔忍三叔闻讯赶到姚家。他听明情况之后，思索片刻，想出了一条对策。他建议姚叔叔一到上海就让我父亲接连注射三次伤寒预防针，因为他知道我父亲不管打什么预防针都会立刻发高烧，卧病在床。

父亲一见姚叔叔没走几天又回来了，就猜到其中必有缘故。待他讲明一切之后，父亲便依计行事，立刻请来他的私人医师吴中士先生给他打针，同时叫姚叔叔电告朱逆无需再来沪。

山家少佐不信我父亲突然会患病，立即打电报给驻沪海军部派一名军医查明情况。11 月底一个寒冷的夜晚，一名蓄着仁丹小胡的日本军医奉命来到我父亲的病榻前，一量热度果然是 42 度。父亲昏昏沉沉地躺在床上，一句话也没有搭理他。

就这样，他不惜发高烧损伤身体，再次抵制了敌伪的胁迫。他本来就已消瘦，现在两颊更加塌陷了。东京，我父亲曾在 1919 年和 1924 年两次访问过，

抗战胜利后，梅兰芳重返舞台时演出的剧场——上海“美琪大戏院”

在那里结识了不少友好的同行，日本人民也曾热情地欢迎过他。但是，在日本军国主义侵华战争时期，要让他再去东京，那纯属痴心妄想。

1943 年以后，德、意、日协约国在战场上节节败退，日帝也就无暇再搞什么“庆祝”活动了……

最近偶读一本《巴勃罗·卡萨斯传》①，发现这位国际闻名的西班牙大提琴家也曾在那一时期受到纳粹德国军官的胁迫，要他从沦陷的法国去柏林为希特勒演奏，但是耿直的老艺术家拒不从命。事出巧合，东西方两位大艺术家在同一年内，一个拒绝去东京，一个拒绝去柏林；他俩远隔千里，素昧平生，而两颗正直的心却同搏跳动，不约而同地表现出反法西斯斗争的坚强意志。在那群魔乱舞的时刻，这种高度的政治觉悟和爱国主义精神，令人可敬可佩。

漫长的黑夜终于消逝。1945 年 8 月 8 日抗战胜利的消息一传出，我父亲高兴得当天就剃掉了唇髭，没出两个月，他就在上海美琪大戏院重登舞台，受到广大观众热烈的欢迎。那时，他已经 52 岁了。

1979 年 8 月 8 日，时为先父逝世 18 周年纪念日

① H. L. 克尔克：《巴勃罗·卡萨斯传》，美国霍尔特·伦哈特和温斯顿出版公司 1974 年版，第 691 页。

脾气并不随着能耐长

——忆父亲的戏德

旧戏班里有一句话："脾气随着能耐长"，也就是说艺术水平提高了，受到观众的欢迎，有了名气，架子就大了，看谁都觉得不如自己，从而不尊重别人，乱发脾气。父亲却不那样，他名声越大，越加严格要求自己，对待同事和所有周围的人都一直保持谦虚的态度，处处体贴别人，照顾别人，关心别人，尊重别人。这样的事迹很多，这里仅举数例以见。

认真对待艺术　严格要求自己

他少年时曾搭喜连成科班演戏，是最守科班规则的学生，派什么戏就唱什么戏，从不挑剔。有一次演《樊江关》，另一位演员抢先扮了本应由他扮演的樊梨花，他就改扮薛金莲，而且演得十分出色，结果使这出戏中的姑嫂英雄后来都成了重要角色。《宇宙锋》本是一出很冷的开场戏，经他认真加工演出后，也成为一出颇有意义而受观众欢迎的剧目。

在科班演戏那个时期，他从来没有误过场，一向很早就到后台化好装，有时坐在戏箱上候场，有时站在台边观摩学习别位演员的技艺，有时怕妨碍别人就躲在化装室里等待，从不跟旁人闲聊，因此他养成了一种好习惯，演戏从没让人催过，从没让人给他垫过戏。即使后来成名了，他也继续保持这种优良作风，脾气并没随着能耐长，一点也没沾染旧戏班的习气，而是更加严格地要求自己。萧长华老先生曾拿《醉酒》这出戏加以引证，他说："我与姜妙香同志陪他演《醉酒》，贵妃下场更衣（女蟒换宫装），高力士与裴力士在场上摆花设筵，如果是那些有习气的演员，下了场就得多歇一会儿，绷得严严的再换装。兰芳却不然，他宁可自己少休息一会儿，也不使台上脱节，哪次都是不等我与妙香的戏完了，他就来到上场门候场了。从这些小节，即可以看到兰芳同志是如何对待艺术，如何对待自己的工作，尤其可贵的是他能够永远一个劲儿，长年如一日。"①

体贴别人　照顾别人

新中国成立初期，父亲的弟子陈永玲有一次同他和谭富英先生合演《御碑亭》，父亲饰嫂孟月华，陈饰小姑王淑英。演出前，师徒俩在后台对一下戏。有一场，小姑学舌，要重复嫂子在御碑亭口占的那首诗给哥哥听，永玲发现老师念的那两句跟他原学的不一样，他现学又怕记不住，心里直嘀咕。父亲说："不要紧，你说说你的，我照你学的词儿念。"于是他一边化装，一边就一遍又一遍地背诵永玲所学的那两句："一宵雷雨正喧天，危坐碑亭不敢眠。"上场后，永玲十分紧张不安，深怕老师年纪大了，不一定记得住新词儿，可老师却稳稳当当，一字不差地念出来，使他深为感动。永玲最近对我说："按理学生应该学先生的台词念，可先生为了照顾年轻一辈，怕我在台上临时出错，影响舞台效果和演员声誉，就情愿自己担待起来。先生这份恩情叫我毕生难忘。"

遇到同年纪大的演员合作，父亲更加注意照顾。50年代初期，他同年长的萧长华先生合演《女起解》，每演到苏三唱"唯有我老爹爹是个大大的好人"

① 萧长华：《记畹华的高尚品格》，《戏剧报》1962年第9期，第55页。

时，崇公道有个跌坐地上的身段，他必定把萧老搀扶起来，当然这也合乎剧情，但主要还是照顾老先生，唯恐他真的摔着。又如新中国成立后，父亲经常演出《贵妃醉酒》，年逾花甲的姜妙香先生扮演裴力士，要向杨贵妃下跪多次，而且跪的时间也比较长。父亲于是想到了运动员用的“护膝”，有一天便对姜老说：“六哥，您这么大岁数了，每回您下跪，我都揪心，我给您买了一对‘护膝’，您就戴着上台吧。”这种体贴使姜老十分感动。另有一次，他和韩世昌先生合演《游园惊梦》，杜丽娘和春香正在同歌同舞时，韩先生忽然犯喘，咳嗽不止，父亲便急忙利用转身的动作，用身体遮住韩老，使他能有机会面朝后幕稍加喘息而不至于让观众发觉。事后，韩老对我父亲这种随机应变的照顾也深表感激。

《女起解》，梅兰芳饰苏三，萧长华饰崇公道

尊重同行的劳动

新中国成立前，父亲在上海参加一次义演，剧目是《龙凤呈祥》，他饰孙尚香，马连良饰乔玄，周信芳饰鲁肃，姜妙香饰周瑜，盖叫天饰赵云，袁世海饰前孙权、后张飞。那天晚上，他在后台化装，盖叫天先生走过来同他对对戏，说道：“我演的赵云，是梆子派的，戏路跟您的很不同。”一般来说，按父亲当时的声望，孙尚香、刘备和赵云三人跑圆场“编辫子”那场戏理应照他的戏路

演，但他笑吟吟地站起来说："行啊，就照您的路子走吧。"接着，他便跟在盖老身后走了一趟，让他放心。上台后确实就是那样演出了，赢得了满堂彩。袁世海同志当时亲眼见到这种情景，前年回忆道："这件事给我印象极深，梅先生那种尊重别人的谦虚精神，至今我也忘不了。"①

对于那种背地里胡乱议论别的演员的做法，父亲是一向反对的。他曾说过一桩轶事，劝人引以为戒。内容是过去有一位自以为是的票友，喜好吹毛求疵地议论演员，一次在一家喜庆酒宴上，没完没了地信口大谈名老生高庆奎的唱腔和做派如何如何糟，话说得越来越难听，在座宾客均感尴尬，面面相觑。他却未加理会，还自鸣得意地转身向邻座一位文质彬彬的先生问道："您说我的话对不对?"那人没搭碴儿，他又问一句："请问贵姓?"只听那人诙谐地答道："敝人就是您骂不绝口的高庆奎!"这位票友顿时目瞪口呆，狼狈不堪，席未终了，便抱愧溜走了。

作为一名演员，父亲深深体会到演员在台上表演的辛苦，因此他对各个剧种的演员辛勤的劳动都是极为尊重的，有好的地方便汲取过来，或向人郑重推荐，例如50年代中期，川剧首次来京参加会演，其中陈书舫和袁玉坤主演的《柳荫记》起先未被重视，后经他大力推荐而终于获得一等奖。对于外国同行的表演，他也是同样很有礼貌地予以尊重。苏联老一辈汉学家鄂山荫曾讲过他所经历的一件动人的事：1935年，他陪同我父亲在莫斯科大剧院观看欧朗斯基的芭蕾舞剧《三个胖人》，有一位独舞演员跳完之后，素以要求严格而闻名的大剧院观众觉得他跳得不够理想而没有报以掌声，唯独我父亲坐在靠近舞台的那个包厢里，却站起来，率先向他鼓掌致意。当时鄂山荫问道："这位演员跳得并不太高明，您……"

"您看，"父亲指着舞台地板，激动地说："点点水痕，那是他劳动的汗水呀!"

鄂山荫后来深有感触地对人说："我一辈子也不会忘记梅先生给我上的这一课。"

---

① 舒新：《终生难忘的三件事——袁世海回忆梅兰芳先生》，《北京晚报》1981年9月13日。

待人至诚　互勉互励

演出时，如果同台演员不慎出了点错儿，父亲也从来没翻过场（当场责怪或瞪眼，不留情面），而是救场如救火，尽量设法遮掩过去，下台后关照几句，甚至还附带安慰一下。记得梅剧团1952年在青岛演《龙凤呈祥》，有一场是一个不太重要的角色小太监上场只说一句话："太后有旨，请郡主前去拜堂。"扮小太监的是原天津新华剧院的孙鸣凯，他从来没跟我父亲同台演过这出戏，一上场特别紧张，脱口念出："太后有旨，请娘娘前去拜堂。"他把还没结婚的孙尚香错叫成了娘娘，台下顿时响起倒好。回到后台，他为自己把戏搅了而极为懊丧，深感对不起我父亲。父亲听说后，立刻把他找来安慰道："别难过。下次再演，小太监还是由你来扮，就一定不会再念错啦！"

杨荣环同志也谈到过一件事。他记得有一天看老师演《洛神》，琴师拉错了一句，影响了演出效果。散戏后，他到后台亲眼看到老师不仅没有埋怨，反而含笑安慰琴师说："今天是我唱错了，下次咱们多注意就行了。"杨荣环对此事颇有感慨地说："老师话虽不多，知情者无不钦佩他的海量胸怀。梅师如此谅解他人的例子，举不胜举。"①

就是对后台一般工作同志，父亲也是一视同仁，谦恭和蔼地对待，绝无厚此薄彼的表现。俞振飞先生曾说："在旧社会，兰芳同志人称'伶界大王'。其地位之高，在戏剧界堪称前无古人，旦脚挂头牌，就从他开始，真算得上'红得发紫'。但是，只要同他接触过的人，没有一个不称赞他胸襟阔大，平易近人。每进后台即向'跑龙套'鞠躬问好的'名角'，当时也只有梅兰芳一人而已。"②

---

① 杨荣环：《艺术表自心灵美——纪念梅兰芳先生逝世二十周年》，《天津日报》1981年8月9日。

② 俞振飞：《可贵的谦虚》，《文汇报》1978年8月27日。

父亲尤其能谅解别人偶尔出现的差错，例如管服装的同志一时疏忽忘记带来某件道具，他从不发脾气，加以斥责，而是尽量想办法解决。有一年夏天，他演《贵妃醉酒》，临上场时，管服装的同志找不到杨贵妃手里拿的那把漂亮的扇子，心想恐怕忘记带来了，急得满头是汗，直打自己的嘴巴。父亲说："别着急，再找找看。"这时他已经走到上场门口上，一声"摆驾"都已念出，扇子尚未到手，他就随机应变地把身旁一位朋友手上的一把普通扇子拿过来，稳步登台。那把扇子尺寸小，骨子太硬，当然不如那件惯用的道具顺手，但他还是从容地应付下来。那位管服装的同志，心想这多亏是夏天，后台还有人带扇子，要是冬天可就抓瞎了。从此他提高警惕，每当我父亲再演《贵妃醉酒》时，他从戏箱里取行头、小道具什么的，必定首先取出那把扇子，后来就再也没有出过差错。

同情疾苦　乐于助人

父亲由于早丧父母，年幼时寄养在伯父家中，度过一段贫苦的生活，因此他从小就养成一种同情疾苦、乐于助人的品德。新中国成立前，每逢遇到天灾，他总是带头赈灾义演，接济难民。这种义演，他真不知道演过多少场！又如1934年，他在汉口演出时，有一家戏园失火，烧成焦土，那家戏园的班底演员无处演戏而面临断炊之危，他听说后立即解囊相助那些同行渡过难关。

此外，每逢旧历年底，他都要演出一场义务戏，把全部收入分给北京穷苦同业度过年关。这在戏班里被称之为"窝窝头会"。他即使不在北京，也不会忘记此事，一定在外地组织专演一场，把款寄回北京分发。萧长华先生曾披露过我父亲1948年给他的一封信，就是专谈此事的，兹录于下：

长华先生大鉴：

久未通信，想您身体安好。兰芳此次天蟾出演，嗓音似比去年好一点，上座也好。五月二十三、二十四两日在天蟾为上海伶联会和北平国剧公会义演两日，每会应得贰亿玖千六百八十万六千元正，此款已于前日由新华银行汇平，暂存曹经理处，并加升水柒千四百二十二万四千元，共计叁亿柒千一百十一万二千元正。尚有娱乐捐壹亿陆千二百十三万七千元，此款因财政局免捐事迄未批准，候财局批准后领回，此款当即汇平，所有清账俟春林回平带上。已汇北平之叁亿柒千余万款项，应如何支配，请先生费神，到会招集主持诸位商量，兰芳对此并无意见。再此次义演，北平来沪梅、杨两剧团诸君完全义务，特以奉闻，专此即请道安。

梅兰芳拜启

六月三日[①]

以上所举的例子，戏班里统称之为戏德，父亲在这方面的种种表现深得同行们的赞佩，大家因而尊敬他，爱戴他，愿意同他共事。当然，这也是和他平时一贯性情和蔼、虚怀若谷、待人厚道等优良品德分不开的。

1961 年 8 月 8 日父亲逝世后，《戏剧报》曾出专刊纪念他，对他这种高尚品德作出了公允的总结：

梅兰芳重戏德的美名，是梨园行中和观众中有口皆碑的……无论在生活中、在演戏的时候，他从不要求别人来迁就自己，从不为了自己的方便而妨碍别人，处处为人打算，他严于责己，乐于助人。一向是体贴别人、照顾别人、关心别人、尊重别人。他的合作者出了什么差错，他也从不加以斥责，而是鼓励人改正缺点；对于与他合作过的老艺人，他

① 萧长华：《记畹华的高尚品格》，《戏剧报》1962 年第 9 期，第 54 页。

从不因为他们老病不能再演而一脚踢开；对于生活上有困难的同行，他总是尽一切力量来帮助。所有这些传颂于同行中的美德，都能够说明他待人接物的优良作风。①

1981年8月8日写

1983年8月28日补充

① 《梅兰芳同志永垂不朽》，《戏剧报》1961年15~16期合刊，第9页。

奏艺氍毹数十春　音容笑貌五洲存

——忆父亲的艺术生活

“当梅兰芳在舞台上表演一幕死亡的情景时，一位坐在我身旁的观众被他的一个手势惊吓得‘啊’地尖叫了一声。一两位坐在我们前排的观众愤慨地回身冲我们嘘了一声。他们表现得仿佛身临一个真实的姑娘当真死去的境界。”这是著名的德国戏剧家布莱希特1935年在苏联观看我父亲演出后所写的评论中的一段话。布氏对中国京剧十分神往，从中汲取不少经验，后来运用到他所创作的“史诗剧”中去，这是国内外已经公认的一个事实。

父亲的表演如此逼真，如此吸引观众的注意，这跟他自幼勤学苦练是分不开的。他8岁开始学戏，11岁登台演出，直到68岁病逝，除去8年抗战期间蓄须明志辍演之外，在舞台上表演我国优秀而具有独特民族风格的传统戏剧达50年之久。他不仅在国内深受人民的爱戴，而且在1919年至1956年间曾先后三次赴日、两次赴苏、一次赴美、一次赴朝，把京剧艺术介绍给这些国家的人民，赢得了很高的国际声誉。他还到过英国、法国、奥地利、意大利、埃及和印度等国考察戏剧和歌剧。他同许多当代国际上享有盛名的戏剧家、作家、诗人、画家、歌唱家、表演艺术家切磋艺事，建立了深厚的友谊，同时也丰富了自己的表演艺术。他对待艺术一贯严肃认真，一丝不苟，使表演达到了炉火纯青的高度水平，尤其是在晚年，他在剧本和表演的思想内容上更有了显著的提高。但是，他从来没有感到自满，毕生在艺术实践上不断改进，精益求精。

1951年，他在总结自己的艺术创作时，谦虚地说过：

> 我是个笨拙的学艺者，没有充分的天才，全凭苦学。我的学艺过程，与一般艺人并没有什么两样。我不知道取巧，我也不会抄近路。我不喜欢听一些颂扬的话。我这几十年来，一贯地依靠着我那许多师友们，很不客气地指出我的缺点，使我能够及时纠正与改善。这是了解我的人，都知道的。在艺术上，我到今天还是一个努力学习的小学生……①

父亲这席话确实是出自肺腑之言。他从小就坚持勤学苦练；为了练好基本功，他十几岁时曾在寒冬腊月的冰上练踩跷，练跑圆场，摔倒了，爬起来再练，终于练出一副腿脚稳健的硬功夫。这使他后来在60多岁高龄时扮演英姿风发的穆桂英，在“捧印”一场，依然能走出那么稳重矫健的步子，使观众觉得台上虽然只有穆桂英一人，却有千军万马在她统率下即将奔赴沙场杀敌的活跃情景，给人一种“一人演满台”的感觉。又如，他在晚年照样能在《贵妃醉酒》这出“重头戏”中，做出下腰、衔杯、卧鱼、抖袖种种舞蹈动作，而且做得从容自如，给人以美感，而没有令人为他担心的感觉；殊不知他所穿的那件金银线绣的华丽宫装实有20多斤重，头上戴的凤冠饰物重13斤，没有点真功夫的人，恐怕难以站稳，连袖子都抖不动，更不要提做舞蹈动作了。另外，我还联想到他晚年在《宇宙锋》的“装疯”一折中有几个水袖动作，抖动得犹如朵朵落花一般，流露出赵女内心极端痛苦而复杂的心情，增强了剧情发展的沉郁气氛。这些都表明他的艺术创作同他青少年时勤学苦练基本功有着密切的关联。

父亲的先天条件并不优越。他年轻时眼睛近视，而他深知演员的一双眼睛在表演艺术上是至关重要的，就像画家“画龙点睛”那般重要，画家把眼睛画像了，人物就活起来了，演员的眼睛奕奕有神，能够抓住观众的注意力，戏就

---

① 梅兰芳述，许姬传记：《舞台生活四十年》，中国戏剧出版社1961年版，第312页。

演活了。因此，他中年时曾经养过鸽子，每天清晨坚持放鸽子，两眼紧紧追随它们在空中翱翔飞驰，以锻炼自己的眼神，终于纠正了他早期显得有点呆滞的目光，使两眼具有炯炯放光、摄人心灵的力量。扮演《宇宙锋》中哑奴的张蝶芬同志曾对我说："你父亲在表演时，很注意跟台上其他演员密切配合。他在'装疯'一折中，眼神不但同台下观众息息相通，而且还不时把眼神向我扫来，使我不得不跟他协力表演，不像有的演员只顾自己表演，把哑奴撇在一边呆愣愣地站着，无戏可做。跟梅先生同台演戏，他把我们演配角的戏也带了出来，真叫人感到舒畅！"这里不仅谈到了眼神，而且还包括了演员之间密切合作的问题。综观我父亲的演出，这也是不乏其例的。譬如，他饰演虞姬，有一场在引吭高歌的霸王身后做出许多密切配合的舞蹈身段，感人至深，恰如其分地衬托了霸王当时的忧愤情绪，而不因为自己是主要演员，便在舞台上脱离剧情地强调自我中心。

《金山寺》，梅兰芳饰青儿，王蕙芳饰白素贞

“京剧有它的一定程式，但也要有灵活性和创造性，不得死板。”父亲常常这样说。因此他在多次表演同一剧目时，经常在规定的模式下，随着演出的效果和情绪的发展，演得不尽雷同而是有所改变，有所创新。每逢做出一些改动之后，他必定征询亲友同事的意见，以求进一步的加工和提高。如果改得不好，便在下次演出时舍弃，而不自以为是地予以保留。

他不但坚持从广大群众中间，从亲友中间征求意见，而且还从各地方剧种汲取宝贵的经验。他生前写过不少谈论地方戏曲的文章，跟各地方剧种的文艺工作者促膝长谈，就是一个明证。晚年他最爱表演的《穆桂英挂帅》便是从豫剧中得到启发，经过移植再创造的，成为他的艺术达到最高峰的杰作。他还喜欢观摩前辈演员的演出，不只是旦脚，其他生、末、净、丑各个行当的节目，他都细心观看钻研，从中汲取精华，融化在自己的演技中，丰富他的表演。《贵妃醉酒》中有个身段，他就是从擅演曹操的花脸老艺人黄润甫那里学来的。

父亲还常常琢磨京剧里已定的象征动作的含义。例如，他在新中国成立后把《贵妃醉酒》修改成一出反映宫廷妇女哀怨，从而暴露封建黑暗的戏，但他对其中的“卧鱼”动作百思不解其意，偶然有一次他在公园里散步，见到人们弯腰闻花，猛然从现实生活中领悟了那一身段的含义，后来他再表演这一动作时便赋予了它的真实意义。他的钻研精神由此可见一斑。

前面提到他表演得生动逼真，让一名外国观众吓了一跳，可是父亲又曾再三说过：“演员深入角色，演得逼真，是应该的，但是万不可忘记自己是在演戏；否则，真哭真笑，控制不住自己，便会把戏演坏。”狄德罗谈论戏剧时也强调演员勿忘自己的演员身份，并举出一件轶事：著名英国演员加里克与一名演员演莎翁之剧，那女演员演得过火，哭得不可开交，加里克凑过去在她耳边悄声指责道：“喂，别忘了你是在演戏！”我父亲那种对表演的辩证的论断，与狄德罗的见解不谋而合。

一个手势可使一名外国观众吃惊，说明中国传统戏剧中手的动作的极端重要性。父亲一生在京剧艺术中对旦脚的指法创造了几十种之多，而且根据角色的心理变化而各有其含义，30年代就有人著书专门研究过他的手姿。有位外国戏剧家说过这样一句话："见了梅兰芳变化多端的指法，我们有些演员笨拙的手都该剁掉！"

父亲为了保持他的嗓音纯正圆润，高亢动听，一生从不喝酒，香烟偶尔抽一支，但有节制，不吃辛辣刺激的食物，注意锻炼身体，过着有规律的生活。这是他对观众极端负责的一个表现，也是他热爱艺术的一种严肃态度。因此，他一生在舞台上表演，从来没有在台上安装过扩音器，可是他的嗓音响亮得可以直达到北京中山公园音乐堂那样大的剧场的最后一排。

有人说我父亲只适合扮演雍容华贵的妇女形象，我觉得不尽然。他在《生死恨》中"纺车"那一场，把贫寒交迫的韩玉娘的形象刻画得十分孤苦凄凉，唱腔哀楚，引人下泪，而且也抒发了她那一腔爱国的热诚，演得是极为成功的。《武家坡》中的王宝钏，《汾河湾》中的柳迎春，《打渔杀家》中的萧桂英，都是贫寒的妇女，他扮演这些角色同样感人肺腑，誉满寰瀛。

在净化京剧舞台方面，父亲也煞费了一番苦心，进行了大胆改革。他首先带头取消传统遗留下来的检场、饮场等陋习，并把原来出现在舞台上的乐队移到右角，用纱幕遮住。为了加强乐队的音响效果，他早在1923年就曾试验过多种乐器，包括西洋乐器在内，经过鉴定，最后确定只在旦脚伴奏上增加一把二胡。因此，他在该年9月8日和9日上演头二本《西施》时，就加上了由王少卿伴奏的二胡，不但取得了良好的效果，而且保持了我国民族音乐的特色。1935年，他在苏联演出后，到欧洲去考察戏剧，在伦敦碰巧看到那里上演一出改编成英语的话剧《王宝钏》，其中甚至把检场、饮场等也原封不动地掺杂进去，他就对导演提出了意见，希望把那些删除掉。

佐临同志1962年曾经写过一篇题为《漫谈"戏剧观"》的文章发表在《文汇报》上，其中提到现在世界上有三种戏剧观，"那就是：斯坦尼斯拉夫斯基戏剧观、梅兰芳戏剧观和民主德国戏剧家布莱希特戏剧观"，"梅、斯、布都是现实主义大师，但三位艺人所运用的戏剧手段却各有巧妙不同"。承蒙佐临同志去年将这篇文章寄给我，使我从中受到很多教益。确实，父亲勤勉奋斗一生，创造了京剧中受到国内外观众赞赏的一个艺术流派——梅派艺术，也可以说是一个体系，给予当代国内外舞台表演艺术深远的影响。

最近，无线电电波重新传出父亲生前演唱的《穆桂英挂帅》的片段录音。我们全家听了，心情无比激动。要不是党中央一举粉碎万恶的“四人帮”，我父亲生前遗留下来的声音，势必被“四人帮”所炮制的“文艺黑线专政”论永远禁锢起来，不会再传到广大喜爱他的艺术的听众的耳中。

在这万分激动的心情下，我的年迈的母亲找出许多帧照片，亲切地追忆了毛主席、周总理、陈毅等老一辈无产阶级革命家对我父亲无限关怀的情景。

借此父亲逝世17周年纪念日之际，谨赋短诗一首，以示缅怀：

奏艺氍毹数十春，
音容笑貌五洲存。
欣见百花齐再放，
梅派流风播远声。

（原载《文汇报》1978年8月8日）

1983年8月修改

艺术青春常在的奥秘

——忆父亲为艺术而锻炼身体的二三事

1945年8月，抗日战争胜利的消息一传出，我父亲高兴得当天就把他那浓黑的唇髭剃掉，顿时神采奕奕，与前判若两人。不出两个月，他就在上海美琪大戏院重登舞台奏艺。记得首场演出结束后，观众蜂拥到台口，向他鼓掌致意，他笑容满面地向观众频频点头答谢。退场时，观众纷纷议论道："梅先生可真不容易，50多岁的人了，8年没有演出，今天再次登台，功夫不减当年，可真是了不起！"

日帝侵华战争时期，他蓄须罢演8年之久，拒不与敌伪合作，表现得正义凛然，深有民族气节，因此他重登舞台必然受到盼望已久的观众对他热情的欢迎。但是他辍演那么久，怎么立刻就能恢复演出，而且功夫不减当年呢？奥秘其实就在于扎实的功底和平时注意锻炼身体这两个方面。

冰上回旋跷功练　重剑起舞臂力增

父亲年幼丧父，靠伯父养育，家境贫寒，身体羸弱。他8岁开始学艺，跟北京其他学艺的孩子一样，每日天刚蒙蒙亮就由师傅带领到城根底下去喊嗓子、踢腿，稍长之后又跟他的姑父秦稚芬学习多种拳术。他坚持练功，身体也就渐渐结实起来。十几岁时，他为了练好基本功，冬天曾在家中小院里泼水成冰，在冰地上练踩跷，跑圆场，摔倒了，爬起来再练，坚持不懈，终于练出了一副腿脚稳健的硬功夫。中年时，他曾根据明代梁伯龙的杂剧《红线女》第三折“红线女夜窃黄金盒”改编成一出京剧《红线盗盒》，他扮演剧中的侠女红线，夜入敌营主将寝室，登桌将床头幔帐上挂着的宝盒盗下，然后手执青龙棍，站在桌上，一只脚朝后跷起，脚心朝上托着宝盒，唱完一支曲子才轻轻纵身跃下逸去。这个脚心托盒的姿势据说是昆剧传统的老身段，没有扎实的腰腿功夫是难以办到的，我父亲做得从容不迫，全身毫不晃动，给人一种美的雕塑感。正是由于功底扎实，他晚年 68 岁时，仍能在《穆桂英挂帅》中“捧印”一场走出极其稳重矫健的步伐，赢得了观众的赞叹。

父亲年轻时因患近视，放过一阵鸽子，两眼追随它们在空中飞翔以纠正自己呆滞的目光。这是许多内行人都知道的，殊不知这还有锻炼身体的因素在内，那就是他为了引飞鸽，需要不断地挥舞一根顶端系着红绸条的、两丈长的竹竿，从而也就增强了他的臂力。后来，他排演《霸王别姬》，私下练习剑舞又常常用一对相当沉重的钢剑，到了台上运用一对轻轻的木制宝剑翩翩起舞时，就没有给人一种飘浮或吃力的感觉。虞姬这套剑舞，是我父亲花费了很大的劳动创造出来的，几十年不断琢磨改进，可以说是达到了美、准、稳的境界。同他合演此剧 30 多年、饰演霸王的刘连荣先生说：“这趟剑舞应该说是虞姬的重活，可是梅先生功力浑厚，应付裕如，直到他近 70 岁最后一次演《霸王别姬》时，舞完剑，也没看出他大喘气；他从来也没有因舞剑而使鬓花、丝绦等有丝毫凌乱之处，可见梅先生功底的深厚。”

蛰居异乡曲不离　挥拍羽球身矫健

父亲自 1938 年到香港演出一期戏以后，就在那里居住下来，没有返回沦陷的上海。他虽居异乡，息影舞台，但对抗战胜利充满了信心，坚信终有一天他会重登舞台，把自己的艺术献给人民。他把生活安排得很有条理，每天起床盥洗后，先看报了解国际局势，然后打两套太极拳，锻炼一下身体。每周有两个下午，他跟一位老师学习中文和英语；晚上，他有时阅读书籍，钻研文学艺术，有时轻轻拉着二胡，悉心复习和研究自己的唱腔，做到曲不离口。当时他正值中年，最担心的是身体发胖，将来会影响他的演出，后经一位音乐舞蹈老师陈能方先生的建议，每周末和他一起去九龙一家俱乐部打几小时的羽毛球。我记得父亲当时也经常把我和葆琛兄带去打球。父亲武功底子厚，很快就学会了这种球技。他矫健灵活，抽杀凌厉。每次打完几局之后，他全身湿透，但精神酣畅。他就是通过这样的锻炼，一直保持了身材的匀称。他曾告诉我，他的美国朋友、电影演员范朋克就经常在下午拉着卓别林等朋友打网球锻炼身体，使他后来虽然上了年纪，却仍然能够扮演武侠英雄的角色，而没有显得身材臃肿，动作不灵活。

那时，他在香港看到了卓别林的《大独裁者》，十分称赞他那场舞弄地球仪的精彩表演。卓氏耸身一跃，跳上桌子，后又轻然跃下，身轻如燕，矫健灵活。我想这除了表演逼真、寓意深刻外，大概也是因为跟他自己在《红线盗盒》里的登桌跳跃动作有些相似之处而引起他对这位艺友的赞叹吧。他认为卓氏的功底十分扎实，而且是经过艰苦的磨练才取得的。

最近我观看了卓别林的《舞台生涯》，深感父亲的判断正确。卓氏拍这部电影时，已经64岁高龄，而他在末一场戏里居然平地起个“翻毛”，双脚落地后大劈叉，倏地又立起来，动作灵巧麻利，简直可与京戏《挑滑车》里高宠马失前蹄时所做的大劈叉动作相媲美，其高难程度有过之而无不及。接着，他又来个筋斗，

梅兰芳在上海寓所作画

干净利落地翻入乐池，掉进大鼓里，使我目瞪口呆，惊叹不止。最近偶读卓氏自传，才晓得他早期为了在《马戏团》那部无声电影里表演小丑绝技，曾用一根绳索绕在自己的腰上，一头缚在一个转速很快的飞轮上，一头让人揪住，一个筋斗一个筋斗接连翻滚地练习，由此而练出一身过硬本领。他在拍电影中的惊险镜头时也从不雇用替身，就在那部电影里，为了表演高空走钢丝，他苦苦学习也终于扎实地掌握了这一相当艰难的技术，据他说就在拍那场戏时，三个缠在他身上的猴子和他一起惊险而滑稽突梯地走过钢丝的途中突然顽皮起来，竟把他的耳鼻咬伤多处，而他却一直坚持到底。综观中外艺术家，凡是能够取得卓越成就的，都与勤学苦练分不开的，同时如果没有健康的身体，我想，也是很难办到的。

父亲一直也很关心我们兄弟的健康，叫我们从小就应该注意锻炼身体。在香港时，他请一位深谙水术的朋友每周两次在浅水湾海边教我们游泳，不管刮风下雨，他都叫我们俩坚持前去，惊涛骇浪也要下水，使我终于学会长距离地游泳，身体也健壮多了，至今受益不浅。

虚心求进艺无限　严格律己树楷模

父亲自8岁学戏，11岁登台，艺术生活长达55年，在国内外享有很高的声誉，但他一生从不骄傲自满，艺风越老越臻精美，从无衰退现象，这与他善于虚心听取群众意见不无关联。名丑萧长华老先生曾说：“在台下，畹华最乐于倾听群众的意见，不只对我，无论是谁，提出的意见只要合情合理，他多咱都是快然而纳。他重视别人的意见，考虑别人的意见，但又不是一礼全收，而是择善而从。”萧老先生说过：“戏班里有这样一句话：‘脾气随着能耐长。’兰芳在京剧艺术上，可以说是‘能耐’最高的，按说他的脾气应该最大，可是他却一生虚心求进，严格律己。这是因为他认识到演戏是自己对社会的职责，因此他永远忠于艺术，忠于工作，锐意求进，精益求精，才博得了广大群众的尊重和爱戴。”确实，父亲直到晚年都认为自己在艺术上还是一个努力学习的小学生。

他为了永葆艺术青春长在，始终注意锻炼身体，过着有规律的生活，例如他一生从不喝酒，即使有亲友在家中做客，他在饭桌上也向来不设酒招待，京剧界都知道这是我父亲定下的规矩，大家也都乐于听从。我想这也是他热爱艺术而严格律己的一种表现吧。

今年8月8日，是我父亲逝世18周年纪念日，不禁使我忆起他的许多高贵品质，我这小辈多么需要向他认真学习呵！田汉老1962年曾为缅怀他而写了25首纪事诗，其中有一首绝句是鼓励他的学生向他学习，谨录于后，与之共勉：

桃李芳菲满天下，
承传衣钵竟何如？
勤修苦练亲群众，
更学先生爱读书。

1979年8月10日

万花如锦春莺啭

——忆父亲如何保养嗓子

以声论，则婉转滑烈，近于流莺，吐音之际，一字百折，有如柔丝一缕，摇漾晴空，且忽然扬之使高，则其高可上九天，忽然抑之使低，则其低可达重泉，上如抗，下如堕，可谓极其能事。及曲终之际，则余韵悠然，古所谓余音绕梁三日者，斯为得之。

上面这段话是我父亲1922年赴香港首次演出时，当地《大光报》对他的嗓音的评论。他当时28岁。

1959年，他的同行于连泉（小翠花）先生看过他为国庆10周年献礼而演出的《穆桂英挂帅》后，10月12日在上海《文汇报》上以《老当益壮》为题著文写道：

梅先生的艺术已到炉火纯青的地步，六十多岁的人了，还是嗓子是嗓子，扮相是扮相，腰腿灵活，身上，脸上，一招一式，坦坦然然，水袖清清楚楚，跑起圆场来，脚底下轻、稳、快，叫人看了舒服松心，确实难能可贵的。

我父亲一生在舞台上表演了半个多世纪，嗓子一直是很好的，宽亮而圆润。

据他在《舞台生活四十年》中记载，他平生仅有几次发生过嗓子变哑的现象，尽管如此，多半还是有半条嗓子，可以应付演唱，没使观众失望。他究竟如何把嗓子保养得那样好呢？的确值得内行人和医生详加研讨。我这里只能从生活侧面谈上几句，略供参考。

饮食有节　寒暖当心

父亲一生热爱艺术，刻苦钻研不息，对观众抱有极端负责的精神，因此他为了保持作为演员的基本条件之一——一条好嗓子，从青年时代起就一直严于律己，过着有规律的生活。他从不喝酒，香烟偶尔抽上一根，也不是口口都吸进去，不过是为了应酬或解闷罢了，就为这点，他还曾在晚年劝告青年演员不可向他看齐。在饮食方面，他喜欢清淡，不吃过于油腻的东西，辣椒等刺激的调味品更是从不问津。父亲在家中吃饭或参加宴会，一向只夹近前的菜肴，从不欠身"过河"夹远处的菜，不管那边的菜是多么的美味可口，这当然一方面是因为他讲究席面上的礼貌，另一方面也是因为他饮食有节，不挑剔饭菜的优劣，嘴不贪馋。他也不吃得过饱，以免影响舞台上的演出。他曾说："如果吃得过饱，万一在台上吐啦，那简直是不堪设想！"

《虹霓关》（头本），梅兰芳饰东方氏

他注意锻炼身体，打拳练剑，做些适当的体育运动，以增强体质。身上的寒暖更是格外小心，寒冬季节，他进入后台化装室，不是马上就脱去衣服换装，演完戏后，用毛巾擦干身上的汗，室内温度低，就干脆不擦，让汗自落，离开后台时必定戴上口罩，脖子上围好围巾，不使发热的喉咙和肺部着风受寒；盛夏酷暑时他也没有在化装室里安装风扇吹风，当然更不会在演出后立即吃喝生凉的东西解渴。

起居以时　劳逸均匀

父亲幼时也跟其他学艺的孩子一样，起早到城根底下去喊嗓子，念道白，自己觉得哪种音不够圆满就反复加工，一年四季坚持不懈，从而养成了一种耐寒抗暑的习惯，所谓内行人说的“夏练三伏，冬练三九”。据老年人说他当年还曾为了使嗓音宽亮，在家里还时不时地对着空坛子喊嗓练习，精神至为可佩。中年以后，他每天起床漱洗毕，必定“咿、啊”地喊几声闭声口音和张嘴音，试试嗓子，这也成为他的一种生活规律啦。抗日战争那几个年头，他拒不为敌伪演出，蛰居香港时，我也每天听到他起床后在浴室里暗自练习“咿、啊”，以便有朝一日再为人民大众奏艺。他不图省力，年深日久坚持锻炼，终于使他的歌喉基础越来越巩固，越来越深厚。

父亲认为作为一名演员，要休息好，养精蓄锐为演出做好准备，睡眠尤其要充足，这样才能在台上唱得酣畅淋漓，神完气足。但他又不主张睡得过多，或者睡到距离出台的时间太近，以致造成嗓音发闷的现象。他年纪稍大后，每天中午必睡一两个小时午觉，一般不接待亲友来客。记得50年代中期，某省有位副省长中午来拜会他，秘书没有把他叫醒，致使那位领导以为我父亲架子大而耿耿于怀。父亲后来知道后甚觉不恭，再次遇到他连忙表示歉意，并解释自己年纪大了，晚上要聚精会神地演一出戏，恐精力不支，不能为观众演好，故需中午稍加休息，且演员夜间演完戏后，精神都比较亢奋，脑际萦回方才的表演，生活起居习惯不同于一般人，不易于躺下就能入睡，希加谅解，这场小误会才涣然冰释。其实，父亲年轻时也并非遇到夜间有戏就绝对娇嫩得闭门不出。30年代初，他曾在上海参加一次文艺界欢迎国际知名的歌唱家夏里亚平的茶会，席还未终，他道歉地说要先走一步，夏里亚平大为惊讶地说："怎么，今天你有演出，还出来参加这个茶会！我的习惯，演出的前夕就不参加宴会了，连说话都尽力减少，这样到了歌唱时，才可以保证精神饱满，发音响亮。"

一般夜间有戏，父亲下午必定吊吊嗓子，但不多吊，以便把精力充分发挥在舞台上。他不赞成有的演员在登台前，深怕嗓子不亮而苦吊不已。他有时在家中吊嗓子，我站在一边倾听，声音真是响得震耳欲聋。他一生从没有在台上使用过麦克风，而歌喉却能达远，即使像上海天蟾舞台那样大的剧场，三层楼后排的观众也能听得十分清晰。这一方面是因为他有一条得天独厚的嗓子，另一方面恐怕也是因为他坚持锻炼的结果吧。

《木兰从军》，梅兰芳饰花木兰

在青年"倒仓"时期，他认为适当地吊吊嗓子还是可以的，但不应过于疲劳，以免损伤声带，而应按照个人的生理条件，顺其自然而变，不能勉强为之。他不同意那种硬来的办法，致使嗓子变左，甚至嘶哑。他还劝告青年演员不要把精力浪费在一些无谓的活动中。父亲一生从没有赌过钱，打过扑克牌，始终洁身自好，把全部精力投入艺术的钻研中。

精神畅快　心气和平

父亲一生心胸豁达，从不纠缠在小是小非中。他性情温和，待人和蔼，不发脾气，平时说话也没有扯高过嗓门，也就是说心平气和，肝火不旺，嗓子也从而未受到影响。他很能控制自己，一进后台就把琐事丢置脑后，全神贯注地演戏。当然，家里人也要相应配合，在他表演前不把不愉快的事告诉他。记得1946年，他的得意门徒李世芳从沪回京，不幸飞机失事罹难，家里人下午已知，但瞒着他，直到他散戏回来后才透露这一噩耗，他极为悲痛，彻夜未眠。

新中国成立后，父亲虽已年过半百，但在新社会中精神愉快；他热爱祖国，热爱人民，热爱工作；祖国的强大使他感到欢欣鼓舞，艺人地位的提高使他感到宽慰。他环游各省，为广大人民群众演唱，受到人民的爱戴和尊敬，因此他的歌喉越唱越响亮。1953年，他在天津第一工人文化宫为工人同志演出《霸王别姬》时，他的琴师王少卿先生看到他嗓音比较痛快就暗地里给他长了一个调门，他唱起来也毫不感到费力，从此直到1961年逝世就一直用那个调门了。

父亲晚年时，我看到他喜爱吃水果，尤其是炖好的梨，另外吃些维生素丙，有时为增加口中津液，喝点耳环石斛蒸的汁。他平生不大靠药物来治嗓子，主要还是依靠自己精心的维护和持久的锻炼。

最后用父亲生前对演员说过的几句话作为结尾：

> 我们今天生活在伟大的新中国，我们都有着为人民服务的志愿，并且我们都有了克服困难、坚持工作的习惯，这种精神是好的。但更重要的是：必须保护我们的嗓子。如果自己不小心，把嗓子毁坏了，就失去为人民服务的重要条件，这是追悔不及而使观众惋惜的一件事，因此我们在坚持工作之外，还必须养成坚持休息的习惯……尤其像我们已经上了岁数的人更为需要。

1980年2月2日

绚丽多彩的手姿

在画家看来，手和眼睛是最难画的，画好了就会体现人物的内心活动，使之栩栩如生。东晋顾恺之画《洛神赋图卷》，五代南唐顾闳中画《韩熙载夜宴图》，都曾在描绘手姿这一方面下了很大的功力，取得了卓越的成就。19世纪法国著名画家德拉克洛瓦曾说："画中的人物的手应当像脸一样富有表情。"这话说得不无道理，因为人的脸有喜怒哀乐的表情，手同样能把人的各种复杂的感情表达出来，而这种表达就是"语言"，有时丰富得连口语都难以达到。

父亲在京剧艺术表演中就十分懂得这个道理。他注重手的表现力，在这方面作出很大的改革和贡献。过去在老一辈的青衣旦脚表演里，都较少露出手来，以示庄重，只有时小福老先生当年演《汾河湾》的柳迎春，为了合乎剧情而一反惯例，常常露手，竟被一些保守派讽之为"露手青衣"。此后王瑶卿先生在这方面有了突破，父亲则更进一步十分讲究手的表演艺术。他在一次谈表演艺术时说，要"运用手的姿势，表达喜、怒、哀、乐的复杂表情和各种动作，而使之成为优美的舞式"①。

因此，他一生创造发展了许多优美的手姿，同时这些手姿又都是结合角色

① 梅兰芳：《梅兰芳文集》，中国戏剧出版社1962年版，第31页。

的思想感情和动作而有目的地设计出来的，变化多端，却蕴含着种种含义。这种突出的表现，不仅赢得了国内艺术界的好评，而且也引起了国际艺坛的高度重视和赞赏。

国内有关评论无须我再赘述，这里仅介绍一些国外的评论。

“伟大的表现力”

据父亲回忆1935年他同苏联戏剧家斯坦尼斯拉夫斯基会晤交谈艺术时，两人最后谈到的就是他的手姿。斯坦尼斯拉夫斯基特别注意他的手的表演艺术，并说那对他的引诱力是很大的，而且告诉我父亲，苏联有很多艺术家非常喜欢他的那双手。

确实如此，苏联木偶剧专家奥布拉兹卓夫就曾留心过我父亲的手，认为他同大多数中国人一样，长着一双好看的手，这双手在舞台上是和全身动作紧密衔接的，他描绘道：“梅兰芳在舞台上的动作，步伐仿佛是化入身体的动作中，身体的动作又变成了肩与肘的动作，而肘的动作又传到手上，一直传到手指尖才最后停止，一切都有节奏。”①

另一位苏联女作家莎吉娘曾在1935年的《真理报》上写道：“只需看看梅兰芳的那些手指，您就能知道，在您面前的是一个大艺术家。梅兰芳的手指创造了舞台的深度，更准确地说，我们欧洲人正是通过这些手指，深入到了舞台的三度空间。”②

苏联美术家拉德洛夫也在《红报夕刊》（1935年4月9日）上赞扬道：“梅兰芳君之手，实为吾人所不悉之表现力之利器，此手自长袖中伸出时，诚如伶人自幕中呈现貌相，其美丽不啻鉴赏中国之古画及雕刻……华伶手指之柔和

① 乌兰汗：《不谢的花》，《戏剧报》1961年15~16期，第36页。
② 童道明：《外国人看梅兰芳的“手”》，《北京戏剧报》1981年第44期。

与生动，则为吾人所望尘而莫及。梅君于手之表演中，已具有伟大之表现力矣。”①

同样，美国剧评家约翰·梅游·布朗1930年也曾注意到这种表现力，评论道：“梅兰芳以变化多端的表演方式揭示他那炉火纯青的艺术，这表现在他所完成的各种手势的方式上，表现在他用极其优美的手势摆弄行头而出现每个新位置时手指的纤细的姿式上。”②

“醉人的吸引力”

芭蕾舞大师乌兰诺娃1952年访华时观看了我父亲的《贵妃醉酒》，回国后撰文道：“我应该说，看过这种演出之后，未必再能忘记它，——演出者是那样具有天才，那样善于再现，他的手势是无法比拟的，每个手指头的动作都体现了美……贵妃渐渐醉了，我们从她的手上，从她的视线里，从她运动的两三个步伐上，看出了这一切……而主要的是从手上。”

父亲在《和乌兰诺娃的会见》一文中也记载了这件事：“当我演毕卸装时，乌兰诺娃到后台向我道乏，她说：‘我非常喜欢中国戏里的手势，像《醉酒》虽然穿的是宫廷服装，有长袖掩盖着双手，但是您偶尔有几个露手的动作是那么有着强烈而醉人的吸引力。’”③

这种吸引力也曾被那位以《怒吼吧，中国》而闻名世界的苏联剧作家特列季亚科夫提到过。他在一篇题为《杰出的表演艺术》的文章里说：“梅兰芳的十个手指，乃是没有进入剧目表里的十个附加人物。您可以听不懂伴奏的音乐……但您无法不被他那始终在动作的手所吸引。”

---

① 戈公振：《从东北到庶联》，生活书店1935年版，第227页。

② 《纽约晚邮报》1930年2月17日。

③ 梅兰芳：《梅兰芳戏剧散论》，中国戏剧出版社1959年版，第206页。

勤学苦练的结果

《一缕麻》，梅兰芳饰林纫芬

父亲的手姿如此优美而引人注目，一方面是因为他平时注意观察生活，观察绘画和雕塑，如洛阳的龙门石刻和太原的晋祠侍女塑像，悉心研究人物的手式姿态，从中吸收养料，他认为，祖国的许多艺术珍品，对一个演员来说，平日看到眼里，记在心头，在丰富表演上是有极大的益处的；另一方面，也是因为他长期不懈地刻苦锻炼，正如乌兰诺娃所说："我曾到后台去要求看看他的手。我企图发现他的手之所以具有那样表现能力的'奥秘'。当然，从手上很难看出什么，因为通过动作和身段体现出来的伟大艺术，是勤学苦练的结果，外加惊人的天才和民族戏曲的悠久传统。"

美国著名戏剧家斯达克·杨也曾说过："他那双遐迩闻名的手同普蒂彻利、西蒙·马蒂尼和其他十五世纪画家笔下的手奇妙地相似……而且受到中国演员的艺术规范和舞蹈的令人难以置信的严格训练。"①

对我父亲一双手的魅力，感慨最深的当属苏联戏剧家梅耶荷德。他在1935年莫斯科召开的一次座谈会上发言道："同志们，可以直率地说，看过梅兰芳的

① ［美］斯达克·杨：《梅兰芳和他的剧团的节目》，《新共和》1930年3月5日。

表演，再到我们的剧院去走一遭之后，你们就会说，是否可以把我们所有演员的手都砍去得了，因为它们毫无用途，既然我们看到的这些手，不过是袖口露出来的一个肉疙瘩，它们既不能表现什么，也不能表达什么，或者只能表达一些不该表达的东西，那么，我们何不把这些手砍去算了。”① 这话当然说得夸张了些，但也说明在手的表演艺术上外国戏剧远远落后于京剧。

以兰花为依据的手姿

京剧旦脚的手姿有着极其精微的规定，举例来说，持不同的物件各有不同的姿势，分为持信式、持针线式、持扇式、持马鞭式、持笔式、持酒斗式、持花式、持盒式、持单枪式、持双枪式、提篮式、托盘式，等等，绝非胡乱一把抓。又如指点事物时，分为自指式、自指颊式、远指式、外指式、虚指式；表现惊吓时又有怕式、大惊式、小惊式；此外尚有气指式、弹泪式、搓手式、拱手式、摆手式、拍手式、叉腰式、揖让式、整袖式、剑诀式，等等，样式繁多，不胜枚举。

旦脚之手，又称为“兰花指”，因为姿式状似兰花，并以兰花为依据。齐如山先生在1935年曾写过一本《梅兰芳艺术一斑》，其中有一章详细介绍了我父亲的各种手姿，并拍摄了他的手的照片作为插图，所记录的手姿共达53种之多，每种都有一个专称，如“陨霜”（倒持扇式，《贵妃醉酒》中有之），“吐蕊”（持细物式，《汾河湾》中柳迎春持金印时，即系此式），“伸萼”（持马鞭式，《虹霓关》中东方氏用之），“迎风”（虚指式，《宇宙锋》中赵女说“我要上天”时，即用此式），“露滋”（自指颊式，《宇宙锋》中赵女唱“抓花容”时，即用此式），“蝶陨”（持笔式，陈妙常写词时用之），“雨润”（气指式，《武家坡》中王宝钏骂“狠心的强盗”时，即用之），“怒发”

① 童道明：《外国人看梅兰芳的“手”》，《北京戏剧报》1982年第44期。

（剑诀式，《霸王别姬》中舞剑时用之），“承露”（托盘式，《战蒲关》中徐艳贞上场，即用此式），“弄姿”（托盘式，《红线盗盒》中红线托茶上场时，即系此式），“垂丝”（叉腰式），“并蒂”（拍手式，《宇宙锋》中赵女疯笑时，恒用之），千姿百态，提供给观众以极大的艺术享受和艺术想象。可惜这本书早已绝版，年轻一代的京剧演员只听说过我父亲的手姿而没见过。父亲的学生丁至云同志近日来访，同我谈起当年老师怎样扳着她的手指教她学好一种手姿的情景，也很想找到老师的各种手姿的照片，再进一步学习。这促使我想到不如借写此文的机会，从那本书中选出若干幅来作为附录，以供广大戏剧工作者，甚至舞蹈工作者，参考借鉴，因为这些手姿毕竟是祖国古典戏剧的一份宝贵遗产，值得后辈继承下来，在舞台上重放光彩，令西洋人咋舌惊叹。

1983 年 8 月 27 日

坚贞柔婉的虞姬

——忆父亲演出的《霸王别姬》

抗战胜利后，52岁的父亲重新登上舞台。老作家和画家丰子恺先生1947年在上海访问了他，在一篇题为《访梅兰芳》的文章里写道：

> 一个阳春的上午，在一间闹中取静的洋楼上，我与梅博士对坐在两只沙发上了。照例寒暄的时候，我一时不能相信这就是舞台上的伶王。只从他的两眼的饱满上，可以依稀仿佛地想见虞姬、桂英的面影……他很高兴和我说话，他的本音宏亮而带点润。由此可依稀仿佛地想见“云敛晴空，冰轮乍涌”和“孩儿舍不得爹爹”的音调。

确实，许多人都像丰先生那样，一见到我父亲，就会自然而然地联想到他一生在舞台上所扮演的众多的角色，《霸王别姬》里的虞姬和《打渔杀家》里的萧桂英就是两个性格迥然不同而都令人难忘的人物。

单说虞姬这个坚贞柔婉的艺术形象，父亲是在1921年开始塑造的，掐指一算，至今在舞台上已经存在50多年的历史了。在我国戏曲史料中，早在元朝就有张时起编写的一出杂剧《霸王垓下别虞姬》，可惜已经失传。现在的京剧《霸王别姬》主要取材于《西汉演义》，节奏排场脱胎于明朝沈采的传奇昆曲《千金记》，同时也参考了司马迁的《史记》，霸王慷慨悲歌“力拔山兮气盖世，时不利兮骓不逝。骓不逝兮可奈何？虞兮虞兮奈若何！”（见《项羽本纪》）。剧中虞姬自刎一节略带浪漫主义色彩，但据虞姬和歌“汉兵已略地，四面楚歌声，君王意气尽，贱妾何聊生”来推想，也是事所当然的结局。这出感人的历史悲剧，可以说基本上符合公元前202年楚汉相争的史实；它生动地描绘了西楚项王在战略上所犯的错误，也批判了他那种有勇无谋、刚愎自用、忠言逆耳的主观主义。

《霸王别姬》，梅兰芳饰虞姬

在这出戏之后，杨小楼和尚小云两位老艺人曾经编演过头二本《楚汉争》，但因剧长，分为两天上演，上座率受到影响，演员也颇感吃力，演过若干场后就辍演了。《霸王别姬》是齐如山先生为杨小楼、我父亲和王凤卿编演的，初稿也定为两本。排练时，父亲的挚友、在中国银行任职的吴震修先生认为剧情不够集中，建议削减为一本，并自告奋勇地把稿本带回家去大加删改，于是剩下的基本上就是现在演出本的轮廓了；演出后，果然获得良好效果。父亲后来认为这出戏之所以能成为他经常上演的保留剧目，那位热心的银行家精心删改的一番功劳也是不可磨灭的。

全剧后来又根据观众和亲友的意见，通过舞台实践，不断进行加工修改，终于使场子日益紧凑，台词更加精练，表演也越来越细腻而深刻了。最初上演时，仍像《楚汉争》那样，霸王在虞姬自刎后奋战至乌江自刎而剧终，可是当时坐在前几排的阔绰观众看到虞姬一死往往就起堂了（戏班里的俗语，指观众退场）；一出现这种乱哄哄的情况，杨小楼也就无心往下演了，拉幕草草结束了事；而若观众秩序井然，他便抖擞精神，把下一场武打奋战演得淋漓尽致。据说这位老艺人对当时那些不尊重演员辛勤劳动的观众随心所欲离席的恶习，感慨而诙谐地说过："这哪儿像《霸王别姬》，倒像《姬别霸王》啦！"杨氏故去后，改为花脸金少山饰霸王，不再偏重武打场面，演到虞姬持剑自刎，霸王蹉步过来喊道"哎呀"即落幕，干脆豁免霸王一死。说实在的，全剧至此已经达到高潮，呈现一派悲壮凄凉的气氛，就此终场，意境也显高超，无需平铺直叙到底了。父亲晚年编排《穆桂英挂帅》也采取了类似的办法，穆桂英点将出兵后即闭幕，不再加一场通常必定会出现的热闹的武打场面。这种安排，给观众留下推想回旋的余地，反倒增强了艺术感染力。

由于对戏剧情节和角色性格理解上的不断深化，我父亲对这出戏的表演细节也在不断改进。例如，《巡营》一场，项羽在帐中休息，更夫在营外巡更，最初演时，虞姬在这里作睡态，后来父亲觉得项羽进帐前曾嘱咐过虞姬："妃子，你要惊醒了！"于是改为坐在那里守卫着，处理得更合乎情理。又如，霸王听到乌骓长嘶，令人牵上帐来，一边抚摸着它，一边感慨万分地念道："乌骓呀，乌骓！想你跟随孤家多年，百战百胜，今日被困垓下，你也无用武之地了！"接唱两句【散板】："乌骓马它竟知大势去矣，故而它在帐前叹息声嘶！"情景十分凄怆。起初演时，乌骓是由霸王令人"牵了下去！"后来父亲在这里改为：虞姬在一旁目视马伕，暗中摆了摆手，马伕会意，即将乌骓牵下。改动虽小，却细腻动人。霸王当时悲愤交加，骏马长嘶更使他感触万端，是不会忍心让人把那匹跟他十余载患难与共的爱马立即牵开的。在这万难排遣心事之际，虞姬恐霸王忧伤过度，因此在一旁示意马伕，既体现出她那机敏和爱护体贴的心情，也比较合乎实际，更为真实。由此二例也可看出我父亲在艺术上用心钻研的精神。

由于舞台灯光照明技术的改进，父亲后期在《巡营》一场，让灯光转暗，舞台上顿时呈现一片凄凉的情景，一柱灯光照随虞姬撩起斗篷底襟迈步出帐。霸王败阵归来后，虞姬本来一直忧闷焦急，这时唱道"我这里出帐外且散愁情"，用的是【南梆子】最高的腔，凄清悲凉，动人心魄，每逢唱到这里必定得到观众一阵掌声。我想这并不完全是由于这句声调拔高、清越卓绝的缘故，还因为他运用自如地掌握了歌唱的规律和技巧。他在每出戏当中，不是为了炫耀歌喉而从头至尾运用同一声调的嗓音一味傻唱，以致无轻重高低之别，而是根据剧情的发展和角色内心的活动，自然流露出低婉或高亢的优美音韵，需要时则重点突出一下，这样就使歌唱抑扬顿挫、悦耳动听、韵味醇厚、感情充沛。据说从前有位票友，学老艺人程长庚的一个高亢的用腔十分相像而自鸣得意，头一次运用时赢得观众热烈的彩声，后来又用一次，掌声已寥寥无几，当他第三次再想用它捞取一次掌声时，却得到了倒好。这位票友可说是既不懂歌唱的规律，也没摸透观众腻味重复的心理。霸王败阵回帐前，虞姬本有一大段【西皮慢板】，后来父亲觉得在这个场合慢条斯理地歌唱，不大合乎剧情，为了使气氛凝聚，紧凑无间，改为四句【摇板】，并不为舍弃那大段唱腔而有所惋惜。父亲一生同徐兰沅和王少卿两位琴师合作创造的梅派唱腔，内行人认为字清腔纯，切合人物的感情，从不过分追求腔调的新奇，不耍弄花腔，因而和谐动听，令人有亲切感。

同样，舞台上忌讳雷同的表演，高明的编导和演员都十分注意这一点。在霸王败阵回来后，虞姬两次“备得有酒”为霸王消愁解闷。父亲在表演时并不是把它演得一模一样。虞美人的抑郁情绪和强作欢笑的表情，第一次含蓄，第二次则流露得强烈、显著。

霸王酒后，掷杯而起，慷慨悲歌。虞姬压住悲痛道出：“大王慷慨悲歌，令人泪下，待妾妃歌舞一回，聊以解忧如何？”语言微颤，凄楚动人。连下去，“如此妾妃献丑了”一句的尾音略带哭声，更能使人同情她当时的境遇，对下边寓悲哀于欢乐之中的剑舞的气氛是一个很好的烘托。

“舞剑”一节是全剧的精华，也最难演，父亲认为万不能把它演成武术表演。他说：“《霸王别姬》里的剑舞，是把京剧《鸿门宴》和《群英会》的舞剑，还有《卖马当锏》的舞锏的舞蹈加以提炼变化，同时吸收国术中的剑法汇合编制而成的。”① 显而易见，虞姬舞剑，如果完全是一派强拔弩弓的武术架

① 上海《半月戏剧》第6卷第5期，1947年7月。

式，就会失去舞台艺术的美感了。此外，一边舞剑，一边还要流露出悲痛而强作欢颜的表情，使观众在她优美舞姿中的回旋瞬息之间觉察出来，这是相当难表演的。前年夏季，南通京剧团的老艺人李宝櫆先生对我说，他在1944年曾经问过我父亲为什么他在舞剑时，动作干净利落，台步纹丝不乱，协调对称，不知有何诀窍？父亲幽默地答道："其实并不难，首先记住舞步的方法大体上是一个'十'字，一个'X'字，就像英国国旗那个图案，便不会乱了。"最近，父亲的学生、天津京剧团的杨荣环先生来访，谈到1946年他住在上海我们家中，我父亲在客厅里顺手用两个鸡毛掸子教他舞剑时，也对他说过这几句话，另外还说："记住象棋里将帅活动的那块地盘的图案也行。"父亲还在一篇题为《中国京剧的表演艺术》的文章中提到："《霸王别姬》的舞剑的位置，是环绕在四个犄角到中央，略似一朵梅花式的图案。假使你的舞蹈步法不够准确和严整，就会给观众一种残缺支离的感觉。"①

当然，要把全套剑舞舞得优美，还需要下一番苦功夫。父亲生前在床旁的桌几后面倚放着一把分量不轻的钢制宝剑。《梅兰芳舞台艺术》影片中有他在家里练太极剑的一个镜头，用的就是那把剑。他在舞台上舞起一对木制宝剑，那样洒脱，那样优美，动作变化多端，而又不显得轻飘，显然是靠那把重剑练出来的手腕功夫。艺术不靠平时持久艰苦的磨练，而只想走捷径，是难达到较高水平的。父亲60多岁时，依然能够在舞剑结尾时下腰拧身，不减当年，证实了他的功夫的扎实。值得庆幸的是，《梅兰芳舞台艺术》中也记录了他的《别姬》的剑舞，不仅使观众在银幕上可以继续欣赏他所表演的这套精心编制的舞蹈，也给下一代演员提供了学习借鉴的宝贵参考资料。

综观父亲塑造的虞姬形象，是个庄重静婉的妃子，是个卓有见识、感情充沛、坚贞不屈的女子，性格上迥然不同于穆桂英，更不同于杨贵妃。设若把虞姬演得刚强威武或者忸怩作态，那就失去了她那高贵的风度和沉稳机智的禀性，从而也冲淡了这出戏悲剧性的气氛。

---

① 梅兰芳：《梅兰芳文集》，中国戏剧出版社1962年版，第3页。

与我父亲同台饰演霸王的先后有杨小楼、沈华轩、金少山、刘连荣、汪志奎和袁世海等几位演员。杨小楼塑造的霸王，英武威严，自始至终显露刚愎自恃的神态，甚至虞姬自刎，他也毫不气馁，杀出重围，鏖战一场，最后自刎乌江，使人体会到霸王的固执己见才使他落得这个下场。霸王的脸谱过去在脑门上勾长寿字，杨小楼不喜欢这种图案，因而独创了月牙似的花眉勾法。他勾两个半至三个月牙，直达天灵盖半当腰，鼻子上一点白也点得很大，确实英武好看。后来的演员仿照他的脸谱，但脑门都没有他的那么高，最多勾一个半或两个月牙。

抗战前，金少山常与我父亲合演此剧，1931 年在香港上演时，他那洪钟大吕之声把看戏的香港总督吓了一跳，认为从来还没有听见过像金霸王这样响亮的一条好嗓子。两人演得也真是珠联璧合，哀楚动人。刘连荣同我父亲演出此剧次数最多，他的霸王以稳重见称，跟虞姬配合得严丝合缝，互不干扰。记得 40 年代有两位演员上演此剧，事先没有排练，台上见，演到霸王慷慨悲歌时，两人起舞，自顾自表演，霸王猛地翻身，差点儿把虞姬撞倒，幸亏扮演虞姬的演员腿脚颇有根基，倒退两步，马上站稳，险些儿闹成笑话，可见舞台上演员表演的配合，相互照应，该是多么重要呵！

最初此剧的韩信由老艺人王凤卿扮演，有大段唱腔，也是剧中一个主要角色，后改为里子老生扮演，便不再突出他了。萧长华先生扮演老军，更使这出戏生辉不少；他当时常借这个丑角插科打诨，讽刺军阀混战，兵痞吃粮当兵，在营中鬼混的思想，抗战后又讽喻时事，引起观众强烈的共鸣。新中国成立后，他改为俊扮，才恢复了原来的台词。

《霸王别姬》这出戏几十年来深受国内广大观众的欢迎。我父亲还曾把它介绍给日本、美国、苏联和朝鲜的观众，也同样受到了赞誉。美国著名舞蹈评论家玛丽·瓦特金斯（Mary F. Watkins）女士曾在 1930 年 5 月的美国《舞蹈》杂志上写道："梅先生的剑舞是灵巧熟练而优美的艺术杰作，其中形式和象征性紧密结合，而整个舞蹈又没有受到它们的干扰。"1956 年夏，我父亲同袁世海先生在东京演出《霸王别姬》，不少观众落了泪，剧终，著名歌舞伎老演员市川猿之助先生亲自登台献花，称赞不已。三笠宫殿下和他的王妃看完《霸王别姬》等4出戏后，对我父亲说："看了贵国杰出艺术家的演出，很使我高兴，你们的表演和服装都很美，你们的艺术是古典而又有青春气息的，使我非常佩服。我的哥哥——天皇，也在宫中看了电视，很钦佩以梅兰芳先生为首的中国京剧代表团的精湛演技。"①

1962年1月，毛泽东主席在扩大的中央工作会议上的讲话中，阐明民主集中制的重要性，批评那些不爱听取别人不同意见的人时说："我们现在有些第一书记，连封建时代的刘邦都不如，倒有点像项羽。这些同志如果不改，最后要垮台的。不是有一出戏叫《霸王别姬》吗？这些同志如果总是不改，难免有一天要'别姬'就是了。"这几句话赋予了这出戏以新的现实教育意义。前些年，万恶的"四人帮"挥舞民族虚无主义大棒，蔑视我们的文化遗产，把所有优秀的传统剧目统统禁锢起来，是极其不得人心的。现在乌云拨散，晴空万里，优秀的传统剧目又和观众见面了，既丰富了人民群众的文化生活，又增添了人们的历史知识，同时也给人民以教育。我父亲1954年曾经说过："我发现工农兵观众非常懂戏，拿我演《霸王别姬》来说，乱鼓掌叫好的现象没有了，可是当

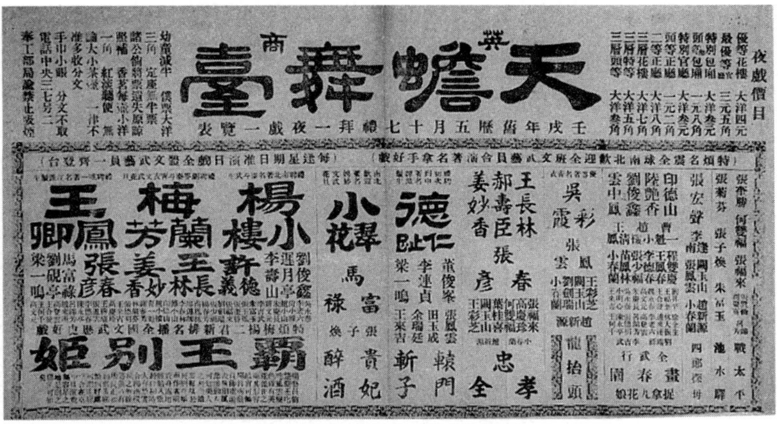

梅兰芳演《霸王别姬》戏单（1922年）

① 梅兰芳：《梅兰芳文集》，中国戏剧出版社1962年版，第39页。

我表演集中时，观众的反应是很强烈的。虞姬安慰霸王时，霸王说：‘此乃天亡我楚，非战之罪也’，观众听了，总要发出一种轻微的笑声，这说明今天的观众已能批判像霸王这样的主观的人物了。”① 父亲说得对，广大的人民群众是最好的艺术鉴赏家和评判家。

最近观看了老艺人高盛麟和杜近芳、老艺人李万春和葆玖弟、青年演员刘永贵和李玉芙分别演出的《霸王别姬》，都各有师承，俱见功夫，给人们以极大的艺术享受，使我不禁回忆起父亲当年演出此剧的情景，拉拉杂杂写了这些肤浅的认识和感受。可能都没有谈到点子上，还望戏剧评论家和富有艺术修养的演员们对这出戏作出精辟而全面的论述。

艺术无止境，青出于蓝胜于蓝。相信各地众多的演员通过辛勤的舞台实践，定能使这出具有历史和现实教育意义的戏，同其他优秀剧目一起，在祖国百花争艳的舞台上放出更加绚丽的光彩。

1979年9月

---

① 梅兰芳：《东游记》，中国戏剧出版社1957年版，第9页。

功夫何止冶花衫

——忆父亲对昆曲的提倡与钻研

我常想要成为一名文武昆乱不挡的京剧演员，该是多么不容易哟！单说剧目，他就需会百十来出；光记住这些戏的台词而又互不相混就很够呛，更甭提精湛的艺术表演啦。话剧一出戏往往可以连演一月乃至数月，演员上台绝不会是今天演《雷雨》，明天《日出》，后天《大马戏团》，而京剧则不然。在过去，京剧演员往往需要天天更换节目，今天演《游园惊梦》，明天演《洛神》，后天《长生殿》。就拿这三出戏来说吧，它们都是根据优秀的古典文学名著改编的，词句典雅，演员和观众若没有点旧学底子，恐怕连意思都弄不明白，字也会念别了。可是，旧时的京剧演员又多半是出身贫寒，文化程度并不太高，却完全靠老师口传心授，凭着顽强的毅力，愣把戏词儿（尤其是昆曲的艰深词句）背得滚瓜烂熟，犹如刻印在他们的心坎上一样，抹也抹不掉，说唱就唱，可真是了不起。我从来没听说过哪位著名的京剧演员对管事说过“您慢着派我这出戏，先让我把本子找出来背背”。因此，我一向对京剧演员这种非凡的记忆力佩服得五体投地。

前不久，中国戏校老师、著名武生尚长春兄告诉我一件有趣的轶事。他说过去山东某县城的剧团来了一位拎着褡裢的须生演员要求搭班唱戏。管事问他：“您都会什么戏啊？”只见那人并不答话，而把双手抬起，在胸前做出一捋髯口的姿势，意思就是说凡是戴髯口的老生和红生戏您派什么，我就能唱什么，后来一试，果然绝非狂妄。我听了不禁为那位演员会戏之多的本领咋舌惊叹，可也感叹今日具有这种能耐的演员恐怕为数不多喽！

再说要成为一名独创一派的演员，更谈何容易。张君秋先生最近对青年演员说："要知道，任何一个名家高手，他没有二三百出戏的底子是不可能有突出成就的。他们的一些代表剧目就是在长期不断地演出的众多剧目中提炼出来的。"① 二三百出，比我想象的百十来出还要多出一倍咧！张大哥这一席意味深长的话无疑是他在舞台上长期实践得出来的经验之谈。他本人就是个典范，虽拜我父为师，却富有革新创造的精神，编演了许多新戏，创造了海内外知名的、委婉动听的张派唱腔。他能有这样的成就，是跟根基扎实、戏路宽广分不开的。

早年提倡与振兴昆曲

戏路宽广，这就要求演员向多方面发展。当年谭鑫培和杨小楼两位老前辈就因为博采众长，融于一身，才创立了谭派和杨派艺术。我父亲在这方面也不例外。

梅兰芳与琴师徐兰沅（右）、王少卿（左）合影

田汉老1961年曾写过一首称颂先父戏路宽广的诗，其中一句是"功夫何止冶花衫，文武昆徽学习馋"，并加注解道："兰芳同志青衣外兼习花旦、刀马旦，并把武生身段化入《天女散花》诸剧，后来又学会了许多昆腔戏，真可说集旦角艺术的大成。"

① 《人民戏剧》1980年第3期，第25页。

据父亲自己的文字记载，他自幼在学习西皮二黄的同时就兼学昆曲。他曾说："在我先祖学戏时代，戏剧界的子弟最初学艺都要从昆曲入手。馆子里经常表演的，大部分也还是昆曲……我家从先祖起，都讲究唱昆曲，尤其是先伯，会的曲子更多。所以我从小在家里就耳濡目染，也喜欢哼几句，如《惊变》里的'天淡云闲……'，《游园》里的'袅晴丝……'。我在11岁第一次出台串演的就是昆曲。"① 老一辈亲友告诉我，他第一次出台演出的是昆曲《长生殿》中《鹊桥密誓》一折，扮演织女，从此他一生就与昆曲结下不解之缘。

父亲从小就对昆曲怀有深厚的感情，但是在民国初年却遇到昆曲日渐衰落的境况。他觉得这是戏剧中的一个很大的损失，便决定亲自唱几出来提倡一下，以引起观众的注意和兴趣。于是，他拜乔蕙兰先生为师，一口气就学会了20多出昆曲剧目。1918年，上海中华书局出版的一本题名为《梅兰芳》的书里对这事有一段记载："都中昆曲衰败之极。都中诸名士谓欲振兴昆曲非梅郎不可，共劝其习之。梅郎乃延老供奉乔蕙兰教授。蕙兰今年六十余，德霖之师也。樊山初次会试，与之往还甚密。蕙兰为都中昆旦第一，至今在帘内度曲，尚娇脆若十五六女郎也。所授已二十余出，皆精熟，惟配角难求，所演出者仅出塞、风筝误、思凡、闹学、拷红等数出而已，其余尚未演也。"② 也就在那一年，父亲被公众推选为剧界大王，有一位名叫天心的作者在报章上写了一首祝贺他的诗词，其中也提到"昆曲久绝，散同广陵。黄钟毁弃，瓦缶雷鸣。惟郎振之，雅乐以兴（昆剧如《牡丹亭》、《拷红》、《昭君出塞》、《风筝误》等）。移风易俗，剧界风行。"

后来有人统计我父亲当时学会的昆曲计有：

《雷峰塔》中的《水斗》、《断桥》

《孽海记》中的《思凡》

---

① 梅兰芳述，许姬传记：《舞台生活四十年》（第一集），中国戏剧出版社1957年版，第165页。

② 梅兰芳述，许姬传记：《梅兰芳》，上海中华书局1918年版，第3页。

《牡丹亭》中的《闹学》、《游园》、《惊梦》
《风筝误》中的《惊丑》、《前亲》、《逼婚》、《后亲》
《西厢记》中的《佳期》、《拷红》
《玉簪记》中的《琴挑》、《问病》、《偷诗》
《金雀记》中的《觅花》、《庵会》、《乔醋》、《醉圆》
《狮吼记》中的《梳装》、《跪池》、《三怕》
《南柯梦》中的《瑶台》
《渔家乐》中的《藏舟》
《长生殿》中的《密誓》
《铁冠图》中的《刺虎》
《青冢记》中的《昭君出塞》

此外还包括吹腔戏《昭君出塞》和《奇双会》等，共计 30 余出。《琴挑》和《思凡》后来成为他早期在国内招待国际友人时常上演的节目。1930 年，《春香闹学》和《刺虎》在美国演出时受到那里的文艺评论界的赞扬；1935 年，《刺虎》一剧在莫斯科上演时又引起当时流亡在苏联的著名德国戏剧家布莱希特的注意。他在一篇题为《中国戏剧表演中的间离效果》的文章里提到了当时上演的情景："当梅兰芳在舞台上表演一幕死亡的情景时，一位坐在我身旁的观众被他的一个手势惊吓得'啊'地尖叫了一声。一两位坐在我们前排的观众愤慨地回身冲我们嘘了一声。他们表现得仿佛身临一个真实的姑娘当真死去的境界。"① 父亲在这出戏中表演得如此细腻感人，他在昆曲上所下的功夫之深，由此可见一斑。

中年虚心向南昆学习

父亲虽在北方已经学了不少昆曲剧目，却仍感到不满足。30 年代初期，他

① ［德］布莱希特：《布莱希特论戏剧》，伦敦，1957 年，第 95 页。

到上海演出，虚心求教于南方昆曲名家。他素闻南方昆曲界有“俞家唱”的说法，即指俞家在演唱艺术上造诣高深。他第一次在沪滨遇到俞振飞先生，便请他吹笛演唱《游园》里的两支曲子，听后赞扬道：“这是我第一次听到他的绝技。笛风、指法和随腔运气，没有一样不好。”随即请他推荐该学的曲子，俞先生当即举荐一套《慈悲愿》的《认子》，认为那里面有许多好腔，即使对皮黄也会有不少借鉴之处。父亲就请他亲授，后来果然觉得自己的唱腔有了很大的变化。他认为南方俞派的唱腔讲究吞吐开阖，轻重抑扬，尤其重在随腔运气，而且唱起来细致生动，清晰悦耳。经过一阵艰苦练习，他承认受益良多。

《游园惊梦》，梅兰芳饰杜丽娘，梅葆玖饰春香

那时我父亲已经是个全国驰名的京剧演员，却仍能诚心诚意地向俞先生学习，这种虚心求教的态度在京剧界一直传为美谈，甚至连远方的英国汉学家A. C. 斯考特教授也深谙此事，在他所编写的《中国传统戏曲》第二卷中就对梅、俞这段友谊作了如下真实的描述：

在三十年代，梅兰芳从北京移居到上海后，便和俞振飞合作；俞氏是一位昆曲学者，同时也是一位尽善尽美的演员和音乐家。他是中国古典戏剧的著名学者和业余爱好者俞粟庐先生的儿子，因此从小就在他后来的职业氛围中成长。（他曾对我说过在他幼时，他的母亲习惯于哼唱昆曲哄他入睡。）梅兰芳和俞振飞的合作是卓有成效的。他俩首次在舞台上合作是在一九三三年为上海昆曲保存社筹募基金的一次义演。梅氏在日本占领上海期间辍演，后来重新登上舞台，首先就是和俞氏合演昆曲。[①]

斯考特教授在这里提到先父和俞先生1933年首次合演的昆曲是《游园惊梦》，抗战胜利后合演的是《奇双会》、《断桥》和《游园惊梦》。1945年那一次，父亲还演了《思凡》，同程少余合演了《刺虎》，我记得当时观众蜂拥购票观剧，把美琪大戏院的门窗都挤破了，真是盛况空前。

父亲和俞先生合演《奇双会》、《断桥》和《游园惊梦》，可说是相得益彰，珠联璧合，广大观众不仅被他俩的艺术魅力所感动，而且也对昆曲这一古老剧种加深了认识。据我的记忆，他俩还曾先后合作演出过《琴挑》、《春秋配》、《俊袭人》、《玉堂春》、《洛神》和《生死恨》诸剧，也是配合得紧密无间，深得观众的好评。

写到这里，我想应该提一下著名小生姜妙香先生的谦虚精神。自俞振飞先生加入梅剧团之后，每逢上演《奇双会》，姜必定让俞饰赵宠，而自己则扮演次要的角色宝童；他毫不隐饰地称赞“振飞的昆腔比我强，咬字讲究”。他这种谦让作风、实事求是的态度以及同行之间互不相妒的美德，堪为表率。姜老由于为人老实忠厚，在戏班里一向被人称作“姜圣人”。我母亲曾告诉我一段“圣人”的趣闻：抗战前，姜先生有一次在上海天蟾舞台演完戏后独自步行返回旅舍，行至途中忽听背后有人操着上海腔对他厉声说：“金戒指有哦，挪下来！”他知道遇到抢劫，只好把戒指取下来，强盗得逞后转身急走，哪知没跑几步却听见姜先生在向他招呼道：“来来来，我这儿还有个手表哪！”结果手表也交给了他，弄得那个强盗也感到莫名其妙，原来姜先生自有打算：“这样我就不必提心吊胆地怕他再返回来抢我了，可以踏踏实实地朝前走啦！”就是这样一位一辈子从来没有一点坏心、极端老实的好人，竟在“四人帮”横行的十年浩劫中被人无中生有地诬陷，横遭逼害，惊吓得人都变傻了，不久便悒郁而亡，一想起来真是叫人痛心疾首。

---

① ［英］斯考特：《中国传统戏曲》，美国威斯康辛大学出版社，1969年第2期，第9～10页。

晚年仍孜孜不倦探索

50年代中期，父亲仍不断钻研昆曲，例如他曾对《游园惊梦》一句台词中“迤逗”两字的唱法，同俞振飞先生切磋研究，终于确定这两个字的唱法。又如为了取消这出戏中睡梦神这一迷信成分，他与俞先生琢磨改动了柳梦梅上场的办法，演出后不仅没有生硬牵强的毛病，反倒增强了梦中迷离惝恍的情调。两位艺术家，为了一句唱词，一个登场细节，煞费苦心地共同钻研商讨，那种精益求精的作风，实在令人敬佩。1960年，北京电影制片厂由崔嵬导演，拍摄了他俩合演的《游园惊梦》，使后代可以永远看到他们优秀的表演，委实做了一件好事，不足的一点是“电影化”了，没有记录下舞台上真正的台步走法。若同时拍一部舞台纪录片，便更加有利于今天的青年演员学习了。电影中扮演春香的言慧珠女士，也做了精彩的表演。她是先父的得意门徒，深受真传，而且也继承师傅的传统，刻苦钻研昆曲。60年代初，她曾与俞振飞先生合演昆曲《墙头马上》、《奇双会》、《长生殿》等戏，极为出色。不幸她也在十年动乱中被迫害致死，使京剧界丧失了一位难以弥补的卓越艺术家。

记得1957年夏北京昆曲院成立的时候，父亲大力支持，参加了庆祝演出，同韩世昌、白云生合演了《游园惊梦》。事先有一个晚上，他同扮演春香的韩世昌先生在我们护国寺街甲一号的故居小院里对戏，天气炎热，而这两位当时都已年过60的老艺人，就跟在台上正式演出时一样认真，从头排到尾，边唱边做身段。排完后，两人都汗流浃背，却因配合得天衣无缝而欢畅微笑。我还记得公演那天，韩先生因为前面已经先演了一出《春香闹学》，相当劳累了，临到演《游园惊梦》时突然犯喘。我父亲正与他同歌同舞，便尽力在几次转身的动作中遮住韩老，让他能面朝后幕稍加喘息。终使全剧完美结束。我当时坐在前排，看到了这番情景，深感演员在台上多么需要彼此照应，彼此体贴呵！这也就是戏班里常说的“救场如救火”，也正是演员应有的戏德。那天，周总理亲临观剧，还在演员谢幕时上台祝贺演出成功，并合影留念；这张照片与前面谈到的二老在小院中夜间排练的照片，我至今珍藏着，现在看来都是极为珍贵的文物了。

愿昆曲艺术永世长存

昆曲拥有大量根据祖国灿烂的古典文学作品改编的剧目，因此表演起来就需要演员具有较高的古典文学的熏陶和艺术修养，同样也要求观众具备较高的文学艺术知识和艺术鉴赏力。前辈演员虽经几番努力使它振兴，但它终因曲高和寡而几度衰退。50年代中期，南昆一出具有深刻教育意义的《十五贯》，救活了这种古老剧种，可是在林彪、“四人帮”横行的十年里，它再度遭到严重破坏，濒临失传的边缘。

令人欣喜的是近两年来，昆曲又受到了社会上的重视，尤其是今年上半年在俞振飞先生艺术生活60年之际，人们为他在上海举行了隆重的纪念活动，这真是昆曲界的一件大喜事。当代京剧三位著名小生姜妙香、俞振飞和叶盛兰，素有“三虎”之称，因为他们的属相恰恰都是“虎”，一个比一个小一轮；十年浩劫，三位之中仅俞老一人幸存。在那次纪念会上，俞老以年近八旬的高龄，还为年轻演员示范演出了《太白醉写》，并同张君秋先生合演了《奇双会》这出唱做繁重的戏；俞老在艺术上更加深沉，更加圆熟了，功夫丝毫不减当年，这真是值得我们庆幸的。我们万分感谢俞老为传授技艺而这样不辞劳苦地登台表演。北京昆曲研习社最近也演出了多出佳剧，其中名票朱家溍先生主演了久已绝迹舞台的《麒麟阁》中《激秦》和《三挡》两折，再现了当年杨小楼舞枪趟马的英姿，深受观众欢迎。

前年夏天，旅美华侨项馨吾老先生回国访问，来到了我家，一谈起昆曲，他兴致勃勃地谈起海外研究昆曲的人甚多，并当即在我们的小院中为家母和葆玖弟表演了一整出《思凡》。项先生虽已年逾八十，却表演得从容洒脱，颇见功夫，据说他完全是按照俞粟庐先生的演法和唱法，国内知者已不多。我当时就有一种感触：怎么昆曲在国内竟不那么时兴了呢？1956 年，父亲率领京剧团访日，见到早已在国内失传的南北朝和隋唐乐舞节目《兰陵王入阵曲》却在日本完整地保存了下来，为此深有感慨，希望李少春先生能把它再学回来。我不由得想到昆曲如不大力抢救，将来没准儿也需要从国外“引进”，岂不酿成笑话！幸喜今日看到先父毕生钻研和提倡的昆曲又在大江南北复苏，真是由衷的高兴。相信它终将会再度引起人们的重视和欣赏。

祝愿昆曲艺术长久存在它出生的祖国土地上，永不湮没，永放光辉！

1980 年 8 月

“把中国戏曲在世界艺术场中占一个优胜的位置”
——记父亲创办国剧学会

1994年，为纪念先父百岁诞辰，上海剧协、上海人民广播电台和中国比较文学旅法学会联合举办了一次“跨越时空，共忆梅兰芳”的广播录音活动。72岁高龄的法国华侨教育基金会会长汪漱芬女士在巴黎的讲话中谈到“教育是立国之本，是民族振兴的基石”，并说先父当年能创办国剧传习所，桃李满天下，是因为他十分重视艺术教育。汪会长希望学艺术的后辈要以中国民族艺术的代表、世界性的戏剧大师梅兰芳先生为楷模，为振兴自己民族的艺术作出最大的努力。

这位老华侨提到的国剧传习所如今已不大为人所知。那是先父1930年从美国载誉归来后，与余叔岩、齐如山、张伯驹等人于30年代初在北平创办的国剧学会所附设的一个传艺机构，其宗旨见于他们为成立国剧学会所起草的宣言：

世界上一切学术，所繇存在，皆赖于学者本身，为不断之研究，精密之改良。以中国固有戏剧言，百年以来，风靡一世者，乃至晚近，日渐衰微，矩矱散乱，浸失旧观。兰芳前岁薄游美洲，亲见彼邦宿学通人，对吾国旧剧之艺术有缜密之追求，深切之赞叹，愈信国剧本体固有美善之质；而谨严整理之责任，愈在我剧界同人。一年之间，各校对于国剧，研究既已异乎旧时之观念，叔岩年来闭门，勤加研讨，以为剧艺之精微博大，苟非亲传广益，终必至于袭貌遗神，渐趋沦落。发扬光大之举，尤以为不可或缓。集议既同，愿及斯时，有所自效。惟以二人学识短浅，志而未逮，致谨邀集数君子，助以机缘，许以通力合作。礼延海内贤豪，剧坛耆宿，为国剧学会之组织，并创设国剧传习所，为有志学国剧而未知门径者之讲肄机关。一切办法，另详简章。自忘谫陋，愿效前驱，所冀以转移风俗，探求艺术之工具，收发扬文化，辅助教育之事功。区区苦衷，惟我国人共赐谅鉴。

梅兰芳、余叔岩同启

国剧学会于1931年12月21日正式成立，到会祝贺的各界人士有李石曾、胡适、袁守和、于学忠、溥西园（侗）、刘半农、刘天华、梁思成、焦菊隐、王泊生、王梦白、管翼贤、徐凌霄等数十人。会场四壁挂着先父收藏的清廷昇平署扮相谱数十幅，十分引人注目。

京剧被称作"国剧"起源于何时呢？追源溯流，那就得提到民国初年新文

戏曲改良委员会部分成员合影（前排左起：焦菊隐、程砚秋、程继先、曹心泉、溥侗、齐如山、余叔岩、王瑶卿、陈墨香，后排左起：王绍贤、梅兰芳、李石曾、金仲苏、周作民、徐凌霄、林素珊）

学运动所引发的一场论战。当时一批具有先进思想以西学为坐标的学者不仅批判中国旧文学，而且也反对中国旧剧（尤指京剧），曾发表一系列文章，诸如钱玄同的《寄陈独秀》、刘半农的《我之文学改良观》、傅斯年的《戏剧改良各面观》、胡适的《文学进化观念与戏剧改良》、欧阳予倩的《予之戏剧改良观》、周作人的《论中国旧戏之应废》等篇，均抨击了中国固有的戏曲，主张引进西方戏剧理论与舞台艺术方式以研究戏剧艺术，建立一种新的“国剧”取而代之。这就激起了当时维护国粹人士的反驳，认定上自院本、杂剧、传奇，下至昆曲、皮黄、秦腔等中国旧有戏剧均为中国的国粹，统称为“国剧”，无须乎再另起炉灶。孰是孰非，一时争论得沸沸扬扬。近读著名学者王元化先生的《京剧与文化传统》一文，觉得王先生的论点十分精确公允。王先生认为京剧在我国文化传统中占有重要的地位，并说：“我感到奇怪的是，五四时期曾有推倒贵族文学提倡平民文学的口号，从来被轻视的大量民间文艺作品、小说、山歌、民谣、竹枝词，等等，受到了倡导新文化的学人的重视，可是为什么对于同是民间文艺的京剧却采取了痛心疾首的态度呢，是因为它进过宫廷，还是别的什么原因？任何时代都会出现自我相违的偏差。那是一个暴风骤雨、来不及仔细思考而急促作出判断的时代。今天距离那个时代已七十多年了，已经到了可以平心静气回顾过去对它做出公允评价的时候了。”①

后来，余上沅、张嘉铸、熊佛西、闻一多、赵太侔等留美学人在美国又提出“国剧运动”这一口号。1925 年，余上沅、闻一多、赵太侔回国后，得到徐志摩等人的支持，在北平国立艺术专门学校开办戏剧系，创立“中国戏剧社”，转年又在北京《晨报》副刊开办“剧刊”，讨论有关“国剧”问题，但是这一专栏只维持了三个多月便停刊了。1927 年，新月社曾把“剧刊”所发表的文章汇编成由胡适先生题写书名的《国剧运动》一书出版，却仍未能引起社会上的关注，直到先父和余叔岩等人 1931 年筹建国剧学会，把成立国剧学会所起草的那篇宣言向报界散发，广泛宣传，争取学界与民众的支持，才使“国剧运动”

---

① 王元化：《京剧与文化传统》，《艺坛》1995 年第 4 期，第 10 页。

进入一个新的阶段。

梅兰芳在上海与齐如山（左）、姚玉芙（右）合影

但是，那篇宣言明确表明“国剧”是以京剧为主兼及昆曲的旧剧，却又不同于维护国粹的人士所主张保持原状的“国剧”，而是要走一条以旧剧为基础使它适应时代潮流而进行不断革新的道路，也就是实现先父一贯主张的“移步不换形”的原则。他还把“国剧”定位为“代表中国最好的水准的戏剧”，并以身作则，尊重传统，继承传统，去芜存菁，带动一大批京剧演员共同丰富和改进京剧表演艺术，深化其意蕴，编演出不少精品，且不断向海外传播京剧艺术，终使京剧由地方剧种一跃而荣登“国剧”宝座，实至名归。

他为了使京剧名副其实地代表“国剧”而创建国剧学会，曾一连三次分批宴请各界人士，征求意见，集思广益，以推动它的发展。首次聚会中有李石曾、胡适、袁守和、于学忠、徐永昌等数十人。第二次集会出席者有溥西园（红豆馆主）、刘半农、郑颖荪、金仲荪、刘天华、梁思成、焦菊隐、王泊生、吴瑞燕、陈振先、傅佩青、王梦白、管翼贤、陈墨香、徐凌霄、徐汉生等 20 余人。第三次则专门邀请京剧界人士曹心泉、叶春善、王琴侬、王瑶卿、李宝琴、郭际湘、尚小云、程砚秋、荀慧生、于连泉、尚和玉、阎岚秋、朱桂芳、程继仙（先）、姜妙香、王凤卿、高庆奎、时慧宝、萧长华、郭春山、裘桂仙、徐兰沅等 30 余人。大家都提出了不少好的建议。

国剧学会会址设在当时的虎坊桥 45 号（今晋阳饭庄一带），内建戏台一座，为庆祝学会成立曾在该戏台举行过一次演出，剧目为《庆顶珠》、《捉放曹》、《芦花荡》、《阳平关》、《铁笼山》、《女起解》和《大虮蜡庙》。在《大虮蜡庙》一剧中，先父反串诸彪，张伯驹饰黄天霸，钱宝森饰桂兰，徐兰沅饰关泰，程继先饰朱光祖，王蕙芳饰贾亮，朱桂芳饰费德恭，刘连荣饰施士伦，姜妙香饰王栋。先父戴上白胡子，演武老生，一丝不苟，功夫到家，赢得阵阵掌声。这里顺便说一句，当年京剧演员大都一专多长，在义务戏或堂会中时常反串，先父还与杨小楼先生合演过《镇潭州》，反串杨再兴，与杨先生饰演的岳飞开打，俨然一英俊武生。当今这种反串的传统已绝迹于舞台，似也应恢复起来，这不仅可以丰富演出节目，也可促使中青年演员，兼收并蓄，多学本领。

1932 年 5 月 12 日，国剧传习所举行开学典礼，先父约请多位学者到会演讲。他致开幕辞后就由王搏沙讲《戏剧救国》，徐凌霄讲《戏剧与观众》，陈子衡讲《戏剧之革命》，连原先激烈反对京剧的北大刘半农教授也前来祝贺，并发了言。在这之前，他还曾为刘天华先生的《梅兰芳歌曲谱》写了序言。余上沅先生也改变了态度，到会做了题为《国剧传习所的意义》的讲话，后来在 1935 年又作为先父的艺术顾问，随同他赴苏联访问演出，并一起去欧洲游历考察戏剧。此外，发言的还有访华的法国戏剧家铎尔孟先生。最后先父致闭幕辞，鼓励学员“一要敬业乐群，二要活泼严肃，三要勇猛精进”。

国剧传习所收了 70 名学员，分为老生组、昆曲老生组、旦组、净组、小生组、武生组和音乐组。在培养出来的学员当中，刘仲秋和郭建英两位先生后来成为建立上海夏声戏剧学校的骨干力量。

先父当时亲自参加教学，据郭建英先生的笔记，他首次讲课的开场白如下：

> 诸位同学，我们中国戏曲有千余年的历史，所以能流传到现在，自然有它相当的价值，不过中途经过了好些变迁，遗失湮沦的太多，现在就我所知的这么一点，贡献给大家来研究，将来能把中国戏曲在世界艺术场中占一个优胜的位置，是我所最盼望的，中国戏曲的起源，是由于“歌舞”，而它的优点也就在“歌舞”能具备艺术的条件：真、善、美。这次我到美国的成功，“舞”的成分就占大半。“舞”在现时就叫身段，无论什么角色，做出一种身段得像真，得好看。

接着，他便开始讲解京剧旦脚表演的基本要点：“学旦脚身段，最初先练脚步，练脚步看着似乎很容易，其实最难，初练应当身直，胸微微挺出，小腹微收，两眼看平，普通都以旧时舞台之楼檐作标准。两手呈兰花式，拇指紧拈中指食指之间，食指与无名指跷平，中指落低，小指屈伸高起，左手抚腹左方，右手与左手相接成半圆形。”他一边讲，一边做出示范，并一一矫正学员的姿势。

“走起路来，应脚跟先着地，脚尖后着地，循循如一字形。凡旦脚行走，切忌做作过甚，或脚跟太耸高，或扭捏太甚，都会养成不好的习惯。如能按正当方式逐日练习，日久自有袅娜之姿。”他带领学员练习，绕空走数十遍。

接下来他讲授旦脚的其他姿势：“站立时应透步，两腿相绞，后腿微曲，前足微微跷起，踢开裙子。指物时，拇指按中指尖作圆形，无名指和中指并曲，食指直直跷起向上，小指则微屈，高出无名指。眼乃人之心，凡人一切心事，都可由眼中看出，故眼之表情更宜传神。凡指一物或一事，眼皆以指尖为标，随所指处看去。”

他接着教导双手与表情，说道：“中国戏曲处处离不开美。同是一种动作，但有些就引不起观者快感，就是因为不够美的成分。在双手表示失望或无可奈何时，双手拈作兰花式，由里向外翻，手心向上，距离要平行。第一次偏左方，第二次偏右方，动作时眼神也随之看去。此种身段，用途最多，请诸位课余多加练习。若双手表示拒绝或不接受不赞成时，双手亦作兰花式，由里向下往外翻，身微歪，如左手在前，则左足亦在前，而右手则及左手之肘节，右足则透步于左腿后方。”学员们随着他练习多次。这时他已大汗淋漓，浸透衬衫。那次授课至此告一段落。学员们深感先父教学的诚恳热心，向他鞠躬致谢。

以上这段讲学无疑是向初学旦脚的演员提出练好基本功的要求，至今仍可供青年演员参考，因为这确实是翔实记录先父传艺的难得而宝贵的教材。

国剧学会为普及京剧知识，还出版了《国剧画报》和《剧学丛书》，丛书中有齐如山先生撰写的《中国剧之组织》、《中国剧之变迁》、《中国剧之图谱》

和《国剧身段谱》等。遗憾的是，后来日本帝国主义侵华，先父为避免敌伪的骚扰而于1932年移居上海，国剧学会和国剧传习所在京的活动也就逐渐被迫停顿。

60多年过去了，先父当年为发扬祖国优秀民族艺术，辅助艺术教育而创办国剧学会和国剧传习所所尽之力，是值得人们追忆的，无怪乎年近古稀的旅法老华侨汪漱芬女士至今仍意味深长地提起那段往事，并希望当今学艺术的后辈继续为振兴自己民族的艺术作出最大的努力，也就是说，实现先父生前最大的愿望："把中国戏曲在世界艺术场中占一个优胜的位置。"

1997年1月

读父亲三篇旧文有感

新中国成立后，父亲发表了《舞台生活四十年》、《东游记》、《我的电影生活》和《梅兰芳戏剧散论》等百万字著作。据我所知，他在新中国成立前的报刊上也发表过不少文章，遗憾的是至今尚未被搜全编纂成集，这其实也是早该做的一项文化遗产收集工程。仅就我所见到的3篇：1935年上海《东方杂志》元旦号的《诚意来应付，虚心来研究》、1945年10月《文汇报》的《登台杂感》和《周报》的《我理想中的新中国》，读后便颇发人深省，为此谈谈自己的几点感想。

一

先说1935年那篇《诚意来应付，虚心来研究》，是《东方杂志》特设的《生活之一页》专栏约我父亲写的。当今社会上大家都在谈论“诚信”这个话题，诚实守信本是中华民族的传统美德，目前却受到了严重冲击。何谓诚信？诚者，真心实意，不欺也；信者，重承诺，守约也。毋庸讳言，无论是政治和经济领域，还是文化和社会生活方面，都应建立一种守信用、不欺骗的人际交往体系。诚如中世纪英国大作家乔叟所说：“真诚是一个人所能保持的最高贵的东西。”（Truth is the highest thing in a man's keeping.）

父亲在那篇文章里写道：“我生平有一种观念，是觉得世界上无论何人，对我总是好的，善意的，宽恕的。我因此从小至今，对于何人何事，都是竭我的诚意来应付。不但我的师友很多，我都是推诚相处；就是有许多不了解我的事实，或是有不能原谅的人们，无法弥补或说明之时，我是永远原谅，而永远保持我的诚意。”诚信确系父亲一生恪守的行为准则。正因如此，他才得到了众多师友诚心诚意的相助，使他在艺术事业上不断攀升。他一生心胸开阔，光明磊落，宽容待人，从不计较别人对他的贬责，不记仇恨，也从不说人坏话，从不随便议论别人的长短。他乐观地摆脱一切外界干扰，专心致志于自己崇高的艺术事业，终于取得了巨大成就。他这种为人至诚的生活态度实为我们后辈学习的榜样。

该文也透露了父亲一贯勤奋学艺、戒骄戒躁、博采众长的学习态度。他深知艺无止境，“我这30年来，不但从我师傅所学习的是常常温习，就是我赶得上与他配戏的谭鑫培先生，以及常搭我班的贾洪林、黄润甫、龚云甫一般老先生，就不是旦脚同行，他们的念做唱法，都可算我的师资，极力思维他们的优点，来做我表演的补助。”俞振飞先生曾就这方面对我父亲作过如下评论：

> 在与梅先生相处数十年的过程中，他那种勇于革新、善于博采众长、艺术上严谨认真的精神，使我深受教益。梅先生很喜欢看别人的戏，只要有时间，就去看。他说：“要多看戏，不管生旦净末丑，都要看，说不定什么时候就用上了。”有时候他提前一个多小时到后台，好先看看别人的演出。一次他与唐韵笙一起演出，有人说唐不是京朝派，是东北的一派。梅先生看了唐韵笙的演出后说：“他虽然不是杨小楼一派，但也有他的特长，尤其脚底下有功夫。”梅先生没有门户之见，善于吸取别人长处以丰富自己，因而他的梅派艺术才能那样博、大、精、深。①

① 王家熙、许寅等整理：《俞振飞艺术论集》，上海文艺出版社1985年版，第33页。

俞老所言极是。父亲当时已从美国载誉归来，却并未沾沾自喜，而是说："世界至大，艺术至深，像我所会的，真是沧海一粟。我不但不敢有丝毫满足之心，对于任何教训，我都是坦白地领受。"正是由于他这样虚心研究，才使他练就一身昆乱不挡的真本事。也就是在该年，他又赴苏联访问演出，后到欧洲考察戏剧，汲取外国戏剧的长处去了。

父亲在文中还强调，作为演员，需要极端注意自己的身体健康，应以饱满的精神在舞台上演出，绝不让观众失望。在这一点上，他始终身体力行，从未沾染任何不良嗜好糟蹋身体，业余时间练练拳术，学习绘画，从而很少生病。他一生从未在舞台上疲疲沓沓，敷衍了事，也就是京剧界行话里的"泡汤"，而总是兢兢业业，生气勃勃，神采奕奕，赢得观众的赞赏。也正是由于他保持身体健康，才使他花甲之年仍能上演《贵妃醉酒》、《穆桂英挂帅》等重头戏。他这样做当然也是表现出他对观众极端负责的至诚态度。

二

再说说另两篇《登台杂感》和《我理想中的新中国》。这两篇都是父亲1945年应柯灵先生之约所写的，充分流露出他对抗战胜利所表达的喜悦心情。鉴于父亲在新中国成立后的著述中很少提及自己在八年抗战期间蓄须明志那段艰苦经历，这当然也是他为人谦虚的表现，不做自我表扬，炫耀自己，这两篇对反映他当时心态的文章倒可作为补充，使读者可以无须假借别人之手笔而真正了解到他那段咬紧牙关、岁月煎熬的生活。

他在文中无限感慨而又满怀激情地写道：

> 对于一个演戏的人，尤其像我这样年龄的，八年的空白在生命史上是一宗怎样大的损失，这损失是永远无法补偿的。在过去这一段漫长的

岁月中，我心如止水，留上胡子，咬紧牙关，平静而沉闷地生活着，一想到这个问题，我就觉得这战争使我衰老了许多，然而当胜利消息传来的时候，我高兴得再也沉不住气，我忽然觉得我反而年轻了，我的心一直向上飘，浑身充满了活力，不知从哪儿飞来了一种自信，我相信我永远不会老，正如我们长春不老的祖国一样。

确实如此。父亲一听到胜利的喜讯，当即剃去唇髭，消瘦的面颊顿时红润，精神抖擞起来，准备登台演出，庆祝胜利。

“在抗战期间，我自己有一个决定，胜利以前我决不唱戏。”他恪守诺言，八年里坚定不移地拒为敌伪演出，胜利后才得到了人民真诚的敬仰。当时《自由西报》的记者称赞他是“一直实行着个人的抗战”，他却谦虚地答道：“至于爱国心，我想每一个人都是有的吧？我自然不能例外，假如我在戏剧艺术上还有多少成就，那么这成就应该属于国家的，平时我有权利靠这点技艺来维持生活，来发展我的事业；可是在战时，在跟我们祖国站在敌对地位的场合下，我没有权利随便丧失民族的尊严，这是我的一个简单的信念，也可以说是一个国民最低限度应有的信念。”一片爱国热诚之心溢于言表，多么忠诚于祖国，相比之下，那帮附逆小丑，又是多么丑恶，卑鄙无耻！

抗战胜利后，父亲希望未来将是永久的和平和幸福。他心中的理想是戏剧不止是单纯的娱乐，而是文化教育的一环，演员受到社会上的尊重，成为服役于民众的艺术家，国家兴建戏剧学院，京剧自身也要加以改革，成为一种有教育意义的工具。他在该文结尾写道：“自然，要实现这种理想，我们必须有一个富强的国家，进步，开明，充满着光明和朝气的社会。”

然而，此后 4 年，国民党政府的腐败无能却使他大失所望。直到新中国成立后，他心中的理想才真正得以实现。

2002 年 12 月

附录

诚意来应付，虚心来研究[①]

梅兰芳

我是以戏剧为职业的一个人。除了唱戏之外，就会画几笔画，其余实在没有旁的学问和其他的研究。但是我生平有一种观念，是觉得世界上无论何人，对我总是好的，善意的，宽恕的。我因此从小至今，对于何人何事，都是竭我的诚意来应付。不但我的师友很多，我都是推诚相处；就是有许多不了解我的事实，或是有不能原谅的人们，无法弥补或说明之时，我是永远原谅，而永远保持我的诚意。我在美国时，在波摩拿大学的演说，很承美国朋友的夸赞，常常被他们提起，固然是译文的佳妙，我当时本也是极力主张，应以诚心善意和敬重友爱的意义，来作我们区区的贡献。

我是一个 4 岁丧父，14 岁丧母，而且绝无兄弟和同胞姊妹的人，可称孤苦伶仃；世上的天伦乐事，有好些趣味，我是从未领略过的。在家庭中，唯一抚养我的就是我的祖母。教诲我的，就是我的伯父。我伯父教我学戏是很严厉的，我的《玉堂春》就是从伯父学得的。当时流汗念唱的情形，至今犹在目前。但是从这一点，引起我对于戏剧本身职业的尊重，觉得这功夫本领，是无穷无尽的；所以我这 30 年来，不但从我师傅所学习的是常常温习，就是我赶得上与他配戏的谭鑫培先生，以及常搭我班的贾洪林、黄润甫、龚云甫一般老先生，就不是旦脚同行，他们的念做唱法，都可算我的师资，极力思维他们的优点，来做我表演的补助。我在 25 岁以前，与社会接触甚少，后来经历稍多，便觉得处

---

① 本文原载上海《东方杂志》1935 年元旦号。

处人情物态，都是我们的戏剧的教科书。我10年来最喜欢看电影，后来到好莱坞住了些时，交结许多电影界的朋友，又常到厂里看他们导演，觉得他们一切举动，可供我们效法的也不少。世界至大，艺术至深，像我所会的，真是沧海一粟。我不但不敢有丝毫满足之心，对于任何教训，我都是坦白的领受。甚至于我的学生后辈，只要他说的对，我都接受，都可以充量的改良。所以我的戏，有好些地方，常在那里暗暗地改进，就是这个道理。

《麻姑献寿》，梅兰芳饰麻姑

我的朋友常说我一丝不知忧愁，眉头永远没有皱过，没有不高兴的时候。不错，这是我承认的。我永远是乐观的，永远是感觉兴趣的。尤其是唱戏，我是永远觉得是最有意思的。我常告诉我的朋友，我最觉得舒服的，就是卸装到后台，浑身大汗的时候。

我常常因为职业的关系，睡得太迟，有时起得太晚。但是我对于身体健康，是极注意的。我多少年的经验，知道要做一名角或什么大事业，必须有健全的身体。所以我这15年来，早晚常练练拳术。从来不知道什么叫病，就是这个缘故。

概括说来，无论做什么事业，都应该拿出诚意来应付，虚心来研究；尤其是做事须有兴趣。像我们这种生活，一面运用嗓音，一面揣摩剧中人地位身份，种种动作表演，每次在舞台上，往往二三小时以上，更需要健全的体力，来维持我们的兴趣，使观众感觉到是艺术的，自然的。我这种维持生活环境方法，想必是读者诸君所愿意知道的了。

登台杂感[①]

梅兰芳

沉默了八年之后，如今又要登台了。读者诸君也许想象得到，对于一个演戏的人，尤其像我这样年龄的，八年的空白在生命史上是一宗怎样大的损失，这损失是永远无法补偿的。在过去这一段漫长的岁月中，我心如止水，留上胡子，咬紧牙关，平静而沉闷地生活着，一想到这个问题，我就觉得这战争使我衰老了许多，然而当胜利消息传来的时候，我高兴得再也沉不住气，我忽然觉得我反而年轻了，我的心一直向上飘，浑身充满了活力，不知从哪儿飞来了一种自信，我相信我永远不会老，正如我们长春不老的祖国一样。前两天承几位外籍记者先生光临，在谈话中问起我还想唱几年戏，我不禁脱口而出道："很多年，我还希望能演许多许多年呢！"

因为要演戏，近来我充满着活动的情绪。吊嗓子，练身段，每天兴冲冲地忙着，这种心情，使我重温到在科班中初次登台时的旧梦，一方面是害怕，一方面是欢喜。那种兴奋竟是这样地吻合！八年了，长时间的荒废，老是那么憋着，因为怕人听见，连吊吊嗓子的机会都没有。胜利后，当我试向空气中送出第一句唱词的时候，那心情的愉快真是无可形容。我还能够唱，四十年的朝夕琢磨还没有完全忘记。可是也有玩意儿生疏了；观众能给我大量的包涵吗？我怎么能够满足观众对我的期望？

然而我知道，这一切大概不成问题。因为我这一次的登台，有一个更大的意义，这就是为了抗战的胜利。在抗战期间，我自己有一个决定：胜利以前我

① 本文原载上海《文汇报》1945 年 10 月 10 日。转引自柯灵《百年悲欢·附录》，上海远东出版社 1996 年版。

《汾河湾》，梅兰芳饰柳迎春，王凤卿饰薛仁贵

决不唱戏。胜利以后，我又有一个新的决定：必须把第一次登台的义务献给祖国，献给我们的政府。当时我想，假如政府还都的时候，有一个庆祝会，我愿意在举国欢庆声中献身舞台。现在我把这点热诚献给上海了，为了庆祝这都市的新生，我同样以无限的愉快去完成我的心愿。

我必须感谢一切关心我的全国人士。这几年来您们对我的鼓励太大了，您们提高了我的自尊心，加强了我对于民族的忠诚。请原谅我的率直，我对于政治问题向来没有什么心得。至于爱国心，我想每一个人都是有的吧？我自然不能例外。假如我在戏剧艺术上还有多少成就，那么这成就应该属于国家的，平时我有权利靠这点技艺来维持生活，来发展我的事业；可是在战时，在跟我们祖国站在敌对地位的场合底下，我没有权利随便丧失民族的尊严，这是我的一个简单的信念，也可以说是一个国民最低限度应有的信念。社会人士对我的奖饰，实在超过了我所可能承受的限度。《自由西报》的记者先生说我“一直实行着个人的抗战”，使我感激而且惭愧。

光荣属于我们贤明领袖，和艰苦卓绝的全国军民，只有他们，才配接受我们最大的敬礼。在这双重的国庆节，请让我以一片鼓舞欢欣，献上我对于民族的微末忠忱。

三十四年双十节前夕

《文汇报》编者[①]谨按：梅兰芳先生在上海蛰居三年余，在极其恶劣的环境中，保持了他个人的清白，同时维护了中华民族的艺术家的尊严。处此浊流滔天的都市，其崇高的精神更值得赞美。兹当梅先生胜利后首次登台之际，承俯允本报之请，为纂此文，其谦抑与恳挚处弥觉动人。今日各方严主惩奸，信赏必罚，像梅先生这样坚贞不屈的艺术家，我们相信当不仅为社会所敬仰，亦当为政府所嘉赏吧。

① 编者为柯灵先生。

我理想中的新中国①

梅兰芳

杜门谢客隐居八年之后，我今天又在舞台上和观众相见了。这是胜利后的第一个国庆日，我敬以无限的欢欣，与社会人士同伸庆祝的微意。

回想八年以来，我们所过的是如何阴暗的岁月。中国是具有悠久的历史和优秀传统的国家，在抗战期中，每一个国民都有为她忍受痛苦的义务。现在痛苦的日子已经过去了，我希望未来的将是永久的和平和幸福。

至于我个人，我只是一个演剧者，毕生的心力都花费在舞台上。如果也允许我对新中国有什么理想，我愿意从我切身的事业想起。

梅兰芳（右一）在天安门城楼上参加开国典礼

① 本文原载上海《周报》第6期“庆祝胜利号”，1945年10月13日出版。转引自柯灵《百年悲欢·附录》，上海远东出版社1996年版。

我想象，在未来的新中国，无论新旧戏剧，都将是文化事业的一环，社会教育的一个有力的部门，而不止是单纯的娱乐。从事戏剧的工作者，都成为服役于民众的艺术家，建设新中国的战士，国家保障他们的生活，社会尊重他们的地位；而他们本身，也不止于是供闲人消遣的工具。在平剧一方面，我希望有一个国家设立的学院，一面以完备的课程（包括一般的教育）训练人才，一面聘请专家实验研究，如何使它去芜存菁，发扬光大。因为社会的进步，平剧是否终将归于淘汰，我现在想象不出来。可是这一艺术形式的存在，自有它历史的和社会的依据，直至今日，还是最为广大观众所接受，加以改革，推进，使它蜕化为一种有意义的教育工具，我想是必要的吧。

自然，要实现这种理想，我们必须有一个富强的国家，进步，开明，充满着光明和朝气的社会。

勤俭才能兴家园　傲骨从来耐岁寒

——春节忆父亲二三事

在旧社会，一般人家在春节期间常喜欢和亲朋好友在家中一块儿打打牌，推推牌九，孩子们也跟着凑凑热闹掷掷骰子玩。但是，在我的记忆中，父亲从未参加过这类娱乐活动。

去年，百花文艺出版社约我编选一本父亲的随笔集（书名后定为《移步不换形》），我重读了父亲生前所写的全部文章，在《舞台生活四十年》一书中读到了他记述1913年20岁时首次赴沪演出成名后返回京城，祖母在吃年夜饭时对他所说的一番语重心长的话，兹录如下：

> 我靠着祖母一边坐，大家都问我上海的风俗景物，我不住嘴地讲给她们听。生长在那种朴素而单纯的北京城里的人，听到这种洋场十里的奢靡繁华，真是闻所未闻，好比看了一出《梦游上海》的新戏（《梦游上海》是玉成班排的新戏，内容肤浅不足观）。
>
> 祖母对我说："咱们这一行，就是凭自己的能耐挣钱，一样可以成家立业。看着别人有钱有势，吃穿享用，可千万别眼红。常言说得好，'勤俭才能兴家园'，你爷爷一辈子帮别人忙，照应同行，给咱们这行争了气。可是自己非常俭朴，从不浪费有用的钱。你要学你爷爷会花钱，也要学他省钱的俭德。我们这一行的人成了角儿，钱来得太容易，

就胡花乱用，糟蹋身体。等到渐渐衰落下去，难免挨冻挨饿。像上海那种繁华的地方，我听见有许多角儿都毁在那里。你第一次去就红了，以后短不了有人来约你，你可得自己有把握，别沾染上一套吃喝嫖赌的习气，这是你一辈子的事，千万要记住我今天说的几句话。我老了，仿佛一根蜡烛，剩了一点蜡头儿，知道还能过几年？趁我现在还硬朗，见到的地方就得说给你听。”

我听到她老人家的教训，心里感动得几乎流下泪来。这几句话很深刻地印在脑子里，到今天还一直拿着它当作立身处世的指南针。[①]

我明白了，父亲一直是在牢记祖母的训诫，身体力行，因此一生从不参加任何赌博活动，而全心全意扑在自己的艺术活动中，勤学苦练，移步不换形地对京剧艺术进行革新创造。

另有一件事在我的记忆中印象极深，那就是父亲在八年抗战期间坚决拒为敌伪演出的英勇表现。当时敌伪多次强迫他登台庆祝所谓的“大东亚战争胜利”，他都断然拒绝。日本著名剧评家尾崎宏次先生1992年曾在日本《悲剧·喜剧》刊物上发表一篇题为《梅兰芳留过胡子》的文章，文中披露了一件鲜为人知而触目惊心的事：

我听说梅兰芳留胡子一事还是在半个世纪前……第一次听说梅兰芳留胡子是在1938年，那年是中日战争（1937）的第二个年头，也是我进入工作岗位不久的日子，当时我在《东京都报》文化部工作。从中国前线归来的特派员的一次报告会上，我得知了这一消息。报社内部那时经常举行这类内部报告，把一些无法刊登而又是事实的前线消息传达给各部记者，其中有一条就是有关梅兰芳的消息。报告是这样说的：“日本驻沪派遣军司令松井石根大将想看梅兰芳的舞台表演并派

① 梅兰芳：《舞台生活四十年》，中国戏剧出版社1987年版，第190～191页。

人去找，可是扮演旦脚的梅兰芳因留胡子的缘故而拒绝登台”……这位名旦的唇髭显然是抗议战争的鲜明标志……留胡子一事决不那么简单。这里包含着一位伟大艺术家的思想境界。我们应当理解到这一点才对！①

《黛玉葬花》，梅兰芳饰林黛玉

连南京大屠杀的元凶松井石根大将出面要挟，父亲也照样不买账，置生死于度外，正如他在抗战胜利后曾对著名作家柯灵先生所说：“他们要庆祝的，就是我们的耻辱；他们要笑的，我们该哭，我怎么能唱这个戏呢？”② 他蓄起唇髭，杜门谢客，经常在上海寓所的书房台灯下作画，后来又跟叶恭绰先生合开画展，年复一年靠卖画典质度日。记得有一年除夕，我的外婆寻找一个每逢过节都要取出来使用的古瓷大碗，好跟孙辈们掷掷骰子玩，却遍寻不到，父亲悄悄对她说：“老太太，别找了，早就拿它换米了！”

父亲蓄须明志，深明大义，为世人广为传诵。田汉先生曾写过一首表彰他在抗战期间所表现的爱国主义精神的诗，生动地刻画了他正义凛然的气质，诗曰：

八载留须罢歌舞，

---

① ［日］尾崎宏次：《梅兰芳留过胡子》，中译文载《光明日报》1993年4月3日。

② 柯灵：《梅兰芳的一席谈》，《百年悲欢》，上海远东出版社1996年版。

坚贞几辈出伶官。
轻裘典去休想虑，
傲骨从来耐岁寒。①

2000 年 2 月

① 田汉：《梅兰芳纪事诗》（二十五首），《人民日报》1961 年 9 月 10 日。

和王琴生先生的一次谈话

——忆父亲的表演艺术及其他

王琴生先生现在是江苏省京剧团团长，著名的京剧界老艺人。他曾在1946年至1958年和先父同台奏艺十几年。今年3月，他不辞辛苦地从南京赶到北京参加先母追悼会，并且住在我们家里，古道热肠地协助料理丧事，使我们全家深受感动。一天深夜，夜阑人静，我特地向他请教了许多有关京剧艺术的问题。王先生侃侃而谈，追忆了当年他和先父同台演出的盛况，细致入微地分析了先父在表演、唱腔、化装和服装等方面的特点或改革。此外，谈话中还涉及京剧改革、遗产的抢救、艺术教育、乃至票友对京剧发展所发挥的作用等等问题，内容十分丰富。王先生这次谈话，使我受益匪浅；我觉得它也会引起广大京剧爱好者的兴趣，遂将它整理出来，并征得王先生的同意，刊载如下。

——笔者

梅：王先生，因为您过去和先父同台演出多年，所以很想听听您对先父表演艺术等方面的看法。首先想请您谈谈自己的学艺经过。

王：好，我谈一谈。我开始学戏是在13岁，当时住在北京阜成门内，邻居住着一位教戏的老先生，名叫金松年。我跟他学铜锤花脸，学了《五台山》、《黄金台》、《卖马》、《二进宫》和《法门寺》这些戏。那时，我一边上学，一边学戏，早晨起来喊嗓子、耗顶、拉云手、跑圆场，学学一般的刀枪把子。18岁变声以后就改学老生了，第一出学的是《断密涧》，第二出是《武家坡》，然后是《碰碑》、《黄金合》和《鱼藏剑》。当时家里父母有封建思想，不大赞成我学戏，而希望我学医，因此我也念了一些中医书。后来，我想入富连成科班，因为父母怕我入科班要挨打，所以没去成。22岁时，考取王泊生创办的山东省立剧院预备生，也因家里反对而作罢。我依旧边上学边学戏，那时又跟德珺如的儿子德少如学了好几年。他是谭富英先生的亲娘舅，与陈秀华先生是师兄弟，都跟贾丽川先生学的戏。而后在24岁时，我就拜谭小培先生为师了，同时也和富英师兄学戏，家里还有富英的弟弟世英给我说刀枪把子。宋继亭先生也教过我，后来又跟丁永利先生学了《战太平》和《连环套》，跟张连富先生学了《打棍出箱》和《乌龙院》。拜谭先生之后就正式下海了，那时我25岁。抗战胜利后，1946年4月里，就在上海南京大戏院很荣幸地跟梅先生同台演出了。

同台奏艺　受益良多

梅：听说您和许多名演员都合作过。您跟他们（譬如“四大名旦”）演过什么戏呢？

王：同梅先生在上海演过《宝莲灯》、《汾河湾》、《打渔杀家》、《御碑亭》、《法门寺》、《四郎探母》、《武家坡》、《大登殿》，后期还合作过《抗金兵》。同尚小云先生演过《游龙戏凤》和《桑园会》。同荀慧生先生也演过《汾河湾》。可惜的是没跟程砚秋先生演过。1946年，梅剧团管事李春林先生到我家，约我到上海和梅先生演出，赶巧第二天谭小培老师又通知我，程先生来信约我和他合作。由于答应了梅先生，只好放弃程先生盛情的邀请，以后也一直没有机会跟他合作，很遗憾失去了一次学习的机会。

梅：除去“四大名旦”之外，您还同哪几位合作过？

王：40年代也和于连泉（小翠花）先生在长安街首都大戏院同台演出过。

有一次，大轴子是王泊生、张君秋和裘盛戎的《大探二》，倒数第二是于先生、马富禄和我的《乌龙院》，倒数第三是金少山的《青风寨》，开场是李多奎的《钓金龟》。同时，我也和张君秋、李世芳、宋德珠同台演过，在上海和黄桂秋先生演过《打金枝》等许多的戏。还和茹富兰先生演过《断臂说书》，和金少山先生演过《失空斩》、《捉放曹》和《法门寺》。

梅：您和这么多名演员合作过，经验一定很丰富了。

王：同这些老前辈合作，是个很好的学习机会，也等于是我的一次艺术进修。当时我在舞台经验上还很差，各位老前辈在台上都对我很照顾。同他们演出有一个好处，就是老先生们把我的戏带出来了，因此演一次就在艺术上提高一步，长一次经验，尤其是和梅先生演出，这一点体会更深。

梅：您能不能在这方面举个例子。

王：譬如说，我和梅先生在上海演出《汾河湾》和《宝莲灯》，先是向徐兰沅老先生请教。他就把梅先生当年和谭鑫培、王凤卿两位老先生合作演出时的方法和艺术处理说给我听。在演出之前，我也没和梅先生对过戏，上台后就按徐先生说的演，结果和梅先生搭配得非常合适，非常严谨，尤其是他引导我，使我发挥了表演，观众也热烈欢迎。后来我体会到这完全是梅先生很照顾后进演员的缘故。梅先生在舞台上特别注意把戏演得完完整整，处处照顾全台的演员。另外，他老人家的节奏、感情和步位都完全合乎人物的性格和身份。

梅：当时您多大年纪？

王：我 34，你父亲大约 54。

梅派艺术表演的特点

梅：您发现先父的表演艺术有什么特点？

王：我看过梅先生很多戏。我觉得他有几个主要特点。一个就是他的表演是动中有静，静中有动，但是他的每一个动作，一个指法，一个眼神，一个表情，都是根据人物当时内心活动和感情需要而设计的，并不繁琐，并不乱，不是无目的的，而是完全符合人物的思想感情。

梅：他曾经说过演员们在舞台上要紧密配合，就如同打电报一样，要有反应。

王：对。记得梅先生1936年在山东济南演出时，有一位老生陪他演《汾河湾》，这位先生只注重唱工而不太注意表演，所以梅先生下来后说："我在台上给他打了电报，他没有回电啊！"有这么一个笑话，很风趣。

梅：我记起您两位当年在上海演出时，曾遇到一次风险。

王：对。1946年，我们先在南京大戏院演，后来又移到西藏路皇后大戏院续演。当时戏院门口车水马龙，票很难买，就有流氓因为买不上票，存心捣乱，闹过一次事。那天上演《汾河湾》，在舞台下场门，从二楼扔下一个小瓜似的炸弹，幸而没爆炸。要是炸了，当时舞台上的演员就不堪设想了。

梅：听说我父亲在台上很镇静。

王：你父亲知道出了事，但镇定自若，一点没惊慌。大演员才能做到这一点。

梅：观众发现了吗？

王：发现了，有点惊慌，但没有骚乱起来，流氓因此没有得逞，戏很顺利地演下去了。

梅：扯远了，再回到原题上来。请您再接着说先父表演的特点。

王：梅先生在舞台上的表演，主要是从人物出发，从人物的感情出发。另外，他对同场演员，甚至一个龙套，一个宫女，一个次要的配角，都照顾得很周到，即使台上有的角色忽然忘词儿，出一点差错，他都能给掩盖过去，我们京剧里的行话"给兜住"。他每一句台词，表演的节奏，音调的高低，都恰如其分。我和梅先生同台，特别感到他把我的戏带出来了，而以后我和别的演员演《汾河湾》和《宝莲灯》，就没有像和梅先生同场演得那样舒服，那样严谨。梅先生唱、念、做的节奏都很准确。

梅：您刚才提到他的指法、眼神、唱腔和内心感情，这方面请您再深入谈一谈。

王：梅先生的手给人一种美感，指法变化多端。他不管做什么动作都离不开一个美感。

梅：是啊。我记得苏联杰出的芭蕾舞演员乌兰诺娃女士1952年在北京看完我父亲的《贵妃醉酒》后，到后台向他道贺时说："我非常喜欢京戏里的手势，像《醉酒》虽然穿的是宫廷服装，有长袖掩盖着双手，但是您偶尔有几个露手的动作是那么有着强烈的、醉人的吸引力。"她还拉着我父亲的手仔细地看来看去，最后说："您的手，还是和一般的演员的手差不多，没有什么秘密啊！"

王：对，梅先生的手势变化多端，特别吸引人；他今天可能这样做，明天也可能换一个动作，但是都没脱离人物的感情，没脱离艺术上的美，这是他的特点之一。

另外，他在台上抓得住观众，也就是说他善于抓观众的眼睛，抓观众的耳朵，抓观众的心。他一上场，全场观众就静观他的动作，这就抓住了观众的眼睛；他一唱一念，观众唯恐听不真，都屏息听他唱的每一个腔，念的每一个字，这就抓住了人们的耳朵；再有他根据剧情抒发感情，也就紧紧扣住了观众的心弦。

《汾河湾》和《宝莲灯》的表演

王：举例来说，像《汾河湾》和《宝莲灯》这两出戏的人物身份不同，梅先生的表演也就不同。柳迎春是个官宦的女儿，她的父亲嫌贫爱富，把她赶出家门，但她不是一般的农村妇女，也不是一般的市民，梅先生扮演她，虽然住在破瓦寒窑里，仍保持着原来足不出门的闺秀形象，她十几年依靠丁山儿打雁奉养娘亲，过着苦日子，对儿子的爱和感情是非常深厚的。《二堂舍子》的王桂英，虽也是丞相的女儿，但生活情况就不像柳迎春那样吃苦。她对亲生的秋儿十分溺爱，而对三圣母生下的沉香则有一些冷淡。梅先生在打沉香那三下时故意打得很重，等到刘彦昌说你打了沉香就该打秋儿时，梅先生打秋儿却是气

《西施》，梅兰芳饰西施

打，跟打沉香时的感情完全不一样。起初我在台上演出时还不理解，演过几场后就体会到了梅先生表演得深刻细腻。他打秋儿是用乱锤，“哐—— 哐——哐—— 哐——哐”，是跟丈夫怄气打的，打得并不重，可是头里打沉香则是“括儿伦仓，括儿伦仓，括儿伦仓，括儿一仓”，是使劲真打。这两个打法的感情就不一样，不仅有程式，而且有分寸。梅先生的每一个动作，每一个眼神，都是根据人物的感情的需要而做的，绝不是毫无目的性，机械地使用动作。再者，梅先生的动作也并不多。研究一下梅先生一生的艺术，就可以看出他的动作是从少到多，又从多到少，到晚年，经验丰富了，这时的少又跟开始的少不一样。开始学戏时动作少，后来学多了，动作也就多一些，经过多年舞台的实践，又从多到提炼，这种提炼的少完全是精华，所以在台上显得不乱。这就是我前面说的动中有静，静中有动。往往有时他不动，并没有什么动作，可是内心里却有复杂的活动。他在动的时候又有静，不是乱动，动那一下子，就向观众交代得清清楚楚，绝不是无目的性的。可以这样说，梅先生在表演上从少到多，从多到少，最后达到了“手无虚指，目不空发”的境界。

梅派唱腔的特点

梅：他在唱腔方面好像也不耍弄繁琐的花腔。

王：对，他没有花腔。按我的体会，花腔容易唱，没有花腔却是最难唱的了，腔越少越难唱。难唱的地方在于还要唱出味儿来。梅先生在唱法上有很大的革新。

梅：他还是继承了前辈的唱法。

王：对，梅先生学的戏很多，昆曲，青衣、花旦、刀马旦他都学，他在继承前辈的基础上，又根据自己的具体条件和体会把这些熔化于一炉，而更重要的是创新。他是在唱法上创新，并不是用些花腔来创新。他的唱法，旋律和用腔方面都有很大的进展，符合时代的要求，总的说来，符合人物的感情、身份、年龄和特定的环境。同样一个【原板】，一个【二六】，一个【快板】，一个【倒板】，由于人物不同，身份不同，年龄不同，处境不同，剧情不同，他的唱法就不一样，味道也不一样。梅先生特别注意词句要与剧情符合，譬如说，《打渔杀家》里萧桂英有一句【倒板】，过去一般都唱“海水滔滔白浪花”，梅先生就改了，因为萧恩和萧桂英父女打鱼总是小船，绝不会到海里去打鱼，而是在河里或江里打鱼。梅先生就改为“摇橹催舟白浪花”，这就符合父女相依为命河边打鱼的情景。这也说明梅先生是一点一滴地经过推敲，经过改革来创造梅派艺术，这是梅先生改革成功的一个方面，他并不是大的方面改革，小的方面就不注意，他对一个表演动作，一个唱腔，一句道白，一句唱词都注意到了。

又譬如说《二堂舍子》，过去的老词一般都唱“听说是二娇儿打伤人”，而沉香和秋儿进来报的时候却是说“打死”。如果是“打伤”，就不会着那么大急，不要紧的，给人家看看不就得了，王桂英也不会急死过去，所以梅先生在晚年就改为“打死人”。“打死”和“打伤”，一字之差，区别就大了。

梅：表情也就不一样了。

王：不一样了。打伤不至于使人急死过去，我们行话叫“气椅儿”。打死人还得了？尤其打的是秦太师的儿子，那还得了？所以一字之差，一字之改，剧情就大不一样了。所以我说，梅先生对每一出戏和每一句台词都不断地推敲，不断地改革，不断地创新。

梅：他早期和晚期的唱腔变化也很大。

王：是啊，有所不同。早期体力强壮，唱法是高音足，尽量唱高的腔儿。到中晚年，五十几岁以后，因为年龄的关系，生理条件的原因，嗓音起了变化，他的嗓音厚了，中音低音足了，唱出来的韵味也就比早年的味儿更厚了，真是又甜又厚，又沉，又有分量。

发音和口型

梅：另外，我发现他从来没有张着大嘴唱过。现在有些演员好像不大注意这一点了。

王：京剧的口型，特别是旦角，不戴髯口，尤其要注意。我确实看到现在有些青年演员没有经过严格锻炼，张着大嘴唱。

梅：不好看。

王：不美，再一露牙齿，那就更不妙了。梅先生不然，梅先生从来没有张过大嘴，口型很小，可是出来的音却特别的厚，因为他的口腔内部开阔，他的音开阔得很，但口型不大，放出的音却又达远，又甜又厚，味儿又浓。那是他发音的部位、方法、分寸都掌握得非常好，他的音色、音质、音韵，都是特别的好。

梅：我听说有的歌唱家主张用底颚音唱，京剧演员是否也用底颚音呢？

王：我们京剧、昆曲和其他兄弟剧种，都不张大嘴唱，主要就靠底颚，靠底颚音，可是底颚音又很不容易练出来，要下苦功夫练才成。如果你不会用底颚音，口腔必然要大，口腔一大，出来的音，部位也不对了，也不好听了，而且也不达远。演员认为自己用的力气不小，但不是恰如其分，因此并不能使观众听得舒服。梅先生的口型，您看没有哪一出戏，哪一段，哪一个腔，张挺大的嘴，即使一个高腔，他的嘴也张得不大。这主要就是用底颚音，口腔内在开阔，鼻腔和头腔的共鸣音都掌握得非常好。

梅：说也怪，有时他感冒了，唱起来鼻音反而倒好。

王：对。他有一次患了感冒，嗓子虽然没哑，鼻子好像有点伤风，嗓音却出来得非常流利。后来我就研究这个问题，一般人往往一感冒，嗓子便不得力了，不痛快了，梅先生为什么嗓音一点儿没有变化呢？我想这是他的方法对头，功夫到家的缘故。

梅：因而没有什么影响。

王：没有影响。如果我们方法不对头，功夫不到家，一感冒，嗓子必然受影响。梅先生有功底，而且有方法，所以克服了他的感冒。

梅：其他的京剧老前辈是不是用底颚音呢？他们张大嘴吗？

王：有很多前辈老演员也都从不张大嘴唱。从我们实践经验来摸索这个问题，一张嘴，不仅不好听，字吐得并不丰满，不达远，而且声带也容易受摩擦，受损伤，因为用底颚音，必然要用胸腔，也用京剧行话里的“丹田”。用丹田、胸腔、底颚，再加上内部开阔的口腔，用得恰当的鼻腔和头腔，他想让那个音到哪儿就到哪儿，到鼻腔就到鼻腔里去。他必然用胸腔，也用腹部肌，就是丹田。不用丹田和胸腔，单靠声带发音最吃亏，而且吃力不讨好，声带受损伤，音出来得不饱满，不圆润，不清晰，毛病全来了，使人听着刺耳。所以，我们有这么一句话：“你这不是唱哪，是嚷哪！”嚷啊，喊啊，叫啊，弄不好再一张大嘴，声音出来必然嘶哑，我们行话叫“嗝儿嘞”，声带受伤，日久天长还要生其他毛病。梅先生一辈子声带都保持得那样好，真不容易呵。一个是功夫，一个是方法，方法要对头。

梅：您讲得真透彻，这对青年演员改进自己的唱法大有帮助。

王：哪里哪里，大家共同研究，提高我们的唱法。

化装和服装的改革

梅：先父在化装和服装方面不断改革，早期和晚期的扮相显然有很大的变化。

王：梅先生在这方面有很大的改革。我们可以把他早期的照片和中期、晚期的照片一对照，就很明显地看出来了。他在化装上随时随地都在改，但他又不是一次改成的。可以说，他每化一次装都有改进，他是一点一滴地改革，特别是前面的水花，可以从照片上明显地看出来，从前贴得高，晚年贴得低，水花也变化了，贴的方法也变化了，特别的美。他虽然是60多岁的人了，但是化出装来，说句不客气的话，小青年化出装来也没有梅先生那么漂亮、那么美。在这方面，他在化装的改革上可不是一朝一夕得来的，是费了很大心血研究出来的。

梅：别的演员学他的化装，是不是也可以取得同样的效果呢？

王：当然，学梅先生的化装会有很好的效果，但是这里有一个问题，就是个人的脸型不同。梅先生是长方的脸型，轮廓是个有利条件；其他演员学他，因为脸型各不相同，有圆脸，有脸扁一点的，有颧骨高一点的，有鼻子矮一点的，有眼睛小一点的，所以要求也就不同。学他的化装，必然有一个提高，但还需要根据个人的条件来找，胖一点，瘦一点，脸长一点，短一点，贴片子也就不能一样。他唱梳大头的戏，必戴丝做的后刘海儿，唱古装戏必戴头发做的后刘海儿。梅先生从不露后脖子，这是梅派化装风格的一大特点。我们现在有的女演员就不戴后刘海儿，那么看上去整个露一个脖梗子，两边的白脖子全露出来了。

梅：不好看。

王：对。因为她化装照镜子只看正面，不大注意两边的脖子，一上台两侧就露出大脖子。还有的女演员用自己烫的头发当那个后刘海儿，那才

梅兰芳首次赴上海演出回京后，在化妆方面加以改革，包括画眼边，改变樱桃小口式的唇红，脑门上的片子降低些

叫难看哪！她为什么没戴？第一，她没体会到那个后刘海儿的作用；第二，她嫌沉，那个后刘海儿确实很沉，使脑袋负担很重；第三，夏天演戏戴它，脖子脑袋特别的热，出汗。可是，梅先生为了自己的艺术，为了符合时代，为了舞台上的效果，天无论多热，他都要戴上，绝不含糊一点点，不马虎一点点。你不信拿相片看，不管梳大头，还是梳古装头，都特别的美，从侧面看，脖梗子根本看不出来。所以，在这一点上，我们应当很好地继承梅派的化装。

梅：服装方面呢？

王：他在服装方面也特别讲究，注意色彩协调。头上戴的花，两鬓角戴的花，也要和服装相配，他研究该戴什么色彩的，怎么戴。譬如，他演《凤还巢》，头一场出场，绝不穿粉褶子，而一定穿蓝灰色的，或狐色的，或鸭蛋青色的褶子。两鬓也不戴粉花，而戴浅绿色或浅蓝色的花。为什么？因为他是第一次出场和观众见面，一戴粉花，一穿粉褶子，就整个夺脸了，因为脸上涂粉，粉色的服装把脸上的粉彩夺掉了，粉色的花也把脸上的粉吃掉了。他穿鸭蛋青色的褶子就特别地衬托这个脸，显得特别漂亮。这些很细致的地方，梅先生都研究得很到家，真是刻意琢磨。

梅：如今有的演员好像不大注意每场该穿什么颜色的服装。

王：不大注意，心里没谱儿，也不研究这个问题。

梅：这样就不容易与剧情相符合了。

王：看起来好像是很不要紧的事，可梅先生却特别注意，特别讲究。他的服装根据剧情而变化，譬如他在《凤还巢》中，一直到偷觑穆郎一场之后，因为程雪娥已经有了对象，才换上粉褶子，另外也因为他和观众见面多次了，剧情也需要了。

虚心倾听意见　以感情感染观众

梅：我记得您曾经说过我父亲在武汉有一次演《凤还巢》，一句向来应得好的唱，因为脸没有冲观众而没得到彩声，后来他接受您的意见，改正了过来。

王：对。梅先生虽然是我们的艺术大师，成这么大名，世界有名的梅博士，但是他在艺术上却不断地虚心倾听各方面的意见，这一点很值得我们很好地学习。1952 年，他在武汉大舞台演出，每一出戏连演两天。他演《凤还巢》，我和徐元珊前面演《连营寨》。我们演完之后就到前台楼上观摩他的演出，主要是学习他的表演艺术和认真严肃性。本来那句【原板】："何况那朱千岁甚是不端"，一向都有阖堂彩，但是那一天，唱这句时却没有彩声。我就研究这个问题，发现他每次唱这句时，都是脸朝外，手势也冲外指。这一天，他一边唱，脸一边冲着坐在台中间的老旦那边偏过去了，彩声就没下来。晚上回到旅馆吃夜宵时，我就跟梅先生提起这事，梅先生当时问道："什么缘故？"我就说："您往常唱到这句，脸都朝外，今天却冲老旦去了，给观众一个偏脸，声音也传到后面去了，所以观众既听不清您的声音，也看不清您的表情，彩声因而没下来。"梅先生当即"唷"了一声，认为很有道理。第二天还是《凤还巢》，他就按照老路子演，"不——呜呜呜——端哪——啊啊啊！"嚯，满堂彩！就是说梅先生接受别人的意见严肃认真，虚心得很。当然，例子很多，只举这一个，可见一斑。我虽然是演老生的，梅先生这一举动给我很大的启示，很大的启发。

梅：这也就是说演员得跟观众在感情上取得交流，脉脉相通。

王：感情和唱，首先用感情，以感情来带这个腔，而不是凭这个腔，要一个腔来要好。以感情带腔，向观众交代，和观众取得交流，观众必然会接受艺术的感染，他是情不自禁地鼓起掌来。

梅：演员怎样在台上才能抓住观众的注意确实是个主要问题。

王：这就是我刚才讲过的，梅先生既能抓住观众的眼睛，又能抓住观众的耳朵，而且通过剧情的发展又能抓住观众的心。

梅：这三点很重要。

王：很重要，但是演员非在艺术上有相当雄厚的基本功，相当丰富的舞台经验，也就是很深的艺术造诣，才能做到这三点。

梅：现在有的青年演员吃亏的就是基本功不瓷实。您在舞台上演出，想必也非常注意这三点啦。

王：我也特别注意，因为这是我学习梅先生表演艺术的体会，得到很大的启发。

兼收并蓄　博采众家之所长

王：还有一个重要问题，我们当演员的，不管是哪个行当，都应该相互学习，因为这里面有个共性，有个基本规律。京剧界过去有，现在也还存在着一个习惯，好像我是演旦脚的，就不注意其他行当的表演和唱念。我唱旦脚就只看旦脚戏，我唱老生就只看老生戏，不去钻研别的行当的艺术。但是，梅先生不然，他从开场戏就看，不论你是哪个行当，只要你有特长，他就吸收过来，化在自己身上，根据人物的需要用旦脚来表现。所以，他什么行当都看，兼收并蓄，这是梅先生的长处，我们应该向他学习。

梅：我觉得他有时用的是武生身段。

王：对，还有花脸身段，小生身段，老生身段。他的吸收能力很强，那么多年他兼收并蓄，博采众家之所长，所以才创造了梅派艺术。这不是一朝一夕之功，要持之以恒，在艺术上刻苦琢磨地研究。

梅：另外，他一生对各地方剧种也很重视。

王：是的，各剧种，像山西晋剧啦，陕西秦腔啦，湖南湘剧啦，四川川剧啦，这些古老的兄弟剧种，他无一不看，而且吸收它们的精华来丰富自己的表演艺术，但他又不是生吞活剥地照搬。他把它们吸收过来，化在京剧里，特别是化在自己身上，根据自己的条件来发挥，这样才成为梅派的特点和风格。

为人处世平易近人　急公好义

梅：从 1946 年到 1958 年，您两位一起合作，后来您怎么到南京去了？

王： 1952 年从东北和梅先生演出回到北京后，江苏省京剧团邀我去帮忙。后来梅先生到各地演出，我在那边请假仍旧随梅剧团演出。1958 年，由石家庄回来，梅剧团改由北京市领导，老生由葆玥协助演出，我就回南京了。

梅： 十几年来，您对先父私下的为人处世有什么印象？

王： 梅先生待人接物，特别是对剧团成员，那是平易近人，非常谦虚，非常热情。谁跟梅先生见过面，说过话，都会留下一个很深刻、难忘的印象。他对向他求教的演员，对他的弟子，更是无保留地传授自己的艺术和经验。

梅： 没有一点架子。

王： 丝毫没有。我的体会，梅先生有一个特点就是脱俗，他在我们京剧界几十年当中非常的脱俗，他没有我们旧戏班里那种习气。他给人的印象是个艺术家，不是个艺术匠，不是个唱戏匠。他给人一种很高尚的品德这样的印象和感觉。本界的朋友托他办点事，他都是有求必应，尽力给人办到，热心赞助。

梅： 群众也非常热爱他。

王： 是啊。记得 1952 年在东北演出，正是严冬时分，下大雪，天很冷。梅先生每天演完要谢好几次幕，观众不走，鼓掌还要看他便装谢幕。所以，他还得卸完妆，洗了脸，穿上便装再上台谢幕，观众要看梅兰芳的庐山真面目。这还不算，梅先生出门上汽车，外边的人还不走，大雪纷飞，寒风刺骨，就在这样的气候下，观众要看梅先生上车后才散。每天这样，可以看出观众对他的热爱和欢迎的程度。

另外，梅先生几十年来对我们京剧界有困难的艺人，或是婚丧嫁娶的事情，只要找到他，他都义不容辞，必然在经济上给予很大的帮助，很大的支援。这是不胜枚举的。

梅： 有经您手办的吗？

王： 也有一次。新中国成立之前，上海有个艺人故去了，家里很困难。那么，我就跟梅先生一说，他当时就赞助了五百万元，合现在也至少有两百元。而且梅先生支援人家，绝对不对任何人讲。

梅： 保密。

王： 对了，保密，不宣扬自己。有时，并没求梅先生帮助，但他听说某人家有了什么困难，他主动地给人支援，解决人家的一些困难。国家有什么事找他协助，他也义不容辞，急公好义。这是梅先生一生做人的优良品德。

关于继承和发展京剧艺术的看法和建议

梅： 您对京剧艺术和流派的发展有什么看法和建议?

王： 我个人对京剧艺术的发展有一个不成熟的看法：京剧艺术从道光二十年以后开新纪元，到现在140多年以来，一直在发展，并没有停顿，而且这些发展都跟前辈老艺人的不断创新和改革分不开。像谭鑫培老先生，杨小楼先生，余叔岩先生，梅先生，程先生，都是根据个人的条件，雄厚的基本功，长期舞台的实践，才形成了流派的特色。根据我的了解，我们很多老艺人都在20岁就成名了，梅先生特别早，十七八岁就成名了，二十几岁就享大名，30岁已经形成流派了。艺术流派的形成并不是自我标榜，而是观众的批准和承认，因为你这一派有你的特点，有你的独特的风格。当然形成流派要有几个阶段，要有必要的条件。

过去旧社会的制度是没落的，非常落后的，演员不唱戏就没饭吃，可是为什么能形成那么多流派，出那么多好艺术家，好演员呢？而现在我们的社会制度、经济条件、物质条件都比过去旧社会优越得多，怎么反倒没有那么多全国驰名的演员和艺术家，形成新的流派也比较少呢？过去南方周信芳先生和盖叫天先生，也都是二十几岁就成名了，三十几岁流派就形成了，这确实是一个值得我们探讨的问题。

我个人的看法，今后我们京剧艺术的发展首先要继承。现在要赶紧抓艺术教育，包括艺术学校和剧团里面的人才培养。剧团主要任务是排戏演出，可是有条件的演员也要重点地给予培养，使他们能健康成长起来，因为我们有些老演员，有的已经故去，有的身体不好了！有的年纪太大了，他们身上都有很多宝贵的经验，宝贵的艺术财富。我们搞艺术教育，首先要继承传统的艺术。这些年，许多老先生故去，带走了不少好东西，应该赶紧抢救这份遗产。

梅：抓紧录像，把老艺人的艺术保留下来供后一代参考学习。

王：趁有些老演员还健在，还能在舞台上活动活动，可以请他们示范演出，用录像机录下来，或是请他们口述，我们记录下来。在他们有生之年，再贡献出他们宝贵的经验。录像和文字记录都是很好的抢救方法。

《太真外传》，梅兰芳饰杨玉环

要抓紧艺术教育，这是当务之急。为什么？由于“四人帮”横行了十几年，使我们京剧界后继乏人。后继乏人不要紧，只要我们能够抓紧搞它那么几年下来，就可以恢复过来。有人提出创造新流派。当然创造新流派是好事，但是依我个人的看法，谈何容易，因为这个基础、这个基本功和一些我们叫做“绝招”的玩意儿已经被老先生带走了不少。艺术教育是抢救，培养新生力量来继承传统。推陈出新，首先是继承，没有传统的基本东西，你怎么能出新，是不是？那就是空中楼阁，是空话。京剧艺术确实很丰富多彩，家底子很厚。如果再在这方面慢慢腾腾，犹豫不决，等老先生过几年年纪更大了，身体更不好了，再抢救恐怕就来不及了。

梅：对于京剧的改革，您主张大改呢，还是全盘不动地恢复唱一些旧戏呢？

王：我方才已经讲过，京剧在这140多年来一直在不断地改革，而没有固步自封。今后，好剧本和好演员都同样重要，因为演员有好的基本功，再有好剧本，唱起来才能受观众欢迎。光有好剧本而没好演员来表演，也等于零。因此抓艺术教育是百年大计，是根本点。

传统戏肯定是要改的。我们前辈艺术家就一直在改革，不改革怎么能成大流派呢？他固步自封，墨守成规，成不了流派。不管哪个流派的创始人，他都有雄厚的基本功，有长期的舞台实践，对京剧进行了改革和创新。譬如说，梅先生会很多戏，青衣、花衫、刀马旦，甚至武生戏，如《木兰从军》都演过。他文武兼备，不断改革创新，才能创造出一个具有独特风格的梅派艺术。所以，我们今后还要不断改革，首先是对传统剧目的改革。改什么，怎么改，就是这两句话。传统剧目中有些台词和剧情不合理了，由于它是产生在封建统治时代，必然有糟粕和不健康的东西，这些东西我们就要改掉。梅先生所演的传统剧目，像《醉酒》和《宇宙锋》，都是经过改革的。

《醉酒》过去演的是一种诲淫的主题，梅先生把它改为反映宫廷妇女苦闷的心情，就改得比较完整。他把糟粕去掉，取其精华。这出戏梅先生也是一点一点改的，不是一下子改成的。所以说，我们的传统戏还是要改的，但是我们不要把优秀的东西改掉。

梅：应该继承下来。

王：往往我们把好的东西，精华当作糟粕改掉了。

梅：这可能是不懂行的人干的。

王：这个问题就要很好地研究，慎重行事。《杨门女将》就改得很好。新中国成立后，确实改了不少好戏，比原来传统剧目好多了。但是我们千万不要把精华改掉，不要把京剧搞得非驴非马，不像京戏。

梅：洋鼓洋号我看就别再加在京剧场面里了。现在另有一种倾向，认为青年人看不懂京戏，有人竟主张把京戏里上韵什么的都取消掉。不在提高青年的文化修养和艺术欣赏水平上下功夫，而是为了迎合青年人，就要把古典京戏搞得越通俗越好。我担心这样下去，京剧在艺术上就要降低它的高水平了。

王：“四人帮”那十几年把京戏割断了，青年人很少看京戏，对它陌生了。他们在那些年里又没有学到很多的历史知识，这不能怪他们。

梅：这就需要引导，大力宣传介绍我们祖国这一份珍贵遗产的价值。

王：现在青年人不爱看京戏，这确实是个值得我们重视的问题。

业余爱好者和票房的重要性

王：过去京戏之所以繁荣，我看其中一个因素是因为社会上有许多业余京剧爱好者，有许多票房；社会上爱好京剧的人越多，对于我们这个剧种的发展越有利。业余爱好者反过来又促进我们专业演员的艺术提高。另外，在票房里还可以发现不少人才。譬如说，著名的老旦龚云甫老先生，过去是在北京崇文门外花市搞玉器的，他是业余玩票的，后来下海，成为一个流派。我们京剧界老前辈杨小楼、余叔岩和梅先生都对龚云甫老先生特别尊重。

梅：其实他是个票友出身。

王：他不是科班出身，直到现在，我们老旦的唱法，还没有脱离龚派的唱法。

还有汪笑侬老先生，他在清朝末年做过知县，喜欢京戏。像《马前泼水》、《刀劈三关》、《张嵩献地图》、《敲骨求金》、《完璧归赵》这些戏，他都能演，而且他还能写剧本，他也自成一派——汪派。后来很多艺人都学汪派戏和唱腔，直到现在，我们舞台上还有汪派的痕迹。

梅：刘鸿声和言菊朋两位先生也是票友出身。

王：对，刘鸿声原来是在护国寺北边一个半间门面的铺子里专门做小刀的，剃头刀啦，修脚刀啦，他外号叫“小刀子刘”。

梅：听说也磨刀子。

王：他是抢着刀就磨刀。他是个票友，经常在西直门里翠峰庵一座庙里的票房唱，后来还在新街口一个茶楼票房里玩票。他开始是唱铜锤花脸的，后来改为老生，嗓子好。这个人是个瘸子，又有小肠疝气的毛病。这位老先生后来成为刘派。

梅：红得不得了。

王：红得厉害，当时红得跟谭鑫培老先生并驾齐驱了。他也是票友。后来高庆奎老先生宗刘派。到现在，李和曾先生是向高庆奎学的，也宗刘派。其他老生往往也有刘派的唱腔。

梅：如今侨居美国、80岁高龄的卢老太太李桂芬女士也是宗刘派的。葆玥的《辕门斩子》就是她教的。

王：对。另外，言菊朋老先生也是票友。这位老先生文化水平高，因此在声韵上很讲究。他开始是学谭派，后来嗓子有点变化，气力不够了，就自己创造了一个言派。现在继承言派的有他的儿子言少朋，还有张少楼和李家载。

梅：言菊朋先生以前做什么事？

王：他过去是在机关里当录事。类似这样的票友成为流派的还有，不胜枚举。

梅：这样看来，票友对京剧的发展也起了很大的作用。

王：对了。票友喜欢钻研，在推动京剧发展上起了不小的作用，所以不能忽视他们。现在，社会上没有业余的票房，业余爱好者也少了，这对于推动我们京剧的发展是个损失。

梅：最近从报章上看到上海已经成立了梅派、程派、麒派各研究小组，吸收了不少业余爱好者。

王：这非常好。京剧的发展肯定是专业与业余分不开的。今后我们希望社会上能组织一些票房。业余爱好者每周聚会两三个晚上，一块儿唱唱，专业演员也可以去辅导辅导。这不但可以增加工人、学生、机关工作人员的文娱生活，也可以推动京剧发展。

梅：值得大力推广。

王：应该大力发展业余票房，像地区文化馆、居委会、农村大队都可以组织嘛。我记得过去山东省每个村子都有业余票房，甚至还有服装行头、刀枪把子，这是过去山东的特点，现在都没有了。

梅：听说国外和港澳票房倒不少，很兴旺。

王：是啊，人家美国、港澳的华侨倒组织不少票房，大家常在一块儿研究，我们国内反而缺少了。

梅：还需要宣传推广一下。

王：对。再一点就是在电台上、电视台上开办京剧讲座、流派艺术讲座，这几年有了，但觉得还是少一些，能再多一点就更好。社会上业余京剧爱好者越来越多，对我们京剧很有利。

梅：也就不会衰败了。

王：不会湮没了。京剧是中国民族戏曲的一个大剧种，艺术家底子比较厚，演员也比较多，国外影响也比较大，因此赶快抢救一下很有必要。专业剧团还应提高演出质量，抓艺术教育，培养下一代。青年演员虚心地听老先生讲授，老年演员也应该无保留地传授。

梅：我还忘了问您，您在舞台上表演那么多年了，哪些是您的拿手戏，估计您会多少出戏？

王：说不上什么拿手戏。我过去学的戏也不少，汪派的戏也学过，像《让成都》和《文昭关》，刘派的戏也学过，但主要是宗谭派。估计一共上演过100多出戏，其中《定军山》、《战太平》、《打渔杀家》等戏都经常演，比较熟练一些。另外，我以谭派为基础，也吸收学习余派、马派和麒派的艺术，用自己的条件和体会来演，但还都演不好，经常还在练习。关于京剧的唱、念、做，我也有系统地写了点东西，还需要进一步修改。

梅：您也在教学生吗？

王：我在南京教了几个学生，给他们说说《定军山》、《打渔杀家》、《空城计》、《将相和》，他们有的已经对外公演了。对于青年演员这个问题，我们也很着急，青黄不接，因为老生这个行当比较难，演员年轻时，在台上火候不到就会显得嫩，他们必须多学习，多锻炼，多实践，才能练出年龄这个道行来。

梅：您自己最近排了什么戏，演了什么传统剧？

王：去年排了一出现代戏《琵琶泪》，是讲一个评弹艺人遭受“四人帮”的迫害。我还演了《将相和》、《空城计》、《群英会》和《秦香莲》。

梅：您准备还上演什么传统剧目？

王：还准备恢复上演《八大锤》、《汾河湾》、《二堂舍子》、《清官册》、

《打金枝》、《金水桥》……

梅：您今年有60……

王：68岁了。

梅：精力还可以？

王：精力还是可以的。每天早上还喊喊嗓子，跑跑圆场，耍耍刀花枪花。演员就得拳不离手，曲不离口。另外也可以锻炼锻炼身体。

梅：老当益壮。您还可以在舞台上多多表演。现在您平均一年要演多少场呢？

王：不一定。去年和前年恢复传统戏以后，我一共演了200多场。

梅：真不简单，今天占用了您很多时间，十分感谢您。下次有机会还要向您请教。

王：说不上“请教”二字，大家一块儿研究。

1980年3月20日

和王琴生先生的二次谈话

——续谈父亲的表演艺术及其他

最近王老来京探亲，使我再次有机会跟他畅谈京剧艺术；现把这第二次谈话整理出来，征得王老的同意，公开发表，以飨读者。

梅：您好，王先生。咱们上次谈话，一晃过去18年了，时间过得真快。您挺硬朗，今年您……

王：我今年86岁了，1987年从岗位上退下来，不再担任江苏京剧院副院长了。可我虽然退休了，脑子却还没退休，天天看看书报杂志，学习点戏剧理论知识，经常到票房清唱几段，有时也还登台，去年我就在南京一个晚会上唱了一出《汾河湾》。此外，我也常到学校讲讲学，做些普及京剧常识的工作。也就是说，理想没有退休，还寄很大的希望于京剧艺术，还在追求。

梅：您真是宝刀未老，老当益壮。这十几年来，您想必对京剧艺术又有很多思考，不少心得，很想再听您谈谈。

梅先生胸襟开阔，德高艺高

王：好的，咱们再聊聊。首先我还是想谈谈梅先生的品德。当年我们在学戏的时候，常听到老前辈讲“艺高不如德高”，用这样的思想教育后辈；作为一位演员，必须要有社会公德、职业道德和做人的美德，能做到这三点才能受人尊敬。这是衡量一个演员的标准。梅先生一生所作所为就是艺高德高，所以德高望重。余叔岩先生当年也讲过一段话：“凡是有声望、受人尊敬的演员，都把戏德放在首位，心正才能艺正。不讲修养德行的人，有几个有好结果呢！”余先生本人就是心正艺正。

梅：这几句话对后辈演员很有教育意义。

王：梅先生的高贵品质、民族气节和艺术创新，不仅仅是我们文艺界，尤其是梅门弟子，要学习的，我想，大家都应该学习。1946 年，我初次跟梅先生同台演出，心情十分激动，就在后台说：“包银我不要了！”有人说王琴生在说笑话。我说：“我在台上不但学到了梅先生的表演艺术，也学到了梅先生提携后进的美德，包银是有价的，艺术和美德是无价的。”作为一名演员，应该学习梅先生的高贵品德，这样才能受到观众的尊敬。

梅：您是演老生的，怎么学到了我父亲的旦脚表演艺术呢？

王：京剧各个行当的表演艺术在规律上都有个共同点，而且是相互借鉴的。俗话说“一行通，行行通”，梅先生是集各个行当之大成，集中国戏曲表演艺术之大成。

梅：他当年学艺，确实是什么行当的戏都看。

王：他不只京剧什么行当的戏都看，而且还爱看别的剧种的戏。他自己说过：“我在表演上能有些心得，就是从看戏中得来的。人家好的地方我就吸收过来。”这句话很有

《贵妃醉酒》，梅兰芳饰杨玉环

道理，也给我很大的启发。大家都知道梅先生曾经把武戏《铁笼山》里“起霸”、“观星”的【九锤半】的身段用入了《穆桂英挂帅》，余叔岩先生也曾经把青衣《祭塔》里的唱腔用在老生的《法场换子》的唱腔里。我想，京剧本身就是“拿来主义”，它从徽、汉、秦、梆、昆各个剧种中吸收精华而形成了京剧艺术，所以我们作为演员，也应该实行“拿来主义”，研究别的行当、别的剧种艺术，从中得到启发，根据自己的条件再创作。作为演员，心胸绝对不能狭隘。我跟梅先生交往多年，就发觉他心胸开阔得别人没法儿比，从没听他私下里议论过任何人，总是夸奖人家的艺术。说他为人心胸开阔，我可以举个例子。30 年代中期，上海有位小报记者，常写文章骂梅先生，还画过一张夜壶上插朵梅花的漫画侮辱梅先生。后来这位记者落魄了，来到梅先生家告帮。谈了半天话，梅先生看出他生活窘迫的境况，便问道：“您来看我，有什么要求，尽管提出来。”那位记者支支吾吾地恳求梅先生帮他 100 块钱。梅先生当即上楼取来 200 块钱交给他。那人一见梅先生这样不计前嫌，慷慨资助，回想多年来自己无知冒犯梅先生之事，羞愧难当，泪流满面，“扑通”一声跪倒在地，向他深深赔礼道歉。你看，谁有你父亲这样开阔的胸襟？

梅：从这个例子可以看出我父亲从不记仇，遇到别人困难的时候乐于助人。当年鲁迅先生也骂过我父亲，可是我父亲从不计较，还是很尊敬他。

王：这就是梅先生艺高德高的表现。

梅先生的表演艺术规律

梅：您从我父亲的旦脚表演艺术吸收过什么呢？

王：梅先生的身段很美，我学过他的身段。譬如《珠帘寨》这出戏（起立，边说边表演），李克用头一场念“唐王庆贺孤的千秋，内有国舅段文楚，他笑孤王坐席不正，礼貌不周，怒恼孤王将他抓将起来，我就摔……”时，起“冲头”，“崩登仓”，左手高过头，右手平直，手心朝外，把袖子甩上来，接念“摔在丹墀”，就借鉴了梅先生《别姬》舞剑里的一个身段。第二个身段用在“是孤心生一计，将九九八十一斤定唐宝刀耍了数路”一句上，掏翎子，转身，右脚踩在凳子上，右手高，左手平直，形成一个子午像。过去老师没这样教过，我吸收了梅先生的身段，等于造成两个塑像，非常好看，表现李克用豪壮的气势。

梅：您在上次谈话中说过他把您的戏给带出来了。

王：我跟梅先生同台演过《汾河湾》、《二堂舍子》、《打渔杀家》、《抗金兵》等戏，确实有这种体会。梅先生在舞台上不是一般泛泛的表演，他能启发同台演员的激情和高度责任感，把同台演员的即兴表演引发出来，使人物的感情恰如其分，特别是唱腔落的地方分寸，盖口留的尺寸非常合适。所以跟梅先生同台演出，并不觉得累，而是觉得轻松，心气儿碰得上，熨帖舒服，对得上榫。一名演员如果呆木，就理解不了梅先生的表演艺术的深奥。

另外一点是我跟梅先生同台演出，切身体会到节奏是唱念做打的灵魂。梅先生的节奏，一呼一吸的频率都是和谐的。他的一颦一笑，一个细微的动作，都掌握人物的感情内涵。唱念有内在的韵味儿。他动于内形于外，不急不温不火，梅先生自己曾说：“表演唱段，在舞台上宁可让它亏一点儿，而不要让它过火。”也就是说，一过火就显得庸俗了。他讲的就是要恰到好处，既不多一点，也不能少一点。

梅：就是说得有火候。

王：对，得掌握火候。我们有句行话：“得有心计”，心里要有数。梅先生的表演具有程式动作而千姿百态的舞蹈性，用内心活动推动程式，而不是被程式束缚，所得的效果不是写实，而是艺术上的真实感，因此他在舞台上能给观众一个完整精彩而静美的形象感受。我受到梅先生的启迪确实是多方面的，深深体会到我跟他同台演出，等于入了一次最实际最生动的艺术大学。后来我跟别的演员也演过那几出戏，就感到台上不那么默契，不那么熨帖，心气儿碰不到一块儿。杨小楼先生说过：“我跟兰芳演《别姬》，心气儿在一块儿，特别的舒服。”艺术大师和艺术大师一起演出，由于舞台上的火候，舞台实践的经验，扎实的基本功，刻画人物的深湛功力等等方面都吃透了，心气儿就碰在一块儿了。过去老先生教导，台上的演员之间心气儿得在一起，演员和乐队的心气儿也得在一起，这样才能水乳交融，严丝合缝。

另外，我跟梅先生演戏，事先并没对过戏，也没排过，而是台上见。实际上我在上场前是由徐兰沅先生按照谭派的路子给我说了一遍，到了台上，跟梅先生配合得非常的默契，节奏非常的和谐准确，观众看着也很舒服。所以我常说京剧艺术自有它的一套完整体系，梅先生自有他的一套完整的表演体系。我们一定要吃透这个体系。

梅：根据您的体会，您觉得他的表演有哪些规律特点呢？

王：首先是梅先生在表演和唱念方面结构特别严谨。有人认为梅先生在台上慢，其实他一点也不慢。我跟他同台演出才知道他的结构尺寸准确得不得了，层次分明，十分清楚。由于层次清楚，他才能把同台演员的感情激发出来。他的结构和谐，表演唱念都有铺垫；如果下面应该高，前头就应该低，低不等于没有激情。现在有的演员唱起来一个劲儿拔高，认为是激情，这是绝对错误的。唱得高念得高就是激情吗？绝对不是。梅先生自己给自己铺垫得十分有序。另外，他在表演上动中有静，静中有动。你看他动，却很静，动作让观众看得清清楚楚，不是慌手慌脚的，不是没有节奏，没有准地方。静中有动，他在台上其实没有什么动作，没有什么台词，旁边的演员在唱念，他在倾听，流露出内心深刻的感情，这个动是内在的。梅先生在舞台上表现最突出的地方是内在的东西，内涵的东西，使人物性格特别鲜明。所以我试给梅先生的表演艺术规律特点总结为这样几句话：

> 结构严谨，层次分明；节奏和谐准确，铺垫有序，张弛合适；动中有静，静中有动；人物鲜明。

当然还不仅仅是这些。京剧的传统表演有它的艺术规律，有它的体系。各个行当，无论是在演传统剧目还是新编剧目，都遵循着梅先生这 34 个字的规律。有人说梅先生只代表旦脚行当的一个流派。怎么能这样说呢，这真是孤陋寡闻，不懂就是不懂，不要装懂。俗话说："梨子是酸是甜，请你亲口尝尝才能知道。"真正尝一尝，才能理解京剧和梅大师表演艺术的深邃。

移步不换形

梅：新中国成立初期，我父亲在天津一次记者采访时，提出京剧改革应该按照"移步不换形"的原则进行，结果引起京津两地不少文艺评论界人士的异议，认为这是一种阻碍改革的保守看法；他们提出了"移步必须换形"的对立观点，写了批判文章准备见报。后来周总理得知这一情况，及时指示天津文化局局长阿英同志出面制止，我父亲才免遭一场"围剿"。阿英先生后来调到北京工作，在我们家住过一个时期。我父亲以后在大小会上发言，都事先征求他的意见，以免再犯错误。阿英先生实际上成了他晚年的亲密顾问。

王：是啊。可是后来在文化大革命时期，"移步不换形"这件事又给折腾出来，被诬蔑为"一株大毒草"，进行批判。

梅：我父亲虽然已在1961年去世，"四人帮"还是没饶他，给他扣上一顶"反动艺术权威"的大帽子。

王：真是一场颠倒黑白的无耻闹剧，令人气愤。

梅：您对"移步不换形"怎么个看法？

王：这个问题我早就想谈谈。徽班进京二百年，也就是京剧孕育形成和创新发展的二百年。这二百年的历史告诉我们，京剧的改革创新是渐变而不是突变，结果涌现出一大批优秀的艺术家，流派纷呈，出现了京剧三个重要时期，这三个时期的代表性人物，按照蒋锡武先生的话来说，"即初创形成时期的程长庚，趋向成熟达于第一个高峰时期的谭鑫培，全面发展并趋于完美的巅峰时期的梅兰芳"①，这话说得很对。梅先生一生为京剧改革呕心沥血，从实践中悟出

① 蒋锡武：《京剧精神》，湖北教育出版社1997年版，第141～142页。

"移步不换形"这一原则，也就是说京剧改革应该按照京剧艺术基本规律来发扬、创新、完善而向前推进。"不换形"是让人们承认那还是京剧。如果有人提出"移步换形"，那你就再另搞一个剧种，只要观众认可，这没有什么可说的，可那就不叫京剧了。梅先生在《舞台生活四十年》一书中对京剧改革、创新和发展的一系列论述集中体现了"移步不换形"这一理论原则，而不是改变京剧表演艺术的形态。

梅：完全符合京剧二百年来渐变创新的历史实际。

王：京剧二百年来渐变发展而形成了民族戏曲中的第一大剧种，也就是靠"移步不换形"所促成的。

京剧艺术形式的特点是写意的，虚中有实，实中有虚，以虚为主，是以艺术真实和以歌舞演故事来塑造人物的。京剧艺术的宝库确实是取之不尽、用之不竭的。这个宝库就在演员身上，所以演员必须具备唱念做打的坚实基本功，才能得心应手。京剧是中国的瑰宝，当然也有缺陷和不足之处，特别是在一些传统剧目中。梅先生去其糟粕，逐渐修改而使它完善，拿《贵妃醉酒》来说，原本掺杂着不健康的思想内容，梅先生就把它去掉，改成一出反映宫廷妇女苦闷心情的戏，观众承认它还是载歌载舞的《贵妃醉酒》。

梅：这就是"移步不换形"理论的实践。

王：对，而且改得很好，不露痕迹，思想性却加强了。京剧跟话剧不同。话剧是以写实为主的，以生活实际塑造人物。焦菊隐先生说过："话剧是从布景中产生表演，我们的戏曲不是从布景里产生表演，而是从表演里产生布景。"梅先生也说过："布景就在演员身上。"这两个剧种是两个体系。几十年来，这两个体系确实产生矛盾，一些高明之士总是要以话剧艺术形式来反对京剧艺术形式，来改造京剧，或者以话剧写实派的眼光来衡量京剧艺术形式。这样做无疑只能是损害民族古典艺术的精粹。不同的剧种其实应该相互借鉴，取长补短，丰富自己，而不应该相互排斥。

梅：民国初年新文学运动就曾引发过一场论战，一些以西学为坐标的学者不仅批判中国旧文学，也把矛头指向京剧，曾经发表过一系列文章把京剧批判得一无是处，主张全盘引进西方戏剧理论与舞台艺术方式，建立一种新的“国剧”。我写过一篇《梅兰芳和国剧学会》的文章①，详细谈到了那场论争，其中还摘引了王元化先生最近发表的《京剧与文化传统》一文里的观点。

《西厢记》，梅兰芳饰红娘，程砚秋饰崔莺莺，尚小云饰张生

王：王元化先生怎么说的呢？

梅：王先生认为京剧在我国文化传统中占有重要地位，并且说：“我感到奇怪的是，五四时期曾有推倒贵族文学提倡平民文学的口号，从来被轻视的大量民间文艺作品、小说、山歌、民谣、竹枝词等等，受到了倡导新文化的学人的重视，可是为什么对于同是民间文艺的京剧却采取了痛心疾首的态度呢？是因为它进过宫廷，还是别的什么原因？任何时代都会出现自我相违的偏差。那是一个暴风骤雨、来不及仔细思考、而急促作出判断的时代。今天距离那个时代已70多年了，已经到了可以平心静气回顾过去对它作出公允评价的时候了。”②

王：这话说得非常对，非常公允。

梅：最近我还看到一篇文章，是袁良骏先生写的《两位艺术大师为何不相能？——略论鲁迅与梅兰芳》，其中提到鲁迅先生生前多次在文章中对京剧、对我父亲有十分尖锐的批评和讽刺。袁先生作了分析评论之后，也像王元化先生

---

① 该文载于《大地》1997年第2期。

② 王元化：《京剧与文化传统》，《艺坛》1995年第4期。

那样指出“鲁迅对梅兰芳乃至整个京剧艺术的某些偏激情绪，并非鲁迅所独有，而是‘五四’一代人的‘时代的片面’。作为五四新文化运动的先驱者，胡适、陈独秀、李大钊、周作人、钱玄同、刘半农等，都曾把京剧简单目之为宣扬封建迷信的‘国粹’，置之彻底扫荡之列。在大呼猛进、摧枯拉朽地扫荡封建旧文化的伟大运动中，有一点片面是难以避免也不足为病的。等到这种文化运动取得根本上的胜利以后，这种片面性也不难纠正。‘五四’对我国传统文化的某些过头否定不是已经从总体上得到纠正了吗？对京剧的偏激不过是这种过头否定的一个侧面而已。”①

王：说到这里，我也看过一篇文章，说鲁迅如果多活几年，知道梅先生蓄须明志，怒目对日寇的节操，甚至看到梅先生的成就，也会钦服赞美的。②

梅：话扯远了，还是回到京剧和话剧之间的区别这个话题吧。

王：我常说京剧改革不能蒙着眼睛往前走，就像当年余叔岩先生所说的“不能盲人骑瞎马”。梅先生在30年代从北京搬到上海去居住跟齐如山先生话别时，齐先生对他有过一段语重心长的话：“我今日郑重其事地告诉您一句话，倘若有人怂恿您改良国剧，那您可得慎重，因为大家不懂戏，所以这几年来，凡改良的戏，都是毁坏旧戏……那不但不是改良，而且不是改，只是毁而已矣。有两句要紧的话，您要记住，万不可用话剧眼光衡量国剧，凡话剧中好的地方，在国剧中都是要不得的；国剧中好的地方，在话剧中都是要不得的。”③ 这是齐如山先生对梅先生的叮咛嘱咐。他一针见血地指出京剧与话剧之间的矛盾。程砚秋先生1933年在《赴欧考察戏曲音乐报告书》中也提到，连欧洲戏剧家都说：“中国如采用欧洲的布景以改良京剧，那无异于饮毒酒而自杀。”

梅：齐先生当年留学德国、法国，研究外国戏剧，看过不少话剧。当年他回国后写了一本《说戏》的书，也曾完全反对过京剧。

---

① 袁良骏：《两位艺术大师为何不相能？——略论鲁迅与梅兰芳》，《中华读书报》1998年3月25日。

② 周翼南：《鲁迅、梅兰芳及其他》，《文汇读书周报》1996年6月24日。

③ 齐如山：《齐如山回忆录》，宝文堂书店1989年版，第187页。

王：是啊。齐先生回国后强烈反对过京剧，可是经过一段时间观看京剧，研究京剧，他才懂得京剧是民族瑰宝，来了一个180度大转变，认识到万不能用话剧形式来衡量京剧。他写出了反省书，推翻了他的错误观点，而后他为京剧做出了大量有益的工作，多年来为梅先生编写了20多出新戏，还为梅先生1929年出访美国演出做了大量准备工作。他还跟梅先生和余叔岩先生共同创办国剧学会，培养人才，办起京剧刊物。齐先生花了20多年时间，多方奔走，搜集了大量的京剧资料和剧本，写出了大量文字资料，真可以建立一座京剧图书馆。应该承认齐如山先生为京剧作出了卓越贡献。

梅：功不可没。

王：他还写了《国剧艺术汇考》等研究京剧的佳作和回忆录，是一位杰出的京剧作家和理论家。所以说，京剧和话剧这两个不同表演艺术形式的剧种所产生的矛盾，已经延续了几十年，直到现在还很尖锐，无疑是一种人为的矛盾。我认为这是一种无知的表现。一个具有中国特色的社会主义国家，怎么能没有自己民族特色的文化艺术呢？

梅：现在许多新编的京剧剧目都请话剧导演执导排演。过去京剧没听说过有导演。

王：请话剧导演，有时还是约请很有名的话剧导演，来排京戏，可是他们大都不太懂京剧，只能勉为其难。这怎么能排好呢？中国京剧院过去排过一些新戏，像《杨门女将》、《野猪林》、《朱仙镇》等等，都排得很好，那时五六十年代还有一些像翁偶虹、范钧宏等老作家、老导演，他们不仅编剧，还上台演出过，都是京剧行家、专家，所以出了一批传世之作。如今总强调排新戏，耗资巨大，结果排出来的是些不伦不类的京戏，观众不爱看，演不了几场就报废。一排新戏，动辄几十万，甚至上百万，制布景，做服装，这个钱就白扔了。所以我说笑话，报废就报废，决不会把你当成贪污犯制裁！有人说非得排新戏不可，创新才能吸引青年观众来看。其实，你创新，他也不来，结果把老观众也得罪了，新观众也不来。现在青年不爱看京戏，这是一个涉及多方面的复杂问题。创新当然是好的，一定要创新，这样京剧才有生命力，可是得按照京剧的规律来创新。

梅：还是得遵循“移步不换形”这个原则。

王：还是这句话。你换了形就不是京戏了。京剧创新别弄得像话剧演古装戏那样，豪华的布景啦，不戴髯口而粘胡子啦，那就不像京戏了。

梅：台上一摆写实的布景，就把演员限制在那个场景里了，没法儿发挥京剧突破时空的表演特征了。

王：过去梅先生也编新戏，譬如《生死恨》，大家都知道那是一出反侵略的爱国主义戏，没有什么布景，戏也并不怎么慷慨激昂，可是梅先生那几段唱却动听而感人肺腑，就使它成为一出保留剧目。一出戏能不能站住，成为传世之作，唱是非常要紧的。再譬如程砚秋先生的《锁麟囊》，情节也平淡，也是靠演员的唱，“春秋亭”那一段，人人都学，专业的学，票友也学。非得让人学，你编的这出戏才能站住。你编的那个腔叫人没法儿学，那出戏就立不住。再举几个例子，在《赵氏孤儿》里裘盛戎先生那段【汉调】“我魏绛闻此言如梦方醒……”，人人都学；马连良先生那段【反二黄散板】转【原板】：“老程婴提笔泪难忍……”也是如此。新编历史剧《曹操与杨修》，情节不错，唱腔却站不住。我跟他们的编导说过，至少曹操和杨修这两个角色应该有一两段唱让人爱学，结果没有，很可惜。编导不注意唱腔，应该总结一下历史上编戏编腔的经验。一句话，还是应当保持京剧以唱为主的特点。说来说去，还是梅先生“移步不换形”那句话。

梅：现在一些新戏编的腔，在我听来，总摆脱不掉“样板戏”的腔儿。

王：这是一方面。另外，好像编腔非得拔高拖长腔，台下一叫好就算对了。其实这满错。老得激情，时时刻刻激情，没有让观众休息的时候，结果演员累，观众听着也累得慌。还有新编的腔，听着好像快完了，可又突然一下子转几个弯儿，螺蛳转儿，演员也累得够呛。现在新编的“京戏”，演员得服从导演，唱腔得服从编腔的，一切艺术处理都得听导演的，搞得演员一点自主权都没有，一点俏头都没有了。

梅：我父亲当年编演《穆桂英挂帅》时说过：“我排新戏有导演，还是第一次。这次的经验告诉我：导演要做全剧的表演设计，应该有他自己的主张，但主观不宜太深，最好是在重视传统、熟悉传统的基础上进行创造，也让演员有发挥本能的机会，发现了问题，及时帮助解决，有时候演员并不按照导演的意思去做而做得很好，导演不妨放弃原有的企图，这样就能形成导演和演员之间的相互启发，集体的力量，比个人的智慧大得多。我们得到了中国京剧院导演郑亦秋同志的协助，他是属于熟悉传统表演，又能让演员发挥本能的导演。”①

王：我看，给京剧排戏的导演应该好好学习学习梅先生这段话。

梅：另外，过去编新戏的唱腔是由演员自己创作或者跟琴师一起揣摩出来的。我父亲的好多唱腔是他和徐兰沅、王少卿两位琴师合作设计出来的。

王：就是嘛，因而悦耳动听。过去“四大名旦”也好，“四大须生”也好，都没听说有导演。他们的表演全靠自己揣摩出来的。谭鑫培也没有导演，没有编唱腔儿的，哆来咪发索，我们这么说，并不是反对有专人编腔，这本是件好事，可他得跟演员合作，而且得真懂得西皮二黄。导演也必须懂得京剧艺术的基本规律。你让不懂得京剧的话剧导演排京剧，不是把古典京剧的精粹都毁掉了吗？

梅：如今主张京剧也应该像话剧那样以导演为中心的人真是不少。

王：是啊。说明书上编剧、导演、音乐、舞美设计，等等一大堆名字排在前面，恨不得把看厕所的也写在前头，而演员的名字则在底下用几个不显眼的小字。京剧观众来看戏，人家是来看演员的表演，听演员的唱，不是来看你导演，看你的舞台设计。过去观众看戏听戏，看《霸王别姬》，是来看梅兰芳的演唱，其实他已经看过好几遍了，梅兰芳演，我还是要再看。看《甘露寺》、《借东风》，主要是冲着马连良来的。如今这样的编排，怎么能出好演员，出流派！所以我说，京剧还是应该实行演员明星制。

现在有的剧团领导就热衷于排新戏，排新戏可以参加评奖就给钱，不惜工

---

① 梅绍武选编：《移步不换形》，百花文艺出版社2000年版，第338页。

本，得了奖之后就报废。他们不重视让中青年演员排排好的传统折子戏，殊不知唱念做打的基本功都在折子戏里头哪。晚会清唱，又搞八个包公一人一句，六个乔玄一人一句，真是把京剧“五马分尸，凌迟处死”了。还有让京剧演员化上妆，扎上靠，在花里胡哨的歌星后头配舞，甚至还有让张飞托起芭蕾舞的仙女的怪事，真是惨不忍睹！你这不是糟蹋京剧，有意识毁灭京剧吗？京剧究竟跟你们有什么仇恨？我有时气得就这么讲。

梅：北大教授吴小如先生说过一段话：“在很长一段时期内，想把京剧从古典艺术领域中硬拉出来，纳入现代话剧或当代影视艺术的范畴之中的，却大有人在。这种不按照艺术本身内部发展规律办事而只凭主观随意性来篡改京剧的习惯做法，直到目前还有着不小的市场。而梅兰芳先生早在1919年第一次访问日本时便已明确指出，京剧是中国的古典艺术。他对京剧的一条基本理论‘移步不换形’，经过实践检验已证明确是颠扑不破的真理。”①

王：吴先生说的话正确极了。梅先生“移步不换形”的理论给了我很大的启发，我在传统剧目，像《打严嵩》、《桑园会》、《捉放曹》（公堂、行路、宿店）、《四郎探母》等剧目里都做过一字之改，一句之改，一段之改或一场之改，从而取得很好的效果，内外行也接受欢迎。经过实践检验，证明“移步不换形”确实是颠扑不破的真理。吴石坚先生也说过：“千变万化不逾戏曲艺术之矩，虽‘移步’而不变戏曲之‘形’，这才是戏曲改革之正道。”

我也拜读过吴小如先生写的那本《戏曲文录》，很同意他说的一段话：“梅先生的体系乃是根据他一生的艺术实践总结出来的‘移步不换形’这一条精辟的理论来忠实执行的。这一理论始而受到批判，后乃遭到践踏。现在回过头来看看、想想，我们的京剧革新如果说是已走了不少弯路，那是否与由‘移步’而变成‘大踏步’地离开京剧本身发展的轨道狂奔乱跑有关？是否与‘换形’换得面目全非有关？是否由于为‘换形’而‘换形’，甚至连其精髓也给抽掉，并其本质也施以‘夺胎换骨’的大手术，才导致京剧产生了‘危机’？因此，

① 吴小如：《吴小如戏曲文录》，北京大学出版社1995年版，第637页。

在讨论京剧革新的成绩和不足之处的同时，我以为，对梅先生的这一理论应该作出公允的评价。”过去我们吃激进派的亏还少吗？拆古城墙就是前车之鉴。搞垮京剧，将来也势必会懊悔晚矣！

梅：“移步不换形”，咱们就谈到这儿吧。

梅、斯、布三大表演体系

梅：最近有一篇题为《“三大戏剧体系说”的误区》的文章①，想必您也看到了吧。我觉得文中隐含的意思是说梅兰芳只代表京剧旦脚行当的一个流派——梅派，就跟程派、荀派、尚派、张派一样，因此梅兰芳不能跟斯坦尼斯拉夫斯基和布莱希特并列，因为“拿中国戏曲中某个剧种里某个行当的某个表演流派，与西方戏剧里的某些‘体系’进行并列，自然是会方枘圆凿的。”“斯氏和布氏都建立起了自身的理论与实践的架构，由此而构成‘体系’，梅兰芳并没有这种企图，他甚至没有意识到，也并不需要意识到这一点。”又说“斯氏与布氏体系分别对于戏剧观念作出了独特的理论阐释，并以这种认识去指导自己的戏剧实践，因而获得了不同的舞台美学效果。梅兰芳没有系统理性的参照，他只是遵循着传统的戏剧观来进行自身的创造性实践，他建立了流派，但没有建立‘体系’”。您对这种意见有什么看法？

王：说梅先生只代表旦脚流派，是站不住脚的。殊不知京剧艺术中的唱念做打的基本规律在各个行当中是有共同点的，我刚才已经说过，俗话说“一行通，行行通”，梅先生是集各个行当之大成，集中国戏曲表演艺术之大成。怎么能说梅先生只代表旦脚一个行当呢？这表明那位作者不懂京剧艺术，还是那句话“梨子是酸是甜，请你亲自尝尝才能知道”。没有长期舞台实践的经验，就没法理解京剧艺术的深邃。说梅兰芳只建立了流派而没有建立体系，那意思是

---

① 该文载于《人民政协报》1997年9月1日、6日。

说某个艺术家就不能代表中国戏曲，这也是孤陋寡闻，梅先生早就说过“我认为谭、杨的表演显示着中国戏曲表演体系，谭鑫培、杨小楼的名字就代表着中国戏曲”①。

梅：依我看，以我父亲的名字，或是以程长庚、谭鑫培、杨小楼的名字来代表中国戏曲表演体系，其实都可以，这是一种象征意义。哲学家叶秀山先生说过：“京剧各‘行当’的成熟时间有个先后，一般认为京剧（老）生行（当）发展得比较早，其中谭鑫培起了巨大的作用，他的后继者余叔岩等人使之更加定型；旦脚则稍晚一些，直到梅兰芳才全面地奠定了基础。也就是说，中国戏剧的代表剧种——京剧自从出了梅兰芳以后，生、旦两个行当，才不仅仅是男女性别上的区别，而是在一整套的表演艺术上显示出自己应有的特点。京剧的生脚，离不开谭的系统，而旦脚则离不开梅的衣钵。所以我始终觉得，谭、梅两家，不是京剧表现里的一个‘流派’，而是京剧艺术的‘总代表’。”②

王：叶先生对谭、梅二位的表演艺术的贡献分析得很透彻，我同意他的说法，当然还应当加上杨小楼先生。不过，梅先生是对外传播京剧艺术的第一人，在国际文艺界声望高，影响大，因此如今国内外都习惯以梅兰芳的名字作为中国戏曲的象征，我看这还是比较合适的。梅先生为人谦虚，所以他宁愿以谭、杨二位而不以自己来代表中国戏曲。

我刚才说过“移步不换形”就是梅先生的理论体系。你也引证了吴小如教授的话：“梅先生的体系乃是根据他一生的艺术实践总结出来的‘移步不换形’这一条精辟的理论来忠实执行的。”怎么能说梅先生没有一种戏剧观作出独特的理论阐释，没有系统理论的参照呢，这还是对梅先生的艺术理论没有认真做过研究所致吧。

梅：那篇文章还说了这么一句话：“至少有六百年历史的日本传统剧‘能乐’无法用芳龄二百岁的京剧里所产生的梅氏体系来概括。”

---

① 梅兰芳：《舞台生活四十年》（第三集），中国戏剧出版社1981年版，第208页。
② 叶秀山：《论京剧艺术的古典精神》，《梅韵麒风——梅兰芳周信芳百年诞辰纪念文集》，中国戏剧出版社1996年版，第62页。

王：这句话真有点讽刺挖苦的意味。但是，众所周知，中国戏曲历史悠久，源远流长，上可追溯到远古，宋元时代就已正式建立。京剧艺术虽被那位作者说只有“芳龄二百年”，还不及日本传统剧“能乐”的六百年历史长，然而京剧艺术无可置疑地继承了数千年来的中国戏曲的源流，各脚色出场时抖袖理装的种种身段以及许多舞蹈姿势乃至步法都来源于唐朝歌舞；京剧又从徽、汉、秦、梆、昆等剧种中吸收精华而发展成具有全国意义的第一大剧种“国剧”。唐朝的歌舞《兰陵王入阵曲》在当时就曾传入扶桑，给予日本古典戏剧以影响；梅先生1956年率中国访日京剧团第三次访日时，发现中国早已失传的这个唐朝古舞在日本还完整地保存着，当即嘱咐李少春、王鸣仲、韩盛桐等同志学回来，这就不难说明究竟哪国的戏曲历史悠久了。

梅：其实我父亲早在《东游记》一书里就提到过：“‘能乐’和‘狂言’是日本最古的戏剧，它的历史源流，三十年前我曾问过日本朋友，他们这样说，‘能乐’的来源有两种说法：有人认为是日本固有的艺术，另一派如青木正儿先生等的看法是受了中国元曲的影响。‘狂言’是一种带有幽默性的讽刺剧，最近我会到的日本文艺界的朋友对我说：‘狂言’是受了唐代参军戏的影响。这是一种新的看法，以前我没有听到过，我们从它的演出形式上来看，我认为这种看法是正确的。”①

王：我们常在戏剧史上读到六朝北齐兰陵王高长恭戴了面具入阵的故事，这个节目从唐代传入日本，人家如今还好好地保存着这个中国的古代舞蹈。对此，我不禁感到痛心，当今中国古典戏曲艺术失传的东西真是越来越多了，如再一味地蔑视贬低而不及时重视抢救，我再说一遍，早晚也会像拆古城墙那样，懊悔晚矣！

梅：《误区》里提到了黄佐临先生写的两篇论文：《漫谈“戏剧观”》和《梅兰芳、斯坦尼斯拉夫斯基、布莱希特戏剧观比较》，后一篇原是英文稿，发表在黄佐临、吴祖光和我合写的《京剧与梅兰芳》② 一书中。后来，黄先生委

---

① 梅绍武编：《梅兰芳全集》（第四卷），河北教育出版社2001年版，第26～27页。
② 吴祖光、黄佐临、梅绍武：《京剧与梅兰芳》，新世界出版社1981年版。

托我把它译成中文，经他审定后，发表在 1981 年 8 月 12 日的《人民日报》上。

王：这两篇论文我都看过，给人很大的启发。

梅：《误区》那篇文章说三大体系“这个提法似乎出自著名戏剧导演黄佐临先生……或许这就是所谓‘三大戏剧体系’说的最初由来。但是，佐临先生本人从未暗示过所谓的‘三大体系’的概念”。后一句话未免说得过于武断而主观了。我常跟佐临先生通信，也曾就“梅氏体系”这一提法向他请教过。我保留了佐临先生的回信。

王：黄先生怎么说的呢？

梅：佐临先生在 1987 年 4 月 21 日的复信中是这样说的：“‘梅氏体系’我认为完全可以这样称呼。倒不能说外国人把他‘供’起来，我们就也该‘供’起来。我们自己应有民族自豪感，像梅先生这样的大师，我们为什么不能推选他为我们优秀绚丽戏曲传统的总代表?!”

王：这就说明黄先生心中完全有“梅氏体系”这一概念。

梅：再说，佐临先生 1987 年执导《中国梦》那出话剧时，按他自己的话说，是开始接近“梅、斯、布”综合的追求和愿望。他还写了篇文章：《〈中国梦〉——东西文化交流之成果》① （1988）。文中说：“总之，以上就是我多年以来所梦寐以求的：斯坦尼斯拉夫斯基—布莱希特—梅兰芳三个体系结合起来的戏剧观，而《中国梦》即是这个追求之具体实例。我的夙愿是将斯坦尼的内心感应，布莱希特的姿势论和梅兰芳的程式规范融合在一起——三合一。”

王：大概那位作者没看过这篇文章，也就没看到“三个体系”那四个字。我知道黄佐临先生既研究外国戏剧，也钟爱京剧，尤其对梅先生的表演艺术推崇备至，佩服得不得了。

梅：是啊。佐临先生 1986 年 9 月在英国卡迪夫“京剧研讨会”上的书面发言，题目就是《梅兰芳的座右铭》。②

---

①② 黄佐临：《我的写意戏剧观》，中国戏剧出版社 1990 年版，第 543、320 页。

王：他说梅先生的座右铭是什么呢？

梅：是这样的：

看我非我，我看我，我也非我；
装谁像谁，谁装谁，谁就像谁。

佐临先生还把这几句话译成漂亮的英文，拿我父亲的表演举例阐释说明。

王：这不也是“梅氏体系”独特的理论吗？怎么能说梅先生没有建立“体系”，没有系统的理性参照呢？

梅：其实《误区》那篇文章倒也承认布莱希特的“间离效果”，也就是“破除幻觉”的理论，是布氏在1935年看到我父亲在苏联的表演受到启发才建立的。

说开来，“间离效果”岂不早就是咱们中国戏曲中的传统艺术手段或系统理论吗？布莱希特不过是把它借鉴到西方戏剧里而形成他的“独特”理论罢了。我最近看了法国巴黎第三大学戏剧研究系乔治·巴纽教授写的一篇题为《梅兰芳——西方舞台的诉讼案和理想国》的论文①，其中说：“没有人能像梅兰芳和他的古典形式新戏剧在1935年访问苏联演出时使观众如此之惊讶。观众厅聚集了几代戏剧大师（斯坦尼斯拉夫斯基和梅耶荷德，克雷·戈登和布莱希特，爱森斯坦和皮斯卡托，泰伊洛夫和特莱杰亚考夫）。西方从中国戏剧中获得认知。梅兰芳在西方成为一个象征性形象……对布莱希特来说，重要的是发现。此番莫斯科之行使他发现了一种陌生的艺术和契科罗夫斯基的陌生化效果的理论。经过这双重认识，‘陌生化效果’的理论首先出现在布氏《圆脑袋和尖脑袋》一文里，接着又重提于他著名的研究论文《中国表演艺术中的陌生化效果》中。”布莱希特当时在苏联政治避难，看到了京剧，确实着了迷。佐临先生曾说，布氏在他那篇论文里“狂赞梅兰芳和我国戏曲艺术，兴奋地指出他多

① 此论文共18000字，发表于法国《美学杂志》1983年第5期。

年来所朦胧追求而尚未达到的，在梅兰芳却已经发展到极高的艺术境界。可以说，梅先生的精湛表演深深影响了布莱希特戏剧观的形成，至少起了画龙点睛的作用”①。

王：说来说去，追根溯源，老祖宗还是在咱们这边。倒是人家在“参照”我们呢！

梅：早在1936年，佐临先生在他的恩师圣丹尼的学馆里学外国戏剧时，就曾请张彭春教授到那个学馆讲授过中国戏曲特征，轰动一时。圣丹尼还请佐临先生回国后替他物色一位毯子功教师，后来由于抗日战争和第二次世界大战爆发而没能实现。

王：黄先生真是热爱京剧艺术！

梅：佐临先生在他那篇《梅兰芳、斯坦尼斯拉夫斯基、布莱希特戏剧观比较》的论文里，全面论证了中国传统戏曲的八大外在和内在的特征，把它提升到理论高度，指出在运用戏剧手段方面，京剧艺术高超之处并不逊于任何西方戏剧。这篇卓越的比较研究论文无疑有助于人们，尤其是青年朋友，对祖国传统戏剧的实质加深理解，同时也会使我们为拥有这样一份宝贵的文化遗产而感到自豪。因此，我认为佐临先生写这篇论文的目的并非仅限于《误区》一文所下的结论那样，说“佐临先生是在斯氏体系长期统治中国剧坛的状况下，极力举出布氏体系来说明西方戏剧并非仅仅拥有一种戏剧观，希望借以打破中国剧坛（指话剧界——梅注）的单一舞台模式。他虽然对斯氏、布氏和梅氏的本质特征作了归纳与对照，但其研究对象的选择仅仅是出于目的的需要，他并没有把它们明确为世界三大戏剧体系，更没有赋予它们以唯有的代表性！”我却觉得佐临先生是有意识地拿梅兰芳作为中国戏曲的总代表来跟斯、布对比，以此来弘扬祖国的优秀民族戏曲。这是他写这篇论文的一个真正而更重要的目的。

王：明眼人都会觉察到这一点。要知道，梅先生的艺术成就和他对京剧艺术发展的巨大影响，已经远非创造一个流派所能概括。众所周知，他为中国戏

---

① 黄佐临：《梅兰芳、斯坦尼斯拉夫斯基和布莱希特的戏剧观比较》，《人民日报》1981年8月12日。

曲表演艺术开拓了一条广阔的新路，而且给予了外国戏剧很大的影响。应该说，梅先生是中国戏曲的一面伟大旗帜。我看，梅先生的表演体系在国际地位上是否定不了的。

梅：叶秀山先生在纪念先父百年诞辰时说过这样一段意味深长的话："我总是觉得，一个民族拥有自己伟大的艺术家是这个民族的福分。一切的民族都要生存，必须解决衣食住行的物质问题，但有什么样的精神生活，拥有什么样的艺术形式，有什么样的艺术家，各个民族就不一定都一样了。外国有的，中国未必有，也不一定都要有；中国有的，外国未必有，也不一定都要他们有。我们不要求西方人也普及中国的书法艺术，出一两个王羲之；而必须承认人家有贝多芬、舒伯特是人家的福分，而我们有梅兰芳，也是我们的福分。梅兰芳的艺术中国人崇拜，外国人也崇拜，就像我们也崇拜贝多芬一样。我觉得应该提醒的是：不要身在福中不知福。现在我们纪念梅兰芳诞生一百年，就艺术来言，就是要加深对梅兰芳艺术精神的理解、认识，使我们更加珍惜、发扬这种精神。"①

王：说得太对了。我们应当更加珍惜、发扬这种精神。

"三大圣"的提法

梅：您这一生除去演戏，平时还有什么别的爱好？

王：我还喜欢临临帖，练练书法。大家都知道晋代王羲之早已被尊为"书圣"，学书法的人都以王羲之的《兰亭序》和《圣教序》作为法帖，我常常临写。最近我看了《京剧精神》那本书，其中提出把"书圣"王羲之、"诗圣"杜甫和"剧圣"梅兰芳并列为"三大圣"。

梅：您是说湖北蒋锡武先生写的那本书吧，我也看了，真是一本研究京剧

① 叶秀山：《论京剧艺术的古典精神》，《梅韵麒风——梅兰芳周信芳百年诞辰纪念文集》，中国戏剧出版社1996年版，第60页。

艺术很有独到见解的书。上海黄裳先生看后说："体大思精，援引甚富，信是年来少见的用力之作，于京剧衰微之际，见此巨著，可喜之至。"①

王：对。蒋先生在那本书中的"梅兰芳"一章里论述梅先生的艺术成就后说："在中国古典戏曲范畴内，梅兰芳事实上是终极意义上的人物，今天，该是我们确认并确立他在中国古典戏曲中的这种'剧圣'地位的时候了。"②

梅：您对这种提法怎么看？

王：我当然感到非常高兴。蒋先生提出了一个很重要而恰当的定位。应该看到中华民族五千年辉煌的历史长河中，在文化艺术领域里涌现出王、杜、梅三圣，我们作为中华民族的一员，怎么能不感到骄傲、自豪、光荣呢！我就想，当文化艺术能够使人们普遍认为有价值的时候，那么这个民族就摆脱了愚昧，就有了高度的文明。文化艺术正是文明的表现。

梅：蒋先生这一界定，我料想还是会有人像提出梅、斯、布不能并列对比那样持否定态度。

王：这可以争鸣嘛，有讨论总是好的。依我看，梅先生被称为"剧圣"是恰当的，实至名归的。

男演女、女演男的问题

梅：还有一个问题想向您请教。过去四大名旦、四小名旦都是男演员，新中国成立后不再提倡男演女、女演男，您看这对京剧发展有利还是不利呢？

王：这个问题我早就有看法。男演女、女演男，也是一种艺术。党的文艺政策是"百花齐放，百家争鸣，推陈出新"。我看男演女是一朵花，女演男也是一朵花，百花齐放嘛！这"双百"方针写在纸上，登在报上，说在会上，可是一到具体问题就成了一花独放了。我认为这个问题最好还是由观众来决定，

---

① 周翼南：《探掘京剧精神》，《文汇读书周报》1998 年 5 月 9 日。

② 蒋锡武：《京剧精神》，湖北教育出版社 1997 年版，第 149 页。

最聪明的还是观众，我们应该走群众路线。日本歌舞伎直到今天还保留着传统，台上的女人都是由男演员扮演的。

梅：是啊。1979 年，日本歌舞伎团访华，葆玖为他们演出了《挂帅》，著名演员尾上梅幸先生上台道谢，询问了男旦的前途和培养问题。他听葆玖说他是末一代男旦时感到十分惋惜，殷切希望京剧中这一古老传统也能像歌舞伎那样延续下去，即使不能大量培养，也应该允许少量存在。

王：这话说得十分中肯。在中国，如果说过去男演女是封建社会造成的，那现在不让男演女、女演男，我看同样是封建主义思想残余作祟。

至于女演男，我想到毛主席的话："妇女能顶半边天"，男人能做的事，女人也都能做，甚至做得比男人还细致。根据我演老生的经验，女演男大都是演老生，演花脸的少。我研究过这个问题，女人演老生，唱起来带有三分味儿，拿孟小冬来说，她没拜余叔岩之前，当时舞台上有高庆奎、马连良、谭富英等一大批老生，都很红，很了不起，可是孟小冬一唱就超越了他们。她的韵味儿好，扮相漂亮，表演也好，她走的完全是谭、余的路子。1924 年，她从天津来到北京，一边搭城南游艺园的班演戏，一边跟言菊朋、陈彦衡、杨宝忠这些谭、余派老生学戏。当初她从上海来的时候还有点海派的味儿，跟这些老师学过后，完全宗余派了，红得发紫，被人称作"冬皇"。当时北京堂会很多，我记得清清楚楚她参加演出《珠帘寨》，出场费是 80 块大洋，后来她拜余叔岩为师，经过余先生亲口传授，更加提高了。

梅：您都看过她的什么戏？

王：我看过她两次《搜孤救孤》，北京、天津各一次。天津那次是金少山的屠岸贾。一次《捉放曹》，也是金少山的曹操。北京那次是在新新大戏院。我还看过她的《洪洋洞》、《击鼓骂曹》、《失空斩》、《法门寺》和《御碑亭》。

梅：她究竟好在哪儿呢？

王：味儿好，唱得圆，比男老生唱得还要好，纯粹是余派。所以现在学余，孟小冬可以说是个法帖。台湾出了一套她的录音：《晖凝遗音》，收了她当年在上海演《搜孤救孤》的实况录音，她吊嗓子的零段儿，还有教戏的片段。孟小冬留下的资料比余叔岩还多。一般都说余叔岩只留下18张半78转的唱片，实际上还有《捉放曹》两张，我所知大概有21张。孟小冬的资料我全有，像《击鼓骂曹》、《洪洋洞》、《珠帘寨》、《搜孤救孤》、《奇冤报》、《御碑亭》、《武家坡》、《二进宫》、《失空斩》、《捉放曹》，等等，我经常听一听，学一学，那确实是好。杨宝森先生虽然没拜过余叔岩，却私淑余派，下了很大的功夫，后来又有创新，形成杨派。他的代表作应该是《洪洋洞》和《桑园会》，下来才是《文昭关》。杨宝森给人的感觉是哀怨气重，他的《洪洋洞》加了工，应该说有几个腔儿超过了余叔岩。那几句唱有几个腔儿："耳旁又听有人声……到如今白发人反送了这黑发儿的身，儿的娘呃呃呃呃……"哀怨气重。余叔岩没这么唱，只有【反三眼】一段，特别是病房杨宝森那几段【散板】、【摇板】确实超过了余。可是杨宝森的《珠帘寨》在表演身段上就不如孟小冬。可以说，杨宝森有形，余叔岩无形，梅先生也是无形，程派荀派有形。有形好学，程砚秋先生唱得好，有形；无形难学，你抓不着，听上去梅先生唱得像是官中腔，没有花腔，可是让你听着又一点没有官中腔，像《凤还巢》那段唱，跟张派不一样，分量重，味儿厚，这反倒难学，就是无形，挑不出什么毛病。

梅：张中行先生在《戏缘鳞爪》那篇文章①里也是这样评论的："只是别人，都可以挑出毛病，他就挑不出来。"

王：过去老先生常说："你学哪派，学的净是毛病!"现在有的人学流派，都先学了毛病，要不然就不像。那个毛病就是他的形。余叔岩先生无形。你听他的唱片跟着学，觉得自己提高了，可你一唱，一比较，还差一大截。你再学三年，还是差一大截，再学五年也一样，永远跟不上他，因为他的声带味儿，贵在味儿，贵在韵味。学梅先生也一样。

再说说女演女，学梅派、程派、张派，她因为是女人，雌音重，学流派就拼命使雌音，自认为好，让人觉得我的嗓音好。其实不然，雌音是女人的生理

① 张中行：《负暄三话》，黑龙江出版社1994年版，第195页。

条件，越用雌音越糟糕。学戏的女同志，要是聪明的话，就该练一练，尽量减弱雌音，增强音的厚度。所以说，女演男，她用的是大嗓，反倒带三分味儿，比男演员强。

梅：上海有个女孩儿叫王佩瑜，宗余派，唱得真不错。

王：唱得很好，扮相也不错。我看过她的《捉放曹》和《四郎探母》。

梅：这个女孩儿很有希望。

王：大有希望。希望是有，但愿她将来别走歧途。

梅：现在戏剧界领导多半还是不主张男演女、女演男。

王：王佩瑜小时候学老旦，还会评弹会唱歌儿，这个女孩儿聪明极了。前几年有一次在扬州票友大奖赛上唱老旦，她母亲带她去的，我是评委之一，这孩子得了头等奖，老旦也唱得好，味儿浓，跟王梦云学过。后来她母亲想让她入上海戏校学老生，学校还是因为男演女、女演男这个问题而没收。这也不是党的方针政策。新中国成立初期，禁演一些有封建迷信、凶杀内容的戏，这完全正确，但是中央并没有明文规定不许男演女、女演男，对不对？后来听说王梦云当了上海戏校校长，还是收下了王佩瑜这个有培养前途的女孩儿。

梅：裴艳玲也是女演男，《钟馗嫁妹》和《林冲夜奔》演得好极了。

王：是啊，绝活儿。她如果不唱河北梆子，改唱京戏昆曲，早就在京剧界大红大紫了，可以说不比厉慧良差。她功底扎实，是个奇才。

梅：江苏戏校也不收男演女、女演男的小孩儿吧？

王：不收，也受那个影响。我们江苏倒是有个宋长荣，荀派，男演女，玩意儿不错，也挺红。

梅：您说过男演女自有特点。

王：这是事实。男演女有的地方甚至超过女演女。女演女，首先是骨头显得硬，因为她本身是女的，有条件而不大注意。特别是演古代妇女形象方面，男演女，他的骨架有柔软感，刚柔相济，当然这也不是绝对的。

梅：我总觉得男演女，一般不忸怩作态。

王：对。女演女这方面就容易不自觉地忸怩作态，而且做过了度。她觉得自己是女的，一个女人的动作就该这样，结果并不美。男演女因为研究古代妇女仪态就显出了特点。

梅：我父亲扮演《贵妃醉酒》里的杨贵妃，就端庄大方，适合贵妃的身份。

王：是的。新中国成立前，大概是1947年，上海有一次大义务戏，大轴是《龙凤呈祥》，梅先生扮孙尚香，八个宫女全由有名的女演员客串，她们是言慧珠、童芷苓、李玉茹、王熙春、曹慧麟、于素秋、海碧霞、金素雯，一对一对地出来，个个儿年轻漂亮，观众鼓掌叫好，有人就担心梅先生年纪比她们大，会不会压不住群芳。其实不然，我当时在场。梅先生一出台就把那8个宫女的光彩全压下去了，还是梅先生最美，人物分量最重。

梅：那场戏我也看了。这就让人悟出一个道理，我父亲并非单纯模仿女人的一姿一态，而是艺术地再创造妇女的本质和意象，刻意传达女性的端庄、温柔、秀丽、高雅等特征。

王：所以说男演女是一种十分高超的艺术。

梅：我担心等梅葆玖、宋长荣将来演不动了，这个男演女的传统也就断了，怪可惜的！

王：还是要看人才。他能男演女，她能女演男，为什么不让他（她）演呢？这是艺术嘛。自从改革开放以来，好像松动多了，王梦云收了王佩瑜，这次我来北京看了几场戏校小孩儿演的戏，有个女孩儿演花脸，演得也不错。这是好现象。

梅：越剧本来都是女的演小生，后来也改了。

王：前几年我到杭州参观越剧学校，小生改为男的演，但是还有女小生。他们在浙江一带演出，观众先问今天是男小生还是女小生，如果是女小生就买票看，男小生就不看。这个问题使他们学校也很为难，向我反映过。爱看越剧的观众都喜欢看女小生。所以我说，男演女、女演男这个问题还是由观众来判断决定为好。不妨也改革开放。

艺术教育　培养人才

梅：在艺术教育和培养人才这些方面也想听听您的想法。

王：我确实有些想法，提出来跟大伙儿商榷。首先想谈一谈艺术院校放假这件事。现在的艺术院校跟别的院校一样，一个礼拜有星期六、星期日两天假，还有寒暑假和节日假。掐指算来，一年要放一百多天假，学生七年毕业，七年里就放了七百天假，等于白白浪费了两年光阴。放寒暑假，学生回家玩去了，家里再一疼爱，就放松了练功背戏。等回来后，学的玩意儿全忘了，老师又得给他收思想，从头教起，重新加工。七年里学生学不了几出戏，扎扎实实的基本功本该练好，也打了折扣，结果事倍功半，有的学生甚至成了半个废品。尤其是小孩儿长得快，个头儿蹿高了，长相也变了，不是胖了就是瘦了，整个儿体形变化很大。

要知道，冬天练功是把筋骨抻出来，同时练出御寒的功夫，冬天演戏不能穿着棉袄棉裤上台，得穿单的而又不会感冒，就像东北的老头儿冬天下水游泳一样不怕冷，那是锻炼出来的。夏天练功，练出一身抗暑的功夫，穿着厚戏装上台不嫌热，不会冒一脸汗。现在的剧场好多了，冬天有暖气，夏天有冷气，过去哪儿有。前辈不少演员唱过野台子。我们50年代下乡演出，也在户外搭个台子演，一刮风，脸上都结冰，髯口上都有冰碴儿。所以说，“冬练三九，夏练三伏”这句传统的话是有道理的。假放多了，耽误了练功，结果艺术院校的淘汰率很高，不少学生毕了业，等于白学。国家投入很大的资金、人力、物力，学校却培养不出人才，这是很大的浪费。

梅：有人建议恢复科班，您觉得行吗？

王：过去科班哪儿有放假这一说，连年根儿底下都不放假。当然，恢复科班，那些不健康的地方，挨打啦，不卫生啦，都应该坚决改掉。应该承认艺术院校有它的特殊性，不能采取跟其他院校一样的体制。过去科班的学员，一年365天，早晨起来练功，接着学戏，下午演出或排练，晚上还有堂会或者做班底演出，不让小孩儿闲着。小孩闲着，就会惹祸，功夫也耽误了。所以科班的学生到了晚上都困得不得了，躺在哪儿就在哪儿睡着了。说开了，恢复科班，就是不放假。

梅：这样才出人才。当年富连成就培养了不少人才。

王：当年有富连成、荣春社、中华戏专，还有李万春的鸣春社，都培养了不少人才。像叶盛兰、李玉茹，当年都还在夜里练私功，等大伙儿睡了，穿上戏装，一个人在台上练私功，练完了才睡觉，天亮起来又跟大伙儿一块儿练公功。科班从不放假，不但造就出大批主角，连一般二路、三路的角色都是好样儿的，会的戏也多。红花还得绿叶烘托嘛。

趁学生年纪轻，让他们练好扎扎实实的基本功。过去中国戏校史若虚先生当校长，他懂行，你唱旦脚的进校，先得学青衣戏，不管你将来唱武旦还是刀马旦，都得学，因为这使你会唱了，然后再学一出《扈家庄》，又叫女《挑滑车》，有了《扈家庄》的基础，再学《花园彩楼》、《三击掌》、《三娘教子》、《二进宫》等等的戏。你将来不管唱什么旦，唱有唱的基础，武有武的基础。所以，《扈家庄》是旦脚必修之课。

梅：现在学旦脚的，一般都不这样学了。

王：你一上来就学《玉堂春》、《红娘》，这是不行的。先别学时髦戏，先把骨子老戏学下来，练好基本功，这是按照京剧艺术的规律学。演员若是没有基本功，等于无源之水，无本之木，空中楼阁。基本功就是本，就是源。京剧艺术是取之不竭的宝库，这宝库就在演员身上。你排新戏，要什么，演员身上都有。因此艺术院校应该加强学生的基本功训练，打好基础。

梅：其他方面呢？

王：要学文化，包括学历史，学唐诗宋词，经常看书报杂志，看前辈艺术家写的书。演员不可能成为一名专家，但要成为一名杂家。还要学学书画。过去老一辈艺术家，像梅、程、尚、荀四位，都会写会画，很少有哪位不会写写画画的。杨宝森先生写得一手好字，李万春先生画牡丹画得非常好，姜妙香先生画花卉。一个演员没文化，就刻画不好人物，上台会显得俗气，没有高雅之气，没有书卷气。学学历史，你演武生赵云，就知道他是一名儒将，不能演得粗犷。多看书报，多看剧本，研究剧中人物性格，大有好处。我常在青年演员的会上讲，当演员，特别是社会主义社会的演员，你没有文化，是个半身不遂的演员。文艺文艺，有文才能有艺。就凭老子台上那一下，那哪儿成，我发现现在不少剧团里缺少文风，可我一提这个就招人反感。

梅：现在剧场有了扩音器，演员身上带着“小麦克”唱念，叫人听起来觉得不如真嗓子那样清晰好听。

王：因为带那玩意儿损伤韵味儿，这是一方面。再有一点，现在的演员仗着扩音器，也不下功夫吊嗓子练功了。当年不兴那玩意儿的时候，老艺人全凭真嗓子，梅先生的唱念照样达远，甚至达到天蟾舞台三楼后排，让你听得清清楚楚。这才是表演艺术家的真功夫。

梅：金少山一唱，真是嗓音高亢入云，声震屋瓦。

王：当年我跟他同台演过《失空斩》、《二进宫》、《法门寺》、《虮蜡庙》几出戏。金少山人高马大，嗓子宽厚，一声“哇呀呀”，说夸张一点，能叫剧场楼顶掉土。这个人是个怪人，艺高人胆大，玩意儿好，趣闻轶事也不少，哪天我讲给你听听，这里暂且不表。

京剧演员嘴里得有功夫。你每吐一字都得有反切音，有规律，得有喷口。京剧没有喷口，那还能算京戏吗？没有反切音，你能把字音送到观众耳朵里去吗？现在有的演员不懂这些。老抱怨京戏台底下听不懂。听不懂不是京剧这个剧种的问题，而是那个演员嘴里没功夫，没练好基本功。他们把演员的罪过扣在剧种上了。

所以我说，好唱腔得有好唱法，好唱法要练出好口法。好口法有六个专题，这六项相辅相成，相互制约，相得益彰。你唱一句一段，都离不开这六大专题，那就是“四声”、“五音”、“四呼”、“反切音”、“喷口”和“十三辙”，从理论上把这些搞清楚，然后练口腔的功夫，气口，节奏。节奏是唱念做打的灵魂，声韵是场面的灵魂，一定要把这搞清楚。你唱念没有声韵学知识，余叔岩先生讲过那就如同“盲人骑瞎马”，没谱儿，你能唱出味儿来吗？像《洪洋洞》那一段：“为国家那何曾半点闲空……”里头就有声韵学的学问。口腔的基本功还包括唇齿音、共鸣音、脑后音什么的，学问大了。

梅：现在不大讲究这些了。

王：就靠您的大嗓门瞎嚷嚷，那哪儿成！过去旦脚都用中州韵，得有一点湖广音，像《凤还巢》那段【流水】："母亲不可心太偏，女儿言来听根源：自古常言道得好，女儿清白最为先……""言来"就有湖广音，"最为先"也有，但不重，要不然就不是京剧腔儿。京剧如果全用大京字，弄不好就像评剧的味儿了。这是个很细腻的专题学问，是门科学。人家杨小楼唱武生，嘴里也讲究这个，你听他灌的《霸王别姬》唱片，嘴里多有劲，多好哇！观众怎么会听不懂呢？如今学校里有的老师也不大懂声韵学了。

梅：您能不能再往深里讲一讲？

王：好。声韵学本身有一套完整的科学性理论依据，注重辨析音中的声、韵、调三种要素，包括六大专题，小的专题就不谈了。"四声"指汉语字调的平声、上声、去声和入声这四类。"五音"指五类声母在口腔中的五类发音部位，就是喉音、牙音、舌音、齿音和唇音。"四呼"指口型开、阖、启、撮，按照韵母把字音分成开口呼、齐齿呼、合口呼和撮口呼四类。"反切音"就是两个字拼合成为一个字的音，是后汉孙炎从梵文里拿过来的。他写过《尔雅音义》那部书。识字必须先学反切音，就是现在的拼音。《康熙字典》用的就是反切注音。有的人问有没有"正切音"，这是他没弄懂"反切"的意思是"反复切磋"之意，不是"正反"之"反"。咱们京戏的唱念得用反切音，演员不懂这个，就不能把一个字音送到观众耳朵里去。"喷口"指戏曲演员念白演唱时对字音作有力的喷发，使字音刚劲有力，送得远。"十三辙"指中国戏曲唱词押韵的十三大类，根据中州韵和北京语言划分，也夹杂一点湖北音，习用的标目是人辰、江阳、麻沙、梭波、遥迢、由求、怀来、乜邪、言前、衣期、姑苏和灰堆。你看，学问大不大？这是一门科学。

梅：现在有人主张京剧的唱该唱北京音，念该念北京话。这行得通吗？

王：行不通。京剧字韵是以五种音组成的整体。它是以北京音为主，还有中州韵、湖广音、徽音和吴音。必须用北京音来读地方音，才是京剧音韵学的美质总体，否则不像京剧韵味儿。京剧自谭鑫培开始就用北京音读湖广音、中州韵、上口音，不过是轻微的，把地方音的杂音去掉了。还有人主张不上韵，因为观众听不懂。观众听不懂，这不是上不上韵的问题，而是演员嘴里没功夫。当初程长庚大老板天天念话白，打引子，练嘴里的功夫，像《审潘洪》、《王佐断臂》、《清官册》、《三字经》这些戏里都有大段念白，你得下功夫练。你嘴里没功夫，像含着个大茄子似的，呜里呜噜，那观众是听不懂，连我也听不懂。过去的演员天不亮就起来，到城根儿底下喊嗓子，现在哪位中青年演员还天天清早喊嗓子？念白的戏最难，“千金话白四两唱”，形容念白的难度大。你听梅先生的念白，他完全用京音读中州韵，有那么一点湖广音，没有一点湖广音就过不去，那就不像京戏了。梅先生在《穆柯寨》里的念白，你听唱片，穆桂英上来念那几句：“恼恨焦孟太不仁，放火烧山林……”嘴里多有功夫，多甜多美啊！给你美的感觉。念唱是给人听觉，表演动作是给人视觉，观众买票看戏听戏，是为了美的享受，艺术美的享受。梅先生在《汾河湾》里的柳迎春是一个中年妇女的念白，而在《打渔杀家》里的萧桂英，又是一个小姑娘的念白，都是北京音上韵，有韵味儿，好听耐听。

《抗金兵》，梅兰芳饰梁红玉

梅：以上说的都是练嘴里的功夫。身上哪？

王：现在中青年演员看不到老艺术家台上的表演了，我建议他们多看老艺人留下的剧照，学习学习，别看一眼就晃过去，不当回事儿。最近出版了梅先生的大型画册①，这是件可喜的大事。我虽然是老生演员，可也爱看梅先生的身段，切身感到受益良多。看照片，研究梅先生的身段和腰的功夫。看看他的腰的劲儿在哪点，还有脚底下，两个胳膊，胳膊又有腕、肘、肩三部分，下功夫学学。就拿民族舞蹈来说，没有腰的功夫也跳不好。神、形、体这三方面都是以腰为中心。神的方面，有这样几句口诀：

头顶虚空千斤重
气沉丹田身挺胸
两肩轻松臂应用
左右旋转赖腰拧

意思就是说演员在台上不能罗锅弯腰；气沉丹田，胸就自然而然地挺起来了；旋转也要靠腰。再说形的方面，演员在台上的形象是外在的东西，意象是内在的东西。意象是通过唱念和脸上身上的身段表情表达出内心的感情。形象方面有三大忌讳，再拈一口诀：

一忌耸肩二忌闪
折腰拉胯臀部显
三忌抠胸罗锅现
隐时沉肩见身段

就是说演员切忌端肩膀，也不能冲着观众撅屁股，那是大不恭。最近《戏剧电影报》登过一幅孟小冬《碰碑》的照片，你看她那两个肩膀多圆！当年那张照片在石头胡同大北照相馆门口挂了很长一段时间。再说体这方面，该注意的是：

① 指大型画传《一代宗师梅兰芳》，北京出版社1997年版。

一戳一站

有点有线

高低适度

照顾全面

还是以腰为中心。所以说，没有腰不成。

梅：您总结的这些口诀，对中青年演员和艺术院校的学生都非常有用。

王：都是传统的经验总结，我提炼了一下。

梅：那就请您再多介绍介绍这方面的口诀。

王：譬如，唱念方面最忌讳的，可以用六句话来说明：

阴阳不辨，尖团不分，五音不准，

四呼不纯，上口不稳，辙韵不清。

清浊含混都称之为飘音。飘音范围很广，凡是没有依照京剧吐字、收韵、归音的规律出来的字音都叫飘音。

梅：避开这些，唱念就会大有进步。

王：对。所以我总结了一首《口备五音诗》：

音韵何曾苦，

牙舌唇齿喉，

宫商角徵羽，

心肝脾肺肾，（火土木金水）

韵去虽云远，

一心通万古。

总而言之，京剧演员唱念要以舌为中心，形体动作要以腰为中心。

梅：现在舞台上，穿戴也不讲究了，有时还穿错戴错。

王：一是演员没经过老师的指导，什么戏该穿什么戴什么。二是盔箱服装，大衣箱，二衣箱，小年轻管理这个没受过训练。过去管理大衣箱、二衣箱都有老师教过，当学徒就得当好几年。

梅：现在也不学了。

王：不学了。老师也没了。

梅：瞎穿瞎戴。

王：就是嘛，俗话说："五祖传六祖，越传越糊涂。"甭说好多传统老戏失传了，老演员的绝活儿失传了，连后台盔箱师傅的管理也失传了。过去管理服装的人员在后台的官称是"箱师傅"、"箱倌儿"、"盔头师傅"，不是伙计。场面乐队人员也称作"先生"，后来也改称"师傅"。检场的也得经过培训，有师傅传授。你想搭班，人家就得问："你的师傅是谁?""我的师傅是某某人。""那好。"你说没师傅，那就说明你没受过训练，等于外行。还有管彩匣子的，包头的，也称作师傅。管刀枪把子的也称师傅，哪个角色该拿什么兵器，师傅都知道，都有一定之规，演员拿错了，师傅给纠正。现在有不少演员连舞台上的术语（基本常识）都不知道了。这些不能改，行有行规，家有家规，连一个单位都还有制度嘛！

以上说的这些，都是为了振兴京剧提供自己的一些浅见。

振兴京剧　匹夫有责

梅：近20年来，由于改革开放政策的大力推动，京剧也得到了振兴、恢复的机会。虽然由于上下同心，一起努力，也作出了不少成绩，可是京剧当前仍有危机。您对京剧的前途抱有希望吗?

王：前面咱们谈到了五四新文化运动时期，有一批权威人士反对京戏，取消京戏，可是有一样，他们当时并没伤害到京剧一根毫毛，京剧反倒繁荣起来了。但是自“文革”以来，京剧真是给搞得伤筋动骨了。幸好当今党和国家领导一再提出要不断继承创作，把京剧艺术发扬光大的号召。我看京剧艺术还是前途光明，大有希望，目前京剧的衰微只是暂时的。

梅：是啊。1994 年我父亲百年诞辰时，我到故乡泰州去参加庆祝，就看到江泽民总书记为泰州梅兰芳史料陈列馆的亲笔题词：“弘扬民族优秀文化，振兴京剧艺术”。

王：江总书记1994 年 12 月 27 日发表了《弘扬民族优秀文化，振兴民族精神》的重要讲话，其中就讲到：“京剧要振兴，京剧艺术本身也要进行改革，这种改革不是把京剧改成别的东西，而是要继续 50 年代那样由剧目推陈出新，去粗取精，去伪存真，取其精华，去其糟粕。”我学习了，理解振兴京剧的前提就是必须要有民族精神、民族自豪感和民族自尊心。我们绝不能让祖国这份如此丰富而珍贵的文化遗产断送在我们这一代人手里。如果使之湮没无闻，毁灭殆尽，我们就将成为千古罪人，对不起炎黄子孙。

现在总说青年不爱看京剧，这也不是绝对的，还是有不少年轻人迷上了京剧，各地的票友节就有许多青少年参加，都唱得好极了。国家领导号召从娃娃抓起，这是完全正确而英明的。有了一大批戏迷，不愁京剧不会发展，不会振兴。我常说观众要成为“戏迷”，演员要成为“迷戏”，京剧就会再度辉煌起来。

梅：江总书记1996 年 12 月 16 日在第六次全国文代会、第五次全国作家代表大会上的重要讲话，您一定也看到了吧。

王：对，我学习过了。江总书记在讲话中提到：“一个伟大民族的过去、现在和未来，都会有文艺发展和繁荣相伴随。文艺是民族精神的火炬，是人民奋进的号角。中华民族，是以《诗经》、楚辞、唐诗、宋词、元曲和明清小说为人类文明画廊增加辉煌的民族，是产生了屈原、李白、杜甫、关汉卿、曹雪芹这些世界文化名人的民族，是产生了伟大的文学家、思想家、革命家鲁迅，产生了郭沫若、茅盾、聂耳、冼星海、梅兰芳、齐白石、徐悲鸿等现代大文学家、大艺术家的民族。无比丰厚的精神遗产，与先驱们的英名连在一起的民族文化的优秀传统，特别是革命文艺传统，是中国社会主义文艺的巨大宝藏。”

我看到江总书记充分肯定梅大师的艺术成就和对民族文化的贡献，感到这对我们京剧演员（旧社会管我们叫“戏子”）来说，真是一种莫大的鼓舞力量。我虽然已是个行将就木的86岁老叟，也一定要为振兴京剧贡献出自己的微薄之力。我准备把我当年跟梅大师同台演出过的《汾河湾》、《二堂舍子》等几出戏所学到的东西传授给中青年演员。只要他们肯学，我就一招一式地教。振兴京剧，匹夫有责嘛！

梅：您现在是当年跟我父亲同台演出硕果仅存的老艺人了，希望您多多传授，但是不要累着。这次您来北京演出了吗？

王：本来约好想跟朱家溍先生合演一出《阳平关》，可是因为这出戏用的人多，一时还没组织起来，下次来京时再说，一定要演演。这次在京，每星期天我都到钱江先生创办的北京国际票房去清唱几段，而且交了不少朋友。

梅：今天您一口气谈了好几个钟头，一定很累了。

王：不累，一点也不累。我一生热爱京剧事业，爱艺如命，正是“名利如粪土，事业若长虹，滴水当穿石，艺海苦遨游”，因此一谈京剧就精神振奋不已，说的话难免有偏激之处，还望过目的诸君海涵。

梅：您今天还有好多话题没敞开了谈，希望咱们今后有机会再接着谈。

王：好的。最后借此机会我想纠正一件事。台湾丁秉鐩先生在他那本《菊坛旧闻录》的书里提到我是谭小培的弟子，这是对的，可他说我在抗战期间给谭富英买过“盖世维雄”，却没有这档子事。当时富英身体十分虚弱，我因为学过医，倒是给他买过瑞士出品的“双鱼赐保命”和德国拜耳药厂的“肝补侬”这两种药。我这辈子跟谭、梅两家成为世交，至今还经常一起切磋畅谈艺事，真是我一生最感到荣幸的事。

梅：谢谢您！

1998年5月12日初稿

2002年10月修改

有乡先生能赏音　折节交到忘年深

——记父亲和张謇先生的深厚友谊

早在青年时代，父亲就结交了许多学识渊博的知识分子，诸如梁启超、罗瘿公、冯幼伟、齐如山、张彭春等人。他们对我父亲早期的艺术成长、剧本的创作、为人处世和道德修养等方面，都曾给予很大的帮助。在那长长的师友名单中，有一位慈祥的忠厚长者张謇先生，更是令人不能忘怀。

我国近代爱国政治家、实业家兼教育家

张謇先生，字季直，号啬翁，1853 年生于江苏南通。光绪二十年（1894），他进京赶考，中一甲第一名状元，光绪帝授他翰林院修撰。该年适逢中日甲午战争爆发，翰林院 35 人上疏《请罪李鸿章公折》，张謇单独上《推原祸始防患未来请去北洋折》，责备李鸿章“战不备、败和局”，主和误国。这时，他已开始确立了“实业教育救国”的思想，次年便筹办了我国最早的纱厂之一“大生纱厂”。毛主席曾说过：“谈到中国民族工业，我们不要忘记四个人……轻纺工业不要忘记张謇。”

1903 年，张謇先生赴日，对日本的工农业和教育进行了 70 多天实地考察，回国后公开赞成君主立宪制。辛亥革命成功后，他毅然拥护共和。1912 年，孙

中山就任临时大总统，任命张謇为实业部长。

后来，袁世凯称帝野心日益暴露，张謇先生因规劝无效，愤而辞职返回故里，从此倾注全部精力进行办实业，办教育，办社会文化慈善事业。他以大生纱厂为中心，先后创办了通海垦牧公司、大达轮船公司、复新面粉公司、资生铁冶公司、淮海实业银行等企业。此外，他还创建了我国第一所师范学校——通州师范学校，第一所纺织大学，第一所刺绣学校——女红传习所，第一所戏剧学校——伶工学社，第一所博物苑，第一所聋哑学校，被称为著名的中国近代史上的六个第一，使南通获得了“模范县”的美誉。

忘年交的建立

1914 年 12 月 6 日，张謇先生跟熊希龄、梁启超和诸宗元在北京天乐园观看我父亲的演出，并至后台道乏，由此而初晤。他当时 62 岁，任北京政府农商总长兼全国水利局总裁，我父亲年仅 21 岁。在这之前，张謇先生早已从友人处得知先曾祖巧玲公为人憨厚侠义，因此对这位义伶的后裔格外看重。当然，主要还是由于张謇先生具有深厚的文学造诣，热爱祖国的古典戏曲，并爱惜人才，乐于奖掖后进，才使这两位前辈建立了深厚的忘年之交。

张謇先生虽年长 40 余岁，却从不以长辈自居，在此后所赠的诗画中对我父亲总以小友或贤弟称之，且在父亲于上海初获盛誉时，首先告诫他要有清醒的头脑，鼓励他学习书法绘画，提高自身的文化和艺术修养，以更高的标准要求自己。他检出自己珍藏的刘墉书联和汤乐民画梅寄赠，并在这些书画上题诗，以梅兰为喻，勉励我父亲高标绝俗。他还建议我父亲把字“畹华”改为“浣华”，说明这是从北朝宫嫔之官婉华、唐代诗人杜甫之里浣华中各撷一字而成的，祝愿他“始于春华之妍而终于秋实之美”。这种种亲切的关怀爱护，使我父亲深受感动，对张謇先生备加景仰。

更俗剧场、伶工学社和梅欧阁

张謇先生认为“实业可振兴经济，教育能启发民智，而戏剧不仅繁荣实业，抑且补助教育之不足”，于是他基于“改良社会措手之处，以戏剧为近”和振兴京剧艺术的目的于1918年和1919年先后在南通创建现代化设备的更俗剧场和我国最早的新型戏剧学校——伶工学社，以培养人才，实行戏剧改良。当时一般人往往把戏曲视为一种娱乐，演员被称作“优伶”，社会地位低下，张謇先生则强调戏曲的社会功能，并把戏曲升华到艺术的高度来肯定它、提倡它，实际上是对戏曲和演员社会地位的肯定。他以“更俗”冠命剧场，旨在“更除恶习旧俗，树立文明新风”，通过演出优秀剧目，传授艺术文化，寓教于乐以教育民众。

梅兰芳在南通与张謇合影

在创办伶工学社这方面，他曾多次致函，就师资、学员、经费、教育等方面跟我父亲反复商讨，其中一信提到办校的目的：“世界文明相见之幕方开，不自度量，欲广我国于世界，而以一县为之嚆矢。至改良社会，文学不及戏剧之捷，提倡美术、工业不及戏剧之便，又可断言者。”他希望我父亲“当知区区之意与世所谓征歌选舞不同，可奋袂而起，助我成也”。但是我父亲由于为人谦虚，且正忙于首次赴日访问演出，实难到南通协助办学，张謇先生遂聘请欧阳予倩先生筹办剧场主持伶工学社。1919年，我父亲曾就此事致函道歉：

啬公先生钧鉴：

秉初、予倩先生掷下手谕，敬悉更俗剧场、伶工学社均已有成，乐极。忆去年蒙谕代组学校，本应勉效绵薄，只以知识短浅未克如愿，实深愧歉。有予倩先生出来办理，甚妙。久知予倩先生品学兼优，艺通中外，将来剧场、学校均必尽美尽善，较澜为之胜万倍矣。澜自日本归来，有感触，亦拟办一精致剧场及学校，但人微言轻，未悉果能如愿否。蒙谕于九月间到通一节，闻命之下，欣幸无似。届时倘无他故，定当前往。兹奉上化妆照片六张，伏望哂存。敬请

钧安

梅澜谨禀

随后我父亲便于1920—1922年三次赴南通，演出于更俗剧场，为伶工学社延请教师，并收高材生李斐叔为徒。正是通过张謇先生的介绍，父亲与欧阳先生相识而结为挚友，共同为祖国戏剧事业奋斗了一生。

张謇先生为纪念我父亲和欧阳予倩先生同台演出，在更俗剧场门厅楼上特辟一室，题为“梅欧阁”，由他自书匾额，并撰书楹联“南派北派会通处，庐陵宛陵今古人”，还作一诗来说明命名的意义：

平生爱说后生长，
况尔英蕤出辈行。
玉树谢庭佳子弟，
衣香荀坐好儿郎。

秋毫时帝忘高岱，
雪鹭弥天足凤凰。
绝学正资恢旧舞，
问君才艺更谁当。

而他主要的意图显然是劝勉戏剧界不应分派别互相倾轧，优秀人才应该团结一致，共图中国戏剧改革，光大祖国优秀艺术。张謇先生高瞻远瞩，用心良苦，梅欧阁的建立实具深远意义。

父亲在《舞台生活四十年》一书中曾有一段对首次至梅欧阁的回忆：

前台经理薛秉初招待我先到一间客厅待茶。我刚跨进去，抬头就看见高高悬着一块横匾，是“梅欧阁”三个大字。笔法遒劲，气势雄健，一望而知是学的翁松禅老人，这就是张四先生的手笔。旁边还挂了一副对子：“南派北派会通处，宛陵庐陵今古人”，也是张四先生自撰自书的。他是借用梅圣俞（宛陵）、欧阳修（庐陵）两位古人的籍贯来暗切我跟欧阳先生的姓的。薛经理指着横匾对我们说：“这间屋子四先生说是为了纪念你们两位的艺术而设的。”我听完了，顿时觉得惶恐万状。我那时年纪还轻，艺术上有什么成就可以值得纪念呢。这是他有意用这种方法来鼓励后辈，要我们为艺术而奋斗。我这三十年来始终站在自己的岗位上，认真苦干，受我的几位老朋友的影响是很大的。

父亲对梅欧阁的感触由此可见多么的深切！

支持向海外弘扬祖国古典艺术

20 世纪 20 年代初，父亲开始编排歌舞剧，融民族舞蹈于京剧，张謇先生大加鼓励，甚至愿为之编写《舞谱》，后又闻我父亲拟赴美访问演出，对他旨在把祖国优秀古典艺术介绍给海外深表赞同支持，当即拟定一份出行要点，举凡出行宗旨、组团名称、成员、剧目选择、京剧沿革介绍、化装、音乐、演出时间、剧情翻译以及平常衣着、资用等方面无一不细致周详地提出建议，供我父亲参考，兹录如下：

赴美剧团组织不易，姑以必大言、度大要，约举如下：

一、宗旨：此行为名为利，须先审定。即云为名，为一人之名？为一国之名？须先审定。为一人之名则助少效薄；为一国之名则助多效大，须审定。

一、名称：须能代表一国之美艺。

一、须知何剧合欧美人观念心理。

一、不宜单用“二黄”。

一、同行人须妙选。不易得。同行人下妆须大方，合于上流。化妆须优美。

一、剧须定何等？恐须改编。不合美人观念者须删节润色。

一、如延聘可同行人，须商得同意。

一、乐器用若干种？以繁为贵，而难其材。

一、每一剧场若干出？须预计。

一、时间：时间不宜长。一处至多以若干日为度。

一、人数：乐工及前后台约二十至二十四。同行艺员约三十至三十六。

一、通常饰服须一律。

一、剧本须译英，须附各艺员照片、历史。

一、川资：旅费每人平均至少以三千元为度，若六十人即十八万。加以治装、交际、酬劳及他意外费，至少须二十四五万元以上。

张謇先生这些宝贵的意见我父亲都认真采纳了。遗憾的是，张老先生 1926 年病故，未能闻达我父亲 1930 年访美演出成功的盛况。

缅怀良师益友

事隔 30 余年，1959 年秋，南通市隆重纪念更俗剧场内梅欧阁落成 40 周年，来函约稿。我父亲感慨万千，提笔写下一首长诗，以示祝贺：

南通佳气多氤氲，
人民政府举政勤。
故址重修梅欧阁，
驰书千里来征文。
文拙才微不得辞，
新陈迹象萦我思。
四十年前建阁初，
客游是邦周览之。
忆昔我与欧阳子，
后先见招皆莅止。
粉墨生涯二人同，
笙簧格调诸公喜。
有乡先生能赏音，
折节交到忘年深。
为题小阁挥巨笔，
欲使辁才登艺林。
宛陵庐陵两宋贤，
托古姓氏以喻今。

斯际我侪识宏奖，
悚惶讵免生于心？
自从奔波淹岁月，
消息不闻听销沉。
幸哉盛世老获睹，
天清地宁成鼓舞。
昔也衣冠伏盂轻，
今也教育师资伍。
满眼万象经纬新，
工农生产跃进真。
六亿黎元欣作主，
五洲兄弟倍情亲。
谁云沧海一粟渺？
鞠部有责为功臣。
鲰生齿衰敢懈怠？
日沾雨露回青春。
南通人民意何厚！
搜罗宠眷及两叟。
诚知爱国由爱人，
勖其效忠明时久。
我为此事频篆结，
光荣觉与往者别。
浅言还报出肺肝，
感惠扬仁不须说。
欧阳吾友仍康强，
大家庭中俱就列。
贡献常忘艰巨增，

辛劳复可晨昏彻。
凡百遵循党领导，
区区素志坚如铁！

父亲在诗中满怀激情地追忆了40年前和张謇先生的一段不同寻常的友谊，充分表达了他对当年不断勉励他的良师益友张謇先生的深切怀念和敬意。

诤友对梅剧的点评

值得一提的是，张謇先生多年来寄赠的诗文、信函和名贵礼品，我父亲虽在战乱中多次迁移，却一直珍藏在身边。从那些信函中可以见到张老先生的戏剧理论和实践，以及对我父亲所演各剧提出的精辟的修改意见，不少诗赋实际上是对各剧所做的含义深邃的点评，这里仅举几例：

1916年，他称赞我父亲在古装新戏《黛玉葬花》的表演通体“婀娜绰约，隐秀无伦”，但也指出黛玉看《西厢记》，接口说“有趣儿”一句应改为黛玉以微笑来表达，这样便会使“剧情似尤超妙”。

1924年，他对《霸王别姬》这出戏，提议“项羽歌，须按工尺，排成高下疾徐舒促之音节，以写激昂沉郁悲愤之心情，庶可免二黄调歌诗之弊。唱此歌时，手眼肢体之动作，亦须与歌之音节意思相称”。

对《红线盗盒》一剧，他认为“红线是薛嵩掌书记之青衣。学剑有侠行之奇女，服饰须称，未可华靡”。

又如对《洛神》一剧，他的意见更为详尽。他说：“排场：第一幕似应从曹植入朝，曹丕以甄后遗枕示，植流泪，丕悔以谗赐后死，始接令太子宴植，赐枕与植。植将枕归藩，林寐辕辂驿，梦见后。此时后身服金色华贵衣为称。第二幕则碧色与水为称。采旄旌旗之间歌舞，后须有水边采芝一段。同场二，妃二人，游女四人（至少二人），分列歌舞，作采珠拾羽之事。第三幕二妃游女散去，复有一段舞，舞后展转与植问答。言语：后宜有歌。本‘盛年莫当被谗而死’之意，可采乐府《塘上蒲生行》为之。曹植亦宜有歌，歌本‘眷眷款实，犹豫狐疑，人神交接，礼防自持’四句意，继之以献明珰、解玉佩之事。按赋，解佩在前，献珰乃后之答物；然前段难于插入，则一赠一答，移并于此，亦好。妙香唱‘远而望之’四语，头巾气重，须改，否则与全场唱法不类。翠羽须改小，翠为小鸟，羽岂可大？若采珠作配，须用一小盘，显出二物于游女舞罢之后。玉锦金带枕，宜以奉直间某县似玉之石，镂空为之……须比所见者小，略如手枕、耳枕之类坚质物，度是玩具，非寝具。以二金辫作带，围束两端可也。”

张謇先生对这出神话歌舞剧就排场、歌舞、服装、道具、布景和角色处理等方面所提出的这些宝贵意见，我父亲后来都加以采用而予以改进了。张謇先生还曾为此剧欣然作了一首《后洛神赋》①，赞扬我父亲的表演：“其舞也，状与赋融：凌波罗袜，轻若乘空……其歌也，体甄后之停辛伫苦，烦冤闵伤：欲诉仍咽，荡气回肠。”父亲精彩绝伦的表演和张謇先生深邃透辟的佳文珠联璧合，真可谓艺坛一段佳话。

张謇先生这批书函墨宝以及所赠的名贵礼物（内有沈立绣的鹦鹉和沈粹镇绣的碧桃画眉）如今均收藏在北京梅兰芳纪念馆内，堪称一批珍贵文物。1999年，张謇先生之孙张绪武同志（现任全国工商联副主席）和我协助南通博物苑已把这批文献史料编入《张謇与梅兰芳》（中华工商联合出版社）一书，为今后的研究者提供了第一手宝贵资料。

喜见梅欧阁重建　后裔欢聚在南通

1919 年建立的更俗剧场，新中国成立后，更名为“人民剧场”，因城市规

① 载于《南通报》附刊“文艺”甲子第一号。

划建设已于1996年拆除。前年南通市委、市政府决定在原址重建，投资5000多万元，占地面积1.1万平方米，建筑面积1.3万平方米，历时近两年，已于2002年9月落成。新建的更俗剧院融入了欧式建筑风格，是一个多功能的现代文化设施，由一个大型剧院和六个电影小厅组成，并在剧院金色穹顶圆厅的二楼重建梅欧阁，还把它扩大为梅欧阁纪念馆，以纪念张謇、梅兰芳和欧阳予倩在戏剧史上留下的感人佳话。室内安置着著名蜡像设计师、天津美术学院尔宝瑞教授制作的张謇、梅兰芳和欧阳予倩三尊栩栩如生的仿真蜡像，并举办“大师风采、艺坛丰碑”的展览，展出200多幅珍贵的历史图片，记录了三位前辈的生平业绩、老更俗剧场的历史风貌以及梅、欧两位大师在南通演出时的盛况。

2001年10月15日，新更俗剧院举行了梅欧阁纪念馆开馆仪式暨“大师风采、艺坛丰碑”展览开幕式。张炎武夫妇和张柔武、我和老伴屠珍、葆玖夫妇、欧阳山尊夫妇应邀参加，受到南通市府和文化局领导同志的热情接待，三家后裔欢聚一堂。葆玖弟还率领梅剧团在更俗剧院演出两场庆贺，剧目是《贵妃醉酒》和《红鬃烈马》。

在参观时，我不禁感悟到梅欧阁的建立，不单单是纪念三位前辈交往的深厚友谊，更重要的是展示当年实业家与艺术家携手弘扬祖国优秀文化、促进戏曲发展和改革这一典范，此举无疑对当今企业界和文艺界人士具有很大的启发性和现实意义。

2002年11月

胡适的一篇佚文：《梅兰芳和中国戏剧》

1930 年，父亲率领梅剧团访美演出，带去了齐如山先生事先主编的几种宣传品，诸如《中国剧之组织》、《梅兰芳》、《梅兰芳歌曲谱》、《剧目说明书》以及 200 多幅戏剧图案等，这些资料均由当时的名家梁杜乾、周景福、陈福田、孙子明、贺渭南诸位先生译成了英文。后来，梅剧团到了美国，旧金山有一位叫欧内斯特·K. 莫（Ernest K. Moy）的先生又编纂了一本题为《梅兰芳太平洋沿岸演出》（*The Pacific Coast Tour of Lanfang Mei*）的英文专集，内收多篇评介京剧和梅兰芳生平及艺术表演的文章，为首一篇则是胡适先生撰写的《梅兰芳和中国戏剧》（*Lanfang Mei and The Chinese Drama*），此文未见于前述的几种宣传品内。该专集末尾还附录了梅兰芳首次访美演出美方赞助人名单。

近日，我翻阅《胡适全集》，没有查到胡先生那篇文章。胡博士当年在新文化运动初期力主废弃旧剧，而《梅兰芳和中国戏剧》这篇英文文章却写得相当客观，间或还有赞美之词，如今看来，颇有历史文献价值，我遂不揣冒昧地把它译出。据唐德刚先生说："'胡适之体'的文章是老老实实、规规矩矩、平铺直叙的白话文。"① 但愿拙译还够得上胡适之先生常爱说的"accepfable"

① 唐德刚：《胡适杂忆》，华文出版社 1990 年版，第 258 页。

（过得去）的标准。译文如下，请方家指正：

胡适（中国文艺复兴之父）：

《梅兰芳和中国戏剧》

在历史上，中国戏剧的成长是受束缚的，它至今还没有摆脱那种跟乐曲、歌舞和杂技的传统联系，尚未形成一种说话自然、表演自发的戏剧。这都是无法也无须否认的。

然而，这种在成长中受传统束缚的事实，倒会使戏剧史研究者对中国戏剧更加感到兴趣，因为当今世界上哪里也看不到今日中国舞台上那样生动地展现戏剧艺术缓慢进化过程中所留存下来的那些废除不了的遗迹。你会在那里看到种种历史上的遗形物都以完美的艺术形式给保存并贯彻了下来。你会发现华丽的净脚脸谱犹如面具，舞蹈具有传统的常规惯例的节奏，战斗场面出现杂技，几乎每出戏都有独白，伊丽莎白时代和前伊丽莎白时代舞台上那类象征性布景也由道具管理员安排得十分得当。

不用说，这种历史上的原始风格并非与艺术上的美互不相容。正是这种艺术上的美经常使原始的常规惯例持久存在而阻碍它进一步成长，而也正是这种戏剧发展和戏剧特征的原始状态更经常地促使观众运用想象力并迫使这种艺术臻于完美。这两种现象在中国戏剧中都得到了明显的证明。

梅兰芳先生是一位受过中国旧剧最彻底训练的艺术家。在他众多的剧目中，戏剧研究者发现前三四个世纪的中国戏剧史由一种非凡的艺术才能给呈现在面前，连那些最严厉的、持非正统观的评论家也对这种艺术才能赞叹不已而心悦诚服。他那些（由笛子伴奏演唱的）昆曲剧目呈现十七和十八世纪的戏剧，而他那些由璎珴琳般的胡琴伴奏演唱的皮黄剧目则展示上一世纪的俗剧。前一种中国剧是十七世纪的一些文人学士写的，由于内容比较丰富，意念更加雅致，如今已不再为广大群众所懂得，较通俗的皮黄剧便由此而兴起。但是，梅兰芳演出的一些早期剧目却具有重要意义。譬如，《思凡》一剧从头到尾是一出独唱剧，剧本读起来就像罗伯特·布朗宁描述一位中世纪僧侣画家在寺院斗室里的心理活动那首戏剧性诗篇。这一时期的另一出戏《贵妃醉酒》则是一系列艰难而精美的舞蹈。在这些和其他剧目中，你不仅会看到这种旧剧中一些独特技巧的艺术展现，而且也会发现这种古老的贵族戏剧逐渐消失而由较通俗的皮黄剧所取代的原因。仅有诗和美是吸引不了一般的普通观众的。

皮黄剧则来自人民；梅兰芳先生的一些朋友近年来竭力在创作不少以他为主角的皮黄剧目。《群英会》是出自大众舞台的，但《木兰从军》和《千金一笑》却是新近的创作。

这些友好的剧作家大都是些旧文人，从没受过西方戏剧的影响。所以，梅兰芳先生这些新剧是个宝库，其中旧剧的许多技艺给保存了下来，许多旧剧题材经过了改编。正是在这个意义上，他的一些新剧会使研究戏剧发展的人士感到兴趣。

梅兰芳先生是个勤奋好学的学生，一向显示要学习的强烈愿望。在他那些博学多识的朋友协助下，他已经建立了一所中国戏剧图书馆和博物馆。这次出外远行所加的必要限制，使他不得不轻车简从，并且对他的剧目多多少少作了些修改。不过，这种修改是依据他自己丰富的艺术知识完成的。他和他的朋友们为这次访问演出所准备的许多中国戏剧图表和其他解释性资料，对研究世界戏剧艺术史发展的人士来说，无疑具有极大的价值。

这里需要对文中所说的“遗形物”略加解释。早在1918年，胡适先生便在《新青年》第五卷第四号上发表的《文学进化观念与戏剧改良》一文中说过：“一种文学的进化，每经过一个时代往往带着前一个时代留下的许多无用的纪念品；这种纪念品在早先的幼稚时代本是很有用的，后来渐渐的可以用不着他们了，但是因为人类守旧的惰性，故仍旧保存这些过去的纪念品。在社会学上，这种纪念品叫作‘遗形物’（Survivals of Radiments）。如男子的乳房，形式虽存，作用已失；本可废去，总没废去，故叫作‘遗形物’……在中国戏剧进化史上，乐曲部分本可以渐渐废去，但他仍旧存留，遂成一种‘遗形物’，早就可以不用了，但相沿下来至今不改。西洋的戏剧在古代也曾经过许多幼稚的阶级（段），如和歌（Chorus），面具，‘过门’，‘背躬’（aside），武场……等等。但这种‘遗形物’，在西洋久已成了历史上的古迹，渐渐的都淘汰完了。这些东西淘汰干净，方才有纯粹戏剧出世。中国人的守旧性最大，保存的‘遗形物’最多。”显而易见，胡先生当年是主张废旧剧而以新剧（话剧）取代的，但是试观这篇写于1930年的《梅兰芳和中国戏剧》，态度和语气却显得缓和多了，他似乎觉得旧剧（京剧）仍有不少可取之处，大可推荐给外国观众看看。

不仅如此，胡适先生还拿昆曲《思凡》一剧与英国19世纪中叶诗人罗伯特·布朗宁的一首诗作了比较。该诗似为布朗宁的诗集《男人和女人》中那首《教兄利波·利比》（*Fra Lippo Lippi*），其中描述了意大利文艺复兴初期一位僧侣画家，他充满活力和想象力，崇尚人和人体美，夜间在地下斗室里冥思苦想，喁喁私语，黎明时分逃离了沉闷的寺院，投入活跃起来的城市。傅斯年先生当年在那本同一期的《新青年》刊物上也发表过一篇题为《戏剧改良各面观》的文章，历数了旧剧的种种缺点，认为该当废除，可也同样称赞了《思凡》一剧：“我在旧戏里想找出个和新思想即合的来，竟找不出；只有昆曲里的《思凡》还算好的：看起来竟是一篇宗教革命的文章，把尼姑无意识的生活，尽量形容出来……一个女孩儿，因为父母信佛，便送到庵里去，自己于佛书并未学过，佛家的宗旨，既然不知道，出家的道理，更是不消说，却因在那里，如同入了隧宫一般，念那些全不懂得半梵半汉的佛经；什么思凡不思凡，犹可置而不论，只这无意识的生活，是最不能容忍的：跑下山去，也不过别寻一个有意识的生活罢了。‘只因俺父好念经’一段，下至‘怎知俺感叹多’，把这个意思，形容尽致。所以就这篇曲子的思想而论，总算极激烈的。”东西方的一剧一诗用的都是主人公独白形式，一尼一僧皆都不甘空门寂苦，向往人间美好，最终逃离樊笼，情节颇为相似。这项比较，借用《玉堂春》里的一句台词，真是“比得，比得的”，也可说是中国早期比较文学里的一个典范。适之先生不愧为近代中国学贯中西的大学者。

20 世纪 20 年代，父亲经常在北京无量大人胡同家中接待仰慕他的外宾。欧奈斯特·K. 莫先生编的那本专集里就在介绍梅兰芳生平事迹的文章里提到“那些赞赏梅兰芳表演艺术的西方人士中包括世界各式各样的游历团，这个队伍甚至扩展到这样一些知名人物，如奥地利小提琴家费里茨·克莱斯勒、英国作家萨默赛特·毛姆、瑞典王储夫妇、美国威尔逊总统夫人、约翰·杜威、伯特兰·罗素等”。杜威博士当年来华讲学时，我料想必定是他的学生胡适先生陪同他观看梅剧、拜访梅寓的。父亲后来计划访美演出，想必也请教过胡博士。据齐如山先生的《梅兰芳游美记》中记载，梅剧团在上海码头登船时，曾有大规模的欢送会，到会人士中有胡适先生。北京出版社 1997 年出版的《一代宗师梅兰芳》大型画传中收有当年两张图片，一张是上海各界人士欢迎梅兰芳访美载誉归来的合影照片，胡适先生手握烟斗也出现在第二排行列中；另一张是上海各界人士 1930 年 7 月 19 日假座大华饭店为梅兰芳访美归来举行欢迎会的请帖，40 多位主人名单中，胡适和徐志摩也名列其中，这足见梅胡二人之间的交情是蛮不错的。

再看那份梅兰芳访美演出美方赞助人名单上，杜威博士的大名霍然在目。齐如山先生在他那本书里记述了杜威博士在纽约设宴欢迎我父亲的情况，主客合起来共有 50 多人，美方参加者都是大学教授或老博士，大家都对中国剧和我父亲的表演艺术极为赞美，并向他详询中国剧的组织和特点。杜威博士说：“这次美国人得以瞻仰东方文化，大家都非常愉快。我时常想把高深美妙的东方文化搬来，让美国人看看，但是苦于我没有这种能力，不过只仗笔来写写，嘴来说说，此外更没有别的好法子。现在竟得梅君亲来表演，实在是件最痛快的事了！我不但为梅君成功庆贺，我实是为东方文化庆贺，借梅君之力，得以把它的美点宣传表现出来；又为美国人庆贺，借梅君之力他们得以瞻仰最高尚的东方艺术。那么梅君沟通两国文化，联络两国的感情，其力量真是大极了，佩服佩服！”[①] 老师都捧梅兰芳，无怪乎学生也写了篇文章，助梅一臂之力了。恕我在这里用了胡适先生提倡的“大胆假设，小心求证”的论证方法。

2002 年 12 月

① 齐如山：《梅兰芳游美记》，岳麓书社 1985 年版，第 113～114 页。

梅兰芳与丰子恺

丰子恺先生是我景仰的散文家和画家。记得在中学拜读《辞缘缘堂》和《还我缘缘堂》两篇文章时，先生痛惜美好的家园遭到了敌人疯狂的破坏，控诉了日寇的暴行，使我们晚辈深深受到了爱国主义教育。在《爱护同胞》文中，先生又说："古语云：众志成城，我们四百兆人团结所成的城，是任何炮火所不得攻破的。"这句话给人以多么巨大的力量！

丰先生还在1938年发表的《中国就像棵大树》里预言道："中国就好比一棵树，虽被斩伐了许多枝条，但是新生出来的比原有的更多，将来成长比原来更大的大树。中国将来也能成长比原来更强的强国。"先生的预言如今已经言中。

另有一件使我个人深受感动的事，那就是丰先生在一篇文章里提到："抗战期间，我避寇居重庆沙坪小屋。这小屋简陋之极，家徒四壁，毫无装饰，墙上贴着一张梅兰芳留须照片，是上海的朋友从报纸上剪下来寄给我的。我十分宝爱这张照片，抗战期间一直贴在墙上，胜利后带回江南，到现在还保藏在我的书橱中。我欣赏这张照片，觉得这个留须的梅兰芳，比舞台上的西施、杨贵妃更加美丽，因而更可敬仰。在那时候，江南乌烟瘴气，有些所谓士大夫者，卖国求荣，恬不知耻；梅先生在当时只是一个所谓'戏子'，所谓'优伶'，独有那么高尚的气节，安得不使我敬仰？况且当时梅先生已负盛名，早为日本侵略者所注目，想见他住在上海沦陷区中是非常困苦的。但他能够毅然决然地留起须来，拒绝演戏，这真是‘威武不能屈’的大无畏精神，安得不使我敬仰？”①

确实如丰先生所说，先父在八年抗战期间的处境真是非常困苦、历尽艰险的。

1941 年末，香港沦陷后，先父曾经三次不畏强暴地拒绝为日寇的“庆功会”演出。后来他抑郁不乐地返回孤岛上海，蓄须明志，杜门谢客。

1942 年秋，汪伪政府的大头目褚民谊来到我们家，要先父在 12 月作为团长率领剧团赴南京、长春和东京巡回演出，以庆祝所谓的“大东亚战争胜利”一周年。先父用手指着自己的唇髭，沉着地说：“我已经上了年纪，没有嗓子，早已退出舞台。”褚遂阴险地笑道：“小胡子可以剃掉嘛，嗓子吊吊也会恢复的，哈哈哈……”

“我听说您一向喜欢玩票，大花脸唱得很不错。我看您作为团长率领剧团去慰问，不是比我更强得多吗？何必非我不可！”先父就是这样讥诮地臊走了那个无耻的大汉奸。

敌寇当然不肯就此善罢甘休，便由华北驻屯军报道部、号称“王爷”的山家部长出面进行胁迫。他采纳一家黄色小报的社长朱某的谗言诡计：“梅兰芳说他年纪大了不能再登台，那就请他出来讲一段话，他总不能再有什么理由推却了吧！”秦叔忍三叔（当时是北平华昌制版局创办人）闻讯后想出一条对策，让姚玉芙先生到上海请吴中士医师给先父接连注射三次伤寒预防针，因为他知道先父不管打什么预防针都会立刻发高烧。山家不信先父突然病倒，派驻沪海军司令部查明情况。日寇军医一行人闯进我们的家门，发现先父果然卧病在床，昏迷不醒，发烧近 40 摄氏度，无法远行。先父不惜损伤身体，再次抵制了敌寇的要挟。② 秦三叔现仍健在，今年已 92 岁高龄，将在中央电视台拍摄的 8 集大型文献专题片《一代宗师梅兰芳》中以见证人身份亲口叙述这段动人心魄的往

---

① 丰子恺：《梅兰芳不朽》，《解放日报》1961 年 8 月 14 日。

② 梅绍武：《我的父亲梅兰芳》，百花文艺出版社 1984 年版，第 160～183 页。

梅兰芳（右二）与丰子恺（右一）、郎静山（左二）等在上海合影

事。秦老先生最近对我们兄妹四人说："我以前一直没敢告诉你们。你们的父亲当时早已准备好安眠药，万不得已就以死相拼！"

当时的情况并不像一本书中所说的那样："事情远未对立到以死相拼的地步，原来日方来的是个小人物，一个会说广东话的'课长'……梅兰芳竟极平等地陈述委屈……于是'课长'没有再逼，以朋友的姿态告别了。"① 著名日本剧评家尾崎宏次先生前年在《悲剧·喜剧》刊物上发表了一篇题为《梅兰芳曾留过胡子》的文章，其中披露了一件鲜为人知而触目惊心的事：

我听说梅兰芳留胡子一事还是在半个世纪前……第一次听说梅兰芳留胡子是在1938年，那年是中日战争（1937）的第二个年头，也是我进入工作岗位不久的日子。当时我在《东京都报》文化部工作。从中

---

① 徐城北：《梅兰芳和二十世纪》，生活·读书·新知三联书店1990年版，第277页。

国前线归来的特派员的一次报告会上，我得知了这一消息。报社内部那时经常举行这类内部报告，把一些无法刊登而又是事实的前线消息传达给各部记者，其中有一条就是有关梅兰芳的消息。报告是这样说的："日本驻沪派遣军司令官松井石根大将想看梅兰芳的舞台表演并派人去找，可是扮演旦脚的梅兰芳因留胡子的缘故而拒绝登台。"……这位名旦的唇髭显然是抗议战争的鲜明标志……留胡子一事决不那么简单。这里包含着一位伟大艺术家的思想境界。我们应当理解到这一点才对！①

连敌酋松井石根大将出面要挟，先父照样不买账，威武不能屈地断然拒绝。岂止只有一个小人物胁迫过梅兰芳啊！

丰子恺先生曾说他平生一向不访问素不相识的有名的人，可是抗战胜利后，他一回到沪滨就立即两次拜晤先父，对他的爱国情怀表示由衷的敬意。丰先生记载道：

每次看到他，我总首先想起他嘴上的胡须。我觉得这不是胡须，这是英雄的侠骨。他身上兼备儿女柔情与英雄侠骨！

设想日寇侵占上海之时，野心勃勃，气势汹汹，有鲸吞亚东大陆之概。我中国人民似乎永无翻身之日了。于是"士夫"之中，倒戈者有之，媚敌者有之，所欲无甚于生者，不知凡几。梅先生在当时一"优伶"耳，为"士夫"所不齿，独能毅然决然，蓄须抗战，此心可与日月争光！此人真乃爱国英雄！

梅先生以唱戏为职业，靠青衣生活。那么蓄须便是自己摔破饭碗，不顾生活。为甚么如此呢？为了爱国。茫茫青史，为了爱国而摔破饭碗，不顾生活者，有几人欤？假定当时有个未卜先知的仙人，预先通知梅先生：1945 年 8 月 10 日日寇一定屈膝投降，于是梅先生蓄须抗战，

---

① ［日］尾崎宏次：《梅兰芳曾留过胡子》（中译文），《光明日报》1993 年 4 月 3 日。

> 忍受暂时困苦，以博爱国荣名。那么，我今天也不写这篇文章了。然而当时并无仙人通知，而中原寇焰冲天，回忆当日之域中，竟是倭家之天下，我黄帝子孙似乎永无重见天日之一日了。但梅先生不为所屈，竟把私人利害置之度外，将国家兴亡负之仔肩。试问：非有威武不能屈之大无畏精神，曷克臻此？①

1947 年春随同丰先生来访的还有摄影家郎静山先生，大家合影，留下了珍贵的照片。当时先父 54 岁，丰先生比他小 4 岁。

丰先生与先父这段值得传诵的友谊我已如实地反映在 15 集《梅兰芳》电视连续剧中，李瑞环同志已为此片题写了片名。天津电视台正在加紧拍摄。黄宗江先生看过稿本后十分激动，自愿饰演丰先生。他演戏一向认真严肃，为此精读了《丰子恺文集》，并宴请了丰先生的哲嗣丰元草先生和晚辈好友夏宗禹先生，以深入了解丰先生的爱国情操和风采。据他最近告知，那几场戏已经拍竣，拍得不错，看来还相当像原来那张照片上的形象。此片今年年底就会在荧屏上和观众见面。

值此纪念先父百岁诞辰之际，谨作此文，以缅怀两位一生赤诚爱国的前辈艺术家。

1994 年 11 月

① 丰子恺：《威武不能屈》，《文汇报》1962 年 8 月 8 日。

附录

访梅兰芳[①]

丰子恺

复员返沪后不久，我托友介绍，登门拜访梅兰芳先生。次日的《申报·自由谈》中曾有人为文记载，并登出我和他合摄的照片来，我久想自己来写一篇访问记：只因意远言深，几次欲说还休。今夕梅雨敲窗，银灯照壁，好个抒情良夜，不免略述予怀。

我生平自动访问素不相识的有名的人，以访梅兰芳为第一次。阔别10年的江南亲友闻知此事，或许以为我到大后方放浪10年，变了一个“戏迷”回来，一到就去捧“伶王”。其实完全不然。我10年流亡，一片冰心，依然是一个艺术和宗教的信徒。我的爱平剧是艺术心所迫，我的访梅兰芳是宗教心所驱。这真是意远言深。不读完这篇文章，是教人不能相信的。

我的爱平剧，始于抗战前几年，缘缘堂初成的时候，我们新造房子，新买一架留声机。唱片多数是西洋音乐，略买几张梅兰芳的唱片作为点缀。因为五四时代，有许多人反对平剧，要打倒它，我读了他们的文章，觉得有理，从此看不起平剧。不料留声机上的平剧音乐，渐渐牵惹人情，使我终于不买西洋音乐片子而专买平剧唱片，尤其是梅兰芳的唱片了。原来五四文人所反对的，是平剧的含有封建毒素的陈腐的内容，而我所爱好的是平剧的夸张的象征的明快的——形式音乐与扮演。

西洋音乐是“和声的”（harmonic），东洋音乐是“旋律的”（melodic）。平剧的音乐，充分地发挥了“旋律的音乐”的特色。试看：它没有和声，没有

---

① 该文载于《申报》1947年6月6日—9日。

伴奏（胡琴是助奏），甚至没有短音阶，没有半音阶，只用长音阶的七个字（独来米法扫拉西），能够单靠旋律的变化来表出青衣，老生，大面等种种个性。所以听戏，虽然不熟悉剧情，又听不懂唱词，也能从音乐中知道其人的身份，性格，及剧情的大概。推想当初创作这些西皮二簧的时候，作者对于人生情味，一定具有异常充分的理解；同时对于描写音乐一定具有异常敏捷的天才，故能抉取世间贤母，良妻，忠臣，孝子，莽夫，奸雄等各种性格的精华，加以音乐的夸张的象征的描写，而造成洗练明快的各种曲调，颠扑不破地沿用到今日。抗战以前，我对平剧的爱好只限于听，即专注于其音乐的方面，故我不上戏馆，而专事收集唱片。缘缘堂收藏的百余张唱片中，多数是梅兰芳唱的，廿六年冬，这些唱片与缘缘堂同归于尽；胜利后重置一套，现已近于齐全了。

我的看戏的爱好，还是在流亡后在四川开始的。有一时我旅居涪陵，当地有一平剧院，近在咫尺。我旅居无事，同了我的幼女一吟，每夜去看。起初，对于红袍进，绿袍出，不感兴味。后来渐渐觉得，这种扮法与演法，与其音乐的作曲法同出一轨，都是夸张的，象征的表现。例如红面孔一定是好人；白面孔一定是坏人；花面孔一定是武人；旦脚的走路像走绳索；净脚的走路像拔泥脚……凡此种种扮演法，都是根据事实加以极度的夸张而来的。盖善良正直的人，脸色光明威严，不妨夸张为红；奸邪暴戾的人，脸色冷酷阴惨，不妨夸张为白；好勇斗狠的人，其脸孔峥嵘突厄，不妨夸张为花。窈窕的女人的走相，可以夸张为一直线。堂堂的男子的踏大步，可以夸张得像拔泥足。……因为都是根据写实的，所以初看觉得奇怪，后来自会觉得当然。至于骑马只要拿一根鞭子，开门只要装一个手势等，既免噜苏繁冗之弊，又可给观者以想象的余地。我觉得这比写实的明快得多。

从此，我变成了平剧的爱好者，但不是戏迷，不过欢喜听听看看而已。戏迷的倒是我的女孩子们。我的长女陈宝，三女宁馨，幼女一吟，公余课毕，都热衷于唱戏。就中一吟迷得最深，竟在学校游艺会中屡次上台扮演青衣，俨然变成了一个票友。因此我家中平剧的空气很浓。复员的时候，我们把这种空气当作行李之一，从四川带回上海。到得上海，适逢蒋主席六十诞辰，梅兰芳演剧祝寿。我们买了3万元一张的戏票，到天蟾舞台去看。抗战前我只看过他一次，那时我不爱京戏，印象早已模糊。抗战中，我得知他在上海沦陷区坚贞不屈，孤芳自赏；又有友人寄到他的留须的照片。我本来仰慕他的技术，至此又赞佩他的人格，就把照片悬之斋壁，遥祝他的健康。那时胜利还渺茫，我对着照片想：无常迅速，人寿几何，不知梅郎有否重上氍毹之日，我生有否重来听赏之福！故我坐在天蟾舞台的包厢里，看到梅兰芳在《龙凤呈祥》中以孙夫人之姿态出场的时候，连忙俯仰顾盼，自拊其背，检验是否做梦。弄得邻座的朋友莫名其妙，怪问："你不欢喜看梅兰芳的"？后来他到中国大戏院续演，我跟去看，一连看了5夜。他演毕之后，我就去访问他。

我访梅的主意，是要看看造物者这个特殊的杰作的本相。上帝造人，在人类各部门都有杰作，故军政界有英雄，学术界有豪杰。然而他们的法宝，大都全在于精神，而不在于身体。即全在于运筹指挥，苦心孤诣的功夫上，而不在于声音笑貌上。（所以常有闻名向往，而见面失望的。）只有"伶王"，其法宝全在于身体的本身上。美妙的歌声，艳丽的姿态，都由这架巧妙的机器——身体——上表现出来。这不是造物者的"特殊"的杰作么？故英雄豪杰不值得拜访，而"伶王"应该拜访，去看看卸妆后的这架巧妙的机器的本相。

一个阳春的下午，在一间闹中取静的洋楼上，我与梅博士对坐在两只沙发上了。照例寒暄的时候，我一时不能相信这就是舞台上的"伶王"。只从他的两眼的饱满上，可以依稀仿佛地想见虞姬，桂英的面影。我细看他的脸孔，觉得骨子的确生得很好。又看他的身体，修短肥瘠，也恰到好处。西洋的标准人体是希腊的凡奴司（Venus），在中国也有她的石膏模型流行。我想：依人体美的标准测验起来，梅郎的身材容貌大概近于凡奴司，是具有东洋标准人体的资格的。他很高兴和我说话，他的本音宏亮而带粘润。由此也可依稀仿佛地想见"云敛晴空，冰轮乍涌"和"孩儿舍不得爹爹"的音调。

从他的很高兴说话的口里，我知道他在沦陷期中如何苦心地逃避，如何从香港脱险。据说，全靠犯香港的敌兵中，有一个军官，自言幼时曾由其母带去看梅氏在东京的演戏，对他有好感，因此幸得脱险。又知道他的负担很重，许多梨园弟子都要他赡养，生活并不富裕。这时候他的房东正在对他下逐客令，须得几根金条方可续租。他慨然地对我说：“我唱戏挣来的钱，哪里有几根金条呢！”我很惊讶，为什么他的话使我特别感动。仔细研究，原来他爱用两手的姿势来帮助说话；而这姿势非常自然，是普通人所做不出的！

然而当时使我感动最深的，不是这种细事，却是人生无常之恸。他的年纪比我大，今年56了。无论他身体如何好，今后还有几年能唱戏呢？上帝手造这件精妙无比的杰作十余年后必须坍损失效；而这坍损是绝对无法修缮的！政治家可以奠定万世之基，使自己虽死犹生；文艺家可以把作品传之后世，使人生短而艺术长。因为他们的法宝不是全在于肉体上的。现在坐在我眼前的这件特殊的杰作，其法宝全在于这六尺之躯；而这躯壳比这茶杯还脆弱，比这沙发还不耐用，比这香烟罐头（他请我吸的是三五牌）还不经久！对比之下，使我何等地感慨，何等地惋惜！于是我热忱地劝请他，今后多灌留声片，多拍有声有色的电影。唱片与电影虽然也是必朽之物，但比起这短短的10余年来，永久得多，亦可聊以慰情了。但据他说，似有种种阻难，亦未能畅所欲为。引导我去访的，是摄影家郎静山先生，和身带镜头的陈警瞶、盛学明两君。两君就在梅氏的院子里替我们留了许多影。摄影毕，我告辞。他和我握手很久。手相家说：“男手贵软，女手贵硬。”他的手很软，使我吃惊。

与梅郎先生等分手之后，我独自在归途中想：依宗教的无始无终的大人格看来，艺术本来是昙花泡影的，电光火石，霎时幻灭，又何足珍惜！独怪造物者太无计算；既然造得这样精巧，应该延长其保用年限；保用年限既然不肯延长，则犯不着造得这样精巧；大可马马虎虎草率了事，也可使人间减省许多痴情。

唉！恶作剧的造物主啊！忽然黄昏的黑幕沉沉垂下，笼罩了上海市的万千众生。我隐约听得造物主之声：“你们保用年限又短一天！”

《天女散花》和徐悲鸿

两年前，1981 年 8 月间，文化部、中国戏剧家协会、北京市文化局、剧协北京分会、中国京剧院和北京京剧院在首都联合主办了梅兰芳逝世 20 周年纪念演出活动，历时一周，由梅门弟子轮流上演了《穆桂英挂帅》、《霸王别姬》、《宇宙锋》、《断桥》、《奇双会》、《西施》、《穆天王》、《贵妃醉酒》和《天女散花》等剧。其中《天女散花》是先父早期创作的一出歌舞剧，久已绝响。那次是由陈正薇饰演天女，她那娴熟的舞蹈动作和悦耳的歌声赢得了观众的好评。

《天女散花》这出戏取材于佛教的《维摩诘经》，剧情是释迦牟尼因知维摩居士在毗耶离大城中现身有病，就命文殊师利率领诸菩萨大弟子前去问疾，又命天女前往散花，以验诸菩萨弟子心性净澈的程度。天女携带花篮前去维摩室中，把花片纷纷散在诸人身上，佛旨宣毕后转回西方。

父亲为什么会创作这样一出以宗教故事为基础的歌舞剧呢？他本人其实并不信奉宗教，但他认为祖国所存的历史悠久的佛教塑像、绘画等艺术珍品当中具有许多美学特征，诸如姿态、手式等，可以汲取到戏曲舞蹈中去，以丰富他的表演艺术。1917 年，他 23 岁，偶尔在一位朋友家里见到一幅《散花图》，上面所绘的天女体态轻盈，风带飘逸，十分美妙，一下子就把他吸引住了，心中便萌生一种愿望：若把天女飘舞的风带编成一套舞蹈节目搬上舞台，岂不甚好！

于是他注意观赏了许多佛像、壁画和仙女图，细心研究众神的姿态动作，开始构思创作。起先他试用多条绸带起舞，结果效果不美，且显紊乱，后来就精简到两条8尺长、淡雅的彩虹色绸带；有人建议他在丝绸上扎两根小木棒握在手里，舞动起来比较方便，他试用之后，觉得虽然得心应手，却缺少了仙姿，两手也显得笨重，无法发挥端庄多姿的手势。最后他决定把一条一丈六的彩绸，由中端围过脖颈，别到胸前分成两条，全凭两只臂腕之力舞出一套变化多端而优美的绸舞，同时配上二黄、西皮和昆曲合用的唱腔，前后经过8个月坚持不懈的编排，终于完成这出载歌载舞的剧目的创作。《天女散花》在北京首场演出，由于有史以来第一次在京剧舞台上出现彩色缤纷的绸舞而大为轰动；据先父生前的琴师倪秋萍先生说，连著名武生盖叫天先生后来看到这出戏，都对我父亲深厚的功底佩服得不得了。①

1919年，父亲首次访问日本时曾在东京帝国剧场连演5场《天女散花》，同样受到日本观众的惊叹赞赏，并把其中的舞蹈誉为"梅舞"。日本著名的歌舞伎演员中村歌右卫门后来在"浅草"的"吾妻座"成功地上演了译成日语的《天女散花》；当时日本的文具商还制成天女散花图案的信笺出售，也很受欢迎，可见其影响之大。1924年，他第二次访日，也带去了这个剧目。1956年，他率领京剧代表团第三次访日时，则因年事已高而由葆玖弟代替父亲演出了这出深受日本人喜爱的节目。

这里使我联想到一件事，那就是父亲在招待外国人观看京剧时，常考虑到他们的民族文化背景，然后安排剧目。如1951年日本剧协代表团来访，他特邀景荣庆同志为该团在中国京剧院小礼堂演一出《钟馗嫁妹》，因为他考虑到《钟馗嫁妹》中的舞蹈动作和优美的亮相架势，同日本歌舞伎的表演，像市川猿之助先生在《劝进帐》一剧中的大幅度动作，颇为相似，肯定会使他们赞叹。果然不出所料，那几位日本艺术家看后兴奋地对我父亲说："这次到中国访问真是不虚此行，看到了一出精彩的好戏。"

话题扯远了。陈正薇前年曾对我说："老师当年教我《天女散花》时，嘱

① 倪秋萍：《对学梅艺的一些想法》，上海梅派艺术研究小组卢文勤主编《梅讯》1981年第3期。

《天女散花》，梅兰芳饰天女

咐我切记突出天女的庄严妙相。”这句话不禁使我忆起徐悲鸿先生当年为先父所绘的一幅《天女散花图》上面的题诗。

事情是这样的。父亲自青年时代起就为了提高自己的艺术修养而学习绘画，结交了不少著名画家。1918年春，徐悲鸿先生看了《天女散花》演出后，觉得它宛如一幅美丽的画卷，便提出要为我父亲画一幅他所扮演的天女像。他事先索取几幅剧照作为参考，然后花了一周工夫精心绘制成一张大型油画《天女散花图》赠给我父亲。那幅画，天女脸部是用西洋写真的画法，而身躯线条和花纹则用国画笔法勾勒，真可说是他早期的一幅中西合璧的杰作，而今看来也可说是当代两位艺术大师深厚友谊的见证。

画家所题的诗句是：

花落纷纷下，人凡宁不迷。庄严菩萨相，妙丽藐神姿。

戊午暮春为畹华写其风流曼妙、天女散花之影。

江南徐悲鸿

诗人罗瘿公后来又在上面添了一首绝句：

后人欲知梅郎面，无术灵方更驻颜。不有徐生传妙笔，安知天女在人间。

父亲把这幅画一直珍藏在身边，直到新中国成立后后才把它裱糊起来挂在北京护国寺1号住家的南客厅里。1961年8月，父亲病逝后，周总理指示要建立梅兰芳纪念馆，在未建成之前，故居内部一切摆饰不动，保留原样，因此徐先生那幅画一直照旧挂在梅华诗屋里。十年动乱之初，梅氏故居不幸遭到严重破坏，那幅画被拆下劫走，一直下落不明。最近徐悲鸿纪念馆重新建成开幕，我曾前去参观，心想那幅画也许会被交了出来，出现在画廊内，但我一幅幅仔细地看过去，却……我的想法未免太天真了。据闻前几年有人在某查抄物资仓库的堆积中曾见到过此画，不知此话是真是假，但愿它真的未被撕毁，有朝一日会被有责任心的人挖掘出来，重新展现在人们眼前。

徐先生还曾多次赠画给我父亲。有的是与同期名画家合作的，也有他一个人画的。在先父藏画中就还有《松鹤》、《雄鸡》和《猫》三幅立轴①，均为徐先生早期的创作，所绘的动物栩栩如生，令人喜爱。父亲故去后，母亲和我们子女商议作出决定，将这三幅名画连同先曾祖梅巧玲、先祖父梅竹芬和先父三代所收藏的其他古今中外名家字画计745种，1362件，全部交给国家，以便梅兰芳纪念馆建成后陈列出来，供广大群众鉴赏。这批古今中外的艺术珍品已由前中国戏曲研究院于1965年夏用卡车从我家拉走，负责保管。18年过去了……

最近由于党中央领导的关注，指示文化部尽快建立梅兰芳纪念馆，筹委会领导小组已于上月成立，如果一切进行顺列，相信先父那么多珍贵的藏画不久即可展览出来同大家见面了。

1983年8月，时为先父逝世22周年纪念日

① 文化部编：《梅兰芳资料分类登记清册》，字画类编号503、504、505。

梅兰芳和黄佐临

黄佐临先生1994年6月1日溘然长逝于沪滨，噩耗传来，我们全家都感到十分悲痛，因为先父生前和他相交甚笃，近20年来，黄老又给予我谆谆教诲，使我在外国戏剧研究方面受益良多。

40年代初，先父身陷敌占区，敌伪多次胁迫他出来为他们的“庆功”演出，但他坚决拒绝，正如他在胜利后对柯灵先生所说：“他们要庆祝的，就是我们的耻辱；他们要笑的，我们该哭，我怎么能唱这个戏呢！”① 他蓄须明志，杜门谢客，直到1944年日寇在太平洋许多岛屿上节节败退，才顾不上搞什么“庆祝”活动来骚扰他了。

那年夏季，苦干剧团准备在七夕节演出吴祖光先生的剧作《牛郎织女》，费穆和佐临两位导演来到马思南路我们家中，邀请先父为演员说说舞蹈身段，请他担任顾问，以提高演出质量。他当即慨然允诺，一连数次冒着酷暑准时前去卡尔登剧场为苦干剧团排戏。由于他为演员设计了一系列优美的古典舞蹈，一遍一遍地指导织女扮演者沈敏起舞，使该剧演出时生辉不少，取得了很大的成功。

前年我去上海拜访黄老，带去拙稿《梅兰芳》（电视连续剧），请他审阅提

---

① 柯灵：《梅兰芳的一席谈》，《书摘》1994年第2期。

出宝贵意见。黄老答应看后给我写信详谈。在交谈中，黄老提起了先父当年为苦干剧团排戏的详情：“我们那次去邀请原不抱很大的希望，估计梅先生在那种逆境中不见得愿意出头露面。哪知他对话剧和古典戏剧表演手法相结合甚感兴趣，一口答应下来，使我们真是喜出望外，不过他嘱咐我们不要在说明书上刊出他的名字。每次细心指导排练后，梅先生都大汗淋漓。后来我受剧团之托给梅先生送去薄酬，他却说纯属义务帮忙，坚不收取。梅先生当时已经多年不演出，全无收入，坐吃山空，这一拒收报酬的举动使剧团全体同人深受感动。”黄老不无感慨地接着说：“联想到当今请人帮忙做点事，动不动就要劳务费，这使我更加敬佩梅先生那种无私助人的高贵品德。”黄老还当即找出两张照片赠给我留念，照片上展现了先父当年与苦干剧团的石挥、张伐、英子、严斐、沈敏、穆宏、白文和史原等许多话剧演员愉快合作的情景。那时，佐临先生30多岁，先父51岁，所蓄的唇髭在照片上清晰可见。

确实，先父一生喜爱观赏话剧。他每次出国演出，都抽空观看国外话剧，汲取精华，当年移居香港时带我们去看过金山、蓝马、凤子和王莹几位演出的《雾重庆》和《马门教授》等剧。他曾对话剧作过相当高的评价：“有人以为话剧演的不过是现实的生活。我觉得好处就在这儿：它切近人生，平淡无奇，可是能表现出真理，又有吸引人的力量，这就不容易。话剧叫人觉得亲切。”① 不久，我就收到黄老关于电视剧的来信，他认为“写梅先生的传记片应有两个路子，一是纪实片，二是传记片，两者截然不同。前者应以本人的真实镜头出现，后者应虚构些，不必拘泥真实性（当然是在真实基础上再浪漫化了的），二者不宜折中。后者更趋向戏剧性，例如葆玖翻唱片那一段很好，但不是为听唱而唱，镜头应该用在梅先生的内心活动上。作为艺术大师，他的生命力就在他的艺术上，在抗战期间，他需绝唱，这是多么痛苦的感情啊，若是按戏剧性处理，就该表现他心中要唱而又不能唱这个心理矛盾之中，这就有戏剧性了，也有人物的心灵状态了。我的意思是，一面表示葆玖的聪明，是可以的，但更重要的，

① 柯灵：《梅兰芳的一席谈》，《书摘》1994年第2期。

更学术的，更戏剧性的是表示艺术家此情此景的心灵状态，他甚至听着听着就唱起来了，演起来了，但用另一种情调演、唱……这该是多么动人的场面啊”！

黄老还提出了许多真知灼见，中国梅兰芳研究会认真采纳了这些宝贵意见，决定分别拍摄两部电视片，一部是以先父生前的大量珍贵照片、文物资料、舞台艺术和新闻纪录片为实体的文献专题片《一代宗师梅兰芳》（8集）；另一部是电视连续剧《梅兰芳》（15集），以纪念先父百岁诞辰。

黄老在1962年写过一篇题为《漫谈“戏剧观”》的文章，首先提出现在世界上有三种戏剧观，“那就是：斯坦尼斯拉夫斯基戏剧观，梅兰芳戏剧观和布莱希特戏剧观”，“梅、斯、布都是现实主义大师，但三位艺人所运用的戏剧手段却各有巧妙不同”。黄老在文中作了精辟的论证和比较，最后指出京剧艺术高超之处绝不逊于任何西方戏剧。承蒙黄老将这篇论文寄给我，使我从中受到很多教益。1981年，黄老为上海人民艺术剧院导演阿瑟·密勒的《炼狱》，嘱我译出剧本（演出时改名为《萨勒姆的女巫》）。同年，黄老、吴祖光和我合写了一本《京剧与梅兰芳》（英文本，新世界出版社出版），黄老又嘱我把其中他那篇论文《梅兰芳、斯坦尼斯拉夫斯基、布莱希特戏剧观比较》译成中文，经他校阅后发表在1981年8月12日的《人民日报》上，引起了很大的反响。

近日重读黄老近十几年来写给我的许多信札，其中1987年的一封提到了世界三大表演体系这一问题，黄老说：

> 关于“梅氏体系”问题，可能原是我提出的，但并没有命名为“体系”，仅是指以梅先生为代表的昆京艺术，因为他老人家是The best exponent of the art[①]。社会上，戏剧界中有许多人误解我的“戏剧观”和“写意”观之说法，我至今尚未发表言论，打算让他们多多写下去。这是好现象。历史可以作出公正的判断。不过势头相当好，大多数人是同意这个杜撰名词的，并照此实践。关于“写意”，我尚未找到个满意

① 英语，意为杰出的表演艺术家。

译词，最近觉得 Photographic（写实）Ideographic（写意）比较能达意，不知你们认为如何？

“梅氏体系”我认为完全可以这样称呼。倒不能说外国人把他“供”起来，我们就也该“供”起来。我们自己应有民族自豪感！像梅先生这样的大师，我们为什么不能推选他为我们优秀、绚丽戏曲传统的总代表?!

按照我的理解，黄老说的“梅氏体系”无疑指的就是具有独特民族风格和优良传统的中国戏曲艺术体系。

1986 年，梅兰芳纪念馆开幕时，黄老写来祝贺信，并亲笔抄写了一份他在英国威尔士加的夫市举办的“1986—1987 年京剧艺术研讨会”上的英文发言长稿《梅兰芳的座右铭》，寄给我转交纪念馆留存。这篇论文详尽探讨了先父所说的“看我非我，我看我，我也非我；装谁像谁，谁装谁，谁就像谁”这一艺术实践格言和京剧艺术的特征，我早就答应把它译成中文，只因琐事缠身，至今未能实现。今年无论如何也要把它译出来，遗憾的是不能得到黄老过目校阅了，为此深感愧疚。

1994 年 8 月

京昆艺术两大师

——忆父亲和俞振飞的友谊

1991年4月，文化部、中国文联、中国剧协和上海文化局等20个单位共同举办俞振飞先生舞台生活70周年纪念活动，俞老以耄耋之年在上海大舞台还示范演出了《奇双会·团圆》一折。我有幸在场观赏。

那次演出首先是张静娴和计镇华的《哭监》，接着是李玉茹和蔡正仁的《写状》，随后是李蔷华和李松年的《三拉》，精彩的搭配演出已使观众如痴如迷，待到俞老出场，真是达到了全剧高潮，观众席上响起雷鸣般的掌声和欢呼声，许多人站起来向俞老致敬。俞老几句炉火纯青的念唱更使全场为之沸腾。在这激动人心的时刻，当年先父与俞老同台奏艺的盛况和深厚的友谊又一幕幕地闪现在我的脑际。

初次相遇于沪滨　虚心求教“俞家唱”

梅俞两家的友谊始于20世纪30年代初期。先父自20岁左右在北方已经学会了不少昆曲剧目，却仍感不足，1933年迁居上海后，素闻俞氏父子在南方昆曲界享有“俞家唱”的美名，于是初次遇到俞振飞先生便请他吹笛，自己唱了《游园》中的【皂罗袍】和【好姐姐】两支曲子，唱罢称赞道：“这是我第一次听到振飞的绝技。笛风、指法和随腔运气，没有一样不好。”随即请他举荐该学的曲子，俞先生当即推荐《慈悲愿》里的《认子》一折，认为其中有许多好腔，对于唱京剧也许会有可借鉴之处。先父就请他亲授，后来果然觉得自己的唱腔有了很大的变化。他认为俞派唱腔讲究吞吐开阖，轻重抑扬，而且唱起来细致生动，清晰悦耳。

1934 年 2 月，他俩便在上海昆曲保存社筹集基金的义演中首次合作演出了《游园惊梦》、《断桥》和《瑶台》三出昆曲剧目。那时期，俞先生正在暨南大学任教，讲授《中国戏曲》，先父还经常请他讲些不大易懂的曲文，帮助温习学过的各出戏的曲子，理熟了，便由俞先生吹笛，自己唱起来。两人都深深沉醉在昆曲艺术里，从此成为知交。

胜利后联袂演出　梅剧团如虎添翼

1945 年抗战胜利后，先父剃去唇髭，重登舞台，首先就是和俞先生在上海美琪大戏院合演《游园惊梦》、《断桥》和《奇双会》。美琪大戏院以前从来不演戏，只放外国电影，这次为先父破了例。两位艺术家 13 场的演出风靡了上海滩。我记得当时观众蜂拥购票，把美琪大戏院的门窗都挤破了，真是盛况空前。

那次演出的乐队和班底都是俞先生请来的。他向大家说：“梅先生唱昆曲，就是支持保存昆曲艺术的有效措施。梅先生登高一呼，昆曲就有希望了。我们不但不能多拿钱，还要少拿钱。”众人都同意。因此演出后，先父要酬劳俞先生一笔演出费，他坚决不收，送礼也不接，先父最后说：“那就欢迎您参加梅剧团吧。”这一点他倒是欣然同意了。俞先生当时 43 岁，梅剧团真可说是如虎添翼，增添了新的助力，而俞先生又恰恰属虎，真乃巧合。

1946 年，他俩在上海又合演了《琴挑》、《奇双会》、《春秋配》、《玉堂春》、《洛神》和《凤还巢》等剧，珠联璧合，相得益彰。

携手合拍电影　认真修改剧情

1950年，俞先生应马连良先生之约，赴香港演出，后来便滞留在那里。1955年4月，在周总理的亲切关怀下，经夏衍同志和先父的联络，俞先生终于冲破种种难关，由港返抵北京。先父亲往车站迎接，并因要合拍电影《断桥》，便对俞先生说："您干脆在拍片这段期间就住在我家里吧。《断桥》我虽然演的次数不少，唱念方面却还是不如南方的细致讲究。这次拍电影，我想仍按照您的路子，咱们共同研究一下吧！"

随后，我便经常见到两位艺术大师在护国寺大街家里为了切磋艺术而废寝忘食。两人都觉得《断桥》的老演法有些问题，原剧本中的爱憎不是很鲜明，遂决定删去法海派许仙去寻找白素贞这一情节，而改为许仙独自逃下山去寻找白娘子和小青，这样就可以把许仙的性格端正过来了。出场的一段【山坡羊】原是法海唱的，改由许仙来唱，把原来的四句"一程程钱塘相近，蓦过了千山万岭，锦层层足踏翠云，虚飘飘飞下琼琚境"中的后两句改为"锦层层过眼烟云，虚飘飘魂断蓝桥境"。又把【山坡羊】的末一句"痛遭魔心暗惊"改为"痛往事暗伤情"。由此便不着痕迹地把许仙的身份做了根本的改动。

情节变了，表演也随之有所改变。许仙跪倒在白娘子面前请求宽恕，白娘子又恨又爱，唤他一声"冤家"右手翻起水袖，左手空指许仙一下。他俩在这样演出时，有一次俞先生跪得离先父近了些，他一指，竟指到许仙的额头上了，便即兴地用力一戳，许仙顺势身体向后一仰，白娘子又赶紧用双手搀扶他，但一想，又感到许仙太负心，还是不理睬他为好，于是又生气地轻轻一推。这一组一戳、一仰、一搀、一推的即兴表演，生动地体现了白素贞和许仙之间的深厚情谊，博得观众阵阵掌声。先父和俞先生就决定把这段表演保留下来，成为此剧中一个极为感人的情节。

又如剧中原是许仙给白娘子梳头后，见小青站在远处，便走过去拍了一下她的肩头，小青愤然举拳要打他。先父与俞先生都觉得许仙心中一直惧怕小青，这一举动不大合乎情理。他俩琢磨之后，改为白娘子站起来，唱到“追思往事”时，两手一前一后地指着许仙，向前走去，许仙边作揖赔礼，边向后退，恰巧撞在小青身上，后者举拳怒视许仙，白娘子赶过来用右手挡住小青，左手扶着许仙，两下为难，许仙右手翻袖至脑后，左手轻轻摇动，请求原谅。白娘子两手翻起腰包，状如蝴蝶形，加上小青和许仙以对称的身段在两边衬托，使这个亮相极富造型美，形成这出戏中一个很典型的画面。后来许多美术品、工艺品都喜欢选用这个画面作题材。

1955 年，文化部举办“梅兰芳、周信芳舞台生活 50 周年纪念”活动，先父和俞先生就以这个推陈出新的方式合演了昆曲《断桥》，随后又拍摄了彩色电影。

在拍电影的过程中，他俩又对全剧结尾的表演作了推敲。老的演法是许仙搀扶着白娘子下场，台上留下小青一人，注视着他俩亲切地走去，无可奈何地愤然一摊手，一跺脚，再独自下场。他们决定改为白娘子和许仙走去了几步，又回头看看，返转回来拉住小青，三人一起下场。这一改变使许仙终于摆脱了法海的束缚，回到白娘子和小青一边，让三人相偕远去的背景给观众留下意味深长的余韵。

1960 年，北京电影制片厂由崔嵬导演，拍摄梅、俞两位大师的《游园惊梦》。他俩再次对剧情作了认真修改。这出戏原有睡梦神这一迷信成分，老的演法是杜丽娘回闺房睡着后，先出一位睡梦神拿着两面镜子，把柳梦梅引出来，再把杜丽娘引过来，照后两人在梦中相见。睡梦神出场时还说：“今有柳梦梅和杜丽娘有姻缘之分，奉花神之命，着我勾引他二人香魂入梦者！”据俞先生说，这个处理在汤显祖的原著里是没有的，而是历代传演中给加进去的，与原著的反封建思想并不合拍。他俩都觉得没必要保留这一情节，便商讨让柳梦梅怎样上场，后来决定等杜丽娘睡着后，柳梦梅上场像是在寻找什么人，找着找着，杜丽娘醒了，两人背对背碰在一起。柳梦梅通过身段和表情增强一些虚幻的情调，使观众感到他是一个在梦中出现的身影。这样一改动，演出后不仅没有生硬牵强的弊病，反倒加强了梦中迷离惝怳的情调。

另外，这出戏中有句台词“迤逦的彩云偏”，50 年代初，宋云彬先生在《新民报》上提出“迤”字应念“拖”而不是“移”音，与先父商榷。先父当即致函在上海的俞先生，请他细细考证一下。俞先生查了许多韵书，诸如《顾曲麈谈》、《韵学骊珠》、《音韵须知》、《洪武正韵》、《中原音韵》和《度曲须知》等，最后复信答案是，这个“迤”的唱法，老一辈的曲家确实是唱“拖”音，后来经俞先生的父亲俞粟庐和吴瞿庵先生商讨改唱作“移”字音，他们必定是根据韵书慎重研究后更改的，沿用至今。先父看完信后说：“关于迤字改唱移音的理由，俞五爷信里已经讲得比较具体。可是海内不少音韵专家，能够再提些宝贵的意见，使这种阐幽发微的工作，做得更深入而明朗，这是我更为希望的。”①

两位艺术大师为了一个登场细节，一个唱词的读音，煞费苦心地共同钻研商讨，那种精益求精的严肃作风，实在令人钦佩，让人难以忘怀。

俞老晚年曾追忆道：“说也凑巧，我第一次与梅先生订交，是我吹笛子，他唱的《游园》；第一次同台演出，又是他的杜丽娘，我的柳梦梅；最后一次合拍的电影也是《游园惊梦》；而最后一次同台合作，还是《游园惊梦》。杜丽娘和柳梦梅把我们两个人紧紧地联系在一起了。”俞老认为《宇宙锋》是先父皮黄的代表作，《游园惊梦》则是他昆曲的代表作，“因为他在《游园惊梦》中有那么多精彩之处，所以我敢大胆地说他所塑造的杜丽娘的形象，和汤显祖笔下的创造，同是我国戏曲史上不朽的杰作”②。

《奇双会》两次演出　俞五爷感慨良多

《奇双会》也是先父和俞五爷经常合演的一出吹腔戏。1955 年 5 月，北京

---

① 详见《梅兰芳全集》第一卷中《舞台生活四十年》第一集，河北教育出版社 2001 年版，第 164 ~ 167 页。

② 王家熙、许寅等整理：《俞振飞艺术论集》，上海文艺出版社 1985 年版，第 202 页。

人民剧场开幕头几场演出，其中一场就是他俩合演的《奇双会》，两位大师配合得天衣无缝，内心表演十分默契，也就是京剧界的行话“心气儿碰到了一块儿”。据俞老说，1958 年，毛主席在武汉观看了他和言慧珠合演的《奇双会》，提出一个意见，即《写状》中赵宠问李桂枝家住哪里这一句应该改一改，已经做了夫妻，夫人家住哪里还不知道吗？俞老认为毛主席的建议十分合理，以后再演就不再念原剧本中的“家住哪里”和“令尊何名”而改为“慢慢诉来”，因为赵宠一直以为桂枝是姓刘的，又是在她家成的亲，故而不应该问那两句。① 最近我问葆玖弟，俞老后来和他合演《奇双会》时，是否这样改动了，葆玖思索一下，说：“对，俞老不再念那两句了，只是静听桂枝唱下去。”

1981 年 8 月，文化部举办先父逝世 20 周年纪念演出，俞老在炎热的夏季不辞劳苦地由沪来京参加演出，与葆玖合演了《奇双会》中《写状》一折。俞老后来在一篇题为《梅兰芳和梅派艺术》的文章中感慨道：

> 二十六年转瞬就过去了。当我重新走进人民剧场，梅先生那不温不火、恰到好处的精湛表演，那珠圆玉润、醇厚舒展的优美唱腔，仿佛依然还在我的眼前、耳边，使我油然产生了一种无比亲切的感情。我一到舞台上，发现葆玖的扮相、嗓音都有些像梅先生，心情就很不平静。他穿的红色裙子，就是梅先生穿的那一条，我太熟悉了。一见这条裙子，我心里就更为激动。演完这场戏，夜里我久久无法入睡。梅先生的音容笑貌，又一齐涌现出来。此时我想，梅先生为什么那样令人难忘？为什么那样叫人怀念？
>
> 我想，就是因为他是一位真正忠于人民的艺术大师。在舞台上，他继承并发展了祖国优秀的艺术传统，文武昆乱不挡，把我国戏曲艺术的精华集了大成；在生活中，他又发扬了中国艺术家的许多美好道德传统。他爱祖国，有气节，富于心灵美，对待艺术事业极端的忠诚。荀慧

---

① 王家熙、许寅整理：《俞振飞艺术论集》，上海文艺出版社 1985 年版，第 78 页。

> 生先生生前说过："别人有挑，梅大哥没有挑！"这句话对梅先生的德和艺，都作出了精辟的评价。的确，梅先生在台上、台下，人们都很难挑出他什么缺点来！他是一位修养非常深厚的人民艺术家，是一位优秀的中国共产党党员。①

俞、梅两位大师的深厚感情，由此可见一斑。

剧团两小生　同行是亲家

这里顺便说说俞振飞和姜妙香两位名小生的交情。过去戏班里流行一句话："同行是冤家"，而俞五爷和姜圣人同在梅剧团却是"同行是亲家"。他俩从未因脚色安排发生过任何摩擦，感情一直非常融洽。在剧目安排上《凤还巢》、《洛神》、《霸王别姬》等剧由姜先生演，《断桥》、《游园惊梦》、《春秋配》等剧则由俞先生演；小生单挑的戏，姜先生演《玉门关》等，俞先生演《辕门射戟》等；《奇双会》和《宇宙锋》则一直由他俩分工合演。《奇双会》中俞先生演赵宠，姜先生配演保童；《宇宙锋》中姜先生演匡扶（赵艳容的丈夫），俞先生配演胡亥。两人还经常互助，一人因病或有事，另一人当即代演。

在探讨和交流艺术方面，他俩也互不保守，互不藏私。姜先生向俞先生学点南昆，后者选了一段《金雀记·乔醋》里的【太师引】重点帮助前者掌握南昆唱法；俞先生不会《穆柯寨》里杨宗保的起霸，姜先生就兴致勃勃地把起霸、"定场诗"都教给俞先生。另外，俞老认为姜老的《玉门关》唱得韵味十足，却一时没有机会向他学习，常以为憾。后来在1963年让他的学生蔡正仁和王泰祺带着他的介绍信来京拜访姜老求教，姜老义不容辞地教他俩学会了这出戏。俞、姜二老在梅剧团的种种事迹在梨园行里一直传为美谈。我想，当今的

---

① 王家熙、许寅整理：《俞振飞艺术论集》，上海文艺出版社1985年版，第192～193页。

中青年演员都应以二老为楷模，学习这种做人学艺的高贵品德和优良传统，同行不是冤家而是亲家。

昆曲拥有大量根据祖国灿烂的古典文学作品改编的剧目，因此表演起来需要演员具有较高的古典文学的熏陶和艺术修养，先父和俞老都对祖国的古典文学、诗词和绘画具有深湛的修养和造诣，才能把昆曲剧目演得那么格调高雅，精妙绝伦。但是，昆曲终因曲高和寡而几度衰微，先父与俞老真是为昆曲艺术奋斗了一生。如今昆曲艺术已于2001年5月18日被联合国教科文组织宣布为人类口头遗产和非物质文化遗产代表作，这跟两位大师为振兴昆曲的努力显然是分不开的，功不可没。祝愿当今中青年演员继承先辈们的遗志，不断为振兴昆曲做出贡献！

2002年7月，上海文化局举办俞振飞先生百年诞辰纪念活动，葆玖弟和蔡正仁先生在逸夫舞台上演了久未露演的昆曲《断桥》，再现了当年两位大师的表演艺术，令人感到欣慰，也使我无限怀念这两位京昆艺术大师，遂写此文，以示缅怀。

2002年8月

泰州寻根记

美国黑人作家阿列克斯·哈莱1976年发表长篇小说《根》，叙述了他历尽艰辛终于在非洲冈比亚找到了自己祖籍的故事。它顿时成为轰动一时的畅销书，并且在全世界掀起了寻根热潮。其实，我父亲梅兰芳早在50年代中期即已实现寻根夙愿，比那位美国作家早了20年。不过，这段经历不大为人知晓。我想这大概与当时政治气候有关。在极“左”思潮影响下，人们多一事不如少一事，万一寻根寻出个地主、官僚家庭出身来，岂不自找苦吃还会殃及后代，不如少惹麻烦为妙。

万人空巷看艺王

我家自曾祖梅巧玲起就定居北京，至今已四代。但父亲依稀记得，幼年时他的祖母曾对他说过：“你们梅家是江苏泰州人，是世代相传雕刻佛像的手艺人。”还描述过梅家老宅的一些情况。将近一个世纪过去，如今梅家老宅怎样了？泰州还有没有梅氏后裔，这些问题时时萦绕在父亲脑际。他决定找机会亲自回泰州去寻根。

1956年，父亲怀着浓厚的思乡之情，率领梅剧团专程去泰州，一来为当地父老乡亲演出，二来顺便寻访梅家祖居和亲属。我母亲和葆玖弟也一起随行。

“梅兰芳要到泰州来了！”这消息像一阵旋风，吹遍了泰州城乡。

1956 年 3 月 7 日——我父亲和梅剧团抵达泰州的日子。泰州人几乎倾城出动，男女老幼像过节一般，从清晨起就纷纷涌向街头，十里长街，人流如潮。没有任何人组织，成千上万居民自发形成了一支夹道欢迎的长长队伍，人们都想亲眼见一见这位闻名遐迩的表演艺术大师。这万人空巷看艺王的动人情景，使人不由得回想起卓别林当年在美国获得国际声誉后返回英伦故里，受到万众欢迎的热烈场面。说来也巧，这两位大师确有不少共同之处——都出身于艺人世家；少年时都很贫困；都是经历了发愤学艺，刻意创新的艰难历程而声震艺坛。尤为有趣的是，二人最后成了好友，结下了深厚的友情。当然，这是题外话了。

父亲见到泰州人民这样热烈、隆重地欢迎他，心中深受感动。在市领导陪同他坐车去宾馆的路上，他一再嘱咐司机：“开得慢一点！开得慢一点！”他说：“家乡人民对我如此厚爱，我应该和大家见见面。”他几次下车与群众握手交谈，并不断向拥过来的人群招手致意。

当天晚上，泰州各界群众代表 1000 余人，在人民剧场举行隆重的欢迎大会。市委领导致欢迎辞后，父亲致答辞。他说：“返乡是我多年来的一个愿望，今天居然达到了我的目的，怎能不叫我感到高兴！这次来泰州前，南京市陈副市长对我说，泰州是老解放区，在抗日战争和解放战争中，泰州人民英勇斗争，立下了汗马功劳。我听了感到非常骄傲和

梅兰芳等在祖坟前

光荣，因为我也是个泰州人！”他的话激起了经久不息的掌声。

安顿下来后，父亲就向泰州市领导提出，希望能帮助他寻根，泰州市领导一口允诺。消息不胫而走，第二天起，便有许多姓梅的找上门来认亲。父亲在这问题上十分慎重，要求一定要有根有据，确实可信才行。当时父亲所能提供的只有他祖母的一句话：“梅家是世代相传雕刻佛像的手艺人。”泰州市委和市文化局有关领导就根据这唯一线索进行了大量深入细致的调查研究和分析论证，最后确认梅秀冬一家最为可信。他家已有四代从事雕刻手艺，而且一直住在鲍家坝一所老宅子里，那情景与父亲听祖母描述的几乎完全一样。

于是，父亲亲自登门拜访。寒暄过后，秀冬老先生取出家谱，上面果然记载着，他家祖代有一支系在太平天国年间失散。秀冬老先生说，他听家中老人说过，失散的那一支系，是一位寡母带着幼子辗转去了北方，幼子长大后学艺，从此再未返乡，因此家谱上那一支系由此中断。父亲蓦然想起，他也听一位表伯父说过，曾祖梅巧玲幼年时，家乡附近闹“长毛”（当时统治阶级对太平军的蔑称），谣传“长毛过来专杀小孩”，梅巧玲的寡母心中害怕，便带着巧玲远走天津。在天津正赶上北京清宫中的戏班子“昇平署”来招收小艺徒，因巧玲长得俊俏伶俐，便被选中，日后果然成为技艺超群的一代名伶，位列“同光十三绝”（绘有同光年间十三位杰出名伶的一幅画）之一。从此他定居北京，与家乡完全失去了联系。这情况竟与秀冬老先生所述那样吻合，父亲判断，梅巧玲一定就是秀冬老先生所说的老宅中的那个“幼子”。于是当场认亲，拜秀冬先生为族兄，并随他前去祭扫了祖坟，敬献了花圈，寻根夙愿终于得以实现。

那次在泰州，父亲一共住了 8 天，先后演出了 5 场戏，都是他最拿手的梅派代表作，有《贵妃醉酒》、《凤还巢》、《霸王别姬》、《奇双会》、《宇宙锋》等。来自泰州四方八镇的父老乡亲，早早把戏票抢购一空，连远在江都、扬州、兴化、高邮、泰兴、泰县等地的群众都专程乘车赶船前来看戏，剧场天天爆满，盛况空前。一位家住泰州城北的老太太，以前曾两次专程去上海看我父亲的戏，都因未能买到戏票失望而归。这次她千方百计买到了票，喜出望外，逢人便说：“梅先生把戏送到了我们家门口。我这辈子还能看到梅兰芳的戏，真是死也瞑目。梅先生要不是泰州人，咱们恐怕就没有这份福气了。”

但能买到票的人毕竟是少数。为满足广大群众要求，泰州市广播站特地在闹市区的天福布店门口安装了一组高音喇叭进行实况转播。那几天正值春寒料峭，天气相当冷，但是无数群众聚拢在街头，秩序井然地站在那里静静地听，硬是坚持到剧终才心满意足地离去。

梅亭梅苑竞芳菲

从那以后，父亲与我们全家便与泰州结下了不解之缘。

秀冬老先生一家自不待说，与我们家成了至亲。秀冬老先生和他的后辈，应我父亲之邀，先后来到北京参观游览，都住在我们护国寺街的旧宅中。亲人相聚，其乐融融。1961 年，我父亲去世后，两家人仍然常来常往。

1981 年，梅绍武（后排左三）、屠珍（后排左四）等在故乡泰州与梅秀冬之妻梅老夫人（本家长嫂，前排）合影

遗憾的是，十年动乱再一次使我们两家中断了联系。秀冬老先生本来是凭手艺吃饭的劳动人民，没有什么辫子可抓。可是就因为认了我父亲这门“反动艺术权威”的亲戚，竟惨遭迫害，受尽了折磨。株连之网竟如此“疏而不漏”，真可谓“史无前例”，让人啼笑皆非。

1981 年春，我和老伴屠珍乘去扬州开会之便，顺道访问泰州。一方面想探望秀冬伯父一家，另一方面也想借阅那部家谱，把有关内容抄下来留作资料。进了梅家老宅才知道，秀冬老人已经作古。老太太 90 高龄，拉着我的手非常激动。她告诉我，那部家谱早已被红卫兵焚毁，再也不可能见到了。她倒是设法保存了一些当年与我父亲合影的照片，现在都挂在老宅的客厅里，将永远留作纪念。我一时木然，无言以对。我想，这部珍藏了好几代的家谱被毁，无论对我们家还是对众多的梅兰芳艺术研究者，都将是一个永远无法弥补的损失。

十一届三中全会以后，大地复苏，泰州也是一片欣欣向荣的景象。

1984 年，我父亲 90 岁诞辰。江苏省文化厅、省剧协和泰州市政府隆重举行纪念活动。我国第一座以艺术家名字命名的梅兰芳剧院落成，我父亲的老朋友、京昆艺术大师俞振飞亲临剪彩。泰州再一次万人空巷。剧院入场处安放着我父亲的半身塑像，背后是一幅以父亲所绘图画《向暖一枝开》为蓝本、黄杨木制成的木雕画，色彩绚丽而典雅。

剧院里举行了纪念大会，随后又有纪念演出，在江苏的梅门弟子陈正薇、范玉媛、胡芝风和一些新秀演出了梅派名剧；葆玖弟和葆玥妹也登台清唱，受到了非常热烈的欢迎。

与此同时，还举行了梅兰芳纪念亭的揭幕典礼。2000 只和平鸽在鼓乐声中腾空而起，蔚为壮观。泰州市邮局和泰州市集邮协会还为这次纪念活动发行了首日封。

1986 年，江苏省副省长张绪武邀请我去南通参加纺织博物馆开馆典礼，同时再访泰州。绪武兄是我国民族实业界老前辈张謇的嫡孙。说来也巧，我父亲与江苏就是有缘，他与张謇还有过一段很有意思的交往。那是 1919 年，南通更俗剧场建成，张謇诚邀我父亲前去演出，并介绍父亲与“南派”表演艺术家欧阳予倩结识。张老先生一向不主张戏剧界分成南北两派，特地在更俗剧场内建立一座“梅欧阁”，意思是切盼以梅兰芳与欧阳予倩为代表的南北两派通力合作，共同为中华艺术的发展尽力。他亲笔写下对联一副挂在阁内：“南派北派会通处，宛陵庐陵今古人。”张老后来还专为此盛事赋诗一首。诗云：

平生爱说后生长，
况尔英蕤出辈行。
玉树谢庭佳子弟，
衣香荀座好儿郎。
秋毫时帝忘嵩岱，
雪鹭弥天足凤凰。
绝学正资恢旧舞，
问君才艺更谁当。

那次我从南通顺道再访泰州，受到陆镇余副市长的热情接待。闲谈中提到，1984 年那次纪念我父亲 90 诞辰的盛会，我因赴美国讲学未能参加，甚感遗憾。陆副市长马上为我放映了那次纪念活动的全部录像，并陪我参观了梅兰芳剧院和正在兴建、由赵朴初先生题匾的梅亭。他向我介绍说，梅亭由著名建筑学家陈从周教授亲自设计。亭内外各建筑细部无一处不饰以梅花图案；亭内檐壁还刻有 8 出梅派名剧的画面，精美绝伦，堪称当代一座十分了不起的木结构建筑。陆副市长还说，泰州市政府已决定将梅亭一带扩展成梅苑。亭前广植梅树；亭右设置兰圃；亭后竖立一座我父亲的汉白玉雕像，著名雕塑家刘开渠已答应为之设计。日后还准备在塑像两侧建造陈列馆，陈列我父亲的戏装、剧照和生前实物。梅苑一带原名凤凰墩，风景秀丽，建成后将成为泰州一处有名的游览胜地。

看来我父亲真是把根深深地植在泰州了。

泰州北京情意浓

父亲在1961年逝世后，我们全家人用了将近3年时间，仔细清点、整理了他的遗物，把其中有保存价值的全部无偿捐献给了国家。计有各种文献、信件、剧本、戏单、图书、期刊、剪报、纪念品、礼品和杂件等共13大类31415件。根据周恩来生前作出的决定，在北京和泰州分别建立了梅兰芳纪念馆，陈列这些珍贵的文物资料。

泰州举办纪念梅兰芳诞辰100周年活动时，梅葆琛（左四）与夫人林映霞（左三）及梅绍武（左六）与夫人屠珍（左二）等合影

北京的梅兰芳纪念馆在1986年10月建成。它就坐落在护国寺街9号我家原来的老宅内。朱漆大门上悬挂着邓小平同志亲笔书写的匾额“梅兰芳纪念馆”。门内，青石大影壁前安放着父亲的半身塑像，父亲面带微笑，栩栩如生。这座石刻像是雕塑家白澜生在老师刘开渠先生指导下完成的，称得上是一件精

品。纪念馆揭幕这天，习仲勋、宋任穷、夏衍、曹禺等领导同志都亲自出席，气氛十分隆重热烈。

3 年以后，1989 年，泰州的梅兰芳史料陈列馆也落成开幕。梅苑工程同时竣工。松柏丛中矗立着我父亲的汉白玉坐像，它由雕塑大师刘开渠先生精心雕琢而成。雕像高 5 米，父亲身着西装，右手拿着折扇，左手握着一卷书，端坐在藤椅上专心学习，那神态，似在认真思考，情寄祖国的繁荣昌盛。开渠大师在创作过程中曾不止一次对我说："为梅先生塑像，是我一生最大的一个心愿。一定要把这尊塑像尽全力塑好。"开渠大师已于去年辞世，这尊雕像无疑是他晚年的一大杰作。它为我父亲的泰州寻根活动画上了一个圆满的句号。

今年 10 月 22 日是我父亲百岁诞辰，北京、泰州都将举行盛大纪念活动。我想，我父亲泰州寻根的执着，以及泰州人民对我父亲极为真挚的深情厚意，将会作为剧坛一段佳话，永远载入史册。

1994 年 6 月 5 日于北京梅兰芳纪念馆

附录

梅兰芳记事

（1955 年 1—5 月）

许姬传记　梅绍武整理

梅绍武按：

自新中国成立后，先父的私人秘书许姬传先生曾把先父的日常活动按日记载下来，约有十数本。不幸的是这些珍贵的记事本在“文革”初期大部分遭红卫兵抄走毁弃，许老仅保留下 1955 年 1—5 月那一本，于 1972 年春节时战战兢兢地暗中交给我，嘱我妥善保存，以免再次遭殃，我遂压入箱底。许老已于 1990 年辞世。近日我检出那本劫存的残卷，阅读一遍，深感这 25000 字的记录颇具历史文献价值，从中可以对先父在建国后的演出和社会活动的忙碌情况略见一斑。现稍加整理，公诸于世。

1955 年

1 月 1 日

下午 6 时半赴怀仁堂参加元旦团拜。

复志愿军后勤三分部第三一〇六医院检验科全体同志信，并寄赠剧照《抗金兵》一张。

赠给苏联国立莫斯科音乐剧院院长波利亚科夫、副院长索辛、功勋演员康杰拉基、演员阿尔希波娃（女）、科罗布科夫、杜达列夫剧照各一张，另赠给杜达列夫便装照片（与梅夫人合影）一张，送由新侨饭店三一九号张同志转交。（补记五四年十二月卅一日事）

晚7时半在西长安街全聚德邀宴薛觉先①、唐雪卿夫妇（薛因病未到），并购绢花、片子等相赠。

补记：

1954年12月14日晚间，为招待苏联民间舞蹈团和莫斯科音乐剧院的全体同志在天桥剧场演出《白蛇传》（《金山寺》、《断桥》）。演毕由苏联两剧团的代表上台献花，随即号召全体团员观众一齐起立高呼："祝梅兰芳身体健康!"幕闭后，浣与外宾等握手寒暄，当即向他们询问："我演的这出《白蛇传》，内容很繁，通场也没有布景，你们各位看了，还都能了解吗?"他们回答说："这出戏的演法和不用布景，完全是正确的，我们对于演员在戏中的动作和表情，看了都懂。"

1月2日

梅夫人到人民市场（隆福寺）购得仿古宫灯一对，每灯有浣本人彩色剧照四片，此种剧照系当年赴美演出前在北平荣丽照相馆拍摄。

吴震修先生介绍向琉璃厂古玩铺购得清乾隆时客货漆嵌罗钿八角挂屏一对。

接到苏联导演阿那脱里·卡罗诺维赤来信询问中国神话剧《白蛇传》应当怎样演出以及服装、道具等。

1月3日

中央民族学院干部马聘等二人持谢冰心函来晤，托借行头，即向京剧院及三义永等处代为联系。

1月4日

中午田汉、张光年在戏剧协会邀宴，谈戏曲研究院改组事。张光年说：此

① 薛觉先（1903—1956），粤剧名演员，工文武生。曾选为全国政协委员、中国剧协广东分会副主席。抗日战争爆发后寓居香港，1954年回广州，任广州粤剧团艺术委员会主任，演出《闯王进京》、《宝玉怨婚》、《龟山起祸》等剧。

次分成四个机构，并非分裂而是加强，以前团结不够，北京市和文化部戏剧机构之间尤其团结不够，今后要改善。戏曲学校新校长晏甬说：本人单身参加校务，亦有顾虑，日内拟来细谈。席散后田汉谈，戏校负责人史若虚、李紫贵对他取敷衍态度，表示不满。本日同座有马少波（京）、罗合如、张庚（研）、晏甬、史若虚（校）、张东川（评）和欧阳予倩、张梦庚等。

剧协送来新出版之本人演出剧本选集一册。

1 月 5 日

下午吴祖光同志偕王振亚同志来谈拍摄影片事：

（一）生活部分原议拍九小段从前唱过的戏，浣意暂定五小段，即：（1）《春香闹学》，（2）《雁门关》，（3）《天女散花》，（4）《木兰从军》，（5）《生死恨》。这五个戏里的扮相都是和后面正式的纪录片不同的。（二）吴菱仙先生照片两张（此系吴先生之子玉林交来六张中的两张，丁兰荪先生小照片两张，一并交吴祖光同志带去备用）。（三）王振亚同志懂音乐。浣与他谈，在影片中除唱以外有些身段可否酌量增加音乐与之配合？（四）浣对王说：现在我们的伴奏乐器总觉不够丰富，可否酌量增添如笙、琵琶之类？王说：京戏伴奏乐器虽然简单一些，但它有一种特殊的风格，像胡琴色腔能够这样严密，就是很好的例子。加笙伴奏，不妨试试看，琵琶音强，恐怕不能和其他乐器融合。（五）吴祖光同志说：试拍的片子已从苏联寄回，等剪接好了，即电约往看。

1 月 6 日

吴玉文（玉林之弟）交来茹莱卿先生照片一张。

寄上海市人民政府潘汉年副市长函（为卢事①）。

下午 6 时，中国京剧院刘健、郝成两同志来后，中国京剧院拟于 1 月 10 日

① 指上海友人卢明悦先生的纱厂公私合营事。

举行成立大会，应准备致辞。

下午7时半，葆玥由呼和浩特回京。

1月7日

上午11时到中国京剧院开会讨论筹备成立大会。

1月8日

上海平明出版社寄到《舞台生活四十年》第二集精装本40册。

1月9日

上海平明出版社续寄到《舞台生活四十年》第二集精装本60册。

致舞蹈学校陈锦清副校长函（为王润等三人拟往投考事）。

1月10日

下午1时赴中国京剧院主持成立大会开会，并在会上致辞。

复华东人民美术出版社函：关于画传编辑计划情形，请日内由京返沪的许源来同志转达。

收到闽剧演员郑奕奏①来信一封，即送剧协转田汉、欧阳予倩两同志。

吴玉林交来乔蕙兰先生照片一张、路三宝戏装照片两张。

迟景荣交来陈嘉樑先生照片一张。

1月11日

下午3时到北影看五四年冬间试片，又看影片（1）1950年戏工会议演出

---

① 郑奕奏（1903—1993），闽剧名演员，工旦，被誉为“福建梅兰芳”。抗日战争期间，由于生活所迫，演出繁重，以致倒嗓，1939年退出舞台，改以教戏为生。福州沦陷，随戏班流落各地。新中国成立后，被人民政府从古田山区接回福州定居，先后任福建省实验闽剧团艺术委员会主任、福建省戏曲研究所舞台艺术研究室主任。曾任中国剧协理事，剧协福建分会名誉主席，当选全国政协第五届委员。

的《别姬》，（2）1952年全国会演开幕讲话，（3）1953年在朝鲜为志愿军演出的《醉酒》，（4）同年在山头和志愿军谈话。

还傅惜华先生的《纳书楹曲谱》、《弦索调时剧新谱》各一本（借书是为了查对《醉杨妃》一剧）。

1月12日

还阿英先生《白蛇传总纲》（道咸时后台抄本）三册（书内有些身段加说明）。

由11日起把新出版的《舞台生活四十年》第二集签名分赠（名单另记）。自发一批（11册），交阿英转发50余册。

1月13日

源来偕葆玥返沪度春节，晚七点一刻车去，带去戏箱钥匙一把，在思南寓检旧有的“守旧”以便来京时携来备拍电影（生活部分）之用。

本日晚间在天桥剧场演出《贵妃醉酒》（剧场还未到开始售票时，观众等候买票者已拥挤不堪，有由昨夜10时起已前来守候者，有由今晨六七时起前来守候者，排队许久而仍买不到票空手回家者不计其数。有一位排队买票的老太

梅兰芳与齐白石（左二）、汪蔼士（左一）、欧阳予倩（右一）合影

太，到了轮到她买票时，票刚刚卖完了，排队在她前头的是一位解放军，这位同志恰好买到了一张票拿在手中，老太太就向他请求可否把这一张票让出，说话时露出非常迫切和可悯的情态，这位同志听完以后，就慷慨地把自己买得的戏票让给了她，她再三称谢，并且下了一跪，然后走去。在大众排队买票时，有中央一级的许多单位派人来买票，他们唯恐买不到手，就向售票处工作同志商量，希望先把票卖给他们，表现出急不可待的样子。售票同志就对他们说："戏票先卖给你们也是可以的，但这里排队候买票的有好几百人，他们倘不允许，请你们诸位想法子来应付一下，这一问题解决了，就照你们的意思办，否则就是毛主席来买票的话，我们也是没有法子通融的。"各单位买票人方始无言而退。

本晚的戏10时半结束。

1月14日

晚在天桥剧场演出全部《宇宙锋》，11时结束。连两晚客满，为买戏票而提早到剧场门外排队历十小时以上之久者人数极多。两场情形相同。观众中因为排队多时而仍买不到戏票来电话或来函说明困难情形，请求设法帮助进行买票者，络绎不绝。我宅的答复是：剧团方面只担任演戏，卖票事务概归剧场方面掌握，请与剧场直接联系，并希原谅。

连两晚到场看戏的外宾共约几百余人，其单位是各国驻京使馆、各国来华贸易团代表及各机关中的苏联专家等。

今天下午，浣到中央医院探视言慧珠病，并加慰问。

1月15日

内蒙古呼和浩特市乌兰恰特成立一周年题词写成直幅，送中国京剧院收转。

1月16日

北京市第一届观摩演出委员会宣传处来信嘱将收到的演出中的汇刊和剧目

说明书等材料送回以便装订成册。当经检出上项材料备函送交宣传处，希于装订成册后见赠，并请将残缺部分代为补齐。

本日下午2时，劳动人民文化宫魏同志偕其宣传部长来谈，最近期内即将开劳模发奖大会，请求梅先生在晚会上演出，当经应允于20日演出，地址继续联系。

京剧院在萃华楼宴请欧阳予倩先生等，谈将剧本交由京剧院排演等事。

1月17日

下午4时，川剧名演员阳友鹤来访，谈约两小时，阳对《贵妃醉酒》身段向浣请教之处甚多。

《北京日报》登出，梅剧团演出戏票，每人限购五张。鉴于最近的两场购票拥挤妨碍普及的情况，浣电知姚玉芙向剧场方面协商，将原来的每人限购五张酌改为每人限购两张或三张，以求使购票方便得到比较普及的照顾。

《舞台生活四十年》二集赠送各方面以后，收到谢信二封。叶圣陶副部长信云："顷展读《醉酒》一段，妙叙匠心，纤细不苟，诚为金针度人之作岂唯戏剧家读之获益无量，凡治艺文者俱受沾溉矣。其他部分容徐徐读之，倘有所见，再当书告。"白朗、雁烽信云："谢谢您的盛意。"

1月18日

晚在长安剧院演出《贵妃醉酒》，仍10时半结束。

北京师范大学音乐系来函：请将梅先生演出日期、地点及剧目见示，以便届时购票往观并希帮助购票。即日函复告以春节后准备续演几场，关于购票事项，请届时适向剧场联系。

西南军区京剧院干部鲍长斌由重庆来京观摩，但并未看到梅先生的演出，日内即将回川，因赴天桥剧场排队买戏票而没有买到，来函请求设法。梅夫人听到以后，即将自己的戏票一张送给他，使他看到了梅先生今天演出的《贵妃醉酒》。

1 月 19 日

今晚在长安剧场演出全部《宇宙锋》，11 时结束。

到剧院看戏的有中央戏剧学院的苏联表演专家。

昨今两晚都是未开戏而早已客满，排队买不到票的人仍很多。《北京日报》登出“北京市各国营剧场（京、评剧）春节售票办法：梅兰芳剧团零售票每人限购三张，团体票限购三十张”（每场留 50 张票）。

在医院疗病的言慧珠今日下午出院，车接其来本宅休息，晚 7 时后返沪去。（文化部李纶同志等曾来此对言慧珠慰问）。

1 月 20 日

今晚在白纸坊人民印刷厂大礼堂为北京市工业劳动模范发奖大会演出《宇宙锋》，11 时演毕。

下午 2 时，罗副院长来谈院务。

接到莫斯科苏联傀儡戏剧导演家奥布拉斯卓夫来电贺春节。（电系俄文，托戈宝权同志代为译出）

“四大名旦”合影（左起：程砚秋、尚小云、梅兰芳、荀慧生）

1 月 21 日

下午 1 时参加中国评剧院成立大会，在会上致辞（会在大众剧院开），5 时返。

《舞台生活四十年》二集续由上海平明出版社寄到 50 册。

葆玖在长安戏院演出日场一场，剧目是《霸王别姬》。（北京市教育局为招待受奖各学校机关职工，商请包场演出，由今天起连演三个日场）

1 月 22 日

京剧院今晚由叶盛兰、杜近芳等彩排《白蛇传》（田汉剧本），浣未去，由许姬传往看。（剧场在大众）

葆玖在长安剧院演出日场，剧目是《女起解》、《玉堂春》，5 时演毕，仍由市教育局包场。

1 月 23 日

复苏联傀儡戏导演家奥布拉斯卓夫电，托由戈宝权同志代为撰就发出。

葆玖在大众剧场演出日场，剧目是全部《西施》，仍由市教育局包场。

何异旭送来浣演出剧本选集 30 册。

1 月 24 日春节

刘仲秋（新担任戏曲实验学校副校长）、郭建英（华东昆曲越剧训练班教务长）、阳友鹤、傅惜华、程砚秋、马少波、徐玉兰、王文娟诸同志来寓贺春节。各人在闲谈之际，多提到戏剧工作问题。择要记述如下：

刘仲秋说：这次在戏剧教育会议上，有人主张教学制度实行九年制。学校程度等于高中及专科，头四年教基本动作等，不教唱；当中三年学正角、配角共二三十个角色；末两年学导演等。许多内行对头四年只学基本不学整出，戏也不演，都有意见。

程砚秋说：小时候学的戏忘记不了，先入为主的东西印象比较深刻，应该一边学一边唱，但不宜过于疲劳。

刘仲秋又说：会议上有人主张倒仓前后不吊嗓。内行意见还是要吊嗓，但调门不宜过高，以免声带受伤。

刘最后说：打算召集一个座谈会，盼梅、程两院长出席，发表意见。

郭建英说：昆曲学员大都有情绪问题，怕没有出路。将来对昆曲采取什么方式？是否需要经常演出？正在考虑。

郭又说：南方的学生聪明，学戏快。

阳友鹤说：成都演樊梨花，带额子，后面露出散发，形象难看。去年秋冬间，川剧团到北京会演，有些不敢演的节目被肯定了，《御河桥》是最好的例子。最近在重庆连演了《御河桥》一个多月，大受欢迎。这戏起初改编过，平铺直叙，没有戏剧性，二奶奶和大奶奶的性格都有变动，看不出矛盾和冲突来，所以不受欢迎。现在照老的演法，欢迎的人就多了。（阳自己演这戏，他来京开会以后，由他人演，也受欢迎。）

徐玉兰说：我小时候学戏时，也练武功，学下腰及其他基本动作。在话剧的人参加越剧以后，就不练基本功夫而采用话剧身段。后来昆曲的人参加进来，又着重基本动作了。

徐又说：越剧的教师在初期还是受了京剧的影响的。

王文娟说：这次到京，要演《春香传》，场子有变动，“探监”并为一场，探望的人在栅栏外面，这是照朝鲜演出的方式改的。

葆玖今晚在钢铁学院礼堂演出全部《西施》，钢铁学院和地质学院包场，11 时余演毕。

1 月 25 日

葆玖今晚在清华大学演出全部《西施》。

吴震修先生谈：京剧音乐不被重视，这里面有不少有价值的东西应该设法保存起来。

1 月 26 日

今晚在吉祥剧院演出《凤还巢》，11 时结束。

葆玖今日白天在王府井大街纺织工业部礼堂演出全部《西施》。

1 月 27 日

本晚在吉祥剧院演出《霸王别姬》，仍 11 时结束。

葆玥由上海返京，夜 11 时余到家，带来乃翁旧照片（便装戏装都有）一包。

1 月 28 日

本晚在中和剧院演出《霸王别姬》，11 时结束。

1 月 29 日

本晚在中和剧院演出，剧目同昨。

文化部转来人民来信一件，供参考。信是郊区戏剧爱好者具名，内容是：希望梅先生剧团能在春节期间多演两次日场，以便在郊区的戏剧爱好者们得到欣赏的机会。

1 月 30 日

林伯渠先生来函云：承赠大作《舞台生活四十年》第二集，谢谢。（函是亲笔）

复王莹同志信。（大意是今后如再有演出的机会一定协助你购票看戏。王现住北新桥王大人胡同华侨招待所）

1 月 31 日

北影摄制组张先得同志取去下列各件：

（一）照片　梅巧玲先生戏装照片一，梅雨田先生照片一，梅竹芬先生便装照片一，梅老太太照片一，浣与路三宝合演头本《虹霓关》照片一，浣与卓别林合影一，浣照片册一本（计79张），茹莱卿、乔蕙兰、路三宝先生照片各一张。

（二）画　浣与齐白石合作画一，画鸽直幅一。

（三）其他　荣誉奖状一。

剧协送来《评剧丛刊》9册。

张先得同志交来摄制组希望代觅之已故名伶照片单一纸。

2月1日

下午访候朱桂辛①、章行严②、齐竺山③诸先生均晤。

2月2日

唐湜、戴不凡来谈关于舞台生活50年纪念会上报告和答词的内容。

新华社叶华（萧三的爱人）来接洽拍摄生活照片事。（叶是新华社摄影记者）

2月3日

下午3时到国务院听周总理作报告，主要的内容是关于我国被邀请参加联合国安全理事会问题。

中国戏曲学校沈阳分校教员赵桐珊、邢威明、马宗慧三人来，由许姬传款晤，他们谈及沈校情况。

---

① 朱启钤（1872—1964），字桂辛，贵州开阳人。曾任清末京师大学堂译学馆监督、北京内城巡警厅厅丞、津浦铁路北段总办，北洋政府时期五任交通总长、三任内务总长。新中国成立后，任中央文史馆研究员兼古代文物修整所顾问。

② 章士钊（1882—1973），字行严。清末任上海《苏报》主笔，辛亥革命后任北大教授、北京农业学校校长、广东军政府秘书长，抗日战争期间历任一、二、三届国民参政员。1949年为国民党政府和平谈判代表团成员。新中国成立后出任中央文史馆馆长，当选全国人大常委。著有《柳文指要》等。

③ 齐竺山（生卒年不详），齐如山之长兄，曾主持李石曾在巴黎开办的豆腐公司，在京开设义兴局粮店，曾助革命党反清。

2 月 4 日

北影岑范来谈电影拍摄程序，并约定本月 6 日下午 3 时在本宅会谈《宇宙锋》表演事项。

2 月 5 日

北影来电话联系关于生活影片中《天女散花》等五个戏的应用服装问题。

董必武同志收到《舞台生活四十年》第二集后，来函道谢。

2 月 6 日

下午 3 时在本宅座谈《宇宙锋》分镜头的技术问题。在座参加者：梅畹华、姜妙香、刘连荣、张蝶芬、王少卿、裴世长、姚玉芙、李春林、许姬传及北影的岑范、吴祖光、王××（制片副主任）、王绍曾（录音师）、小方（摄影师）。

葆玥本晚在西单剧场演出了《辕门斩子》（是晚京剧三团共演出了四个戏，葆玥的戏码在倒第二）。

2 月 7 日

下午 2 时，北影《梅兰芳》摄制组开成立大会，浣前往参加（许姬传同往）。会上由制片主任魏曼青作报告；高才厂长致词中指出工作的缺点，勉励大家要学习苏联的先进经验；吴祖光讲话是报告拍摄程序；苏联两位专家均讲了话；浣讲话的内容是保证完成任务。会毕又看了苏联五彩影片《忠实的考验》。

2 月 8 日

由今日起，北影《梅兰芳》摄制组拍摄影片工作正式开始。下午 2 时，浣到北影排演《宇宙锋》“修本装疯”场，先由浣便装排演一次，继由贾世珍便装排演一次。因工作未毕，定于明日上午补完，由刘连荣、张蝶芬、贾世珍、裴世长等担任分镜头的工作。

2 月 9 日

下午到北影彩排《宇宙锋》，当场录音，并化装照相。

函中国戏曲学校，附送李克强来信，请斟酌处理径复。

孟小如来，托代觅工作。

小兰英来信求照顾。

叶华来电话谈拍照事，告以十二三日再联系。

2 月 10 日

中国京剧院送来元月份工作简报一份。

复郑联元函：来函谈希望有关部门编印一批带有简谱的京剧本，意见是正确的，我们也正在准备做这一类的工作。

复李克强函：京剧院现在并没有计划招收演员，你上次来函愿入中国戏曲学校学习，已经转请中国戏曲学校处理。（此信系用本人住宅秘书名义作复）

2 月 11 日

晚 8 时到北影录音《宇宙锋》“修本装疯”一场，除【反二黄】外，均录完。

2 月 12 日

晚到北影把《宇宙锋》的【反二黄】和“金殿”的唱念全行录音（昨今两晚都是先期录音）。

2 月 13 日（星期日）

上午到中山公园公祭张澜先生。

中国人民政协全委会常务委员和中国人民保卫世界和平委员会常务委员联席会议通过决议，发动反对使用原子武器的签名运动。成立了中国人民反对使用原子武器签名运动委员会，浣被推选为委员。（郭沫若为委员会主席，彭真、

陈叔通、甘泗淇为副主席，廖承志等七人为正副秘书长，委员六十五人）

2 月 14 日

收到李伯钊同志来信，对赠给《舞台生活四十年》第二集道谢。

收到《古本戏曲丛刊》编委会寄来的《古本戏曲丛刊》第二集第一部。

葆玥今晚在石景山钢铁厂演出《辕门斩子》。

2 月 15 日

晚到北影拍摄《宇宙锋》（黑白影片），夜 4 时方竣。

冯幼伟先生到京，带来《同光十三绝》石印本一轴，日本名画家合作画一幅，日本人山水画一幅。

复许天闻（人民解放军）信，并寄赠照片（便装）一张。

复余克（云南大学学生）信，并寄赠剧装照片（《西施》）一张。

2 月 16 日

下午新华社蒋齐生、邓巽保、叶华来为浣拍日常生活照片，摄成室内、室外照片多张。当晚复由蒋齐生到北影拍剧装照片。

晚间到北影续拍《宇宙锋》（“修本装疯”一场）黑白影片，深夜 4 时方竣。前几天的先期录音，在拍摄时发现音乐与动作不能完全符合。对于口型，苏联录音专家哥尔登非常重视。起初，他感觉到排演一两次不够（在苏联的习惯，有排演到 10 次的），他对北影录音师王绍曾说：“在中国的习惯，声带与口型如有不符合的责任，应该归导演还是归录音师?”他又说：“在苏联的习惯，如发现这种情况，导演往往把责任推到录音师身上。”但最后他看出梅先生排到二三次就完全符合了，大为惊奇，称梅先生为天才。

美术协会叶浅予等二人到北影，画《宇宙锋》拍摄情况的铅笔速写。

复石景山钢铁厂工会函：因为拍摄影片工作太忙，不能来你厂演出，请原谅。

2 月 17 日

上午 10 时到北京剧场出席参加首都文学艺术界举行的反对使用原子武器签名大会，在会上发了言，并在世界和平理事会常委会《告世界人民书》上签了名。

晚间到北影，仍拍摄《宇宙锋》“修本装疯”一场（到【反二黄】第一句止）黑白影片，4 时散。

2 月 18 日（原缺）

2 月 19 日

晚到北影灌片（《宇宙锋》后期录音），11 时余散。

京剧院电转文化部的电话，拟请梅先生为地质会议全体会员晚会演出一场，日期约在 3 月初。

剧协转来上海京剧艺术改革座谈会第一、二次会议记录各一册。

外交部秘书处转来译成中文的苏联《火花》杂志副编辑函一件，附该杂志的读者叶·格·雅柯列娃来信一件。雅柯列娃给浣信中大意是：读了梅先生致《火花》杂志全体读者的新年贺词以后，特地写信表示感谢之意。（新年贺词是在 1954 年末为《火花》杂志写的）

2 月 20 日

同葆玥研究中国戏曲学校课程表和上海京剧艺术改革座谈会会议记录文件。

2 月 21 日

关于为地质会议演出一节，已与有关方面谈商，定于 3 月 6 日演出一场。

姜妙香先生介绍演员徐东来拜师，而后在寓照相，当晚在恩成居宴请老师。

徐元珊来，帮同葆玖用功练把子，贾世珍亦来。

复冯姚孟君函（为其令郎想入戏校学戏事，冯住宣外上斜街 55 号）。

2 月 22 日

晚到北影补录《宇宙锋》【反二黄】。

复曹其绳信：所嘱设法使入北京影校等处学习事，无法办到，希原谅。

复丁志和信：寄来的京剧本《慧玉缘》已转送有关方面审查。（丁通讯处江苏泰兴县宣堡人民银行）

徐元珊、吴玉林、贾世珍来，帮同葆玖用功练把子；王幼卿来，为葆玖说戏。

2 月 23 日

葆玥在民主剧场晚场演出《辕门斩子》。

葆玖照常用功，徐、吴、贾、王诸人均来。

2 月 24 日

下午到北影看五彩影片和黑白影片。

晚间到首都剧场看话剧《明朗的天》。

葆玖仍由徐、吴、贾帮助用功练把子，王幼卿为其说戏。

函《剧本》月刊张光年：送去丁志和来信与京剧本《慧玉缘》，希审查。

重庆市文化局寄来《四川竹琴》一册。

2 月 25 日

下午 1 时中国京剧院刘键、袁广和来汇报工作。我们向京剧院推荐汪其俊①，并把履历交去。

葆玖照常用功，练把子，学《穆柯寨》（今天由徐元珊指导）。

2 月 26 日

北影吴祖光同志来谈：本准备在 25 日开拍影片，因为最近两天开了一共

① 汪其俊（生卒年不详），新中国成立前曾任上海黄金大戏院经理。

16 小时的会议，电影局长、导演、苏联总顾问、专家等均出席。会议席上争执很多。最后决定影片暂时不拍，因为布景、道具、服装、化妆、机器等需要重新检查改进。大概在 3 月 6 日以后再试拍五彩及黑白片。

傅惜华来谈寄存在研究院的戏曲资料取回的办法，又谈到小生与旦脚的唱法及编写戏曲史的筹备情况，又谈《千金记》与《别姬》的关系。

葆玖照常用功，排《穆柯寨》。

2 月 27 日（星期日）

下午赴厂桥嘉兴寺公祭史东山同志。

葆玖照常用功练把子，排《金山寺》。

2 月 28 日

翻阅旧存《北洋画报》，内有许多关于戏剧资料，应抄存。

戏曲学校史若虚副校长派赵雅枫持函来要《艺术一斑》。

李济深副委员长来函谢赠《舞台生活四十年》第二集，并请补赠第一集。

葆玖照常用功，并排《穆柯寨》。最近 3 天均扎靠练习。

3 月 1 日

行头铺来为选择《宇宙锋》哑奴的服装材料和颜色事，当经选定交其制作。

葆玖续排《金山寺》和《穆柯寨》。

3 月 2 日

葆玖排《穆柯寨》，扎靠并带翎子练习。

葆玥排《南阳关》。

葆玖赴京剧公会参加理论学习。

梅兰芳与梁思成（右二）、老舍（左二）、华罗庚（左一）出席政协会时合影

3 月 3 日

中苏友协总会赠送《中苏友协第二次全国代表大会文件汇编》两册。

葆玖照常练把子，排《金山寺》、《穆柯寨》及《木兰从军》等戏。

3 月 4 日

下午 2 时赴北京剧场听报告，杨献珍同志讲演，关于共产主义世界观和主观唯心主义世界观的斗争。这是文联举办的讲座。

葆玖由徐元珊等指导《金山寺》。

徐东来来辞行，她日内将赴济南演出。

3 月 5 日

葆玖用功如常。

张权前来谈录音库事。

3 月 6 日（星期日）

晚间在丰盛胡同 10 号中直党委俱乐部为全国地质会议演出《凤还巢》。开幕前李四光部长向浣致谢辞。观众都是由京外各地区新近来京的，还有苏联专家。

晚7时，郭沫若、楚图南柬邀参加在北京饭店新7楼欢宴苏联名作家考涅楚克及华西列夫斯卡娅同志的宴会，函谢未去（因为今晚有演出）。和大来电话希望浣参加这个宴会，因为考涅楚克曾在苏联看过浣的戏。电话中又说：考涅楚克夫妇希望看今天晚上的演出，姚玉芙答复他：可以和地质学会联系。

葆玥在长安剧院晚场演出《朱痕记》。

3月7日

下午到车站接由香港抵京的俞振飞夫妇。

8时到北影试拍五彩片《宇宙锋》，灯已调整过，有一部分是由苏联新到的。天明方归，只拍了两个镜头，赵高一个，赵女一个。

葆玖用功如常。

葆玥在民主晚场演出了《捉放曹》。

3月8日

晚到北影试拍《宇宙锋》（“修本”一场）3个镜头，当称顺利，3点半返。在试拍以前，苏联名作家考涅楚克夫妇到棚内访问，同梅先生谈话。他说：在××××年于莫斯科看了梅先生的表演，非常激动。他的夫人华西列夫斯卡娅没有看过梅先生的戏。他们将于日内离京前往上海等处游历，并要赴印度参加一个和平会议，之后还回到北京。晤见他们时，梅先生已经化装，就邀他们在一起照了两张相。

中央卫生部来电话：苏联卫生部长来华，要看梅先生的戏，问能否为他演出一场，答以现在正拍制电影，工作甚忙，不克演出。

中直党委办公室来电话，要求在下一季度表演一两场，答以到下月再用电话联系。

葆玥下午赴北京饭店参加三八节妇女联欢会（有外宾）清唱。

3月9日

晚间到北影试拍《宇宙锋》两个镜头（五彩），2点方结束返寓。

吴震修先生携示香港《大公报》（1955年2月6日）载有介绍《舞台生活四十年》二集的文字一则，照抄如下：

梅兰芳回忆录：

《舞台生活四十年》第二集运港发售

梅兰芳的《舞台生活四十年》第二集已运抵港，三联书店有售，每册四元二角。

《舞台生活四十年》第二集，由梅兰芳述，许姬传记，这本书记录了梅兰芳从一九一三年到一九一七年中间的舞台实践和艺术创作历程。那些年间，是京剧发展史上一个重要的时期，曾经尝试表演时装戏，并且使古装戏开始流行，这是一个重要的变革阶段，京戏开始突破古旧的程式，步入一个新的境界。

在这两个重要运动中间，梅兰芳都占有重要的地位，他对时装戏进行了热心的尝试，对古装戏的创造尽了奠基者的任务，这本书是他自己的回忆，无论在史料和艺术记录上，都是有非常珍贵的价值的。

从梅兰芳的叙述当中，读者可以闻到浓郁的时代气息，看到京戏发展历程中间的具体历史背景，看到了一个天才艺术家的成长；更重要的，是从这些亲切生动的叙述中可以看到一个忠诚的艺术改革者的面貌，和他怎样用舞台实践体现了“推陈出新”的艰巨工作。

梅兰芳又重点地介绍了两个著名的剧目——《贵妃醉酒》和《思凡》的表演艺术，对文艺工作者和广大观众的学习与欣赏，都有极重要的意义。特别是从《贵妃醉酒》的叙述中，可以看到他怎样热诚地继承优秀的遗产，怎样胆大心细地进行修改与创造，和一直到今天还在不断作着修正的可贵的艺术家的品质。

日前已运抵港发售的纪念梅兰芳演剧五十周年而编印的《梅兰芳演出剧本选集》中，有《贵妃醉酒》剧本，将该剧本与《舞台生活四十年》中梅兰芳的自述相互参阅，对梅兰芳的艺术及对该剧的欣赏将有更深的领略。

3 月 10 日

晚间到北影试拍黑白片《宇宙锋》。新华社叶华在场摄影。

源来寄来浣《醉酒》画册 20 本。

3 月 11 日

晚在北影试拍黑白片《宇宙锋》。

3 月 12 日

晚在北影试拍黑白片《宇宙锋》（“修本”），4 时半返。

3 月 13 日（星期日）

《戏剧报》唐湜来谈为《舞台生活四十年》作介绍事。

葆玖在长安夜场演出了《女起解》、《玉堂春》两出，本晚客满。

3 月 14 日

复文化部函：附答复中国教育工会北京市委员会函，请阅后转送。（函稿另存）

晚到北影试拍《宇宙锋》【反二黄】。

夏衍同志通电话，他说：现正忙开会，会毕再约晤。

3 月 15 日

下午 4 时到北影，看芭蕾舞剧《罗密欧与朱丽叶》（莎士比亚剧本）五彩

影片。（由苏联名演员乌兰诺娃主演）

又看黑白片《宇宙锋》试拍镜头。

晚再到北影，补拍《宇宙锋》“修本”两个镜头，5点后返。

北影厂临时烦梅摄制组拍新闻片，导演及乐队工作员均参加在镜头内。

3月16日

统战部联络部乔连生同志来访问（由许姬传款晤），他是在去年春间和我们一起到广州慰问人民解放军的时期担任宣传工作的。

晚间欧阳予倩院长来晤谈。他要在不久将举行的舞台生活50年纪念会上担任关于梅先生部分的报告。他准备着重介绍梅先生的艺术成就的道路和何以能够成功的窍门；谈梅先生的演员道德和演员修养；谈梅先生古装歌舞剧的创造，要举出许多生动的实际例子。最后，他出了一个题目给梅先生：现在是60岁的人了，假定活到100岁，还有40年，在这些年岁中预备做些什么事情？梅先生答：预备再努力写出文章，替后辈留下一些东西；此外还要到没有到过的西北、西南各地为群众演出。

葆玥在大众夜场演出《文昭关》。

葆玖加紧排《彩楼配》、《三击掌》和《平贵别窑》，准备在星期日夜场演出。

3月17日（原缺）

3月18日

日本有将要派遣剧团来华的消息，某方面是这样记载的：

（共同社东京十五日电）日中友好协会已经接到北京的中国对外文化协会会长楚图南提出的邀请歌舞伎剧团到中国去的建议。日中友好协会十四日下午邀请小宫豊隆博士、评论家南博和作家秋田雨雀等有关人士，就派遣歌舞伎剧团问题举行了恳谈会，会上决定：要在最近先派代表到中国方面磋商具体问题。

预定先派三个代表，代表将由歌舞伎方面和日中友好协会的有关人士组成。

在选派剧团的问题上，担任剧团工作的人士中间有这样的意见："如果取消男扮女装的角色，就不能表达歌舞伎的妙谛。"因此，是否派遣中村吉右卫门的剧团或者是征求中村歌右卫门特别参加市川猿之助剧团的问题，要等征求中国方面的意见以后再作决定。此外，日中友好协会还在进行准备：如果歌舞伎剧团到中国一事实现时，同时将派遣精通歌舞伎的人到中国担任说明工作，预定要同小宫博士和戏剧作家木下顺二等人进行这种交涉。

我们对此事的意见是：如果日本剧团来华时，希望有在上次来北京的日本剧团中的一两位团员来同我们谈一谈当年的感想。

吴震老谈及今后梅先生在发表文章或谈话时，可以说以下的几句话：自从民国五六年以来，已经是事实上成为中国戏曲界的代表，凡是遇到国际方面来和我们联系关于戏剧工作的时候，总是要由我应接和答复的，这是无可推诿的工作，因而感到自己所担负的责任重大，不能不特别努力。

马彦祥面告许姬传云：舞台生活 50 年纪念会举行的日期，将提前在 3 月 28 日开始，准备的开会日程如下：

第一天　开会。

第二天　周、梅合演《宝莲灯》。

第三天　周演《乌龙院》，梅演《宇宙锋》。

第四天　梅演《断桥》，周演《清风亭》。

第五天　梅演《洛神》。

第六天　周演《文天祥》。

第七天　周、梅合演《审头刺汤》。

3 月 19 日

收到中国教育工会北京市委员会来函云：接到 3 月 12 日的复函，知道您为拍摄电影工作是很忙的，为了热爱您的健康，我们向会员们进行解释，希望您电影拍摄完了，暑假中能为教师们演出一二场，以满足教师们对您伟大艺术的热望……

晚到北影进行《宇宙锋》的后期录音。夜 2 点半返寓。

3 月 20 日（星期日）

晚应中央地质部邀宴（在文化俱乐部）。

葆玖在吉祥剧院夜场演出了《彩楼配》、《三击掌》、《平贵别窑》3 个戏，上座九成以上，观众 1000 余人。

葆玥今晚在新北京后勤俱乐部演出，剧目是《辕门斩子》。

3 月 21 日

下午到吉祥剧院审查预备出国表演的节目。

西安三意剧社苏育民来函（3 月 14 日）谈戏，摘录如下：

> 收到中国京剧院寄来的《将相和》剧照，我们对这个戏在语气和韵脚上按秦腔的风格作了必要的改动。最近作家出版社出版的《将相和》，解决了我们曾认为疑难的很多地方，将来演出情况，再向您请教。
>
> 您的《舞台生活四十年》第二集关于《春秋配》的作者，陕西传为渭南李适山的本子，李适山是村名，那里清代乾隆时一位不第的举人李如芳（也作如贵）写了很多本皮影戏，所谓十大本——《香莲佩》、《万福莲》、《凤箫媒》、《火炎驹》、《清素庵》、《紫霞宫》、《十五庙》、《玉燕钗》、《白玉填》、《春秋配》。皮影腔：腔在陕东流行，晋剧很受它的影响，这些戏过去在秦腔中也很流行，皮影《春秋配》基本上和秦腔京剧一样，小处也有出入，主要的唱句多为单句。请参考。

3 月 22 日

上午夏衍部长来晤，谈俞振飞的工作问题，随即邀其至康乐午餐，饭后访俞振飞谈话，并听他的录音胶带。

京剧院于光等把画的《洛神》的布景样子送来看。

复中国教育工会北京市委员会函：来函所谈希望京剧院一团为北京市中小学教师演出两场一事，请与京剧院袁广和联系。

3 月 23 日

准备了中国新闻社嘱撰制的文章，题为《纪念梅兰芳先生的舞台生活五十年》，由姬传具名发表。

吴震老来，谈关于纪念大会上的答词文章作法，并供给资料。

3 月 24 日

起草纪念大会上的答词，傅惜华来襄助，晚间姚玉芙、李春林均对文稿中有关戏剧资料有所供给并提出意见。

中国新闻社来取走文稿。

3 月 25 日

阿英先生来，谈纪念大会答词文稿。

3 月 26 日

到北影看黑白及五彩试片，内黑白片三分之二，彩片三分之一。

李少春等由国外回京，周信芳由上海到京，浣均赴车站欢迎。

许源来由上海来，阎立品由洛阳来京。

赵沨在车站告诉浣云：纪念大会改期于 4 月 10 日以后举行，原因是：中宣部认为此项纪念会应该改为由政府方面举办（原来是由全国文联和剧场主办）。

因此，现已决定由文化部参加主持，并要经过报请国务院批准的手续；再则，天桥剧场本已决定4月4日起由皮影傀儡戏表演的10天，纪念大会的演出亦不能马上应用该场地址，所以要延期开会，以便从容布置。

3月27日（星期日）

中午在丰泽园邀宴周信芳及上海市京剧院吕仲等，陪客有我院各位副院长及田汉、洪深、欧阳予倩诸同志和姬传、源来兄弟。（为欢迎周信芳就任研究院副院长）

张治中先生来函庆贺舞台生活五十年纪念，并赠送锦旗一面。

整理《木兰从军》剧本。

3月28日

晚参加文化部的招待新回国之赴印、缅文化代表团宴会。

赴北影参加座谈会。首先，吴祖光传达文化部钱俊瑞、夏衍副部长及电影局首长、苏联总顾问的意见：

（一）特写镜头应根据剧情处理。（二）布景的色彩图案很好，比《梁祝》推进一步，因为《梁祝》的布景颜色大红大绿吸引观众视线（抢戏）。（三）对配角的意见，认为配角的表演不能烘托气氛，辅助主角，特别是刘连荣的赵高呆板无神，正片开拍时，应重点地帮助他，同时并考虑到《别姬》的霸王问题。（四）为了缩短放映时间，《抗金兵》不拍。在生活生平方面加一个《抗金兵》特写镜头。《金山寺》亦不拍，因为佛教关系。《断桥》仍然拍。（五）夜间拍戏，工作人员过于疲劳，经制片主任李炳忠与电业局联系，要求白天增加供电，改为由白天上午10点到下午6点。（以下是属于北影本组的意见）（六）化妆要偏重肉色，施彩时减少用粉，并且要求薄。（七）摄影时台步要求准确。导演提出：可否随时给予提示，梅先生同意。（八）服装，哑奴的服装大部分都改了，领子亦要改，为的是和赵女有区别，水袖一律改用乳白色。（九）唱词、念白的修改，一、根据欧阳予倩先生的意见修改“倒凤颠鸾”句，二、根据源来的意见“修本”念白，赵高念到“原来如此”，下面增加赵女的念白一段，内容是赵女主动地要求赵高奏免匡家之罪。

李和曾之母在三圣庵开吊，浣前往吊奠。

3月29日

到嘉兴寺公祭马叔平①。

阎立品来晤谈，浣赠送她凤冠一顶。

下午4点到北影拍彩色照片，研究化妆及服装的色彩，最后放映《宇宙锋》“修本”黑白片及彩色片，演员、化妆、音乐、导演、专家及其他工作人员均在场看与听，仔细研究其中的优缺点。晚间浣与源来又详细讨论了表演方面的许多问题。

3月30日

上午10时到北影，《光明日报》丁同志在摄影棚内和姬传谈话，他说准备写一篇新闻报道。12时，梅先生化装完成，制片主任李炳忠、导演吴祖光到化装室向梅先生声明，因为与电影局联系时没有把情况搞清，供电量不够敷用，今天白天不能拍，仍改为晚上9时半起。他表示，以后非确有把握，不变更时间。

阎立品来辞行，携赠送的凤冠而去。

今天上午到厂时，先看了五彩化装照片，与以前所拍的照片比较，面部及手部的色彩都减少了人工刻画的痕迹，比较自然。

吴玉文收回吴老先生照片4张（下余一张在北影，又一张在本宅预备翻印）

晚再到北影，正式开拍《宇宙锋》“修本”五彩影片，拍了两个镜头，并与全体工作同志合照一相（包括专家两位在内），计划在4月9日以内将“修本”一场全部拍完。夜4时半回家。

---

① 马衡（1881—1955），字叔平，考古学家，前故宫博物院院长，马彦祥之父。著有《汉石经集存》、《凡将斋金石论丛》等。

3 月 31 日

晚到北影，拍了《宇宙锋》“修本”四个镜头，回寓已 5 点。

4 月 1 日

晚到北影，接拍《宇宙锋》“修本”四个镜头，4 时半返。

4 月 2 日

晚 7 时到北影，先录音（因为《宇宙锋》【反二黄】唱词“倒凤颠鸾”改为“共话缠绵”，所以重录两句），随后拍两个镜头，因摄影机器有障碍，拍至次晨 6 时始毕。决定星期一亦休息，以便详细检查。

4 月 3 日（星期日）

司徒美堂①先生生日，在颐和园介寿堂邀宴，下午浣往颐和园面晤主人祝寿，未参加晚宴。

葆玖晚间在西郊北大礼堂演出一场，剧目是《生死恨》。

4 月 4 日

下午 2 时，到剧协参加为舞台 50 年生活纪念招待记者会。

4 月 5 日

拍摄影片时间又改在白天，上午 10 时，浣到北影，仍拍《宇宙锋》，下午 7 时返。

---

① 司徒美堂（1868—1955），爱国华侨领袖，广东开平人。1904 年起追随孙中山进行革命活动，后在美负责孙公堂、安良堂等侨胞团体的工作，抗日战争爆发后，发动美洲华侨捐款支援祖国抗战。1949 年回国，历任中央人民政府委员、全国人大常委、全国政协委员、华侨事务委员会委员等职。

下午3时，姬传、源来到大众剧场，审查出国剧目共四个，一、《穆柯寨》（演员云燕铭、张云溪。从打雁起到擒住杨宗保止），二、《挡马》（演员徐玉川、张德禄。从杨八妹荡马起到焦光普扮作马童随杨回国止），三、《将相和》（演员李宗义、王泉奎等。从渑池会后回国起到廉颇赔罪止），四、《白水滩》（演员张云溪等。从青面虎被擒后过场到青面虎救十一郎止），每个剧中的情节均加以整理。

4月6日

上午10时到北影，拍《宇宙锋》【反二黄】完竣，还差两个镜头，下午7时返。

4月7日

上午10时到北影，拍了一个镜头（《宇宙锋》），下午7时返。

4月8日

上午10时到北影，拍了两个镜头，《宇宙锋》“修本”一场拍完，下午2时半返。晚再到北影录音（“金殿”一场），13时后归。

4月9日

为了舞台生活50年纪念大会即将举行，各报记者纷纷前来访问，以便在报刊上发表文字。

新华社并索取照片（《天女散花》、《春香闹学》）各一张。

改写的《木兰从军》剧本今天脱稿。

浣在今天怀仁堂晚会演出了《宇宙锋》。

4月10日（星期日）

下午2时浣到欧阳予倩先生寓中参加了座谈会（源来同往），这一座谈会是在北京教导演的苏联话剧专家列斯里建议召开的，因为苏联国立莫斯科音乐剧院准备在两个月内出一种年鉴，拟请由中国文艺界撰述些文章，送去刊入年鉴。讨论结果是先成立三人小组，由曹禺、欧阳予倩、李伯钊担任与各方面联系及选题催稿等任务。是日到会者为列斯里、欧阳予倩、田汉、曹禺、李伯钊、焦菊隐、张庚、阿甲、李紫贵、李少春和浣、源两人。

复印度人民戏剧协会西本格省第一届会议电：因为正在拍摄舞台纪录影片，不能前往参加。交洪深同志译发（电文另抄存文稿册内）。

下午葆玖在劳动人民文化宫劳动剧场为北京市中小学教师演出了《凤还巢》。（应北京市教育工会邀请）

4 月 11 日

文化部、文联、剧协联合主办的梅先生和周信芳先生舞台生活 50 年纪念会，今天下午在天桥大剧场举行，2 时开会，4 时后会毕。晚 7 时，上述三机构在北京饭店举行酒会，宴庆梅、周两先生（并柬邀梅先生的知旧参加）。宴后由梅、周两先生及洪深先生合演了《刺汤》。

下午 1 时，中国京剧院代表来寓，为祝贺梅先生舞台生活 50 年纪念，致送花篮，表示贺意。

4 月 12 日

正午赴颐和园参加欢送叶盛兰等出国及欢迎新回国的李少春等游园会，午后 2 时归。

晚间在天桥剧场为纪念会演出，和周信芳合演了《二堂舍子》，各国使节及苏联专家多来看戏。

戏演完后，中央电影局拍了新闻纪录片两个镜头（一个是刘彦昌将家法交给王桂英，葆玥的沉香和高玉倩的秋儿一并拍入。一个是末场刘彦昌拉王桂英下）。北影在剧场补拍了两个群众的镜头。（一个是群众起立热烈鼓掌，欢迎纪念会开始，一个是群众坐听梅先生的答词）

4 月 13 日

晚间在天桥剧场为纪念会演出了《宇宙锋》，周先演《乌龙院》（周戏太长，外宾感到沉闷）。

4 月 14 日

晚间在天桥剧场演出了《断桥》，俞振飞饰许仙（回国后第一次在京演戏），葆玖演青蛇。周演《清风亭》。

4 月 15 日

晚间在天桥剧场演出了《洛神》，新做的布景很好，因为本剧场台大，新布景的部位宽广，舞蹈可以舒展，所以甚为合用。前一出戏是戏校学生演的《闹天宫》。

4 月 16 日

午后剧场开会，关于梅、周两先生的纪念表演，举行座谈，姬传、源来前往参加。讨论时，对梅、周两位的表演一致推崇，对剧本方面颇多意见。

4 月 17 日（星期日）

午后赴中山公园音乐堂参加追悼被美蒋特务谋杀的石志昂等 11 烈士大会。

晚在天桥剧场演出了《穆柯寨》带《枪挑穆天王》，周演《扫松下书》。（周 16 日晚演出了《文天祥》）

4 月 18 日

晚为招待外宾在天桥剧场又作纪念演出，剧目是：

（一）《小放牛》（李玉茹等演），（二）周先生的《徐策跑城》，（三）梅先生的《洛神》。

葆玥在中央人民广播电台录音，在该台的对少年儿童讲话纪念梅兰芳、周信芳舞台生活50年特别节目中讲话。

4月19日

下午3时中央人民广播电台来录音，梅先生讲“我的学习道路”。当晚9时播送。

下午5时，中央人民广播电台播送纪念梅兰芳、周信芳舞台生活50年特别节目对少年儿童讲话中葆玥的讲话录音。

4月20日

下午3时在本宅开座谈会，参加者梅先生及北影吴祖光和姜妙香等，谈《宇宙锋》“金殿”如何拍摄问题。

吴祖光携去《十三绝》原本及梅先生和卓别林合照（大张）各一件。

4月21日

下午到北影彩排《宇宙锋》“金殿”一出，为了配口型又做了一遍，照了各种颜色的服装照片。俞振飞照许仙。上午曾排《断桥》部分，看了苏联展览馆五彩新闻片。

下午京剧院开会，讨论处理王颉竹错误问题，又人民剧场（在护国寺街新建成的）开幕（5月3日），拟请院长表演4天，第一天招待各界，余3天演营业，由京剧院剧团配演。本日由姬传代表参加。

4月22日

今天第一天拍《宇宙锋》“金殿”镜头，无浣工作，在家休息一日。

致周信芳院长函，为李世济事，并附去群众来信三件。

剧协来信：“顷接保加利亚驻华大使馆送来保加利亚人民艺术剧院，在他们进行活动的五十周年的日子里，将刊印有该院优秀演员的剧照及便装的邮票纪念册赠送我国演员。我会研究后，认为在艺术创作方面的努力，和对人民革命事业的贡献，应获得这种荣誉；现送上保加利亚人民艺术剧院的纪念邮票一册，请查收。我会除去电祝贺外，并通知对方纪念册赠送的情况，因此希望您也能给他们写一封祝贺信，以示中保戏剧工作者间牢不可破的友谊。”该项纪念邮票一册也同时收到。

4 月 23 日

上午 9 时半到北影，拍了《宇宙锋》“金殿”四个镜头，下午六时后返寓。

4 月 24 日（星期日）

午后《人民中国》社记者于宝榘来谈发表文章事。

复浙江国风崑苏剧团函（稿另抄存）。

4 月 25 日

午后 2 时到北影，拍了《宇宙锋》“金殿”一个镜头。

4 月 26 日

上午 9 时半到北影，拍了 3 个镜头（《宇宙锋》“金殿”），5 时后返寓。

下午捷克代表团 4 人来影厂参观，当时浣已拍完镜头，即与之握手谈话，并合拍一照。

晚 9 时中央电台播送梅、周舞台生活 50 年纪念节目，葆玖讲：《关于我的父亲》。

梅兰芳在上海寓所花园内教弟子李世芳舞剑姿势

4月27日

下午3时到北影，拍了4个镜头，《宇宙锋》全出拍完。

周信芳院长去东北，姬传代表赴车站送行。

电薛觉先先生为其夫人唐雪卿女士逝世致唁。

4月28日

在寓讨论生活剧本上几个问题。

4月29日

吴祖光来谈生活剧本，浣将修改的意见提出：要加进汪蔼士、陈半丁、王凤卿、徐兰沅诸人；纪念会名称应加入周信芳。

俞振飞伉俪搬来。

接余上沅来信谈当年赴苏联会见丹钦科、斯坦尼斯拉夫斯基两位老先生的情况。

4月30日

复山东省临沂京剧团函，寄去剧装照片（《穆柯寨》）一张。

5月1日（星期日）

晨赴天安门参加五一劳动节庆祝大会，午后1时返寓。

在天安门观礼台上有许多位全国人民代表大会的代表谈到京剧院新排演的《白蛇传》唱法、做法像是不中不西，田汉同志说：要好好加以研究。

5月2日

晚7时赴苏联展览馆出席苏联大使馆招待宴会，在会上和苏联名作家考涅楚克和他的夫人晤面谈话，考涅楚克说：20年前曾在莫斯科看过梅先生演出的戏。

5月3日

《人民中国》记者于宝榘来，浣准备发表的文稿交其携去。

晚到新建成的人民剧场，和京剧院几位同仁谈开幕典礼的布置事项。

5月4日

人民剧场今日晚8时举行开幕典礼，浣亲自到场剪彩，葆玥和云燕铭两人在旁襄助。剪彩完毕后，浣在本场作了招待演出，剧目是《穆柯寨》、《枪挑穆天王》。前面两出戏是张春华和徐玉川的《小放牛》、袁世海和李和曾的《除三害》。戏散约11时。

上午10时，人民剧场送来群众的一封信，这些群众是排队买票而没有买到票的，他们编成小组推出代表，写信给梅院长，提出四点意见：（一）加座位，（二）加站票，（三）续演一场，（四）买戏票原定每人两张，请改为每人限购一张。浣随即邀集马少波副院长及京剧院高级干部、人民剧场负责人在本寓内开会讨论。大家认为来函提出的四点都难照办，最后决定由浣出名用书面答复（函稿抄存文稿册内）。这件事由上午10时到下午4时方告结束。

浣上次表演穆桂英，因年龄关系，思想上有顾虑，不免拘束，这次放开手做，备见精彩。

2002年11月整理

梅兰芳的故居

屠　珍

梅兰芳先生一生，除去抗战时期移居上海和香港一段时期外，在北京住的时间最长，先后住过的地方计有7处。

一、从李铁拐斜街到芦草园

梅兰芳于1894年（清光绪二十年）10月22日诞生在北京前门外李铁拐斜街一座梨园世家的旧宅内。家中当时有祖母陈氏（著名小生陈金爵之女）、父亲梅竹芬、母亲杨长玉（武生演员杨隆寿之女）、伯父梅雨田夫妇和他们的两个女儿（成人后一嫁徐碧云，一嫁王蕙芳）。另有两个姑母，后来大姑母嫁给武生演员王怀卿，其女王蕊芳是尚小云的夫人；二姑母嫁给武旦演员秦稚芬。全家依靠梅竹芬搭福寿班旦脚演出和梅雨田为谭鑫培操琴收入为生。梅兰芳4岁不幸丧父，便由祖母和伯父抚养。梅雨田虽为名琴师，也只靠演一场戏挣一份钱养活全家8口人，生活较清苦。

1900年（庚子），梅兰芳7岁，亲身经历了八国联军入侵那场浩劫。街市一片萧条，戏院茶园大都被焚毁，剩下的几家也掩门歇业，演员有的闭门在家，有的逃离京城，有的生活没有着落，只好改行。雨田伯父业余曾学得一手修理钟表的好手艺，也便改行以修表为业餬口。侵略军发现梅家有钟表，便不断闯入勒索。一次门又被敲响，7岁的梅兰芳开门见是一个盛气凌人的洋兵，并没有显出丝毫畏惧的神情，朝他说："你怎么又来了？我认识你，你来过四趟了！"边说边用手把那个洋兵朝门外推。洋兵用力挥手把他推倒在地，扬长而

梅兰芳在北京东城无量大人胡同寓所中的客厅

入，嘴里叽里咕噜地操着洋腔："不用你这小崽子管，去叫你家大人出来！"结果家里存的放亲友的钟表全给洋兵抢走了。此后再也没人敢来委托修表，梅家的处境也就越来越困难了。

庚子年底，雨田伯父债台高筑，只好忍痛把李铁拐斜街的老宅子卖掉，迁至前门外百顺胡同，租住宋家的几间屋，隔壁住的是杨小楼和徐宝芳（梅先生的姨父，琴师徐兰沅之父）两家。后来又搬至徐、杨两家的前院，同他们一起住了多年。梅兰芳便在那里附近的一家私塾读书，私塾后迁至万佛寺湾，他又跟过去继续攻读。在《舞台生活四十年中》，梅先生回忆道：

> 杨老板（小楼）那时已经很有名气。但是他每天总是黎明即起，不间断地要到一个会馆里的戏台上练武功，吊嗓子。他出门的时间跟我上学的时间差不多，常常抱着送我到书馆。我有时跨在他肩上，他一边走，一边还讲民间故事给我听，买糖葫芦给我吃，逗我笑乐。隔了十多年，我居然能够跟杨大叔同台唱戏；在后台扮戏的时候，我们常常谈起旧事，相视而笑。

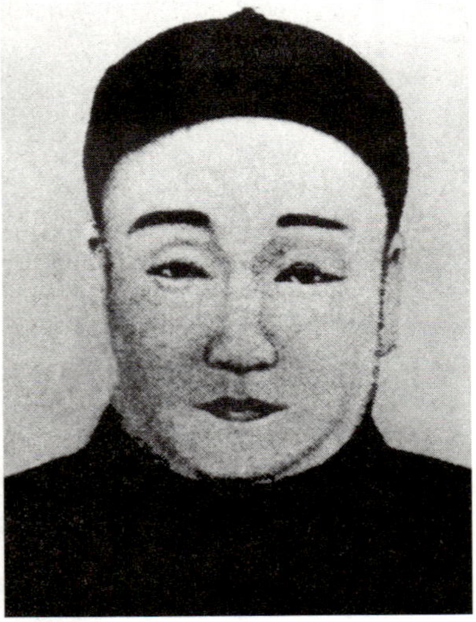

梅兰芳祖父梅巧玲

梅兰芳是8岁开始学艺的，开蒙老师是住在附近的吴菱仙，学的第一出戏是《战蒲关》。11岁时，他在广和楼首次扮演昆曲《长生殿·鹊桥密誓》中的织女，就是吴老师把他抱上鹊桥的。

1908年，梅兰芳先生的母亲病逝，享年仅32岁。梅家移居宣外鞭子巷头条一所极小的四合房。次年，15岁的梅兰芳已搭喜连成科班借台练戏，由伯父亲授《武家坡》和《玉堂春》等剧，并向秦稚芬和胡二庚学花旦戏，随茹莱卿练习武功。继而搭班在京演出，先后与谭鑫培等名伶合演，开始肩负养家的担子。两年后，他与名武生王毓楼之妹王明华结婚。这时，他有了养鸽子的爱好。因为他年轻时患近视，在放鸽子时，两眼目光要追随在空中飞翔的鸽子，因而使眼力得到锻炼，并纠正了呆滞的目光。另外，为了引导飞鸽，需要挥舞一根顶端系着红绸条的粗竹竿，同时也锻炼了他的臂力，所以后来他在舞台上表演剑舞、绸舞等，一点也不显得飘浮或吃力。

梅兰芳与祖母合影

1912年，梅兰芳18岁时，梅家又搬到鞭子巷三条一所普通的四合院房子里。上房五间，左首两间是祖母的住房，右首两间伯父母带着两个未出阁的妹妹住。梅兰芳住在左边厢房，对面是厨房，厨房隔壁就是养鸽子棚。外面靠大门的倒座是两间客厅和一间书房，开间都很小，经常有爱好戏曲的朋友在那里和雨田伯父商讨一些音乐场面上的问题。伯父于该年去世，梅兰芳便开始挑起家庭生活的重担。

1913年，梅先生首次赴沪演出，在王凤卿大力提携下，他头一次被安排演大轴戏《穆柯寨》，受到观众的欢迎，遂崭露头角。载誉回京后，祖母当即对他说："咱们这一行，就是凭自己的能耐挣钱，一样可以成家立业。看着别人有钱有势，吃穿享用，可千万别眼红。常言说得好，勤俭才能兴家。你爷爷（指梅巧玲）一辈子都是帮别人，照应同行，给咱们这一行争了气，可是自己非常俭朴，从不浪费有用的钱。你要学你爷爷为人行事，也要学他的省钱俭德。我们这一行的人成了角儿，钱来得太容易，就胡花乱用，糟蹋身体。等到渐渐衰落下去，难免挨饿受冻。像上海那样繁华的地方，我听到有许多角儿都毁在那里。你第一次去就唱红了，以后短不了有人来约请你，你可得自己有把握，别沾染上一套吃喝嫖赌的坏习气。这是你一辈子的事，千万要记住我今天的话。"祖母的这一番训诫一直铭刻在他心中，成为他此后一生立身处世的指南。

从此，他更加努力上进，在冯幼伟、李释戡、许伯明、舒石父（著名影星舒适之父）、吴震修、罗瘿公和齐如山等良师挚友的扶助下，编演了不少新剧，并排演了许多传统戏和昆曲剧目。也是在这个时期，就是在这所房子里，他开始学习绘画，并结识了王梦白、陈师曾、金拱北、姚茫父、汪霭士、陈半丁、齐白石等名画家，向他们学画。他们常来梅家欢聚作画。齐白石先生常来，梅兰芳为他磨墨，观他作画，有时还唱一曲答谢老师。齐白石先生曾作两诗描述当时的情景并赠之：

梅兰芳的母亲杨长玉

（一）

飞尘十丈暗燕京，

缀玉轩[1]中气独清。
难得善才看作画，
殷勤磨就墨三升。

（二）

西风飕飕袅荒烟，
正是京华秋暮天。
今日相逢闻此曲，
他年君是李龟年。

1916 年，梅兰芳的收入逐渐增多，遂在宣武门外芦草园典了一所比鞭子巷三条的住所宽敞的房子。这是两所打通的四合院住房，上房是十间，南房也是十间。南房部分除了一间是大门洞，一间是门房，紧里边靠墙有一间堆放杂物之外，其余七间，外面三间打通作为客厅，里面四间也打通，作为梅兰芳吊嗓子、排戏、读书、画画的地方。他清早 7 点起床，放鸽子、喊嗓子，上午拍昆曲，下午排新戏。白天要是有戏就去演出，晚上朋友前来磋商有关业务上的事，每天的工作日程排得十分紧凑有序，他的艺术也更趋纯熟。

梅兰芳的伯母胡氏

这一时期，梅兰芳开始养花，他在《舞台生活四十年》一书中自述道：

① 缀玉轩，即梅兰芳的堂号。

我从小就爱看花，到了22岁才开始自己动手培植……我养过各种花，最感兴趣的要算牵牛花……我养牵牛花的初意原是为了赶早起床有利于健康，想不到它对我在艺术上的审美观念也有这么多的好处，比在绸缎铺子里拿出五颜六色的零碎绸子来比画是要高明多了。中国戏剧的服装和道具基本上是用复杂的彩色构成的。演员没有审美的观念，就会在穿戴上犯色彩不调和的毛病……我借着养花和绘画来培养我这方面的常识，无形中确实有了收获。

梅兰芳夫人王明华

每逢各色牵牛花盛开时，齐白石先生必来欣赏多次，还曾以在梅宅看见的牵牛花为题材，为荣宝斋画过一套信笺。

二、京城艺术沙龙——无量大人胡同24号

1919年，梅兰芳赴日本演出，弘扬京剧艺术到国外，获得成功。此时他在演艺事业上已取得了很大成就。由于祖母把他抚养成人，他感恩图报，于第二年（1920）买了东城无量大人胡同一处由七个院落打通，并修有荷花池、长廊、假山花园的大宅子①，把老太太接入居住，颐养天年。翌年，原配王氏夫人所生的一儿一女先后夭折，她本人为了伴随梅先生出外演出，做了绝育手术。

① 无量大人胡同24号后改为红星胡同51号。

梅兰芳的父亲梅竹芬

梅先生在家族里是兼祧两房的独生子，不能无后，遂由吴菱仙和罗瘿公介绍，经王氏同意，以同等地位的另一房夫人之名义，与吴菱仙老师的女弟子，年仅16岁的福芝芳结为伉俪，新房即设在新居的一端，一座新盖的西式两层洋楼内。福氏夫人先后生下五男四女，仅四人长大成人，即葆琛、葆珍（号绍武）、葆玥、葆玖。

此后13年内，无量大人胡同内梅先生的客厅缀玉轩成为人文荟萃的地方，真可说是京城的一处“艺术沙龙”。梅先生的文学修养和历史知识就是在众多友人谈文论艺，臧否人物，上下古今，无所不及的氛围中，得到了熏陶和提高。他在这里编排了《霸王别姬》、《洛神》、《西施》、《廉锦枫》、《春灯谜》、《太真外传》等新剧，还在花园里拍摄了《红楼梦》剧目的不少剧照，风采奕奕，留传至今。祖母和王氏夫人相继在这时期病逝。

梅兰芳的伯父梅雨田

梅先生当时已享誉海外，来京访问的外宾大都提出必定要看的一是故宫，再就是梅剧，并拜访梅兰芳。他在这所宅子里先后接待过瑞典王储（即后来的古斯塔夫六世）夫妇、美国前总统威尔逊的夫人、日本著名歌舞伎表演艺术家守田勘弥和著名画家渡边、美国好莱坞影帝范朋克、意大利女歌唱家嘉丽·古契、印度大诗人泰戈尔和著名画家难达婆薮、英国作家毛姆，以及众多国家的名人、学者及驻华使节。总之，国际友人来访络绎不绝，其中包括文艺界、政界、实业界人士和旅游团等。梅先生每月都要在家中举行接待茶会多次。当时的军阀政府贪污腐败，拿不出外交交际费，均需梅先生自己出资筹备一切。招待时，所有用具都是纯中国式的，中式茶点用中国古色古香的精美杯盘盛装。为此他的客厅和书房逐渐布置得十分典雅考究，室内墙壁上挂着中国山水花卉的绘画，桌上及柜架上陈列着他搜集的精致古玩、玉器及有关中国戏剧的图画，庭院里摆着用古瓷花盆种养的艳丽的鲜花。家具多是紫檀、黄花梨等硬木雕刻制件，其中不少是从皇室人家卖出的物件。有人估计他在那个时期（1920—1932）共举办过上百次这类茶会，接待过的宾客达六七千人次。梅家女仆张妈当时曾经诙谐地对梅夫人说："梅大爷每次要花那么多钱开茶会招待洋人，我看早晚要让他们给吃穷了！"现在看来，梅先生这样做，无疑是在为宣扬祖国优秀文化艺术而恪尽绵力。这期间，他曾于1924年再次访日，并于1930年访美巡回演出长达半年之久，使中国京剧表演艺术在世界戏剧舞台上产生了巨大影响。

"九一八"事变后，梅先生于1932年被迫离京迁居上海避难，先在上海的沧州饭店临时住了一年，因战争没有结束，就在法租界马斯南路121号（现为

梅兰芳故居中的书房

87 号）租了一座四层楼的花园洋房，那是程潜先生的房产。次年（1934），他最小的儿子葆玖就出生在这所房子里。在沪寓所，他编排了《抗金兵》和《生死恨》两剧，以激励人们抗敌救国。还曾在 1935 年赴苏联访问演出。

1938 年，梅先生为摆脱敌伪的骚扰，借第四次赴香港演出之机逃出樊笼，演出后携葆琛和葆珍两个儿子蛰居香港，租住在干德道 8 号一座公寓二楼的一套单元房。1941 年末，太平洋战争爆发，香港沦陷，敌寇逼迫他演出为之庆功。他蓄须明志，予以抵制。1942 年夏，他将两个儿子送到内地读书，自己郁悒地返回沪滨，与妻子及幼儿幼女共患难。

由于长期没有收入，1943 年，梅先生决定把北京无量大人胡同寓所卖掉，以维持生计。为此，梅夫人只身回到沦陷中的北平办理此事。在亲友的关心协助下，梅夫人把家中的贵重物品做了安排。梅先生精心收藏的紫檀、黄花梨木、乌木的大小 40 余件家具，包括供奉的祖宗牌位和梨园行的祖师爷牌位等，都寄存在姨父徐兰沅先生宣外永光寺中街宅中。变卖房产的钱拿出一部分交梨园公会，接济苦难的同行和亲友；其余的交给梅先生的老友、新华银行经理曹少璋先生负责管理，用来维持家庭开支。

1945 年抗战胜利，梅先生当即剃去唇髭，重登舞台，受到人民深切的尊敬和爱戴。

三、晚年旧居护国寺 9 号

1949 年新中国成立后，周总理希望梅先生回到北京定居工作，并承诺把无量大人胡同原住处腾出，让他和家人再住进去。梅先生感谢总理的美意，但考虑到该房是自己早年售出的，不愿借政府之力重新搬回，便请国务院随便给他选一所小院落居住即可。后来就选定了西城区护国寺甲 1 号（现为 9 号）一所普通的旧式住宅。原先这是一所没有南房的三合院，1951 年拨给梅先生居住时进行了修葺，加盖了五间南客厅、一个放戏剧服装的房间和一个男佣人的厕所。1954 年又在偏院里加盖了四间东厢房，一间是葆玖住，其余三间是为绍武结婚

梅兰芳纪念馆大门

用的新房。

梅先生晚年在这所四合院里住了10年，同家人共享天伦之乐。他还常在客厅和院落里给子女和弟子说戏，排练身段；自己也时常在院内的海棠树下练功，自称“活动活动”。

1956年，他率领阵容强大的访日京剧代表团第三次至扶桑演出，以增进中日两国人民的友谊，为后来中日建交起了铺垫作用。1957年夏，庆祝北方昆曲剧院成立时，他和韩世昌先生合作演出《游园惊梦》。为了使演出更臻完美，两位老艺术家在这所住宅的院子里反复排练，直至深夜，汗水湿透了衣衫，令人感动。1959年，梅先生还在这里编排了他的最后一出名剧《穆桂英挂帅》，以庆祝中华人民共和国建国10周年。

在这座住所，梅先生在百忙之中继续接待来访的众多国内外客人。1956年，法国著名演员吉拉德·菲利普夫妇来访。菲利普先生当时是法国演员协会的主席，他主演的影片《郁金香方方》正在我国上映，十分轰动。田汉同志在接待他时称他为“法国梅兰芳”。他们夫妇到梅家访问时，我因毕业于北大法

梅兰芳与儿子梅绍武

语系，被唤去做翻译。主客双方彼此仰慕，切磋艺术，交流心得，极为融洽。菲利普夫人为了表示感谢，还赠我一条漂亮的项链呢。

1954 年，为了存放梅先生收藏的大量文物和家中物品，梅家又在西旧帘子胡同买下了一处小院。梅先生自年轻起就喜好收藏古剧本及珍本线装书、字画和碑帖，其中包括一些贵重的剧本孤本和梅巧玲在宫中受赏的殿本等。这些文物当年在变卖无量大人胡同宅院时，装入数十个箱子，箱子上贴有“梅家收藏”的字样，均暂存在梨园公会，烦请萧长华会长代为照管。由于萧老先生的威望及梅家数代人一向忠厚、正直和无私助人的家风受到同仁的敬重及厚爱，十多年来所存放的箱笼从未被人开启过，所存放之物一件也没丢失。1954 年，为存放梨园公会送回的这数十箱文物及上海住家搬回的一些物品，梅夫人便买下了当时曹少璋经理租住的（恰逢房主要卖房）西旧帘子胡同 29 号的小四合院，梅夫人仍挽留曹老夫妇住在该院内颐养天年。这里顺便提一下，从 1943 年到 1967 年，曹经理一直为梅家管理账务，后因他年事已高，坚持交还，梅夫人才命我接下。

四、梅兰芳纪念馆建立经过

1961 年梅先生逝世后，受到党中央毛主席和国务院周总理给予的特殊礼遇。时任国务院秘书长的齐燕铭多次到梅家告知，中央决定有十项纪念梅先生的活动，其中包括国葬、修墓、建纪念馆、保留故居等。并通知子女不必从护国寺住所迁出，仍住在那里分别立户，按居住面积，直接向国务院机关事务管理局缴纳房租；梅先生原使用的房屋要保持原样，准备建“梅兰芳纪念馆”。

梅兰芳在北京护国寺寓所院内练习舞剑

我们完全根据指示照办，直到“文革”初期（1966 年 8 月底）从那里被扫地出门时为止。

1963 年，齐燕铭同志通知梅家，由文化部组织一个小组清点梅先生的遗物（小组中唯一的一位女同志名叫王露，至今健在），当时未说明清点的目的及用途。小组一行六人来到西旧帘子胡同 29 号西厢房工作，前后共达 8 个月之久，虽然小组没有出示任何介绍信，但因梅先生受到了国葬待遇，梅家人对此不但无人反对，而且全力予以支持。梅夫人为了协助清点工作，还住到了西旧帘子胡同 29 号的北屋。小组清点完毕就撤离了，什么东西也没有拿走。1965 年春，中国戏曲研究院事先并未通知梅家，由司机（名叫李德元）和两名工人将清点物品拉走两卡车，也没有告诉梅夫人拉往何处。数月之后，该院送来一本“清册”，交梅夫人保管，上面居然写有“经梅夫人同意交戏研院保管”等字句。我们当即打电话找齐燕铭秘书长询问详情，但不知何因，我们始终未能和他联系上。

一年以后，“文化大革命”开始了，建立“梅兰芳纪念馆”的事被搁置下来。直到1983年，国务院正式批准建立“梅兰芳纪念馆”。时任中共中央书记处书记的习仲勋同志亲自过问此事，在周扬、周巍峙同志的具体领导下，成立了纪念馆筹备组，由马彦祥同志主持，绍武和我协助。当时也曾考虑将纪念馆建在无量大人胡同故居，但因梅先生离开那里已有半个世纪之久，住所面貌全非，恢复较难，最后选定护国寺街寓所建立梅兰芳纪念馆。我当即请卓琳夫人转达，恳请邓小平同志题写匾额，邓公欣然命笔。1986年10月22日，梅兰芳诞辰92周年之日，梅兰芳纪念馆正式开馆。邓公亲自题写的“梅兰芳纪念馆”匾额悬挂在这所故居的门额上。

梅兰芳纪念馆收藏着梅氏家族四代人珍藏的数万件文物资料。正院保存故居原貌，客厅、书房、卧室和起居室内的陈设（有些已在“文革”期间丢失）基本按照梅先生生前原样陈列。外院展览室以图片和实物扼要介绍梅兰芳一生的艺术生活和社会活动。东厢房陈列着梅先生使用过的部分戏装、道具、剧本手抄本和戏单。西厢房陈列着国外著名人士赠给梅先生的字画、礼物和纪念品以及他本人的绘画作品。另一展览室用作专题展览，因展台面积所限，全部内容定期更换，如目前展出的是梅先生丰富多彩的手姿和访美演出的照片。

客厅的陈设朴素大方，墙上挂的是梅兰芳收藏的清代同治、光绪年间著名戏曲画家沈蓉圃绘制的《同光十三绝》真迹。室中隔扇前放着一面大穿衣镜，镜框四周是螺钿镶嵌的“八仙过海”的图案。梅先生晚年还对着这面镜子练过功，

梅兰芳与女儿葆玥

力求形体神态进一步臻于完美。长沙发旁边的一只木几上放着梅兰芳1919年首次访日演出时一位日本雕塑家为他塑造的半身铜制雕像。沙发前放着一个明代的长茶几，桌面是一幅罕见的、做工非常细致的竹刻山水画。这个茶几还有一件动人的轶事。1926年，梅先生在无量大人胡同住宅内接待瑞典王储时，客人是一位考古学家和文物鉴赏家，见茶几上放着杯盏，叹息道："这样珍贵的艺术品，上面直接放上茶盏，恐会遭到损伤，实应配上一面玻璃板保护它！"梅先生认为他言之有理，便订做了一块玻璃板罩在上面，这样既可观赏，又保护了文物。

"文革"初期，梅家遭遇被"扫地出门"的厄运，梅夫人及子女移居西旧帘子胡同。一批年幼无知的"红卫兵小将"进驻护国寺街梅宅，毁坏、掳走了不少财物，还把那个竹刻山水画的茶几涂抹上一层黑漆，幸未砸毁。纪念馆成立后，经老师傅修复，茶几已经恢复原样，现陈列在馆中客厅内。但是客厅内原挂在墙壁上的一幅金冬心（"扬州八怪"之一）书写的"梅华诗屋"的字匾、郎世宁绘制的《双鸽图》、齐白石和陈半丁二人合画的祝贺梅兰芳六十大寿的条幅等珍贵字画、乌兰诺娃赠送的亲笔签名的《天鹅湖》芭蕾舞姿照片、数张大幅戏装相片、与家人合拍的生活照片，以及家中原有的不少古玩摆饰，挂屏，五套沙发，数件紫檀、黄花梨木等硬木书柜、条案、方桌、琴桌、茶几、椅凳，大批纪念品等，都不知去向，不知落入何人之手。1943年梅夫人寄存在徐兰沅家中的40余件硬木家具，新中国成立后，梅先生迁回北京，因住处较小一直没有搬回来，也在"文革"中被区文物局以"扫四旧"为名从徐家拉走，至今下落不明。

梅兰芳纪念馆现藏有数万件文物，主要是1965年中国戏曲研究院从梅家拉走的那批东西。那么这批文物是怎样躲过"文革"浩劫的呢？中国戏曲研究院办公室主任王子丰先生在保护这批文物上立了头功。当年戏研院把那批东西拉走后，便存放在仓库里，门上加了一把锁，王子丰先生保存了房门钥匙。"文革"期间，造反派问王先生："这间房子里是什么东西？"他说。"都是破烂。"，支走了造反派，没有让他们入内。王子丰先生在70年代后期退休时，也未交出那把钥匙。1983 年，我们开始筹办建立梅兰芳纪念馆，马彦祥和我一同去看望王子丰老人，告诉他中央已经批准建立梅兰芳纪念馆，由我们几个人负责筹建工作时，他才从抽屉里拿出那把经心保管多年的存放梅家文物的库房钥匙，放心地交给了我们。在“文革”中，王子丰这样做是冒了极大风险的。这批珍贵文物之所以能保存下来，王子丰功不可没。我们对他这种高度的责任心和政策水平十分敬佩，无限感激。

综上所述，梅兰芳先生在北京先后居住过的地方有李铁拐斜街、百顺胡同、鞭子巷头条、鞭子巷三条、芦草园、无量大人胡同、护国寺街等 7 处。通过对这些旧居情景的简略描述，可以大致看出这位一代宗师一生所走过的极不平凡的生活轨迹。

2002 年春

京剧艺术大师梅兰芳研究丛书

父亲梅兰芳（下）

梅绍武 著

国家出版基金项目
NATIONAL PUBLICATION FOUNDATION

名誉主编 梅葆玖
主　　编 王文章
副 主 编 秦华生

文化艺术出版社
Culture and Art Publishing House

1919 年，父亲首次访日，在东京、大阪、神户等地演出，是中国京剧演员有史以来第一次在外国舞台上出现的记录。他的表演受到日本人民，特别是文化艺术界的热烈欢迎，汉学家内藤虎次郎、狩野直喜博士和戏剧家青木正儿等人都曾著文介绍中国古典戏剧的源流演变和我父亲的艺术创造。当时北京的报章报道说："彼都士女空巷争看，名公巨卿多有投稿纾赠之雅。名优竞效其舞态，谓之梅舞。"日本著名的歌舞伎演员中村歌右卫门就曾在"浅草"的"吾妻座"上演过译成日文的《天女散花》，可为佐证。

1924 年，父亲再次访日演出，获得更大的成功，声誉远播世界许多国家。除了上文提到的美国一家剧院慕名索取照片之外，北欧瑞典王储（即后来的古斯塔夫六世）夫妇 1926 年访华时，也特别要求观赏梅剧，父亲即在家中演剧招待，从而双方结成深厚友谊。

单以 1926 年为例，就可看出我父亲早期接待各国仰慕他的外宾的频繁情况。那个时期，不少国家的驻华使节和访华人士都以会晤我的父亲而引以为荣，例如意大利驻华公使维多里奥·赛鲁蒂（Vittorio Cerruti）1926 年上半年将回国述职，启程之前托人致意，因久仰我父亲的声誉，希望能约定一个日期前来拜会一谈。在约定的那天，意公使突因另有要事未能如约前来，便由他的夫人代表，偕同美国、西班牙和瑞典三国大使和夫人子女等 18 人来到无量大人胡同梅宅，畅谈戏剧艺术达两小时之久。意公使夫人说她喜好音乐戏剧，年轻时亦曾登台串戏，深知戏剧表演不是一件很容易的事，对我父亲所演各剧都很欣赏，尤其对他

梅兰芳（中）在北京接待美国舞蹈先驱泰德·肖恩和露丝·圣·丹尼斯夫妇时合影

那变化多端的手势更叹为中外无二。当天还约请照相师来合摄一影，来访者均索父亲的剧照一张留作纪念。座谈时，三国都有文化参赞做记录，准备寄回本国正式发表。

也就是在这次会见中，当时的美国驻华公使约翰·麦克慕雷（John Van A. Mac Murray）先生提出希望我父亲赴美演出的建议，并说 1925 年美国曾有一个访华旅行团回去后四处宣传，使得美国不少人士都知道中国有一位著名的演员梅兰芳，演技超群绝伦，因此如果能够成行，则可使美国人民增进对中国戏剧艺术的了解，更可促进两国人民之间的友谊，他本人愿意在这方面尽力协助。父亲为了感谢这种盛情，便在端午节那天邀请在京的美国使团观看了他演出的《金针刺红蟒》。后来，另一位美国驻华公使保尔·芮恩施（Pau lReinsch）博士在卸任回国之前，也曾在当时官方的饯别宴会上再次提出欢迎我父亲访美演出的建议。1929 年末，父亲果真率领梅剧团赴美演出达半年之久，深受美国人民的欢迎，并得到文化艺术界的好评。南加利佛尼亚大学和波摩拿学院两家学府还授予我父亲以文学博士荣誉学位，高度评价了他的表演艺术，同时感谢我父亲访美宣传东方艺术，联络中美人民的感情，沟通世界文化所尽的力量。

梅兰芳（右三）在北京寓所与罗瘿公（右二）、姚玉芙（左二）、齐如山（左一）会见外宾时合影

1926年，另有英国驻华公使蓝博森爵士（Sir Miles Lampson）偕夫人、女儿、参赞等和其他几国诸公使和眷属同来拜会我的父亲。上半年还有日本著名画家渡边氏访华，也曾前来和我父亲畅谈艺事绘画，交流心得。

1926年8月，日本著名演员守田勘弥和村田嘉久子率领日本歌舞伎团首次访华演出，父亲盛情接待，并同台奏艺，一时轰动京城。

梅兰芳率中国京剧代表团抵达东京羽田机场时留影

总之，国际友人来访络绎不绝，其中包括文艺界、政界和实业界人士以及游历团等，父亲每月总要在家中举行茶会接待多次。当时军阀政府贪污腐败，拿不出外交交际费，父亲每月均需自己出资筹备一切。招待时，一切用具都纯粹是中国式的，中式茶点用中国古色古香的精美杯盘盛装，屋内壁上挂着中国山水花卉的绘画，桌上陈列着父亲搜集的有关中国戏剧的图画，院子里摆着一盆盆艳丽的鲜花。有人曾经统计我父亲在那个时期十几年当中，共举行过80余次这类茶会，接待过六七千人之多。我家的女仆张妈当时曾经诙谐地对我母亲说："梅大爷每次要花那么多钱开茶会招待洋人，我看早晚会让他们给吃穷了！"

本文起首引用的那封信的执笔者——美国驻华商务参赞裘林·阿诺德曾经在1926年11月29日撰文概括地评论过我父亲那时期的人民外交活动。他说：

那些在过去十年或二十年旅居北京的外籍人士，满意地注意到梅兰芳乐于尽力在外国观众当中推广中国的戏剧。他把自己的艺术献给祖国

人民，使他们得到愉快的享受；与此同时，他在教育外国观众如何更好地欣赏中国戏剧表演这方面所尽的力量，也许同样可以使他感到自豪。此外，他在知识界中还把中国演员提高到普遍受人尊敬的地位，因为过去几十年当中，演员在中国的社会阶层中一直只处于十分低微的地位。因此，我们赞扬梅兰芳，首先由于他那卓越的表演天才，其次由于他在提高中国戏剧和演员在社会上的地位所作出的重要的贡献。第三点由于他是一个渴望改进中国戏剧、并且富有独创精神的学生，使戏剧可以更加真实地反映中国人民的文化和艺术。我们祝愿他诸事成功，因为他在帮助西方人士如何更好地欣赏中国文化艺术方面所尽的一切力量，都有助于东西方之间的相互了解。

50多年过去了，父亲当年作为京剧艺术传播的使者所尽的微薄绵力并未枉费。亲爱的祖国现在巍然屹立在东方，我们的朋友遍天下，祖国光辉灿烂的文化艺术遗产为世人所瞩目，她那具有优秀传统的古典戏剧也在世界众多的舞台上放出更加绚丽的光彩。

1978年9月

中印金兰谊　绵延千载久

——忆父亲和泰戈尔的友谊

最近读报见到一则消息：中国人民对外友好协会和中国作家协会等单位于5月5日在北京举行集会，隆重纪念印度伟大作家和诗人泰戈尔诞生120周年。这不禁使我想起父亲和泰戈尔的一段友谊。

事情要追溯到1924年。那年5月，泰翁在中印两国人民都处在苦难的岁月里，为了中印友好和重新联系中断了几及一千年的文化关系而不辞劳瘁地来华访问讲学，抵达北京时正赶上他63岁生日。北京新月社于5月10日在东单三条协和医学院礼堂，用英文演出了他的话剧《齐德拉》庆祝他的寿辰，由张彭春导演，梁思成绘景。担任女主角的是后来成为著名建筑学家的林徽因教授①，另外徐志摩饰爱神，刘歆海饰男主角阿顺那，林徽因的父亲林长民饰四季之神阳春，丁西林、蒋介震等饰村民，王景瑜和袁昌英饰村女。② 这是中国首次上演印度戏剧的记录。5月10日那天，父亲陪同泰翁并坐在礼堂里观看了这场演

---

① 林徽因（1904—1955），中国著名的女建筑学家、工艺美术家、作家和诗人，20世纪30年代起就同她的丈夫梁思成教授合作对中国古代建筑做了开创性的科学研究活动。新中国成立后，她任清华大学建筑系教授，参加了为中华人民共和国国徽图案和天安门人民英雄纪念碑等设计任务。（详见梁从诫同志所写的《建筑家的眼睛，诗人的心灵——忆林徽因教授》一文，《读书》1983年第2期，第143~149页。）

② 此处演员表是据印度国际大学1924年5月出版的《泰戈尔访问中国》所记，由吴晓铃教授提供。

出。剧终，泰戈尔对我父亲说："在中国看到了自己的戏很高兴，可我希望在离京前还能看到你的表演。"

5 月 19 日，父亲便在开明戏院为泰翁专演一场《洛神》。泰翁身穿他所创办的国际大学的红色长袍礼服莅临，自始至终聚精会神地观看，随后又到后台道谢说："我看了这出戏很愉快，有些感想明日见面再谈。"

次日中午，梁启超、姚茫父和父亲等为泰翁饯行。席间，泰翁先赞扬了我父亲的表演，然后开诚布公地对《川上之会》一场的布景提出了意见。他说："这个美丽的神话剧，应该从各方面来体现伟大诗人的想象力，而现在所用的布景未免显得平淡。"他建议："色彩宜用红、绿、黄、黑、紫等重色，创作出人间不经见的奇峰、怪石、瑶草、琪花，并勾勒金银线框来烘托神话气氛。"父亲后来尊重泰翁的意见，重新设计了那一幕布景，果然取得可喜的效果，此后就一直沿用下来。

泰翁那天还即兴赋诗一首，用毛笔写在一柄纨扇上，赠给我父亲留念。原诗是孟加拉文，他又亲自译成英文，一并写下。写罢，老人家还兴致勃勃地朗诵给大家听。

泰翁自译的这首诗英文全句是：

You are veiled, my beloved,
  in a language I do not know,
As a hill that appears like a cloud
  behind its mask of mist.

诗人林长民当时就根据英文把它译成古汉语骚体诗一首记在纨扇上，并写了短跋。

1961 年春，泰戈尔诞生 100 周年纪念时，父亲把那柄珍藏 30 多年的纨扇找出来，请吴晓铃和石真两位教授推敲泰翁孟加拉文原作的含义。两位专家看后，赞赏不已，认为原诗比英译文还要精彩，格律极为严谨，就把它译成如下隽永的白话体诗：

亲爱的，你用我不懂的
　语言的面纱
　　遮盖着你的容颜；
正象那遥望如同一脉
　缥缈的云霞
　　被水雾笼罩着的峰峦。

石真教授还解释道："诗人非常形象地用云雾中的峰峦起伏，来描述他所热爱而又有语言隔阂的国家的艺术家那种纱袂飘扬、神光离合的印象，他感到美的享受。"

父亲在1961年也写了一首题为《追忆印度诗人泰戈尔》的诗，登载在该年5月13日《光明日报》上，以怀念这位印度友人，兹录全文如下：

一九二四年春泰戈尔先生来游中国，论交于北京，谈艺甚欢。余为之演《洛神》一剧，泰翁观后赋诗相赠，复以中国笔墨书之纨扇。日月不居，忽忽三十余载矣。兹值诗人诞生百年纪念，回忆泰翁热爱中华，往往情见乎词，文采长存，诗以记之。

诗翁昔东来，矍铄霜髯叟。
高誉无骄矜，虚怀广求友。
当日盍簪始，叨承期勖厚。
欢赏我薄艺，赠诗吐琼玖。
影声描绘深，格律谨严守。
紫毫书纨扇，笔势蛟蛇走。
微才何足论，鼓舞乃身受。
百岁逢诞生，人琴怅回首。

纪念谈轶事，肤词埽以帚。
惟君恋震旦，称说不去口。
愿偕中国人，相倚臂连手。
文章与美术，探讨皆不苟。
如忘言语隔，务使菁华剖。
忆听升讲坛，响作龙虎吼。
黑暗必消亡，光明判先后。
反帝兴邦意，忧时见抱负。
寰球时代新，孤立果群丑。
惜君难目击，远识诚哉有。
中印金兰谊，绵延千载久。
交流文化勤，义最团结取。
泰翁早烛照，正气堪不朽。
谁与背道驰，路绝知之否。

没过多久，父亲突患心脏病，于该年8月8日溘然长逝，上面那首诗是他最后的遗墨了。当时周恩来总理指示要建立梅兰芳纪念馆，母亲当即代表我们全家将曾祖、祖父和父亲所收藏的许多文物和纪念品，包括泰戈尔赠的那柄纨扇和1924年随同泰戈尔一齐访华的印度大画家难达婆薮（Nandalal Bose）为我父亲所绘的一幅《洛神》大型油画像，全部交给国家，以备日后展览，供广大群众鉴赏。转眼20年过去了，纪念馆尚未落成，又经过十年动乱，不知泰翁亲笔题字赠诗的那件珍贵纪念品和难达婆薮那幅名画尚在人间否？每一思及，不禁黯然！

泰戈尔那年回国前，曾希望我父亲率领剧团访问印度，使印度人民能有机会观赏他的艺术。遗憾的是，父亲一直未能践泰翁之约。吴晓铃教授曾告诉我父亲，他当年在印度国际大学中国学院任教时，亲眼见到泰戈尔纪念馆里珍藏着宋庆龄同志1929年赠给他的一套京剧脸谱模型和我父亲赠的许多京剧唱片；

据管理员说，泰翁晚年还津津有味地听过那些唱片。父亲听说泰翁如此珍视这些微薄的礼物，心中极为感动。

最近见到吴晓铃先生，我打听那些唱片的细节。他说："那些都是用钻石针唱的老唱片，大都是你父亲和谭鑫培等老一辈艺人灌录的，唱机针头需从里往外转着唱。他们保存得很好，国内现在恐都不多见喽！我今年年底可能去印度访问讲学，届时将会再去参观泰戈尔纪念馆，看看到底都是些什么唱片，给你抄个目录带回来。"

1981 年 8 月 7 日是泰戈尔逝世 40 周年纪念日，8 月 8 日是先父逝世 20 周年忌日，谨作此文，以示缅怀。中印两位艺术大师虽已作古，但我相信他们所建立的诚挚友谊将会长久为中印两国人民所传诵。

1981 年 8 月 1 日作

1983 年 8 月 10 日修改

【补记】吴晓铃和石真两位教授应印度文化关系协会的邀请于 1981 年 12 月至 1982 年 2 月去印度作了 50 天的学术访问，受到隆重接待，印度正副总统、英·甘地总理和外交部长均曾亲切接见他们。40 年前，他们曾在印度孟加拉邦寂乡的国际大学工作和学习过，这次旧地重游，就住在紧邻泰翁故居的客舍。吴晓铃先生征得泰戈尔博物馆的特许，从库房里调出唱片，记录下来，计有：

京剧：谭鑫培的《碰碑》

刘鸿声的《探母》和《完璧归赵》

刘寿峰的《黑风帕》和《探阴山》

梅兰芳的《嫦娥奔月》、《汾河湾》、《虹霓关》和《木兰从军》

昆曲：俞粟庐（俞振飞之父）的《三醉》和《拆书》

蒲剧：元元红和小红秀的《南天门》

京韵大鼓：刘宝全的《战长沙》

器乐：钧天雅集的《云庆》和《花六板》

这些都是百代公司的钻针唱片。另有数张胜利公司的钢针唱片，经吴先生考证，非我父亲所赠，但据他的记忆，我父亲所赠的唱片远远不止以上此数。吴先生回国后写了一篇题为《泰戈尔和梅兰芳的友谊》的文章登载在北京《戏剧电影报》（1982 年 12 月 5 日）第 49 期上，谈到了以上情况，其中还有一段提到 1924 年陪同泰戈尔访华的印度大画家难达婆薮："难达婆薮在访华之后，画法突变，尽染华风，特别是晚年所作大都追步云林小品，其弟子辈糅合中印笔法，蔚为一代新的流派，沟通之功不能不记在梅先生和泰翁的账上。这才是真正的文化交流，陶潜诗云：'其人虽已没，千载有余情。'愿以此句缅怀他们两位宗师。"

1983 年 9 月 24 日

赠石订交万里盟

——和瑞典王储50年前的一次会见

中国京剧在皇家剧院演出的开幕式，在星期三举行了。这场开幕式演出对于中国艺术家来说是一个光辉的成就，而对观众来说是一次无双的艺术观摩。

演出赢得了观众最热烈的欢迎。演出时有好几次被观众自发的掌声打断。

上面这段话摘自1955年10月6日瑞典《乌布萨拉日报》的报道。当时中国古典歌舞剧团正在北欧五国访问，演出《闹天宫》、《秋江》、《贵妃醉酒》、《三岔口》、《辕门斩子》、《雁荡山》、《人面桃花》、《猎虎记》、《水漫金山》、《小放牛》和《拾玉镯》等十几个剧目。剧团在北欧历时四个多月，共演出52场，观众达5万多人次，不仅把我国人民的友谊带给北欧人民，而且向他们介绍了中国的古典戏剧艺术，赢得了北欧各界人士的热烈欢迎和赞赏。

访问期间，五国的舆论对中国戏曲艺术的形式和特点，引起了浓厚的兴趣，并给予了高度的评价。他们说中国的京剧“是综合性的，在创造上高度地融合了歌唱、舞蹈、哑剧、道白、武功、音乐、美术各方面，成为一种完整的统一的整体而又各有重点，灵活变化，使人既感到无限丰富，也感到无限完美”。因此“对于西方观众来说，在艺术的表现方面，打开了十分新鲜和动人心魄的天地”，“是丰富的永不枯竭的泉源”。

瑞典国王　接见葆玥

剧团在瑞典斯德哥尔摩皇家剧院举行首场预演招待时，瑞典国王古斯塔夫六世和王后，在政府各部门主要官员的陪同下，亲临观看。剧场休息时，国王和王后热情地接见了中国古典歌舞剧团正副团长楚图南、马少波和任虹先生，耿飚大使亦在座。我妹妹葆玥随团来到瑞典演出，国王知道后，破格指定她也参加这次接见。国王对楚图南团长率领剧团远道来访表示感谢，并对中国戏剧备加赞扬。他见到葆玥，亲切地跟她握手。

瑞典国王为什么要破格接见葆玥，而且对她又那样亲切呢？这就要追溯到将近30年前——1926年古斯塔夫六世和我父亲结下的一段友谊。

古斯塔夫六世当时还是王储，1926年10月来华访问。抵达北京后，除游览外，专诚要求观赏一次梅兰芳的演出，据说这是瑞典考古学家安迪生的推荐。父亲那时正在济南演出，瑞储事先曾宣告是以私人名义游历，不接受任何官方的招待，所以当时的官方接待单位没有请我父亲返京。瑞储甚感遗憾，遂表示一定要和我父亲会晤一次，即告使馆典礼官设法安排。当时，军阀政府的顾维钧和张学良随即准备出面邀请，但因瑞储有言在先，不出席官方举办的招待会，磋商多次，终未定局。

父亲在济南听到此事，感到瑞储远道来访，不能使他失望而归，便立即返京，决定自己筹备一切，邀请瑞储夫妇到家里出席一次茶会并演戏招待。

王储夫妇　访问梅家

瑞储夫妇欣然接受了这次邀请，便在10月27日由瑞典大使陪同来到东城无量大人胡同5号梅家。相见之后，瑞储就中国的戏剧和艺术问题同我父亲会晤良久。随后，父亲便在家中演出《琴挑》（《琴挑》为昆曲《玉簪记》中一折，系潘必正和陈妙常在尼庵相会的故事）和《霸王别姬》中的《舞剑》一场；两折戏之间由乐队徐兰沅、王少卿、杨宝忠、高连贵和霍文元合奏优美动听的中国民族乐曲《柳摇金》和《雁落梅花》。

父亲在化装时，瑞储浏览了室内的摆设，见到一块田黄兽头图章，便拿在手中仔细观赏，爱不释手。父亲穿着虞姬的戏装出来，看到这番情景，知道瑞储是一位考古学家，必定喜爱这件物品，便将这块珍藏多年、重二两的古章赠送给他留作纪念。瑞妃十分感谢主人的盛情，说回国之后要把这个纪念品珍藏起来，当作一件传家宝，以便持久怀念中国艺术家梅氏慷慨馈赠之举。瑞储夫妇回赠了亲笔签名的照片留念。这次友好的会晤直至午夜一时始散。瑞储夫妇当时访问的一幅合影照片，我家一直珍藏至今。

将近30年后，古斯塔夫六世在皇家剧院的休息室里亲切地握着梅兰芳女儿的手，仿佛又见到了老朋友。他愉快地回忆起当年和我父亲会晤时的情景，还提到了那块田黄图章，说已经把它和自己的其他文物全部捐赠给皇家博物馆妥善收藏，以供瑞典人民欣赏。他叮嘱葆玥回国后转达他对我父亲的亲切问候。

在那次访问期间，葆玥除演出她的拿手戏《辕门斩子》外，还同江新蓉合演了富有诗意的《人面桃花》，这两出戏和其他剧目一样受到了好评。瑞典舞蹈促进协会主席海格尔先生在总结那次访问演出时说："中国古典歌舞剧团演出的成功原因何在，我的回答是：成功的不是由于戏剧本身，或节目的安排，或色彩的美丽，而是由于戏剧的生命力，欢乐的气氛和生活的力量。是这些感染了观众，并赢得了他们的心。我们看到了中国古老的文化，也看到了在这种文化中新的传统正在开放鲜花。"又说："我认为各国之间艺术方面的交流将会有利于促进和平事业。"乌布萨拉剧院经理哥斯塔·霍尔克先生在一次招待会上也说："英国诗人吉普林（Kipling）曾说：'东方是东方，西方是西方，东西方永远不会相遇。'而现在东西方却在此地相会了。"瑞典的《每日新闻》（1955年

10 月 4 日）在一篇介绍中国京剧艺术的文章中提到“京剧有着古老的传统，是一种人民的艺术，在中国非常流行。北京有一个京剧院，院长就是著名的演员梅兰芳”。

葆玥回国后向父亲传达了瑞典国王的问候，父亲听后十分喜悦，从相片簿中找出当年那张合影照片给我们看，并鼓励葆玥要加倍努力学习艺术，千万不能骄傲，以便将来争取更多的机会把中国的古典艺术介绍给国外观众，促进各国人民之间的文化交流。

总理亲临　授章典礼

两年之后，1957 年夏，瑞典舞蹈促进协会主席海格尔先生受国际舞蹈协会之托前来北京，授予我父亲一枚荣誉章。典礼是在瑞典驻华使馆举行的。周总理亲临这次授章典礼，并同海格尔先生、瑞典大使先后在会上讲了话。周总理表示，国际舞蹈协会将荣誉章授予中国一名京剧演员，是给予中国艺术以很高的评价，也是给予悠久而丰富的文化艺术的伟大创造者——中国人民极高的荣誉，对此表示感谢。海格尔接着在讲话中说：“国际舞蹈协会自 1931 年成立以来，梅兰芳院长是获得这种荣誉章的第十四位艺术家。本会的章程规定，非在艺术上有高度造诣，是不轻易授予这种荣誉的。”父亲谦逊地致了答谢词，感谢国际舞蹈协会给予他这种极高的荣誉，表示今后在表演艺术上还需精益求精，以更高水平的艺术献给人民。

这枚荣誉章是圆形白色大理石制成的，约有三寸小碟那么大，上面雕刻着一位正在回旋起舞的美女，使人不禁联想到我父亲一生所创造的许多舞蹈，诸如嫦娥的花镰舞，天女的绸舞，麻姑的袖舞，西施的羽舞，虞姬的剑舞，杨贵妃的盘舞……当时报章记载道：“这枚荣誉章不仅象征梅兰芳艺术上高度的造诣，更重要的是通过他的卓越表演，使祖国的戏曲艺术，在国际艺坛上取得了应有的地位，放出东方民族独特的艺术光彩。”

父亲去世已经17个年头，瑞典国王古斯塔夫六世也已在前年逝世，两位均成古人，但中瑞两国这段动人的友好往来，堪称一段佳话。敬献短诗一首，以示缅怀：

霓裳起舞得知音，
赠石订交万里盟。
瑞中远隔重洋路，
友谊绵绵世代情。

1978年8月

梅兰芳和日本戏剧之父坪内消遥

先父梅兰芳在《东游记》一书中曾记载，1956 年，他第三次访日演出时，参观早稻田大学坪内消遥博士纪念演剧博物馆的情景。在一间展览室内，当时的河竹繁俊馆长指着一扇屏风对他说："上面这幅松柏图是您 1919 年首次访问我国时赠给坪内博士的。屏风背面是我们的歌舞伎前辈市川团十郎（九世）的中国法书。"在那间屋里，先父还看到许多有关他 1919 年和 1924 年两次访日演出的照片和资料，以及他赠送的几件京剧服装。日本艺术界朋友如此珍视中日两国文化艺术的交流，使先父深受感动，于是他又选了几件绣工细致的戏装、乐器和脸谱赠给该馆，以作为中国京剧代表团那次访日的纪念。

1990 年秋，我有幸随同中国戏剧家代表团访日，会晤了几位日本著名戏剧界老前辈，聆听了他们追述两国艺术家源远流长的友谊。尤其使我欣悦的是亲眼见到了先父 70 年前赠给坪内博士的那幅画。

一天上午，我们来到早稻田大学坪内消遥博士纪念演剧博物馆，受到乌越文藏馆长的热情接待。他首先介绍了这座博物馆的历史，说它是在 1928 年为祝贺坪内博士 70 诞辰而建立的。坪内博士（1859—1935）是日本剧作家、小说家、教育家和戏剧活动家，一生热心从事戏剧革新运动，致力于能剧、俗曲、外国戏剧、舞蹈的研究，创造了一种全新的戏剧形式——新乐剧。明治、大正、昭和三代所演出的戏剧几乎每一个都与坪内博士有关，因此他拥有"戏剧之

1924年10月，梅兰芳抵达东京车站时受到帝国剧场演员的迎接（前排右起：村田嘉久子、尾上梅幸、东日出子、梅兰芳、延子）

父”的称号。他还翻译了《莎士比亚全集》。坪内博士逝世后，家属把他一生收藏的有关戏剧的遗物全部捐赠给这座博物馆。

我们参观了各个陈列室之后，来到会客厅休息。一走进大门，我就看到了前文提到的那扇屏风矗立在一排书柜前，连忙走过去观赏。先父当年赠给坪内博士的那幅松柏画，画得古朴简洁，似云林山水；屏风背面市川团十郎（九世）的中国法书，笔势刚劲飘逸，写的是“顺逆无二门，大道澈心源，五十五年梦，觉来归一元”。据先父当年说，市川团十郎先生在日本歌舞伎中享有谭鑫培老先生在京剧中同等的崇高地位，拿手杰作之一是《劝进帐》。日本剧评家福地信世先生1919年曾著文就先父独特新颖的艺术创作同市川团十郎首创的历史剧作过详尽的比较，认为两者都“与正在进步的社会步调一致，同它一起前进，将来是大有希望的”。演剧博物馆把中日两国前辈艺术家的书画这样珠联璧合地保存在一起，我想，无疑是象征着两国戏剧家源远流长的友谊，而先父当年赠那幅画给坪内博士，按我的揣测，大概是希望中日两国文化艺术界的友谊能像松柏那样长青吧。

梅兰芳与夫人王明华在赴日轮船上留影

1991 年夏，我曾以梅兰芳纪念馆名誉馆长的身份寄赠一本《梅兰芳》画册给坪内消遥博士纪念演剧博物馆收藏，并感谢他们的热情接待。乌越文藏馆长当时在复信中这样写道：

梅兰芳先生是我们日本人最熟悉的中国戏曲艺术大师。我馆有幸珍藏了不少梅兰芳先生的书画和亲笔写的信函，这是我馆惜之若目的珍藏品。此外，还有梅先生光临我馆时赠与的戏曲服装等物。

今年秋季，我馆将举办中国戏曲资料展览会，梅先生的资料是重要展品之一，为此我馆衷心希望贵馆在各方面指导协助，为共同的中日文化艺术交流再添新砖。

自 1919 年算起，先父与日本戏剧之父这段在国内鲜为人知的友好交往，已过去 76 载。现将先父赠给坪内博士的那幅松柏画和市川团十郎（九世）的中国法书照片一并刊出，以飨读者。

1995 年 8 月

携手同栽友谊花

——和日本歌舞伎演员的一次友好往来

在中日建交之后，日本歌舞伎尾上菊五郎剧团1979年年初来我国访问演出，我有幸观看了他们精湛的表演技艺。我一边欣赏着我们邻邦名贵的古典艺术，一边不禁回忆起50多年前先父和日本歌舞伎演员的一次友好往来。

1929年底的一个冬天，东京码头上聚集着许多歌舞伎演员。他们个个穿着中国服装，手提“欢迎梅兰芳”的灯笼，正在迎接访美途经日本的梅剧团。著名演员守田勘弥①和村田嘉久子热情地跟我父亲握手，因为早已相识，旧友重逢，显得格外亲切。

半年之后，梅剧团从美国载誉归来，又路过东京，日本演员再次举行盛大的欢迎会。会场从大门起，两旁悬挂的帐幔上面都画着梅、兰两种花朵，色彩鲜艳夺目。村田嘉久子手执折扇翩翩起舞，吟唱了一首欢迎诗，然后步下舞台，把绘有梅花、兰花的扇子赠给我父亲留念。日本同行这种出自内心的诚挚欢迎，使我父亲深受感动，事实上，在现代艺术交流史上，两国戏剧团体的来往，从1919年起就不断谱写着动人的篇章：

1919年　梅兰芳率剧团首次访日

---

① 守田勘弥是日本歌舞伎演剧场和俳优的名称，自1660年传下来的名家。此处指十三世（1885—1932），为歌舞伎俳优，屋号是喜之字屋。

1924 年　梅兰芳率剧团二次访日

1926 年　守田勘弥和村田嘉久子率歌舞伎团访华

1929 年　韩世昌率昆剧团访日

1955 年　市川猿之助率歌舞伎团访华

1956 年　梅兰芳和欧阳予倩率中国京剧团访日

1975 年　上海京剧团访日

1978 年　中国京剧团访日

1979 年　尾上菊五郎率日本歌舞伎剧团访华

从以上历史记载可以看出，近 60 年来，中日两国艺术家之间的戏剧交流，除日本侵华战争期间被迫中断外，基本上是在友好互访的基础上进行的。

父亲三次访日，把中国的古典戏剧艺术介绍给日本人民，促进中日的文化交流，这在他的《东游记》一书中有过记载。这里我想补充书中没有提到的一段旧话，那就是日本歌舞伎团 1926 年访华和我父亲当时接待他们的一些情况。

先是日本著名演员左团次看到我父亲已经先后两次访日获得成功，而且结识了中村雀右卫门、松本幸四郎、守田勘弥、中村歌右卫门等许多知名演员，甚有感触，便在 1924 年组织了一个剧团来访，原拟赴京演出，不巧正值军阀在京津一带混战，交通阻滞，没法到达北京，全团只得折回，仅有左团次一人抵京和我父亲会晤，他对于这件事甚感懊丧。

转瞬又过了两年，守田勘弥和村田嘉久子两位著名歌舞伎演员有意访华，东京别一舞台经理山森三九郎便组织了一个剧团，邀请他们两位为主要演员。山森带着东京帝国剧场社长大仓男爵的介绍信，先行来京拜会我父亲，邀请同台演出以示赞助。父亲听说旧友守田等人将要来访，慨然应诺，因为他前两次访日时跟他们同台演过戏，友情深厚。山森建议在营业计划方面以四六拆账，父亲说如果这样，日方当不敷开支，有碍守田先生的声誉，自己纯属赞助，决不受取分文，剧场其他开销仅营业收入的 25% 也就足以支配，其他余数悉归客方。山森听了十分欣慰，就议定合演三日。

梅兰芳（左四）、齐如山（左一）与日本歌舞伎演员长岛菊子（左三）、村田嘉久子（左五）等合影

1926 年 8 月 20 日晚 7 点半，日本守田座歌舞伎团抵达北京。父亲鉴于前两次访日，东京名演员均携花到车站迎接，于是也约请尚小云、老十三旦（侯俊山）、姜妙香、姚玉芙等京剧演员赴车站迎迓，以守国际交往的礼节。

次日下午，父亲开茶话会欢迎守田座全体演员，同行杨小楼、余叔岩和尚小云均到会欢迎。父亲致欢迎词，谈到中日两国艺术原有共同之处，日本也有类似《黛玉葬花》、《天女散花》等古典舞蹈戏，可见中日戏曲实有相互促进的可能。这次守田座来访带来名剧，加以著名演员精湛的演技，必能使中国人民了解日本真正的艺术；两国演员也可相互学习，互补长短。守田勘弥在答谢词中，称赞我父亲是“东方艺术的卓越表演家”，从他 1919 年首次到东京演出后，日本人民便深知中国艺术自有其渊源，大有研究价值。又说当时日本人无事不称赞欧美，仿佛要模仿西方才具有号召力，“可是我们深信东方艺术固有其特征，正不必仿效欧美，故而这次专程访问贵国，亦在于发扬东方艺术，使世人认识它的真正价值”。

当晚中日两国的戏剧艺术家在开明戏院联合演出，连演三日。父亲为了尽量节省开支，选定三出角色比较少的剧目，即第一晚与王凤卿、刘景然合演《战蒲关》，第二晚与朱桂芳演《金山寺》，第三晚与龚云甫演《六月雪》。守田选演了《镰仓三代记》、《宫岛默斗》和《六歌仙》等剧。《宫岛默斗》剧中，守田饰盗魁袈裟太郎，村田嘉久子饰宫妓三阶；《六歌仙》剧中，守田分饰遍照康秀业和平法师黑主东，东日出子饰小町，村田嘉久子饰茶女，均为歌舞伎唱做重头戏，但守田仍推让我父亲演大轴。三天演出都有我父亲、杨小楼、余叔岩、高庆奎等演员和梨园公会所赠的花篮陈列台前。

首演成功之后，父亲在中山公园水榭举行茶会，表示庆贺。8 月 23 日，父亲的挚友冯耿光①先生又在北京饭店设午宴招待。冯先生在致词中说："中日两国戏剧相同之处甚多，如日本脸谱似与我明代脸谱大致相同，歇场和主角场次间有参插，此外翻跟斗和红布遮死伤者下场，均为欧美戏剧所无。日本演员演剧时踏地作响亦似中国古额之蹈。至于唱做分工，亦恐系我宋元旧法，如董解元《西厢记诸宫调》殊与日本戏剧相似，可为佐证。举此数端便知中日古典戏剧实同出一源，可以彼此磋商研究。"守田致答词，再三感谢我父亲的协助，并颂扬日中两国人民的友谊。当天下午，守田座在中山公园来今雨轩开答谢会，并演出了日本三弦不扇等余兴节目。

在日本剧团即将返回之前，父亲又嘱咐我母亲福芝芳到大栅栏谦祥益绸缎庄购置衣料，为守田座全体男女演员 70 余人赶制每人一套中国服装相赠，以资纪念。

守田座在 8 月 25 日离京回国，父亲又率领演员前往车站欢送。守田勘弥、村田嘉久子和全体日本演员都穿上了我父亲所赠的华服，个个喜形于色，十分引人注目。日剧团首次访华卖座如此之佳，出乎日方意料之外，一致认为我父亲为日中友好和文化交流起了有力的促进作用。当时，他们还在北京《顺天时报》8 月 25 和 26 日连登了两天感谢启事，原文如下：

敬启者　勘弥等联袂　上都，薄陈小技，仰荷青盼。锡以殊荣，银杯耀采，天花纷馥，载倾旨酒，既饫盛筵，又承枉送。临歧翘首，未克

---

① 冯耿光当时为中国银行董事长，1966 年病逝于上海。

造辞，回望长安，不尽依依之感。尚祈时惠教言，藉匡不逮，谨具芜词，敬申谢悃。

村田嘉久子

日本剧团　守田勘弥　载拜

山森三九郎

守田勘弥和村田嘉久子等回到东京后不久，东京俳优组合（即戏剧家协会）会长中村歌右卫门①和副会长尾上梅幸②又寄来一封亲笔签署的感谢词给我父亲再次表示谢意：

今年八月下旬本组织干部守田勘弥率领一剧团往贵国大都进行公演之际，幸蒙大力支援，获得望外之誉而衣锦还乡，实为我国演剧史上值得大笔记载之快事，亦系授与日本演员之桂冠，坚信在艺术上打开了中日友好之门。为此，本组织同人等向阁下之深厚情谊，谨致深切谢意，并祝愿今后有更为友好的往来。

此致

梅兰芳阁下

东京俳优组合

中村歌右卫门　同敬

尾上　梅幸

大正十五年十月吉祥日

① 中村歌右卫门，日本歌舞伎俳优，至今为六世，屋号成驹屋，三世前为加贺屋。此处指五世，俳名魁玉（1865—1940）。

② 尾上梅幸，尾上菊五郎六世之俳名（1885—1949），大正、昭和时期名优，1930年创立日本俳优学校，著有《艺》一书，在艺术界活动极广，成为艺术院会员，曾得文化勋章，对日本歌舞伎的发展影响很大。

1929 年冬，守田勘弥和村田嘉久子又穿上我父亲所赠的中国服装，亲至码头迎接访美途经日本的梅兰芳剧团。

中日两国艺术家辛勤培育的友谊之花，本已含芳吐艳，遗憾的是不久就遭到了日本侵华战争的铁蹄践踏，父亲和日本歌舞伎演员的联系也中断了。直到建国后，两国人民这朵友谊之花才在 50 年代中期再度开放。父亲在 1955 年热情欢迎来访的市川猿之助率领的歌舞伎团。1956 年，他又受周总理的委托，率领中国京剧团赴日访问演出，再次见到了日本戏剧界的许多老朋友。此时守田勘弥已经故去，村田嘉久子虽然已经退休，还是不辞劳苦地亲到机场迎接，并且在一次座谈会上与中国朋友畅叙了旧日友情，两国艺术家重聚一堂，绵绵友谊似海深。

1979 年年初，我在北京剧场里观看了日本歌舞伎访华使节团的演出，其中有一出《镜狮子》是今日被称为日本的“梅兰芳”——尾上梅幸先生主演的。他就是 1926 年写感谢信给我父亲的东京俳优组合副会长尾上梅幸先生的儿子。他那炉火纯青的表演达到了极高的艺术境界，其中的各种舞蹈，诸如“山崎小调”、“徒手舞”、“小扇舞”、“双扇舞”以及狮子精和蝴蝶精戏耍的气势豪放的舞蹈，均赢得了中国观众极为热烈的掌声。最近《北京晚报》（1980 年 7 月 11 日）登载了欧庆林先生写的一篇题为《会见日本的“梅兰芳”》的文章，里面提到“尾上先生的一家，可以说是歌舞伎之家。他的父亲和叔父都是演歌舞伎的，他的儿子现在也深深爱上了这个艺术。他从六岁开始登台学艺，到今年整整演了六十年的戏。他很熟悉和欣赏中国梅兰芳所唱的京剧，在手、眼、做等舞台功夫上，吸收了梅兰芳的许多艺术技巧和长处……尾上先生的父亲和叔父与梅兰芳交往很深，梅兰芳到日本，尾上先生的父亲和叔父曾多次看过他的演出”。确实，尾上梅幸先生对京剧是非常热爱的，就在这次访华演出之际，特别提出要求观看我弟弟梅葆玖的演出，葆玖就为他们演了《穆桂英挂帅》中的“捧印”一折。看完之后，尾上先生等日本歌舞伎演员感到十分欣慰，上台向葆玖致谢，并询问了京剧中男旦的前途与培养问题。尾上先生在听到葆玖说他是末一代男旦时感到十分惋惜，殷切希望京剧中这一古老传统能像歌舞伎那样延续下去，即使不能大量培养，也应允许少量存在，语气十分中肯。

1980年年初，父亲的女弟子李玉茹女士成功地把日本歌舞伎的《镜狮子》移植为京剧上演，展现了歌舞伎优美典雅的舞蹈场面，同时也使中国观众再次观赏了日本的古代生活画面，看到了日本人民的勤劳、勇敢和卓越的艺术创造力。

我衷心祝愿中日两国艺术家的友好往来与日俱增！

1978年5月31日初稿

1980年11月5日修改

50年前京剧艺术风靡美国

（一）美、雅致、崇高

——美国剧评家对京剧艺术的评论

1930年2月16日，纽约百老汇第四十九街剧院上演了中国京剧，这是京剧演员首次在美国舞台上出现的记录。当时恰遇美国经济大萧条时期，但绚丽多彩的京剧艺术却丝毫未受影响，依然吸引了美国人民广泛的注意。首次演出后即受到观众热烈的欢迎，三天后剧院就将两个星期的戏票全部预售一空，当时最高票价为5美元，据说有人转卖时竟抬高到18美元。京剧艺术的魅力可谓大矣！

那年，我的父亲梅兰芳36岁，早就有意将京剧艺术介绍给美国人民，同时也可以去考察一下国外的戏剧情况。他经过七八年个人艰辛的筹备，终于在1929年冬率领梅剧团远渡重洋。全团共24人，其中包括王少亭、刘连荣、朱桂芳、姚玉芙和李斐叔等演员7人，乐队徐兰沅、孙惠亭和马宝明等8人；队伍精干，演员一人需兼多角，乐队成员有时也得粉墨登台，著名的胡琴圣手徐兰沅先生就曾在美国舞台上扮演过《打渔杀家》里的教师爷。但是，带去的剧目却也丰富多彩，计有《芦花荡》、《青石山》、《打城隍》、《空城计》、《汾河湾》、《贵妃醉酒》、《打渔杀家》、《春香闹学》、《刺虎》、《虹霓关》、《廉锦枫》、《天女散花》和《霸王别姬》等剧，以及剑舞（《红线盗盒》）、羽舞（《西施》）、杯盘舞（《麻姑献寿》）、镰舞（《嫦娥奔月》）、袖舞（《上元夫人》）等舞蹈节目。每晚编排的节目大致轮换如下：

《贵妃醉酒》、《芦花荡》、羽舞（《西施》）、《打渔杀家》

《汾河湾》、《青石山》、杯盘舞（《麻姑献寿》）、《霸王别姬》

《春香闹学》、《青石山》、袖舞（《上元夫人》）、《天女散花》

全团在美国访问了西雅图、纽约、芝加哥、华盛顿、旧金山、洛杉矶、圣地亚哥和檀香山等城市，总共演了 72 天戏，历时半年之久。各城市都有以市长为首的知名人士数十人组成的赞助会盛情接待，例如抵达旧金山时，车站有数万群众闻讯赶来欢迎，市长小卢尔夫（James Rolph，Jr.）也亲自前去迎接，并在站台外面的广场上致欢迎词，全场掌声雷动，情绪热烈。随后，市长又亲自陪同我父亲乘车前往当地的大中华戏院参加“欢迎大艺术家梅兰芳大会”。父亲还曾应邀到华盛顿为政界人士演出一场专场，除胡佛总统因公外出未在华府外，国务院官员及各国使节等 500 多人出席观看，一致称赞不已。前总统威尔逊的女婿，曾任财政部长的麦克杜先生（W. G. McAdoo）还把一套美国各届总统的铜制纪念章 24 枚隆重地赠给我父亲留作纪念。

文艺界更是热烈欢迎。父亲同贝拉斯考（Belasco）、斯达克·杨（Stark Young）等戏剧家，卓别林、范朋克和玛丽·璧克福等电影演员，露丝·圣·丹尼斯（Ruth St. Denis）和泰德·肖恩（Ted Shawn）等舞蹈家，结下了深厚友谊。不少画家和雕塑家纷纷要求画像或塑像，洛杉矶有位塑像家还特地来给我父亲的手塑了几种美妙的姿势。纽约剧界总会邀请梅剧团全体入会作为会员，这在该会的活动中也是颇为罕见的。

学术界也极为重视那次访问演出，许多大学校长和教授前往剧场观剧，认为京剧艺术极富文学艺术价值。哥伦比亚大学、芝加哥大学和旧金山大学举行

梅兰芳在纽约出席各界人士的欢迎宴会

座谈会，邀请我父亲前去讲话。南加利福尼亚大学和波摩拿学院两家学府授予他以文学博士荣誉学位，高度评价了他的表演艺术，同时感谢他介绍东方艺术，联络中美两国人民的感情，沟通世界文化所尽的力量。

观众的欢迎更是友好热烈，每场演出结束后至少要叫帘 15 次。纽约最后一场演出闭幕后，观众久久舍不得离去，后来要求与我父亲握手，父亲欣然同意，于是他们排成长行，挨个从右边上来握手，左边下去，一直持续了几十分钟之久仍不见结束，原来有不少人下去后又排队转上来再握一次。

京剧艺术真是风靡了美国。街谈巷议的主题之一，在那半年，就是京剧和梅兰芳。纽约有家商店借京剧的华丽行头摆橱窗展览，另外有一个“鲜花展览会”把其中一种新花定名为“梅兰芳花”。檀香山的土著民族在一次欢迎会上特用他们的语言编制一首《欢迎梅君兰芳成功歌》，后来又在我父亲乘船回国时，在码头上歌唱另一首新编的《梅兰芳歌》欢送，友情至为深厚感人。

特别值得一提的是旅美侨胞的深情厚谊。他们在那半年热情地协助剧团，指导照应，无微不至，其中有不少人陪伴剧团参观名胜、学校、工厂等地。他们都为祖国优秀的京剧艺术在美国演出获得成功而感到光荣，侨胞们热爱祖国和她的文化艺术，他们的情意使我父亲深受感动。

50 年前那次访美演出之所以成功，看来不光是因为美国人民的好奇，而必定是因为京剧艺术独特的风格和我父亲精湛的表演引起了他们的重视。当时许多知名文艺评论家纷纷著文加以评论，大都是对京剧艺术表示赞赏，他们的欣赏和理解的水平也是相当高的。下面简单介绍一下他们对京剧艺术的评论。

京剧艺术深邃高超

京剧具有古老而优秀的传统，这一点激起了一些美国剧评家的感触。他们在这一剧种面前感到谦卑，感到本国的戏剧没有根基，演员也缺乏基本训练，似有相形见绌之感。

著名的文艺评论家斯达克·杨（Stark Young）在一篇题为《梅兰芳和他的剧团的节目》① 的文章中说："在一个属于古老民族的传统艺术和一个被他们的人民承认为伟大的艺术家面前，我们大多数观众必定会感到谦卑……梅兰芳的表演使我足以见到这是本季度戏剧的最高峰，也是自杜丝②的访问和莫斯科艺术剧院上演契诃夫戏剧以后任何一个戏剧季节里的最高峰。"

另一剧评家罗勃特·里特尔（Robert Littell）说："昨夜看到中国最著名的演员梅兰芳介绍京剧给美国观众，这是我在剧院里度过的一个最奇妙而激动人心的夜晚。我也许只懂得其中的百分之五，而不了解其他大部分，但这足以使我为我们的舞台和一般西方的舞台上的表演感到惶恐谦卑，因为这是一种以令

---

① 《新共和》1930 年 3 月 5 日一期。

② 爱丽奥诺拉·杜丝（Eleonora Duse，1859—1924），著名意大利演员，14 岁开始演戏。曾主演莎士比亚、易卜生和萧伯纳等作家的剧本。她以演技简练而不矫揉造作著称，受到萧伯纳的高度赞扬。

人迷惑而撩人的方式使之臻于完美的、古老而正规的艺术，相比之下我们的表演似乎没有传统，根本没有旧有的根基。”

至今健在的知名文艺评论家布鲁克斯·阿特金逊（J. Brooks Atkinson）当时也曾称赞道：“梅先生和他的演员所带来的京剧几乎跟我们所熟悉的戏剧毫无相似之处；语言上的障碍，若同完全异国情调的艺术的障碍相比，则变得微不足道了。这种艺术具有它独特的风格和规范，犹如青山一般古老……但它却像中国的古瓷瓶和挂毯一样优美。如果你能摆脱仅因它与众不同而就认为它可笑的浅薄错觉，你就能开始欣赏它的哑剧和服装的精美之处，你还会依稀觉得自己不是在与瞬息即逝的感觉相接触，而是与那经过几个世纪千锤百炼而取得的奇特而成熟的经验相接触。你也许甚至还会有片刻痛苦的沉思：我们自己的戏剧形式尽管非常鲜明，却显得僵硬刻板，在想象力方面从来没有像京剧那样驰骋自由。”①

E. V. 威耶特（Wyatt）著文分析京剧里戏剧和舞蹈从不分离后，感叹道：“我们的演员，很可惜没有像德国和中国演员那样受过最高形式的舞蹈训练。”

“中国早在几百年前就已听见‘旁白’”

当时美国著名剧作家尤金·奥尼尔在1928年所写的剧本《奇妙的插曲》里首次在现代西方戏剧中运用了“旁白”的手法，即剧中的思想不断用“旁白”加以揭露，有别于正常的对白，引起了观众的极大兴趣，曾轰动一时。但中国京剧访美后，他们惊讶地发现这在中国古来就有，毫不足为奇。

《洛杉矶审查报》1930年5月1日以《中国早在几百年前就已听见“旁白”》为题发表文章说：“尤金·奥尼尔在《奇妙的插曲》里运用了‘旁白’这一新颖手法，在当代戏剧中掀起一阵争先仿效的时髦的狂热。中国伟大的演员梅兰芳解释道，这种阐明情节的手法，作为京剧的主要组成要素之一，早已

① 《纽约晚邮报》1930年2月17日。

存在几百年的历史了……演员当着其他两三个人的面讲出来的‘旁白’（即京剧里的‘背供’——笔者注），在东方舞台上是用来表露一个人的感情或秘密。在京剧里，演员突然十分激动就以面部表情或哑剧动作来表达自己的心情，如果这种激情复杂得难以用这种方式来表达，这位演员就举袖遮隐来念白或歌唱，或急步走至台的一端。这种动作清楚地表明台上其他的人并没有听到他所说的话。”

京剧酷似希腊古剧和伊利莎白时代的戏剧

斯达克·杨当时在纽约曾到纽约客饭店里拜访过我的父亲，谈起他看了京剧之后，联想到了希腊古剧和伊利莎白时代的戏剧，使他茅塞顿开，解决了戏剧研究中的一些疑团，对希腊古剧的组织法进一步加深了理解，为此感到十分欣喜。[①] 他发现我父亲在美国演唱时似乎不敢用力唱，有点迁就美国人眼光心理之处，他督促我父亲应该尽力发挥京剧的原有特点，因为许多人都是为研究东方艺术而来观剧的，所以应该按照中国戏剧规定的演法，越发挥得彻底，观众越欢迎越感到兴趣的。

后来，他在一篇题为《梅兰芳》[②] 的文章里说：“令人感兴趣的是我们注意到希腊古剧和伊利莎白时代的戏剧同京剧颇为相似……京剧对希腊古剧作了一种深刻的诠释，因为那些使人联想到希腊的特征，以一种自然的思考方式，一种深刻的内在精神，体现在中国戏剧里。两者之间不仅有显著的相似之处，诸如男人扮演女性角色，中国演员常常勾画的具有传统风格和定规含义的脸谱，同雅典戏剧中实在的面具几乎没有多大的区别，布景都是很简朴的，而且在思想和精神深处的特征方面也有相似的地方。登场、退场和舞台上的动作都有固定的样式，利用真正的舞蹈为艺术手段，音乐伴奏作为戏剧的基础，运用音乐加强气氛，感情需要充分加以表达时即引吭高歌。道白、歌唱、音乐、舞蹈和

---

① 详见齐如山《梅兰芳游美记》。

② 《戏剧艺术月刊》第 14 卷，1930 年 4 月。

舞台装置熔为一炉，形成一种综合的艺术。常规的情节基于熟悉的样式，诸如相逢、别离、讽喻、论辩等情节场面，尽管都是固定程式的，但由于具有类似我们的许多音乐形式，处理的方式极其巧妙，依然使人喜爱赞赏。这里面包含着对样式的探索，个人感情从属于激情的提炼和谨严的原则。它自始至终贯穿着一种独特风格，具有一种探求美、雅致或崇高的意向。”

他还写道：“伊利莎白时代的戏剧和京剧也十分明显地相似，外表或多或少相像。情节场面固定，如你恰好看到的那样，有一些朴实的或并不朴实的道具和常规惯例。伊利莎白时代的戏剧中有矮树丛充当森林，京剧中有马鞭代替一匹马，四个龙套表明千军万马，舞台上任意确定的位置表明不同的场所等等。还有定场诗，京剧演员上下场都念两句诗，就像莎士比亚戏剧中每场常以类似下列两行诗来表明结尾一样：

这是一个颠倒混乱的时代！唉，倒霉的我，却要负起重整乾坤的责任！①

另外还有男人扮演女性角色，散文和韵诗可以交错转换，一出戏随便写多少场都可以。”

京剧艺术具有现实主义成分

京剧常被人误解为非现实主义的艺术，表演程式化啦，太不写真啦，太不自然啦，等等，而斯达克·杨先生则独具慧眼，颇有卓见，他认为京剧中的表演非常的真实，不过不是写实上的真实，而是艺术上的真实，使观众看了觉得比本来的真实还要真实。

他说：“中国京剧常被说成是完全非现实主义的艺术，性质上也彻底理想

① 莎士比亚：《哈姆莱特》第一幕第五场结尾。

化。这在笼统的意义上来说可能是对的，但是我们应当避免由此而导致错误的结论。梅兰芳的戏剧艺术并非完全没有现实主义的成分，它并不具有立体派绘画、抽象的阿拉伯装饰或几何舞蹈设计所具有的那种含义。跟它确切相似的是中国绘画和雕刻。遗留在我们记忆里的是对它们的抽象化和装饰性的印象，但是我们往往对那种精确性感到惊讶；自然界，一片叶子，一束花朵，一只鸟，一只手，一件斗篷，都被观察得极为精确细致，同时我们也对它们那具有特征的细节所呈现的使人眼花缭乱的色彩缤纷标志感到惊奇。这种精确的标志绝妙地镶嵌在整个艺术之中，这种艺术臻于完美而理想，犹如梦境一般迷人。就拿他们的普通绘画和小型雕像来判断，中国人对这种结合着传统、规范和抽象样式的、机敏的现实主义而感到的喜悦，想必是相当强烈的。我们听到有人说梅兰芳的艺术完全是非现实主义的时候，应该记住上面所说的这一点。我们还应该记住我们要向中国戏剧艺术学习的一点，不是需要非现实主义或其相反的东西，而是要学习它在每一部分中所运用现实主义的精确度。手势、念白、表演，甚至争论甚多的旦角使用的假嗓，以及动作等等，尽管都与现实有一定距离，但也可以说，这种艺术取得了一种风格上完整的统一。”

R. D. 斯金南（Skinnen）也在1930年3月号的《公益》杂志上说：“中国的古典戏剧至少有七百年未中断的传统作为后盾。某些手势、服装和化妆的细节和某些道具都达到了一种体现某些极易理解的现实的地步，清楚得就像印制的标签。我了解梅先生反对用‘象征主义’这个字眼来形容这些常规惯例，而宁取‘典范化’这个字眼，主要因为西方文化中的象征主义具有他所认为的一种比较粗糙的东西。他觉得京剧的常规是从某些现实中抽取其主要样式而得出的结果，而西方的象征主义则比较更侧重于以某种迥然不同的客体来体现某个对象或某种感情。这足以使我们承认京剧旨在表达行动或感情中最普遍性的成分，使它们同特定的时间、地点或形式不加混淆，这种努力即使在西方人的心目中也是成功的。”

上面所综述的一些评论只是笔者从手头现有的资料中摘译的一部分，挂一漏万，极不全面，但已经可以从中看出美国文艺评论家当年给予京剧艺术的评价是相当高的，并认为其中有许多可资他们的戏剧学习借鉴的地方。这些评论虽已相隔50年，今天重读仍感到颇为中肯而有启发性，尤其是使我们感到祖国有这样一种具有优秀传统的剧种而自豪。

1949年新中国成立以后，京剧和其他地方剧种曾在“百花齐放，推陈出新”的方针指导下取得可喜的提高和发展，剧团每次出国访问都为祖国赢得了荣誉。但不幸在1966至1976那十年当中，京剧艺术却遭到了“四人帮”的妄自菲薄和疯狂摧残，不少很有成就的老艺人惨遭迫害致死，硕果仅存的老艺人也已屈指可数，更有后继乏人之忧。这样一份在国际上享有盛誉的、宝贵的民族文化遗产，确实有必要加紧抢救和整理，加速培养新人才，使其不至于湮灭。相信经过广大文艺工作者的同心协力，京剧艺术终究会重整旗鼓，继续发扬光大，在世界戏剧舞台上焕发出更加“美、雅致和崇高”的光辉。

（二）艺术使节

——美国剧评家对我父亲的表演的评论

> 最后一周啦！——梅兰芳在下星期六将作最后一场演出。你如果还没看过他的表演，再错过这最后一次机会，迟早会后悔的。将来你的孙儿孙女围在你腿上盖着的方格披毯的周围，震耳欲聋地嚷道：“爷爷，给我们讲讲那位出名的中国演员吧，他当年怎样来到美国，怎样用他那精巧别致的手势克服了语言上的障碍。”你如果能对《贵妃醉酒》含含糊糊地称赞几句，另外把另一出戏里的渔夫和他的女儿怎样在一条想象中的船只上摇摆的身段比划给他们看，你的小宝贝们就会心满意足地跑开，让你继续消消停停地阅读你那本《戏剧协会五十周年纪念集》。

这段饶有兴味的话摘自美国剧评家罗勃特·里特尔（Robert Littell）1930年所写的一篇文章。

当年看过我父亲访美演出的观众，如今健在的，确实都成了爷爷奶奶辈。前些日子，年逾七十的檀香山老华侨杨素女士和她的丈夫回国观光，特地来看望我的年迈的母亲，因为杨女士当年担任过我父亲访美演出时的特邀英语报幕解说员，父亲生前多次称赞她讲得一口流利的英语，对于当时美国观众理解京剧艺术起了很大的作用。杨素女士这次带来她同我父亲在美国合影的一张照片，送给我们全家留念。她不胜怀念地指点给我的女儿红红看，“这个漂亮的年轻人就是你爷爷。喏，这是你的老奶奶——我！40 年啰！”她那位 84 岁、耳不聋眼不花的老伴黄先生，在一旁纠正道：“亲爱的，你记错了，快 50 年啦！”杨女士惊叹一声，“噢，我的上帝，可不是嘛！”

杨素女士的莅临，使我们全家不禁想到今年正是我父亲访美 50 年纪念日。光阴流逝得多么快呵！

早在 20 年代初，父亲就有意访美，他经过七八年个人艰辛的筹备，终于在 1929 年冬一切就绪，即将启程，却遇到美国开始经济大萧条。一些好心的朋友劝他放弃行程，有的悲观地估计京剧在那种时刻不大可能受到美国观众的欢迎，最好别去冒风险，有的还推测我父亲到达纽约最多能演三场，每场能售出一半戏票就算不错了，名誉和经济都会因此而受到莫大损失。父亲当时 36 岁，邀请几位好友共同商量作出决定；他先默默不语地坐在一旁倾听意见。大家议论纷纭，莫衷一是，最后父亲沉思片刻，站起来斩钉截铁地只说了一个字：“去！”

父亲的意志相当坚决，他并非要去美国淘金，而只希望通过他的介绍，能使中国的古典京剧艺术跻于世界戏剧之林，即使自己蒙受重大的损失也在所不惜。实践证明他是很有信心、魄力和识见的。中国京剧演员有史以来首次在美国舞台上演，果然取得了很大的成功；在纽约演出的第三天之后，两个星期的戏票就全部预售一空，后来又续演了三个星期。梅剧团一行 24 人，访问了许多城市，历时半年之久，每到一处均受到各界人士的热烈欢迎，盛况空前。许多知名的文艺评论家著文评介，一致赞扬，我已经在前一篇文章里概述过他们对京剧艺术的独到见解和高度评价，这里再谈一谈他们对我父亲的艺术表演的评论。

父亲那次访美上演了《打渔杀家》、《汾河湾》、《贵妃醉酒》、《霸王别姬》、《刺虎》、《春香闹学》、《天女散花》，以及《上元夫人》的绸舞和袖舞、《西施》的羽舞、《嫦娥奔月》的镰舞、《麻姑献寿》的杯盘舞和《红线盗盒》的剑舞等具有代表性的、丰富多彩的节目。评论家赞叹道："梅兰芳涂以胭脂红的浓妆是我在剧院里见到的最美的……那双遐迩闻名的手同菩蒂彻利①、西蒙·马蒂尼②和其他十五世纪画家笔下的手奇妙地相似……而且受到中国演员的艺术规范和舞蹈的令人难以置信的严格训练。"③ "他的嗓子本身尽管有奇特的假音，却具有特殊美的音色。"④ "他的一双眼睛极富表情，脸上敏感地流露出每一瞬间闪现的感情，变化多端。"⑤

"他扮演旦角，但是我们毋宁说那是一位阿芙罗狄蒂⑥，或者也许是一个像特洛伊的海伦那样美貌的女子。"⑦ "梅先生运用他那具有素养的天赋，使整个其他戏剧黯然失色。"⑧

"演员、歌唱家和舞蹈家三位一体"

京剧把戏剧、歌唱和舞蹈这三种艺术结合得十分巧妙而严密。

罗勃特·里特尔在1930年2月17日的《纽约世界报》上发表文章说：

> 梅兰芳在舞台上出现三分钟，你就会承认他是你所见到的一位最杰

---

① 即桑德罗·波提切利（Sandro Botticelli，1444—1510），意大利画家，佛罗伦萨派，著名的画有《维纳斯的诞生》等。

② 西蒙·马蒂尼（Simone Martini，1283？—1344），意大利画家，锡耶纳派，以壁画著称，最著名的一幅是1315年在锡耶纳绘的圣母玛利亚像壁画。

③ 桑德罗·斯达克·杨：《梅兰芳和他的剧团的节目》，《新共和》1930年3月5日一期。

④ 约翰·马丁在《纽约时报》1930年2月23日发表的文章。

⑤ 约翰·梅逊·布朗在《纽约晚邮报》1930年2月17日发表的文章。

⑥ 阿芙罗狄蒂，希腊神话中的爱与美的女神，相当于罗马神话中的维纳斯。

⑦ 查尔斯·尤金·班克斯在檀香山《火奴鲁鲁报》上发表的文章。

⑧ 盖尔·鲍顿在《芝加哥每日论坛报》1930年4月发表的文章。

出的演员。演员、歌唱家和舞蹈家三位一体，结合得那样紧密无间，你简直看不出这三种艺术相互之间存在什么界限，这在京剧里确实是浑然一体而不可分解的。你看他在舞台上表演，会觉得自己仿佛置身于一个古老的神话优美和谐而永恒的领域里。你忘记他是按照古老的习俗在扮演旦角，在用奇妙而令人难以抗拒的假嗓歌唱。你忘记了一切，仅剩下他所绘制的一幅优美的图画，每个富有表情的姿势都像中国古画那样浓重而细腻，单单服装和容貌看上去就十分美丽，充满极其微妙的庄严和宁静。然后，你就会想到我们自己表面化的即兴表演，昨天产生，明天就会显得陈旧了……你至少在首次惊讶而欢乐地接触到他的艺术时，难以用言语来形容……像这样的艺术过去在纽约压根儿就没有看见过。

当时在美国文坛上很有影响的戏剧家和文艺评论家斯达克·杨，从不轻易著文，但在1930年4月一期的《戏剧艺术月刊》上却写了一篇题为《梅兰芳》的长达15000字的文章，热情洋溢地全面论述了京剧艺术和我父亲的表演。在谈到我父亲的艺术特征时，他说：

梅兰芳拥有四百个剧目。他对中国艺术有很深刻的研究，促使戏剧、音乐和舞蹈中许多古老形式得以复兴，而且通过他的机智和天赋，把它们同他祖国的现代戏剧艺术相结合，例如，他把中国古典舞蹈配以近代音乐。他把中国传统中迄今分为不同行当的闺门旦和花旦的表演风格相结合，而且得心应手地从这两者之中汲取精华，以这种融合灵活地丰富和扩大他所刻画的人物的形象。他创建了一个流派或者一种传统，其中包括戏剧、服装、音乐、现实主义、风格、道白和歌唱等等因素在内。我们可以说，在我们听来，他的音乐尽管多么陌生，他的嗓音作为一种表演艺术的媒介，却显然表达了一种十分了不起的柔和、响亮而富有戏剧性的音色；他那种控制肌肉的能力基于舞蹈和杂技的训练，是卓越非凡的；面部表情准确而且提炼到我们在优美的京剧中所见到的那种谨严而纯净的地步；两只眼睛比一般中国人的稍大些而极富表情；两只出名的手十分纤细，而且在他那种艺术的传统和复杂的动作应用中，受过严格的训练。他中等身材，鹅蛋脸，作为他许多身段的枢纽的腰部柔软而结实，受过彻底的锻炼。他在台上对于周围的活动是那样明显地相应配合，并且对于观众的反应也是那样几乎不可思议地敏感，以至这种神经上的协调成为他的魅力的主要根源之一。

“艺术上端庄正派”的“风格大师”

评论家吉尔伯特·赛尔迪斯（Gilbert Seldes）看过首场演出后认为美国观众能够欣赏到的“是这位演员特殊的体质，他对身躯绝对有把握的掌握和控制能力，他那对异常敏感的眼睛和一双灵巧的手，他那完整的表演特色，和他那一直深入角色的情绪。尽管样样似乎都是陌生的，其中一样至少是非常陌生的，因为它在我们国内不常见，那就是艺术上的端庄正派。尽管你对他的剧情和表演了解不多，可是你会觉得梅先生在表演上从来没有降低要求，从来没有不适当地加以渲染，或者舍弃他为自己所制定的高标准”①。

另一评论家约翰·梅逊·布朗（John Mason Brown）写道：

你不需要花多大工夫就能认识到梅兰芳是一位多么罕见的风格大师，他作为一名演员，天赋是多么的非凡。他以变化多端的表演方式揭示他那炉火纯青的艺术，这表现在他所完成的各种手势的方式上，表现在他用极其优美的手势摆弄行头而出现每个新位置时手指的细纤的姿式上，表现在他运用身躯的准确性上，同时也表现在他的一切动作都显然流露出美丽的图案上。②

---

① 《纽约晚邮报》1930年2月17日。

② 《纽约晚邮报》1930年2月17日。

“舞蹈优美，表情细腻，节奏和谐”

著名的舞蹈评论家玛丽·瓦特金斯女士（Mary F. Watkins）在1930年5月的美国《舞蹈》杂志上评论《霸王别姬》中的剑舞时说：

> 梅先生的剑舞是灵巧熟练而优美的艺术杰作，其中形式和象征性紧密结合，而整个舞蹈又没有受到它们的干扰。

另一位评论家威廉·鲍里索（William Bolitho）更给予我父亲的舞蹈以极高的评价：

> 对我来说，梅兰芳首先是个舞蹈家，在这方面我毫不怀疑地把他列入最有成就的舞蹈家的行列中……我在看他表演《红线盗盒》的剑舞时，冷静地思考到他的舞蹈已经达到一种最高的境界。①

乔治·瓦伦（George C. Warren）在评论《春香闹学》一剧时说：

> 他在这出精巧的喜剧里扮演一个活泼顽皮的侍女，进一步证实他对自己的表演艺术所掌握的高深程度。他的脸流露出各种不同的表情，每一瞬间的感情，每一动作，每一瞥都蕴藏着含义，真值得加以研究。人们忘记这是一个男人在刻画一个姑娘的性格，所表现的妇女心情和动作可说是惟妙惟肖。②

“我注意到梅兰芳在表演当中自始至终身体的节奏感完整和谐，”斯达克·

① 威廉·鲍里索在《纽约世界报》1930年2月20日发表的文章。
② 乔治·瓦伦在《加州里威赛得企业报》1930年5月14日发表的文章。

杨说，“如果右手做个手势，不仅由右肩出发（我们在这里附近各处看到的表演，大多数连这一点都没有做到），而且影响到左肩，以便整个身躯呈现一种恰如其分的相应节奏感。头部在脖端敏感活跃，不时移动，一个微细的动作可能常被观众所忽略，就跟我们常常忽视精美的雕刻中所显现的，状似颤动的线条和平面那个道理一样。梅兰芳应用他那超过手腕的长长的白水袖的功夫，被中国观众视作他的成就中的一个高峰。一个外国人只有对他的艺术经过一段长时间的熟悉，才会发现这种水袖应用之广泛，出现种种规范和多端的变化，但是他运用水袖而产生的舞蹈美和戏剧性气氛是显而易见的……你可以看到他那水袖扬起，就像一只白鸽那样展翅飞翔，你甚至可以听到翅翼发出的啪啪作响声；他表演得如此细腻完美，使你简直不敢相信这真会发生似的，而这一切又确实以极其自然而富有精巧设计的图案的方式表演出来了，甚至连舞台上所规定的位置也准确得分毫不差。”

“并非单纯模仿女子，而是以艺术手段再创造妇女的形象”

关于京剧中男扮女这个问题，美国剧评家们认为这跟希腊古剧和英国伊利莎白时代的戏剧相似，我已经在前文中简略叙述过。他们还认为我父亲扮演的旦角并非模仿真女子的动作，而是以艺术手段再创造女子的神情仪态。这里再引证他们的几段原话：

> 梅兰芳并没有企图模仿女子。他旨在发现和再创造妇女的动作、情感的节奏、优雅、意志的力量、魅力、活泼或温柔的某些本质上的特征，而从这些方面来扮演一个人物，稳妥地富有女性的特征，而以舞蹈方式再现，诗意盎然。……有人告诉我们注意这位演员如何模仿女子和她的各种感情。语言是软弱和从属的东西，没有什么比这种说法更混淆不清的了。首先，这里并没有任何模仿女人的企图。旦角在京剧里是最重要的，而他扮演旦角，只是力求传达女性特征的精髓，连带所有的优

美、深刻的感情、温柔和力量的节奏。（斯达克·杨语）

说梅先生是个“扮演女性者”，当然会使那些没有看过他的表演的人用美国一般的概念来理解，从而造成错觉。他确实扮演女子，但是他所扮演的不是一般妇女的形象，而是中国概念中的永恒的女性化身。处处象征化，却具有特定和使人易于理解的含义。这位男演员完全融合在他所创造设计的图案中，正如一位萨金特①或干斯巴罗②那样的画家，使他们的男性融合在他们所绘制的女性的肖像中去那样，具有异曲同工之妙。［阿瑟·卢尔（Arthur Ruhl）语］

梅兰芳扮演旦角，但是梅先生的表演不是模仿女子，而是在创造本质和意象——柔顺、和谐、秀丽、高雅、栩栩如生的特征。（布鲁克斯·阿特金逊语）

中国文化的使节

斯达克·杨先生在我父亲访美两年后又在《新共和》杂志上发表一篇题为《艺术使节》的长文，十分怀念地追忆当时的盛况，文章的结尾说：

我不仅认为梅兰芳是我在剧院里所见到的最完美的艺术家，他的整个艺术形式畅晓明朗，而且也觉得他是我在艺术界所遇到的一种最纯净的精神，一位艺术上登峰造极的专家；他为人通情达理而纯朴，渴望见识外国舞台上所能显示的新形式和风格，但又一刻也没有被它们所迷惑。他同张彭春博士和齐如山教授洞察到外国的东西，除非根据中国的传统和思想来加以创新，否则就没有什么能对中国有用，不会取得进展

① 即约翰·辛格·萨金特（John Singer Sargent，1856—1925），美国画家，以画精美的肖像著名，也画水彩画，曾为波斯敦公共图书馆和美术博物馆作壁画。

② 干斯巴罗（Gainsborough，1727—1788），英国画家。

（设若其结果是进展的话），也就一无所获。

他接着说：“梅兰芳习惯于每周仅演三场戏，而在这里却不得不演八场。他带来四十五个戏箱，里面装的行头足能上演两百出戏。我记得后台成行排列着那些箱子，只有三个允许打开来供人观赏，那些服装只供一小部分剧目所用，但是为了适应我们的制度，这些剧目不得不一再重复上演。他在北京家里，作为诗人、音乐家、武术家、舞蹈家、艺术品收藏家、学习古典文学的学生，过着宁静的生活，而来到这里却担负极为繁重的舞台表演，几乎到了精疲力尽的地步，还要出席无止尽的应酬活动。他和他的两位朋友回国之前，疲劳得脸色苍白，但我仅有一次听到他们暗示累了。我只想指明梅先生和他的剧团成员一直把他们自己视作中国文化的使节，并指出他们为此而付出的巨大劳动的程度。”①

评论家 R. D. 斯金南（Skinnen）认为“梅兰芳的艺术无疑超越了东西方之间所存在的障碍”②。

著名的美国舞蹈界老前辈泰德·肖恩（Ted Shawn）先生觉得“在培育艺术经验和从事艺术教育方面，你可以从梅兰芳那里学到一些不可估量的、宝贵而独特的东西”。

上述这些评论过去一直没有被翻译过来，我在这里便不厌其详地摘译了其中一部分，当然极不全面，但从中已经可以看出 50 年前美国文艺评论界对京剧艺术和我父亲的表演给予的评价是相当高的，这些评论无疑对我们研究京剧艺术史至今仍有一定的参考价值。

母亲拿起杨素女士赠送的那张照片，一边看，一边回忆 50 年前的情景，对我说：“你爸爸那年从美国回来确实瘦了不少。但是还有一件事外人很少知道，那次访美演出虽然场场客满，按说足够一切开销，可是因为同去的一位会计工作失职，结账时却反而使你爸爸亏损了一大笔款子，大约 8 万块钱。后来他在

① 斯达克·杨：《艺术使节》，《新共和》1932 年 4 月号。

② R. D. 斯金南在 1930 年 3 月《公益》杂志上发表的文章。

梅兰芳访美时由北平乘车至天津换乘轮船，夫人福芝芳同船送行至上海，这是两人在轮船甲板上留影

上海天蟾舞台唱了一个月的戏，再加上灌制唱片，才把账还清。你爸爸一点也没有因此而气馁，对于那次访美演出成功一直心情愉快。为了介绍京剧给外国朋友，没隔几年，他又不辞劳苦地到苏联访问演出去了。”

1978年盛夏，我欣喜地从报章上看到一则消息，报道中国艺术团访美演出时有位头发花白的80多岁的老太太看完戏后忆起了她当年看过我父亲访美演出，同记者畅叙了中美两国人民源远流长的友谊。我想，这位老奶奶一定可以像本文开始提到的那些剧评家所说的那样，跟她的孙儿孙女兴致勃勃地谈一谈《贵妃醉酒》美丽的舞姿，比划两下《打渔杀家》里的陆地行舟的姿态吧！

1979年4月23日

访美演出盛况拾遗

英国汉学家施高德教授（A. C. Scott）1956 年曾由香港来京考察中国戏剧并访问我的父亲。父亲在北京国际俱乐部亲切接待了他，跟他交谈了两个多小时。施高德当时是研究中日两国戏剧的专家，已发表《中国古典戏剧》（*The Classical Theatre of China*）和《日本歌舞伎》（*The Kabuki of Japan*）两部著作。他返回香港后，在 1959 年又由香港大学出版社出版了一部英文专著《梨园魁首梅兰芳》(*Lanfang Mei*，*Leader of Pear Garden*)，这大概是西方人士所写的第一部梅兰芳传，全书 132 页，内容尚属翔实。最近我从书架上取下他当年赠送的这本书，重读一遍，发现其中记载了父亲当年访美演出时的不少情况，有些事未曾在拙作《我的父亲梅兰芳》（百花文艺出版社，1984）第一集里《五十年前京剧艺术风靡美国》一文中提及，现拾遗补记如下。

张彭春教授的功绩

父亲率领梅剧团于 1929 年 12 月 29 日由上海搭乘“加拿大皇后号”邮轮远渡重洋赴美，经过 14 天的行程抵达加拿大维多利亚港市，再换船只转赴美国西雅图市。入境后，父亲便接到我国驻美公使伍朝枢先生的电报，请他直接前往华盛顿出席使馆为他举办的欢迎宴会，并请他在宴会后先演一场戏招待美国国务院官员、各国使节和社会各界知名人士等600人观看。

当时正在美国讲学的南开大学张彭春教授也应邀出席了那次宴会。父亲当即约请这位老朋友协助梅剧团在美国演出事宜。张教授慨然允诺，并及时提出两项建议：一是梅剧团赴纽约百老汇正式演出前应先在报章上广泛宣传；二是聘请一位熟悉美国演艺界的专业演出人联系安排一切演出日程。父亲明智地接受了他的意见，当即聘请了一位希腊裔美国演出人喀帕卡斯先生（F. C. Kapakas）经理各事，并在报章上展开了宣传京剧艺术的报道。齐如山先生在《梅兰芳游美记》一书中提到过这位喀帕卡斯先生，说“喀君平素专代各国大音乐家做介绍人和经理人，对于戏剧本身虽稍外行，但为人却还诚恳，对于我们真是忠心耿耿，毫没有欺诈强为的举动，所以商量各事也极顺适。以后关于租赁戏院、订立合同和广告等一切事项条件，都归喀君经手，但须商得我们的同意，才能进行签字。喀君就由总收入里提出一成作薪金”[①]。张彭春教授建议的两项措施果然行之有效，京剧艺术很快便引起美国主流社会各界人士的关注。

施高德在书中写道：“等到梅兰芳前往纽约时，该城已有一大批赞助人仰望他的到来，那张赞助人名单真是十分引人注目，后来他到芝加哥、旧金山和洛杉矶演出时，情况也是如此。纽约赞助会是以威尔逊总统夫人为首组成的，其中包括露丝·德雷珀[②]、约翰·杜威博士[③]、奥托·凯恩[④]、司徒雷登博士、约拿·B. 怀斯[⑤]等社会各界人士。在洛杉矶，玛丽·碧克福、卓别林、范朋克、西席迪米尔也出现在赞助人名单上。整个巡回演出是在华美协进社（China Institute in America）主办下进行的。”[⑥]

---

① 齐如山：《梅兰芳游美记》，岳麓书社1985年版，第46页。

② 露丝·德雷珀（1884—1956），美国独角戏演员和单人剧作家，在欧美演出均获成功，赢得“单人剧大师”的声誉。

③ 约翰·杜威（1859—1952），美国哲学家、心理学家和教育家，与皮尔斯和詹姆斯共享实用主义哲学学派创立者之荣誉。

④ 奥托·凯恩（1867—1934），美国银行家和艺术倡导人，纽约大都会歌剧院董事长。

⑤ 约拿·B. 怀斯（生卒年不详），美国著名犹太教拉比。

⑥ ［英］施高德：《梨园魁首梅兰芳》，香港大学出版社1959年版，第108页。

梅兰芳在美国各地访问时，在当地火车站受到华侨的欢迎

喀帕卡斯先生安排梅剧团于 2 月 16 日在纽约第 49 号街剧院（The 49th Street Theatre）首场演出。那是一家拥有 700 个座位的剧院，坐落在百老汇剧场林立的中心。他还聘请了一位在纽约读书的华裔漂亮大学生杨秀小姐担任报幕解说员，在每个节目前用流利的英语解释剧情和京剧表演的特征。这位年轻姑娘工作得十分出色，后来曾被好莱坞请去扮演包括根据赛珍珠小说改编的《大地》在内的许多电影里的角色。与此同时，张彭春教授已在不少学会和俱乐部作了多次有关中国文化和戏剧的演讲。因此，梅剧团首场演出便受到美国观众的热烈欢迎，次日各报均对京剧艺术和我父亲的表演给予一致好评。梅剧团在第 49 号街剧院连演了两个星期，场场爆满，后又移至帝国剧院（Imperial Theatre）续演一周。京剧艺术一时风靡了美国。

这里需要一提的是，杨秀小姐的讲解词是张彭春和齐如山两位先生共同拟定的，由她译成英文，再经张教授审定的，对美国观众理解京剧艺术起了很大的作用。此外，张彭春教授还在剧目的选择和演出时间的安排等方面出力甚多，功不可没。

报界的评论

施高德在书中摘引了一些美国剧评家在报章上发表的评论，从中可以看出京剧艺术当时在美国受到的欢迎程度和给予的启迪。

《纽约世界报》的评论员说："我在剧院里消磨了一个最激动人心的夜晚。梅兰芳是迄今我所见到的一位最卓越的演员。纽约以前从没见过这样杰出的表演。"

《邮报》剧评家评论道："梅兰芳是继尼任斯基[1]之后出现在纽约舞台上表演得最优美的一位演员。他那敏捷灵巧的演技是别人无法比拟的。"

《纽约时报》评论员赞扬道："梅兰芳身穿华丽的戏装在舞剧中的表演，犹如中国古瓷瓶或挂毯那样优美雅致，使观众觉得自己是在跟一个历史悠久而成熟的奇妙成果相接触。"

《纽约太阳报》评论员说："人们不无惊奇地发现，数百年来中国演员在舞台上创造出一整套示意动作，使你感觉做得完全合情合理，这倒并非由于你理解中国人的示意，而是因为你明白美国人也会那样表达所致。我倾向于相信正是这种示意动作的普遍性使我们感到梅兰芳的表演含义深邃。当然正是由于这一点，而无须乎讲解，我们也完全可以理解他的表演。"

京剧舞台上的简洁朴素给《世界报》的评论员留下了深刻的印象。他认为中国人"在不采用实体布景和道具方面远远超前了我们好几个世纪。我们花费成千上万的钱财使舞台上呈现实景，布满总起来足有半吨重的沙发啦，餐具柜啦，桌椅啦，门框啦，书柜啦等等实物，而中国人却用一些常规的示意动作代替了这些笨重的累赘；数百年来，他们的观众对此已经习惯，顿时凭想象力把

① 尼任斯基（Vaslav Nijinsky，1890—1950），俄罗斯名盛一时的芭蕾舞蹈家。他在《吉赛尔》、《天鹅湖》、《睡美人》等众多剧目中担任主要角色。他的表演曾轰动巴黎，1917年起曾赴欧洲、美国和南美各国表演，被尊为"舞圣"。

它们转换为适当的场景和行动。一名中国演员登场，并不需要推开一扇花费45美元而挺费劲才制成的、涂了漆的人造纤维门板，再砰地一声把它关上，弄得那个仿制的房间的帆布墙鼓胀起来，悬乎乎地颤动不已。没有，他只消把腿微微一抬就迈过了想象中的门槛。中国的观众，经过具有艺术修养的几代人认为这是理所当然的事，都熟悉这类众多的规范动作而立刻予以理解，他们并不因为舞台上没有一扇真实的房门而感到上当受骗。相比之下，我们则要求演员登场下场时，台上得有镶板、铰链和门上的球形控手，真是多么原始而幼稚啊"①！

纽约记者俱乐部的盛大宴会

父亲在纽约演出时曾多次出席各界的欢迎宴会，施高德提到一次由纽约记者俱乐部为他举办的招待会，真是盛况空前。

他说："梅兰芳在纽约的逗留即将结束前，纽约记者俱乐部为他举办了一次盛大宴会。凡是跟新闻界有关的人士都无论如何也得争取参加。每桌餐费五百美元，廊间雅座每桌高达千元，另有五桌为中国演员所设。这次宴会共有五千人出席。午夜时分，著名的纽约市市长杰米·沃克（Jimmy Walker）陪同梅兰芳莅临，全体顿时起立相迎。在市长尚未开口把他介绍给大家之前，只听场内这儿那儿传出女士们对风度翩翩的梅兰芳报以阵阵的惊叹声，一时打破片刻的静寂。这真是对这位演员所表示的一种最为惊人的敬意，也是他曾经留给热情的美国人一个深刻印象的标志。"②

确实，一位年仅36岁的中国演员在海外获此殊荣，实属罕见。

---

①② ［英］施高德：《梨园魁首梅兰芳》，香港大学出版社1959年版，第111页。

观看加丽－库奇主演的歌剧

意大利著名女高音歌唱家加丽－库奇女士（Galli－Curci）曾在1929年访问过北京，我父亲在无量大人胡同寓所亲切接待过她，并在花园里合影留念①。加丽－库奇那时正在纽约大都会歌剧院演出，便邀请我父亲前去观看她主演的《女武神》（*Valkyrie*）。这是德国作曲家华格纳依据北欧传说所写的四联剧《尼伯龙根的指环》中的第二部。

施高德谈到这件事时说："加丽－库奇女士正在结束纽约演出的合同，临别一句名言是'歌剧在30年代已是一种过时的老派娱乐节目——场面豪华，节奏缓慢'。她今后打算只在音乐会上演唱，'这种近似伦勃朗和米开朗琪罗的绘画的艺术'。这位中国京剧演员首次看到了西洋歌剧而且是《女武神》这出戏，很难想象他脑际中会有什么反应，不过加丽－库奇认定歌剧是过时老派的说法，大概不会是梅兰芳用来形容歌剧喧闹场面和响亮歌喉的话语，他想必还是乐意观赏的。"②

施高德教授60年代起出任美国威斯康星大学亚洲戏剧课程主任，除教学外，还在1967年和1969年先后由该校出版社出版了他编译的《中国传统戏剧选》（*Traditional Chinese Plays*）两集，内收他翻译的《四郎探母》、《蝴蝶梦》、《思凡》和《十五贯》4剧。80年代中期，他在美国去世。

2001年7月，燕大校友林孟熹学长之弟、现在威斯康星大学物理系任教的林仲嘉教授赠我该戏剧选两册，并在来信中称"本校A. C. Scott教授翻译京剧之书已经绝版，幸在书肆搜得藉供览阅"。我欣喜地发现施高德教授除译了上述4出京昆剧本之外，还在两集中分别撰写了《京剧》、《京剧音乐》、《京剧行当》、《昆曲》和《昆曲史》5篇长文作为导言，大力向西方人士介绍中国传统

①② ［英］施高德：《梨园魁首梅兰芳》，香港大学出版社1959年版，第111页。

梅兰芳在美国演出《汾河湾》，梅兰芳饰柳迎春，王少亭饰薛仁贵

艺术，实属难能可贵。

他在选集第一册序言中还追忆了1956年他来京访问我父亲时的情景，提到父亲嘱他一定要去观赏当时苏昆剧团在天桥剧场上演的《十五贯》，并在当晚派人送两张戏票到他住的宾馆，使他十分感动。他说这也是促使他翻译《十五贯》的一个起因。

我还曾读过施高德教授1982年写的另一本访华观感的书，书名是《唱戏的是疯子①：一名来华观剧者的笔记》（*Actors are Madman*：*A Notebook of a Theatregoer in China*），结尾说他1956年返回香港，在罗湖出境时，海关人员按例检查行李，打开他的箱子，只见一本《舞台生活四十年》赫然在目，便惊奇地问道："您懂中文，喜欢京剧？"施高德答道："我不但喜欢京剧，还认识

① 看来是引自北京谚语"唱戏的是疯子，听戏的是傻子"。

梅兰芳先生哪！这本书就是他亲笔签名送给我的。”那名海关人员二话没说，“啪”的一声合上箱子盖儿，彬彬有礼地说：“好，请过关！”施高德教授感叹道：“真没想到梅兰芳的威望如此之高，我的行李就此免检了！”

2001 年 10 月

访美演出美方赞助人一览

1930年，父亲访美演出，据齐如山先生记载，所到各地均有当地“商官绅学各界有名而且对梅剧团热心的人，组织一个后援会，共有几十位会员，代为揄扬宣传，并与各界接洽。至于与某界应该怎样联络，在某方应该怎样布置，与某人应该怎样接洽，须由我们亲自办理的事，他们也都预先代为筹划妥当，使我们可以毫不踌躇地按步一一进行；还有我们不明了的去处，也一定请教后援会诸公，他们都非常热心地指导，所以在各处进行各事，都极顺利”①。

齐先生还把纽约、芝加哥、旧金山和洛杉矶四地后援会热心的赞助人（Sponsors）姓名都列载在他写的那本《梅兰芳游美记》内，我数了数，计有219位之多。当时旧金山市欧内斯特·K. 莫（Ernest K. Moy）先生编纂了一本题为《梅兰芳太平洋沿岸演出》（*The Pacific Coast Tour of Lanfang Mei*）的专集，除有介绍京剧艺术和我父亲生平的文章以及剧目说明书外，也附录了一份赞助人名单，共62位。但是两位先生都没详加介绍那些赞助人是些什么人。近日我从《美国百科全书》、《简明不列颠百科全书》和《美国名人词典》等辞书大致查了查若干人的资历。不查不知道，一查吓一跳，皆都是当时各界的精英人物。这足以使我们从另一个角度看出梅兰芳和京剧艺术1930年在美国受重视

① 齐如山：《梅兰芳游美记》，岳麓书社1985年版，第46~47页。

和欢迎的程度，也反映出梅兰芳声望之高和所受的礼遇，实为罕见。

本文不可能把219位赞助人都连篇累牍地加以细述，仅从中选出20余位略加介绍，管中窥豹，亦可见一斑。

先说学术界。其中就有实用主义哲学派创立者之一约翰·杜威博士（John Dewey，1859—1952）。他1904年进哥伦比亚大学任哲学教授，在该校任职25年，曾到日本、中国、土耳其、墨西哥、俄国等国的大学讲学。父亲到了纽约，杜威博士曾设盛宴欢迎他。众所周知，我国学者胡适先生是他的得意门生。

被誉为美国“进步教育之父”的威廉·赫比·基尔帕特里克教授（William H. Kilpatrick，1871—1965）。这位教育家1918—1938年间任哥伦比亚大学师范学院教育哲学教授，20世纪20年代曾来华讲学，在南开大学校长张伯苓等多位我国学者陪同下拜访过我父亲，并合影留念。

芝加哥大学校长罗伯特·梅纳德·哈钦斯（Robert Maynard Hutchins，1899—1977），曾主编54卷《西方世界伟大著作》和《当代伟大的思想年鉴》等巨著，学识渊博。

美国政治学家和国际法权威昆西·赖特教授（Quincy Wright，1890—1970），曾在哈佛大学、明尼苏达大学和芝加哥大学任教，著有两卷本《战争研究》，主张以一个具有权威性的世界组织来消除战争，其观点颇为人所称道。

太平洋关系研究所所长詹姆斯·汤姆森·肖特韦尔（James T. Shotwell，1874—1965），是一位杰出的历史学家，担任过威尔逊总统的顾问，也协助过罗斯福总统规划组织联合国，功劳不小。

另外还有大名鼎鼎的乔治·皮尔斯·贝克教授（George Pierce Baker，1866—1935），1925—1933年间任耶鲁大学戏剧史和戏剧技术教授，创建戏剧学院，开设闻名遐迩的“47戏剧写作训练班”，为美国培养了一大批才华出众的戏剧人才，为美国戏剧的发展立下了汗马功劳。剧作家尤金·奥尼尔和菲利普·巴里以及小说家约翰·多斯·帕索斯和托马斯·沃尔夫都是他的学生。多年来，我研究美国文学和戏剧，常在书刊中见到他的大名，却压根儿不知道他也是父亲访美演出时的一位热情赞助人，以致父亲生前，我都没向他打听过他俩那段值得一书的交往情况，真是遗憾得很！

再说说文艺界，名单中有卓别林、范朋克、玛丽·璧克福、西席迪米尔和斯达克·杨，这几位我已在几篇文章中提到过，单人剧大师露丝·德雷珀也已在本集另一篇专文里予以介绍，不再赘述。这里只谈谈其他三位，一位是名演员奥蒂斯·史肯纳，另两位是音乐家约翰·奥尔顿·卡彭特和埃德加·斯蒂尔曼·凯利。

奥蒂斯·史肯纳（Otis Skinner, 1858—1942）是美国著名舞台演员，擅演莎翁剧作，并成功地形成了自己的表演风格，原任纽约剧员俱乐部（The Players）副会长，该会是19世纪美国大演员埃德温·波司（Edwin Booth）于1888年建立的。史肯纳先生力促该会欢迎梅兰芳。1930年4月20日上海《申报》曾就此事作过如下报道：

> 晚间剧员俱乐部开欢迎大会，欢迎畹华；此俱乐部之屋地乃从前大名角波司君（Edwin Booth）所捐者。会员皆知名之士，非名角不能入此会，会员中十之八九为剧员，十之一二为各界有名人物，如画师、摄影师、导演家、著作家及新闻家之流，皆各界中之出类拔萃者，盖此为剧界最高机关，为剧界中人谋与外界联络感情研究学问之所也。畹华到场时，会场二百余人鼓掌欢迎，会长哈君（Hampden）致辞，略述如左：
>
> 本会前任副会长史肯纳君（Skinner）离纽约时曾云：梅君到此系负艺术界重大使命而来，于吾国剧界益处极大，使吾等增进知识极多，吾会应开会欢迎，典礼尤须隆重。今史君因有要事须西行，嘱余开此大会，前曾数商于梅君，始订于今日举行。本会对于此等盛大之欢迎会，四十年来只举行过两次，十余年以来此其首次。本会欢迎梅君，不但欢迎梅君个人，抑乃欢迎东方之艺术，梅君扮女子，乃是美术中的女子，比真女子尚美得多，看中国戏处处皆应如此看法，实为艺术界极高之组织，处处以美术化表演之。本会今日开会欢迎梅君，不是本会如许人欢

迎，乃是波司君（Edwin Booth）不朽之精神欢迎梅君，是代表全国艺员欢迎梅君，梅君此来，不是演员，乃是负有东方艺术之使命者。

哈君辞毕，有某君读欢迎辞一篇，略谓东方是东方，西方是西方，向来是分着的，此次梅君一来，可沟通东西艺术，合而为一矣。向来各国关于他界如政治上等等之欢迎会，虽云欢迎会，然其中总有彼此猜疑之处，若此欢迎会，则毫无此意味，心中只有相亲而无相猜，实为极快乐之事云云。

欢迎会上，该会会长还把波司先生的一部著作赠给我父亲，并且把那本书特制了一个书皮，面上印着“赠与梅兰芳先生”的字样。他交与时郑重声明道：“此书向来不轻易送人，以前更没有特制书皮的举动；这次所以要特制书皮，是表示对梅君特别隆重的意思。”

至于两位音乐家，约翰·奥尔顿·卡彭特（John Alden Carpenter，1876—1951）是一位著名作曲家，作有根据奥斯卡·王尔德小说改编的芭蕾舞剧《公主的生日》（1919）、爵士哑剧《疯狂的猫》（1922）和反映现代美国生活的芭蕾舞剧《摩天大楼》（1926）等。他是美国最早在管弦乐中使用爵士乐节奏的作曲家，1947 年荣获美国文学研究所音乐金质奖。另一位埃德加·斯蒂尔曼·凯利（Edgar Stillman Kelly，1857—1944）是作曲家兼评论家，在柏林和辛辛那提音乐学院教钢琴和作曲，作品包括喜歌剧《清教徒》和《波士顿》、交响曲《小人国》和《新英格兰》以及《麦克白》和《本·赫》的配剧音乐等。

这两位知名音乐家大概是对京剧中伴奏的音乐特感兴趣吧。

当时还有一位声望极高的英国女演员帕特里克·坎贝尔夫人（Mrs. Patrick Campbell，1865—1940）正在美国，虽不在赞助人名单上，却值得顺便一提。她以塑造热情而机智的人物著称，主演过莎翁剧作中的朱丽叶和麦克白夫人、易卜生的《海达·加布勒》中的海达和《群鬼》中的帕阿尔文女士、索福克勒斯的《厄勒克特拉》中的克利坦奈斯特等角色。1930 年，她 65 岁，正应好莱坞之约拍摄电影《舞蹈演员》（*The Dancers*），后来还拍过《潮水汹涌》（*Rip-*

tide）和根据陀思妥耶夫斯基的小说改编的电影《罪与罚》。当时她观看了五六次我父亲的演出，十分钦佩，曾到后台会晤我父亲，并说："您在戏台上的举止动作，处处都有一定的规矩，可是并不显得呆板，实是比西洋剧高出几倍。以前听人说中国剧是陈旧的，然而若用艺术的眼光来详细察看，就知道实在比西洋戏中最新的还要新。您在这里演戏之后，美国剧定受很大影响，或者要把组织法变化变化——变成中剧化，也未可知。"① 萧伯纳是坎贝尔夫人的亲密挚友，1919 年特地为她编写过《匹格马利翁》（*Pygmalion*）一剧，由她主演卖花女丽莎，曾轰动一时。我揣摩大概是她返回英伦后向萧伯纳提到了我父亲在美演出的盛况，怪不得萧翁 1933 年初乘邮轮漫游世界，路过上海，只逗留一天，提出唯一要见一见的人是梅兰芳，为此惹得鲁迅、田汉等人心中不大痛快，说了些讽刺的话。②

接着说说政界。内有威尔逊总统夫人（Mrs. Woodrow Wilson），这位第一夫人 20 世纪 20 年代曾访华，观看过梅剧，且在京城无量大人胡同梅寓跟我的双亲合过影。另有她的女婿、前财政部长麦克杜先生（W. G. McAdoo），他在洛杉矶曾设盛宴欢迎我父亲，邀请 50 余位知名人士作陪，宴后赠送一套美国开国至当时的各任总统的大型圆形铜像纪念章 31 件，雕铸得十分精致，实为一件极为珍贵的礼物，"文革"期间，红卫兵小将抄家时不知这些美国佬为何许人，幸未被毁，现仍收藏在故居。名单中还有两位前美国驻华公使查尔斯・理查德・克兰（Charles R. Crane）和马克谟（John Van A. MacMurray）以及旧金山和洛杉矶两市的杰姆斯・小卢尔夫和约翰・波特（John C. Porter）市长。

此外，赞助人名单上还出现了下列各界人士：

美国女权运动领导人卡丽・查普曼・卡特夫人（Mrs. Carrie Chapman Catt, 1859—1947），曾担任全美女权协会主席，1920 年把拥有 200 万会员的妇女参政协会改组为妇女选民同盟，并自 1902 年创建国际女权运动联盟，担任主席至 1923 年。她还坚决主张国际裁军和禁酒，著有《女权和政治》、《我们为何必

---

① 齐如山：《梅兰芳游美记》，岳麓书社 1985 年版，第 135 页。

② 详见石苇编辑的《萧伯纳》一书，光明书局 1933 年版。

须制止战争》等书。这位夫人或许是因为我父亲扮演过不少反男尊女卑的坚强女性而乐意做赞助人吧。

美国银行家兼艺术倡导人奥托·赫尔曼·卡恩（Otto H. Kahn，1867—1934）。他自1897年在纽约参加创办库恩－洛布公司，任职37年，协助整理太平洋铁路、巴尔的摩－俄亥俄铁路等6个铁路系统的资产。1918—1931年任纽约大都会歌剧院董事长，是一位绘画、挂毯和青铜器收藏家，对艺术事业多有赞助，协助建造纽约新剧院及修复雅典帕提农神庙等。父亲在美乘坐火车从一城到一城去演出受到特殊款待，大批戏箱甚至可存放在一节特挂的车厢内，演出时需用什么服装什物即可去取，这种优待大概跟卡恩先生对铁路局的关照不无关系。

美国汉学家伯索德·劳弗博士（Dr. Berthold Laufer，1874—1934），曾四次考察喜马拉雅山，写过150余篇有关中国内地和西藏文化的论文。时任芝加哥菲尔德美术博物馆亚洲民族和考古部主任，曾亲自引导我父亲参观该馆，并说："大致博物馆的性质都是为沟通各处的文化而设的。本博物馆也是抱着这个宗旨做法，所以对各处与文化有关系的美术作品，都尽力搜求，对东亚的文化，尤其注意。但是费了二十几年的长时期用了几千万元的巨款，所生的效果还不及梅君在这里演两个星期的戏大！"①

美国商业巨子波特·帕尔默（Potter Palmer）的夫人。帕尔默先生最初为百货店店员，1852年在芝加哥开设纺织品商店，在零售业务上采用新的销售办法赚得大笔财富，随后购买商业中心一段长1.2公里的街道盖起帕尔默大厦和32栋其他建筑，形成芝加哥主要零售商业大街。他还开拓了芝加哥商业区北面的沼泽地，发展为湖滨风景区。梅剧团访问芝加哥时，他已去世，由他的富孀出面为赞助人。

两位新闻界名人。一位是克里普斯－霍华德报系负责人罗伊·威尔逊·霍华德（Mr. Roy W. Howard，1883—1964），当时他任合众社社长。另一位是奥

---

① 齐如山：《梅兰芳游美记》，岳麓书社1985年版，第114页。

斯瓦德·维拉德（Mr. Oswald Garrison Villard，1872—1944），他自1918—1932年经营并主编《民族》报，是国家有色人种进步协会的一位发起人，曾反对美西战争和美国卷入第一次世界大战，为当时公认的反战主义者。

美国病理学家、微生物学家西蒙·弗莱克斯纳医生（Dr. Simon Flexner，1863—1946）。他1903年创办纽约洛克菲勒医学研究所，1920—1935年任所长，促进该所成为世界病毒疾病研究的中心。这位大夫或许跟北京协和医院有点关系吧。

另有三位宗教界人士——威廉·T. 曼宁主教大师（Rt. Rev. William T. Manning）和亨利·斯隆·科芬牧师（Dr. Henry Sloane Coffin，1877—1954），后者是美国基督教牧师、作家兼教育家，在新教的开明福音派运动中发挥过主导作用，1926—1945年任纽约市协和神学院院长；另一位是犹太教的拉比约拿·B. 怀斯（Rabbi Jonah B. Wise），这三位神职人员也热爱京剧艺术，愿做赞助人，实非我所料及。

燕京大学司徒雷登校长和我国驻美公使伍朝枢的夫人也在赞助人名单之中。

综上所述，足见当年父亲访美演出美方赞助人阵容之浩大。若把那219位赞助人的资历一一查明介绍，想必更会蔚为壮观，这份名单可参见齐如山先生的《梅兰芳游美记》。现只把《梅兰芳太平洋沿岸演出》专集中所披露的62位赞助人名单原件影印附录在本文下面，以供参考，也可证实我言之不谬也。

2002年12月

附：梅兰芳首次访美演出美方赞助人名单（英文）

THE FIRST AMERICAN TOUR OF MEI LAN－FANG

Sponsors

MR. AND MRS. DAVID ADLER

MR. SEWELL L. AVERY

MR. AND MRS. CECIL BARNES

DR. GEORGE PIERCE BAKER

MR. AND MRS. KARL A. BICKEL

MR. AND MRS. TIFFANY BLAKE

MISS MABEL T. BOARDMAN

MRS. WALTER BORDEN

MR. AND MRS. CHAUNCEY B. BORLAND

CHANCELLOR ELMER E. BROWN

MRS. WILLIAM A. BUSH

DR. S. PARKES CADMAN

MR. AND MRS. JOHN CARPENTER

MRS. EDWARD C. CARTER

MRS. CARRIE CHAPMAN CATT

DR. HENRY SLOANE COFFIN

MR. CHARLES R. CRANE

MRS. W. MURRAY CRANE

MR. PAUL D. CRAVATH

DR. JOHN DEWEY

MR. CLEVELAND E. DODGE

MISS RUTH DRAPER

MR. HARRY EDMONDS

MR. AND MRS. MAS EPSTEIN

MRS. KELLOGG FAIRBANK

MR. AND MRS. STANLEY FIELD

DR. SIMON FLEXNER

MRS. JULIA ELLSWORTH FORD

MRS. WILLIAM G. HIBBARD

DR. JOHN HAYNES HOLMES

MR. BOY W. HOWARD

MRS. CHARLES W. HUBBARD

MR. AND MRS. ROBERT BAYARD HUTCHINS

MR. OTTO H . KAHN

MR. AND MRS. EDGAR STILLMAN KELLEY

PROFESSOR WILLIAM H. KILPATRICK

MR. AND MRS. GEORGE T. LANGHORNE

MR. BERTHOLD LAUFER

MR. JOHN VAN A. MACMURRAY

MR. C. W. MCALPIN

MRS. EDITH ROCKEFELLER MCCORMICK

MR. HAROLD MCCORMICK

RT. REV. WILLIAM T. MANNING

DR. SETH M. MILLIKEN

DR. PAUL MONROE

MR. FREDERICK H. OSBORN

MR. AND MRS. POTTER PALMER

MR. AND MRS. EDMUND A. RUSSELL

DR. WILLIAM F. RUSSELL

MRS. WILLIAM JAY SCHIEFFELIN

PROFESSOR JAMES T. SHOTWELL

MR. AND MRS. OTIS SKINNER

MR. F. LOUIS SLADE

MRS. ROBERT E. SPEER

MR. AND MRS. SILAS H. STRAWN

DR. J. LEIGHTON STUART

MR. OSWALD GARRISON VILLARD

MR. AND MRS. JOHN PAUL WALLING

MRS. WOODROW WILSON

RABBI JONAH B. WISE

PROF. AND MRS. QUINCY WRIGHT

MADAME CHAO – CHU WU

MR. SAMUEL S. YOUNG

Auspices

CHINA INSTITUTE IN AMERICA

119w. 57TH STREET

NEW YORK.

为祖国争光

——忆父亲荣获美国两家高等学府颁发的博士学位

1930年，父亲访美载誉归来后，在上海答美国记者 E. K. 莫依问时，说："我们访美的目的，本是去学习，并借此表达我们对美国人民的友谊。大家都没有想到，我个人也丝毫没有预料到，会受到美国人民那样惊人的热情接待，而且他们还给了我们许多荣誉。这种深情厚谊使我十分感动；我在寻求知识时，他们也竭诚相助，使我感到很愉快。"

那年5月，他在美国接受了两家高等学府颁授的文学博士荣誉学位，这显然是他所说的许多荣誉当中最高的一种褒奖。美国学界通过这一友好方式，表达了他们对中国古典京剧和我父亲的表演艺术高度的重视和赞扬。

褒与贬

父亲回国后，就有不少人改用"博士"这个头衔称呼他，其中大多数人是出自一片至诚敬佩的心情，但也有人则带有讥笑、揶揄的口气。后一种人总觉得自己寒窗多年，满腹经纶，尚且没有获得这一荣衔，而一名青年演员（父亲当时36岁）却赢得这一称号，实在不服气。其实这正暴露了他们那种"士大夫"的傲慢心理，心目中仍不过把我父亲视作一名旧社会里身份低微的戏子罢了。一名中国演员凭自己辛勤的艺术劳动为祖国在国外争得这一荣誉，理应相庆而无可厚非；当时某些人带有偏见的非议，今日看来，似嫌不够公允。

美国驻华使节裘林·阿诺德1926年曾撰文说：“我们赞扬梅兰芳，首先由于他那卓越的表演天才；其次由于他在提高中国戏剧和演员在社会上的地位所作出的重要贡献；第三点由于他是一个渴望改进中国戏剧、并且富有独创精神的学生，使戏剧可以更加真实地反映中国人民的文化和艺术。”这一评价确乎比较恰当。历史的实践证明先父若对艺术和社会无一定的贡献，国外高等学府想必也不会轻易地给他戴上这顶桂冠的。

东西方文化的沟通

“尽管吉卜林①先生曾说东方是东方，西方是西方，这对孪生子从未相遇，但是他们现在毕竟相遇了——这一情况体现在梅兰芳的身上。”美国作家汤姆斯·达尔鲍特1930年在一篇题为《梅兰芳》的文章中这样写道。

确实，父亲当年是以一名沟通东西方文化的民间使者的身份赴美的，而并非去新大陆淘金。早在20年代初，中美两国学界就竭力提倡他赴美演出，介绍东方艺术，因此他率领剧团一到美国便受到那里学界的另眼相待。许多知名学者和教授都亲到剧场观看，普遍认为京剧是一种极富文学和艺术色彩的剧种，从中可以学到不少戏剧艺术的原理。

哥伦比亚大学、芝加哥大学、旧金山大学和夏威夷大学等校的校长或教授们分别为他举行了欢迎会或座谈会。父亲在每次会上都作了京剧艺术的介绍，并感谢他们揄扬赞助。芝加哥大学有位教授说：“芝加哥一埠，本算是内地，与纽约海口的地势不同，所以风俗习惯也稍有区别。本地居民看到的外国戏较少，见过中国戏的人更是寥寥无几。这次梅先生来表演，使本地人得以看到中国极

① 吉卜林（Rudyard Kipling，1865—1936），英国作家，曾获1907年诺贝尔文学奖。

为高超的文化，大家非常感激，而且本地人也极能领会剧情，同声赞美。这足见梅先生这次沟通文化的成功。我们真该为美中两国人民庆幸，代表两国人民向梅先生道谢！”

美校破例之举

父亲在洛杉矶演出时，该市波摩拿学院院长晏文士博士（Charles K. Edmunds）召集全体校董教授开会，建议趁此机会授予我父亲以文学博士荣誉学位，大家一致表示赞同，决定于该校 6 月 16 日举行毕业典礼时同时颁发。为此晏院长征求我父亲同意，而他却谦逊地拒不敢受。院长说：“您这次访美演出，宣传东方艺术，联络美中人民之间的感情，沟通世界文化，这样伟大的功绩几十年来还没有过，所以本校才议决把这个荣衔赠给您。您不敢当，谁敢当呢？”盛情难却，父亲只得欣然接受。

但是他有约在先，须于 6 月 6 日赴檀香山演出，恐不能参加典礼，而波摩拿学院校章又有规定，倘本人不到，则不便授予；那年春季，该校就曾拟赠施肇基法学博士学位，因他前往欧洲，不能亲至而作罢。该校司徒宽教授即就此事同晏院长商议，院长思索片刻后说：“或许有一变通办法，可提前开一特别大会颁授，但仍需全体校董教授通过，因为 10 余年前，英国工党首相麦克唐纳先生（Ramsay MacDonald）来美，东部一所大学赠与荣衔亦因不能等候，遂提前开一特别大会赠之。数十年仅此一例，似可仿效。此事不易通过，所幸梅先生声誉甚隆，或许能获得全体赞成。”翌日即召集大会讨论，竟获全体通过，决定改为 5 月 28 日提前颁奖，这在该校历史上也是一次颇为罕见的破例之举。

笃厚的国际友谊

5 月 28 日，波摩拿学院全体师生和来宾千余人参加典礼。晏院长致开幕

梅兰芳手持博士学位证书留影

词，卢瑟·弗里曼博士（Luther Freeman）代表全体教授讲演，题为《青年的义务和责任》，结尾提到我父亲是来自中国的一位青年艺术家，虽名满世界，却不骄傲自满，待人接物谦恭和蔼，对长者尤为恭敬，这是当今美国青年最缺乏的一种道德，故应仿效他，学习中国青年尊师敬老这一优良道德品质的传统。随后由堪尼斯·邓肯博士（Kenneth Duncan）向师生介绍我的父亲，他说："中国大艺术家梅兰芳先生，艺术之高，世界已公认，无需赘述。但是人们只知他是艺术家，殊不知他也是一位文学家。他在演戏之外，更竭力于戏剧研究达20年之久，戏剧创作甚多。他家中藏书甚富，特别是关于戏剧的著作尤丰。近年又致力于教育事业，首创戏曲学校，培养人才。这次访美演出又沟通东西方的文化。梅先生不仅有功于艺术，而且有功于社会，更有功于世界，故今介绍于院长之前，请院长授予文学博士荣誉学位，因为他对社会的贡献与本校所赠荣衔的规章极相符合。"接着，晏院长起立亲授证书，全场热烈鼓掌致贺。

父亲旋即致词答谢。我在写这篇拙文时，重新读了那篇50年前的演说词，觉得其中含义至今仍不嫌陈旧。这里，我想不如全文照录于下，以飨读者。

校长先生，诸位校董，诸位教授，各位同学，各位来宾：

兰芳今日蒙奖授荣衔，非常感谢诸位，此举是表现对于我们中国人民最笃厚的国际友谊！兰芳不过是微末的个人，这次游历贵邦，是来吸收新文化，随带表演自己的一点艺术，以求贵国学者的批评指教。游历即将结束，细心体验，知道果然能够得到诸位对于我们民族越加谅解和同情，这不啻是我们的艺术成功，而是贵国人士的盛情，能够明了我们这次游历的宗旨。从广义上来说，我们这次来访是想尽我们微薄的力量，以促进文明人类最恳切希望的和平。依据历史的例证，真正的和平是不能靠武力得来的；人类希望和平，不是动乱后的平静，真正的和平是要从精神、理智和物质上增进人类的发展和成长；要维持世界的真正和平，人类需要相互了解，相互谅解和同情，相互扶助，而不是相互争斗。我们中美两大民族所希望的人类和平，是根据国际信用和诚意为准则的；要达到这个目的就需要大家从艺术和科学上有具体的研究，要了解彼此的习惯、历史背景和彼此的问题与困难。兰芳此次来研究贵邦的戏剧艺术，承蒙贵邦人士如此厚待，获益极多。兰芳所表演的是中国的古典戏剧，个人艺术很不完备，幸蒙诸位赞许，不胜愧怍，但兰芳深知诸位此举，不是专门奖励兰芳个人的艺术，而是对中国文化的赞助，对中国民族的友谊。如此，兰芳才敢承受这一莫大的荣誉，今后当越加勉力，才不愧为波摩拿大学家庭的一分子，不负诸位的奖励。谢谢诸位！

数日之后，父亲又至南加利佛尼亚大学接受该校颁授的学位。那天正值该校成立50周年纪念日，获得博士学位的另有五六十位，毕业生百余人也同时接受文凭。举行典礼时，约有3000余人参加，仪式也十分隆重，这里便不再赘述。

友情的诗篇

半个世纪过去了，中美两国虽然经历了一段时期的隔阂，但是美国朋友至今没有忘记我的父亲。最近，美国电影艺术和科学学会外语电影评审委员会委员卢燕小姐来华访问时，南加利佛尼亚大学表演艺术学院院长格兰特·贝格拉林先生和该校技术与文化转化委员会主任赫勃特·萧尔先生委托她带来他们致北京京剧院的信。两封信中均提到鉴于中美两国业已恢复正常关系，愿意开展两国之间的艺术交流，并追忆我父亲当年访美演出一事。一封信中说："您知道，伟大的中国戏剧艺术家梅兰芳曾于1930年对美国做过一次历史性访问。那次访问获得多方面的成功。它给这个国家的人民带来了珍贵的中国传统艺术，介绍给我们一位大师——梅博士壮丽的艺术才能，它为欧美戏剧和中国戏剧之间开辟了创造性的相互影响作用的途径。这对世界戏剧的影响是巨大的。南加利佛尼亚大学当时为了表彰梅博士的伟大作用，为了赞扬中国的文化，并且也是作为本校成立50周年庆祝活动的一部分，曾颁授梅兰芳以荣誉学位。"另一封信中说："关于梅博士同这个国家的戏剧艺术家和观众之间所取得鼓舞人心、有益的交流和相互影响的作用，我确信无需我来提醒任何人回忆。他的影响即使在他访问后也继续长久存在。戏剧艺术本身得到了丰富，我们两国人民之间的友谊和相互了解也同样得到了促进。"

这两位美国朋友都建议北京京剧院能在1980年派遣剧团（包括梅氏的后代葆玖和葆玥两位京剧演员在内）访美演出，"以纪念梅兰芳博士历史性访美50周年，同时也参加南加利佛尼亚大学成立100周年及洛杉矶市建立200周年纪念的庆祝活动。我们希望这件大事将会标志着美利坚合众国和中华人民共和国的日益增长的文化交流"。

这一活动果真得以实现，我想在中美两国人民友谊和文化交流史上也将会是一段值得传诵的佳话。

1979年10月25日

梅兰芳和波摩拿学院

1930 年，父亲率领梅剧团访问美国，首次将京剧艺术介绍给美国观众，演出半年获得极大成功。波摩拿学院和南加州大学先后颁授给他文学博士荣誉学位，以表彰他宣扬东方艺术、联络美中人民之间的感情和促进国际文化交流方面所作出的卓越贡献。弹指间，半个世纪过去了。

去年 3 月中旬，我有幸作为美国亚洲基金会邀请的访问学者去到美国，被安排在洛杉矶东北郊克莱蒙特学院下属的研究院，做些美国文学与戏剧的研究。事出巧合，克莱蒙特学院是由 6 个学院组合而成的，其中之一就是波摩拿学院。我万没料到自己居然来到了父亲当年受到隆重礼遇的校园，亲切之感油然而生。

那天下午，我安排好住处之后，就迫不及待地前去探访波摩拿学院。这是一家文理学院，创立于 1887 年，近百年来造就了大批教育、科学、政治、商业、法律、医学和艺术等各种人才，目前学生人数保持在每年 1300 名左右。走进古老的校园，只见树木葱郁，楼房四壁蔓藤盘结，碧绿的草坪修剪得整整齐齐，厚实而柔软，莘莘学子三三两两地或坐或斜卧在上面，有的在聚精会神地看书，有的在相互讨论着什么论题。一群鸽子列成一个椭圆形的圆圈，悠闲地盘旋在上空。好一个恬静幽雅的读书环境！蓦地记起，父亲当年身穿黑礼服，头戴博士帽同几位师长合影的照片，不就是在这块草坪上拍摄的吗？我不由得流连忘返了。

几天之后，波摩拿学院院长亚历山大教授在他的办公室里亲切地接见了我。

这位看起来不过50岁的院长，应南京大学之邀前不久刚刚访问了中国，他兴致勃勃地谈起中国的“四化”，以及游览各地名胜的观感，一种热爱中国的心情溢于言表。继而他又畅述美中两国文化交流源远流长的历史，并为该校拥有先父这样的荣誉校友而感到光荣。为此他事先从档案中找出先父与前任老院长晏文士（Charles K. Edmunds）博士合影的一张照片，复制一幅赠我留念。我十分感激他这番盛意，接过那张14吋的大幅照片，凝视良久：父亲当时36岁，风华正茂，神采奕奕，老院长面带笑容，和蔼可亲。晏博士在1928年出任该院院长之前曾在广州岭南大学做了17年校长，是中国的一位老朋友。60年代初在波摩拿退休之后，一次穿行马路，不幸被汽车撞倒而离世，从亚历山大教授的介绍中闻知此事，不禁令人黯然神伤，嗟叹不已！

晤谈结束后，亚历山大教授在送我出来之前，领我参观了一间邻室，里面悬挂着该院历届院长的大幅彩色画像10余幅，下面均附有履历和贡献等说明，使人对这所历史悠久的学院不由得产生一种肃然起敬的感觉，同时不由想到，祖国众多知名学府至今尚无此类陈设，何尝不可仿而效之，表示对劳苦功高的前辈教育家的尊敬和怀念呢？

第二天，学院已退休的前教务长贝提先生的夫人来电话约我在总图书馆东方部会面，因为她查到《波摩拿学院杂志》1930年6月号刊载了一篇有关先父荣获学位的报道。一见面，那位热心肠的老太太便径直领我走进一间善本室，那部50多年前的旧杂志合订本已经摊好在书桌上。我仔细地阅读了那页附有两幅插图的文章，希望能复制一份保存。一位年轻的女图书馆员当即替我复印了一份。我要付款，她却说：“您是远方来的客人，哪能叫您付钱？”

1979年，我曾写过一篇题为《为祖国争光》的短文，略述父亲荣获学位的情况，但不够详尽，这里把这篇现场报道译出来，以作补充吧。

获得荣誉的中国学者

波摩拿学院基于传统在颁发荣誉学位时是很吝啬的。所以，波摩拿学院产生一位新的荣誉博士是这家学府生活当中的一件大喜事。在以往颁授的极为少数的学位当中，哪一次也没有这次授予杰出的中国演员兼戏剧家梅兰芳更富有重大意义了。

授予这位东方学者以文学博士学位，不仅是对波摩拿与之有很多联系的姐妹人民的友好情谊，而且也是对一位完美的艺术家的赞扬，他的才能和成就使他在任何地方都会赢得荣誉。

经济系教授堪尼斯·邓肯博士介绍这位候选人时说："院长先生，今天我们非常高兴有一位来自海外的贵宾梅兰芳先生同我们在一起。梅先生被公认为当今中国戏剧艺术最杰出的代表，这是他的戏剧同行坦率相赠的称号，也是中国人民自发承认的。

"梅先生经过多年的艰苦学习，如今不仅是中国戏剧形式和规范当中的艰难技艺尽善尽美的大师，而且也是一位凭自己的真实本领而富有独创的艺术家。他对中国舞蹈和音乐作出了具有特色的革新，而且获得了一些苛求的评论家的赞许。

"他又是一位很有才华的画家。他所创作的50余出戏剧，构成了当今中国舞台上的保留剧目。他也是著名的北平戏剧艺术学校的创办人，为此他积累了大量的中国戏剧文献，使它成为世界上这方面收藏最丰富的图书馆之一。他的艺术成就，加以他那忠实而广泛的研究，已经大大推进了中外人士对中国古典艺术的赞赏。他不遗余力地向西方阐释东方艺术，导致我们确认梅先生是一位促进国际间相互了解、相互赏识的使者，这一点已由他这次访美所取得的巨大成功而得到了证实。

"由此，院长先生，我谨代表波摩拿学院全体教职员，介绍艺术家、学者和国际友好的使者梅兰芳先生于您的面前，推荐他为一位值得本校授予文学博士荣誉学位的候选人。"

接着，晏文士院长正式亲授证书，漂亮的波摩拿学位缎带披挂在这位荣誉者的肩上。他谦逊而赢得人心地用中国话致辞答谢。尽管在场只有少数人能听懂他的话，但他那翩翩风度和清脆的发音把所有的人都吸引住了。译员莫先生把他的发言译成英语，摘要如下：

院长先生，诸位校董，诸位教授，各位来宾：

兰芳今日蒙奖授荣衔，非常感谢诸位。此举是诸位对我们中国人民所表达的最笃厚的友谊，而我个人不过是个微末的代表，我的同事和我这次访问贵国，是来学习而不是来讲授，访问即将结束，如果能够得到诸位对我们的民族增加了了解，加深了感情，这种光荣并不属于我们的艺术能力，而在于贵国人士的盛情，能够理解我们这次访问的宗旨。

我国人民同贵国人民一样，渴望世界和平，而这种和平是基于相互之间的信任和诚意。通过具体的努力来促进相互研究彼此的艺术和科学，了解彼此的风俗习尚和历史传统，以及彼此的问题和困难，和平也就会部分达成。我们这次来研究贵国的戏剧艺术，承蒙贵邦人士如此厚待，获益良多。我们所表演的是中国古典戏剧，艺术并不完备，幸蒙诸位赞许，不胜愧怍，但兰芳深知诸位此举，不是专门奖励兰芳个人的艺术，而是表达对我国人民的友好情谊。如此，兰芳才敢承受这一莫大的荣誉，今后当越加勉力，才不愧为波摩拿学院家庭的一分子，不负诸位的奖励。谢谢大家。

在美逗留一年期间，我在一些热情的美国朋友的帮助下，搜集到不少有关先父当年美国之行的宝贵资料，尤其使我感到无比欣慰的是在波摩拿学院，无论是院长和教授，还是退休的老人，都没有忘记我的父亲。

波摩拿是罗马神话中的果树女神。我相信中美两国人民的友谊，必定会在今后的年代里，像波摩拿女神之树那样结出丰硕累累的果实。

1987 年 1 月

梨园泰斗和百老汇主教

——记父亲和大卫·贝拉斯科的会晤

多年来研究美国戏剧，又曾为《中国大百科全书》（戏剧卷）写过“美国戏剧”等条目，知道19世纪后半叶和20世纪初期美国有位大名鼎鼎的剧作家、导演兼演出人大卫·贝拉斯科（David Belasco，1853—1931），再加上家中藏有父亲1930年访美演出时和他合影的照片，更使我对这位美国前辈戏剧家增添了浓厚兴趣。当今国内恐怕已经不大有人知晓贝拉斯科是谁了，那就让我先来说说他的艺术生涯吧。

百老汇主教

贝拉斯科1853年出生于旧金山，双亲是从英国移民到美国的葡裔犹太人。父亲原在伦敦剧团里扮演丑角糊口，到旧金山后开了一家小店谋生。1858年，加拿大大不列颠哥伦比亚省出现淘金热，他们全家也移居维多利亚市。5岁的贝拉斯科在那里入天主教学校读书；由于父母喜爱结交戏剧界朋友，他从小就迷上了戏剧，11岁便在维多利亚皇家剧院登台扮演过莎翁《理查三世》一剧中的约克公爵。

1865年，全家又返回旧金山，小贝拉斯科一边求学，一边继续参加戏剧活动，12 岁就写出一出戏《吉姆·布莱克》，并得到上演，充分显示了他少年聪慧。16 岁，他参加奥古斯丁·戴莱的《煤气灯下》的演出，扮演一名报童，自己也开始组织业余剧社，至 1872 年他已经写出 15 个剧本。中学毕业后，他即投身剧界，起先担任当时最成功的情节剧剧作家布西考尔特的秘书，后又跟当时最接近易卜生风格的剧作家杰姆斯·A. 赫恩合作编写剧本，学到了不少创作技巧。1879 年，他曾把左拉的小说《小酒店》改编成舞台剧，初露他后来一贯坚持的现实主义风格。

此后，贝拉斯科在纽约发展，先后出任麦迪逊广场和兰心剧院的舞台监督和导演，并在一家表演学校（后成为美国戏剧艺术学院）任教，培养出不少优秀演员。1895 年，他的剧作《玛丽兰之心》，由他的学生莱丝丽·卡特主演，大获成功，从而奠定了他后来成为美国首位受观众欢迎的戏剧演出人的基础。

他孜孜不倦地创作或跟别人合作编写了不少社会情节剧。1889 年，他执导古希腊戏剧家索福克勒斯的《厄勒克特拉》，采用伸向观众席的花台，首先以聚光灯代替脚灯，用灯光造成浓厚气氛和强烈幻觉，成功地进行了舞台革新的实验。

最使贝拉斯科成功的一出戏是他 1900 年根据约翰·卢瑟·朗的短篇小说改编的《蝴蝶夫人》，其中有一场运用持续 14 分钟的灯光照明来表现日本姑娘巧巧桑坐在窗口默默期待美国海军上尉平克顿归来的心理过程，手法新颖，感人至深。这出戏引起意大利作曲家普契尼的极大兴趣，1904 年把它改编成同名歌剧，首演未能获得成功，后经修改由著名男女歌唱家恩里科·卡鲁索（Enrico Caruso）和杰拉尔汀·法勒（Geraldine Farrar）分饰男女主人公，托斯卡尼尼担任乐队指挥，再度上演，一鸣惊人，从此成为歌剧的保留剧目。

1905 年，贝拉斯科在他的新剧《黄金西部女郎》中进一步展示他喜用的罗曼蒂克气氛、现实主义细节和激动人心的壮观场面。剧情发生在加利福尼亚淘金热潮时期，女主人公明妮开设一家酒馆，以善良无邪之心款待矿工，受到众人的爱戴。明妮爱上了一名被官方追捕而受伤的侠盗迪克·约翰逊，把他藏匿在酒馆阁楼里。州官前来搜查，一滴血从顶棚恰恰滴落在他手上，暴露了秘密。

她为了拯救迪克，提议跟州官赌牌，若输了就交出迪克。她以巧妙手法获胜，而州官不服，仍拘捕了她的情人。明妮求助于矿工，终于使官府释放了迪克。全剧结尾是太阳冉冉升起，这对情侣欢悦地奔向更加遥远的西部，以求新生。贝拉斯科为求真实地再现加州阳光的色彩变化，精巧地运用了灯光效果，还在舞台上制造出一场令人触目惊心的暴风雨景象。西方观众惯于把他这种舞台布局和灯光效果称之为“贝拉斯科气氛”。这出戏后来又经普契尼改编成同名歌剧，1910 年在纽约首演，由恩里科·卡鲁索和埃咪·戴斯廷分饰男女主人公，贝拉斯科任艺术总监。首场闭幕后，观众起立，向普契尼、贝拉斯科和托斯卡尼尼报以热烈掌声，演员谢幕达 20 余次。

次年，他又写了一部西部情节剧《牧场的玫瑰》，在百老汇一连上演了 359 场。同年，他为了抵制那个自 1896 年成立以来一直垄断戏剧演出的辛迪加组织，出资 50 万美元修建斯泰弗森剧院，1910 年更名为“贝拉斯科剧院”，从而拥有了自己的剧院，不再受托拉斯的约束控制。这家剧院至今仍存在于纽约百老汇。

20 世纪初 20 年内，贝拉斯科编导了 30 余出情节剧、喜剧和笑剧，仍运用他惯常的技巧，强调舞台上应该呈现绝对真实的场景，例如他排演尤金·沃尔特的《捷径》（1909）时，曾经买下一家寄宿公寓一间房间内部的全部什物，全堂粗陋的家具啦，磨损的地毯啦，陈旧的煤气炉啦，肮脏的门和窗框啦，甚至包括墙上褪色的壁纸，把它们统统原样搬上舞台，力求一切细节真实无误。他这种演出方式深深影响了 20 世纪初美国的戏剧演出，形成了习用的常规惯例。

但是，1915 年以后，由于莫斯科剧院的访美演出，马克斯·莱因哈特的导演艺术、A. 阿庇亚和 E. G. 克雷格的舞美设计，对美国戏剧产生了重大影响，从而涌现出 N. B. 盖地斯、R. E. 琼斯和 L. 西蒙森等一批新生的美国戏剧艺术家。观众的鉴赏力也随之提高。各地纷纷成立艺术团体，上演契诃夫、梅特林克、易卜生、萧伯纳等世界名剧作家的优秀剧目以及尤金·奥尼尔等年轻美国剧作家的新颖剧作，形成了一场小剧场运动。贝拉斯科编导的戏便渐渐失去了吸引力。他尽管在1922年执导了莎剧《威尼斯商人》，受到斯坦尼斯拉夫斯基对他的现实主义手法的赞扬，却不再能适应新时代观众的需求。

1928年，他75岁高龄时，自称还像20多岁小伙子那样精力旺盛，导演了平生最后一出戏——匈牙利剧作家弗兰科·莫尔纳尔的《咪咪》。1930年，他罹患肺炎，还让医师服侍在左右，坚持排戏。1931年5月14日猝发心脏病去世，享年78岁。

贝拉斯科一生获得过许多荣誉：1921年，美国科学与艺术学会庆祝他艺术生活40年颁发给他荣誉奖章；1924年，他荣获法国荣誉勋位骑士勋章；1927年，由斯坦尼斯拉夫斯基推举他为莫斯科艺术剧院荣誉会员；1930年，英国莎翁故乡的莎士比亚纪念剧院推选他为理事。

有趣的是，由于他幼年上学时深受天主教会的影响，一生喜爱身穿神甫般朴素的带白圆领的衣服，再加上他个人的风度，人们爱戴地给他取了一个"百老汇主教"的雅号。

据统计，贝拉斯科一生跟374个剧本的演出有关，可以说他对美国戏剧作出了卓越贡献，在美国戏剧史上占有一席重要地位。当今美国著名剧作家、《推销员之死》的作者阿瑟·密勒承认自己"受到过贝拉斯科的很大影响，得益于他那丰富的剧作技巧"①。戏剧评论家斯达克·杨也称赞他"具有真正戏剧家的气质，事事处处发现戏剧素材。这真是一种难得的天才"②。

抱病观梅剧　促膝论艺事

1930年2月，我父亲抵达纽约的第二天，就收到贝拉斯科一封信，据齐如山先生记载，信中大致说他竭诚欢迎梅君把东方艺术介绍到美国来，但他因病住院，医生不许他出来，以致不能当面欢迎，甚感遗憾，并致歉意，"只有此刻

①② 约翰·麦克尼古拉编：《二十世纪美国戏剧家》（上卷），格尔出版社1981年版，第99页。

先诚意地祝您成功；等我病愈后，再来拜访畅谈吧！”贝拉斯科当时已是 77 岁高龄的老人，如此热情，使我父亲非常感动。也正是由于这位德高望重的美国戏剧家如此看重我父亲的到来，使得戏剧界其他人士也不敢忽视了。

梅剧团在百老汇演出大为轰动，接连演了三个星期，好评如潮，贝拉斯科终于按捺不住，不顾医生劝阻，毅然在京剧临别一场的前一天，抱病前往剧场观剧，散场后还到后台跟我父亲会晤。

一见面，他就恳切地握住我父亲的手，赞扬道：“君真是世界上的大艺术家，怎么能叫我不佩服呢！这话并非虚誉，实在我竟不能把我对您的爱敬，形容出万分之一来。”①

他听说我父亲还要在纽约逗留两周，高兴地说：“那好极了！我现在还没有十分健愈，大夫本来不允许我出门，今天因为您将要演完，——再不来看，恐怕更没有机会瞻仰东方戏剧和您的艺术了；所以我勉强地才出来这一次。若再等一个星期，就可以出医院了；到那时，——我得了身体的自由时，一定要请您看看我编排的戏，并且请您参观参观我收藏的物件。”②

一周后，父亲便在齐如山和张彭春两位艺术顾问陪同下，前去拜访贝拉斯科。老先生热情接待，请他们参观家中各室，只见其中三四间摆满了琳琅满目的书籍，有各国剧本、剧院建筑、舞美、服饰等方面的书，还有许多史书、笔记、诗歌和画册等。另一间陈列着他历年所排演的剧目布景模型，他一一介绍，尤其有关灯光照明布置方面讲解得格外详细。还有几间屋则收藏着不少文物，诸如历代的旗帜、器械、乐器、家常用品，等等，尤以拿破仑时代的什物最多，他说这些东西都直接间接跟戏剧有关，作为他排戏参考之用。接着，他请大家在书房里饮茶，切磋艺术，并跟我父亲合影留念。随后他又邀请大家前往贝拉斯科剧院看他排戏，参观后台、机器房和灯光照明室。老先生大病初愈，却不顾疲劳地陪同讲解，恪尽地主情谊，这显然是他对我父亲极为尊敬的缘故。贝拉斯科虽然力求在舞台上展现绝对真实的生活面貌，却也并不排除演员用象征

①② 齐如山：《梅兰芳游美记》，岳麓书社 1985 年版，第 129 页。

性手法来表达人物的思想感情，前面提到《蝴蝶夫人》里的巧巧桑期待平克顿归来那一段长时间心理过程的表演便是一例。他认为导演的职责就是依靠演员的专长创造出人物的气质和个性。另外，他见到京剧演员个个经过严格训练，跟他对演员的要求极为相符，不由得对京剧和我父亲的表演深表折服。

顺便提一下，父亲那次访美还应另一位闻名遐迩的美国舞台美术家诺曼·贝·盖地斯（N. B. Geddes）之约，兴致勃勃地参观了他的研究所（我国著名戏剧教育家和理论家余上沅先生 1920 年曾在这家研究所学习过灯光布景诸科）。盖地斯也突出介绍了他运用灯光来转换舞台场景气氛的经验，给我父亲留下了深刻的印象。

父亲回国后，于 1936 年排演根据明传奇《易鞋记》改编的《生死恨》，其中韩玉娘“纺车”一场，台上暗黑，只用聚光灯一柱强光照射舞台前沿右方放着的纺车那块地方，以增强韩玉娘孤苦凄凉的情境。我想这大概跟他同贝拉斯科和盖地斯那段交往，汲取他们的灯光照明手法多少有点关系吧。

两张珍贵的照片

家中收藏的父亲和贝拉斯科合影的两张照片，一张是他俩分坐在贝氏书房的一张小圆桌两旁，一位身穿团锦缎面中式礼服，另一位则是带白圆领的神甫打扮，中西两种衣着，各具鲜明特色，别有一番情趣。当时父亲 36 岁，满头黑发，温文尔雅；贝氏 77 岁，白发苍苍，沉稳慈祥，让人一看就有一种亲切的忘年交的感觉。桌上散放着一些书籍和一个打开盖儿的六角形锦盒儿，父亲在端详手中一个瓷杯，贝氏右手拿着一个托盘，左手指着那个杯子，像是在叙述它的来历。我揣测那大概是个拿破仑时代的古杯吧。另一张照片上是两人并肩而坐，贝氏拿着一本书，正在讲解给我父亲听。那是一本什么书呢？古老的剧本？莎翁著作？我好奇地猜测。1991 年，我有幸参加联合国教科文组织、国际剧协和中国剧协在京举办的“亚洲传统戏剧国际研讨会”，遇到美国奥尼尔戏剧中心主席乔治·怀特先生，在一次酒会上，我带了那张照片向他请教。年逾古稀的怀特先生很感兴趣地审视一番，笑道："A Bible. That's it!"（"一本圣经。没错儿!"）这当然是他联想到贝拉斯科那个"百老汇主教"的雅号，幽默诙谐地作出这一答复。

如今《蝴蝶夫人》这出歌剧还经常在各国上演，屡演不衰，但是观众一般只知那是意大利作曲家普契尼的杰作，而不大知晓剧本原作者是贝拉斯科了。上面谈到中美两位大艺术家这段交往，知者更不多了。这也难怪，那毕竟已是70多年前的往事了。

美国作家汤姆斯·达尔鲍特于1930年在一篇题为《梅兰芳》的文章中写道："尽管吉卜林①先生曾说东方是东方，西方是西方，这对孪生子从未相遇，但是他们现在毕竟相遇了——这一情况体现在梅兰芳的身上。"

我在这里絮絮叨叨地说了半天，无非是觉得东西方剧坛这两位大师的那次会晤应当记述下来，留载史册。您说对不对?

2002年9月

① 吉卜林（1865—1936），英国作家，曾获1907年度诺贝尔文学奖。

艺人最重千金诺

——忆父亲和美国先驱影星范朋克夫妇的友谊

前不久，我在图书馆里查阅国外报刊资料时，无意中发现一条美国电影界老前辈、86 岁高龄的玛丽·璧克馥女士 1979 年 6 月初逝世于洛杉矶的讣文，回家后便直奔母亲卧室，将这一不幸消息转告给她老人家。母亲近来腿部不大灵活，正躺在床上看我最近在《戏剧艺术论丛》上写的一篇追忆梅剧团 50 年前访美演出的文章；她放下杂志，叹口气说："唉，刚看到你文章里提到了玛丽·璧克馥。真可惜又故去了咱们家一位美国老朋友！"

母亲一边说，一边指着梳妆台上摆着的一幅自己中年的 12 吋彩色照片，"你看，那个装着我相片的 14K 金的镜框就是玛丽·璧克馥当年送给我的，都快 50 年了。"

我随着母亲的指点，注视着那件珍贵的纪念品，它金光灿灿，依旧完整如新，不禁使我觉得它就仿佛象征着中美两个艺术家庭源远流长的友谊。我蓦地想起，30 多年前在上海"梅花书屋"里曾摆过一张范朋克夫妇合影的照片：体格健壮、肤色黝黑的范朋克喜气洋洋地坐着，旁边站着头发剪短、光彩照人的玛丽·璧克馥。我便探询那张照片的下落，母亲答道："是啊，不止那一张，还有好多幅哪。1946 年抗战胜利后，玛丽·璧克馥还从美国寄来一张她的便照呢。新中国建立初期，咱们从上海搬家到北京来，都放在箱子里了。等我哪天慢慢都给你找出来。"

半个世纪过去了，当今恐怕只有六十开外的中国观众，可能还记得这两位活跃于20世纪20—30年代美国默片时期的电影皇帝和皇后，或许看过范朋克的《大侠佐罗》、《三剑客》、《铁面人》、《罗宾汉》、《巴格达劫贼》和玛丽·璧克馥的《灰姑娘》、《汤姆叔叔的小屋》、《小公主》等无声片，以及他们夫妇合演的莎士比亚的《驯悍记》有声片。今天的青年对他俩的名字感到陌生，一点也不奇怪，就连美国许多年轻人，1976年在电视荧屏上看到白发苍苍的玛丽·璧克馥，接受美国电影艺术和科学学会为褒奖她在电影开创时期，所作出的特殊贡献而颁发给她的“奥斯卡”荣誉金像奖时，也曾惊讶地问过：“唷，这位老奶奶是谁呀？”

这里，我想不妨先略微介绍一下这对夫妇吧。

叱咤风云现英豪　诗情画意塑少女

道格拉斯·范朋克的传记作家加里·卡瑞说：“击剑场面和传奇剧的结合在文学和戏剧中早有先例，可以从雨果、大仲马、司各特一直追溯到莎士比亚以前。在电影方面，也许同样有过先驱者，但范朋克则是这种形式的大师和推广者。在他之后的一些电影勇猛小生，如埃洛·弗林、泰隆·鲍华、金·凯莱和勃特·兰卡斯特等人，可说没有一个能赶得上范朋克所表演得那样机智和生气勃勃。”①

范朋克诞生于1883年，原姓乌尔曼，父亲是个律师，后因开矿投资失败而出走，撇下妻子和三个孩子，范朋克时年5岁，由母亲艰辛抚养成人。他从小就喜欢演戏，17岁中学毕业后就参加一个旅行剧团，24岁开始享名，登上百老汇舞台，后又转入影界。他一生喜爱运动，为了扮演《三剑客》中的达达安和绿林侠客罗宾汉曾拜当时最有声望的击剑家和射箭手为师，虚心学习，从而在

---

① 加里·卡瑞：《道格和玛丽》，美国都顿出版社1977年版，第113页。

银幕上成功地塑造了许多英雄豪杰生龙活虎的形象。影片中一些翻墙越楼等惊险场面，他也从不使用替身，只见他轻捷如狡兔，表演得干净利落，令人惊叹不止，40 岁后竟为此而摔伤腿骨，痊愈后继续顽强锻炼，保持完美体型，事业心可以说是相当强的。他一生主演过上百部电影，成为当时美国青年仰慕的英雄豪杰的偶像，也吸引了世界各地无数观众的赞赏。

玛丽·璧克馥恰在爱迪生发明电影那年——1893 年出生，原名史密斯，父亲是个杂货商贩，母亲出身于爱尔兰农民家庭。她早年丧父，家境贫寒，5 岁就登台演戏，养活寡母和弟妹。13 岁时，她仰慕戏剧家和大导演贝拉斯考之名，大胆登门求教，在他悉心指导下登上百老汇舞台，一举成名，16 岁进入影坛。由于她擅长扮演天真无邪的小姑娘而被誉为“美国的大众情人”。

30 年代后，玛丽·璧克馥近 40 岁，不能再扮演少女，为了保持观众对她留下的美好印象，便毅然于 1933 年退出影坛。她后来曾说：“我离开银幕，是因为我不希望那种在卓别林身上发生的事也在我身上出现。卓别林后来抛弃了他一直扮演的流浪汉时，那个流浪汉也就转身把他扼杀了。小姑娘的形象使我成功，我不想等待那个小姑娘也把我扼杀……我本来可以比我在《卖俏的姑娘》和《秘密》中所扮演的角色做出更富戏剧性的表演，但是我已经被人们定了型。”① 如今看来她这一决定显然是明智的，在世界众多的观众心目中，她一直保持着那个金黄卷发、天真烂漫的小姑娘的形象，在她主演的 194 部电影里，一次又一次地战胜邪恶和苦难，她依然是那颇有胆识而调皮的姑娘，依然是美国理想的少女化身。

玛丽·璧克馥演戏认真，她说：“我没有在表演——我就是银幕上的那个人物。在拍摄一部电影的过程中，我没有把自己所扮演的角色抛弃在摄影棚里，而是把她带回家去。我就活在她的生活气氛中。”② 正是由于她深刻体会剧情，细心琢磨角色的心理，表演显得自然简捷，毫不矫揉造作，富于诗情画意，而赢得当时她的最大多数的观众——美国工人阶级的喜爱③。玛丽·璧克馥也富

---

①②③ 加里·卡瑞：《道格和玛丽》，美国都顿出版社 1977 年版，第 201、55、9 页。

有正义感，1954 年卓别林被右翼专栏作家威斯特布洛克・佩格莱指控为共产党同情者，受到非美活动调查委员会审讯时，她曾经站出来为卓氏辩护，说他不应当由于别人的道听途说而受到谴责。

20 世纪初，美国电影刚刚出现时曾受到普遍的蔑视。洛杉矶一些供应膳宿的寄宿处的草坪上竟竖立过“犹太人、狗或电影演员不许入内”的牌子①。只是由于范朋克和玛丽・璧克馥的努力奋斗，才使电影事业获得好名声，电影演员的地位才得以提高。他俩这段功绩是不可磨灭的。

美国电影艺术和科学学会主席霍华德・考契先生最近在悼念玛丽・璧克福时说：“她是我们真正所作所为的唯一栩栩如生的传奇人物。我希望我们今后能制出她过去喜爱拍摄的那种电影——天真无邪的爱情故事片。”②

这对当时最受观众欢迎的电影演员 1920 年结婚后，在加里佛尼亚森克・莫尼卡市有所住宅，定名为“范福别墅”（Fairford），是由丈夫的名字上半，夫人的名字下半相缀而成的。他俩殷勤好客，许多国际知名人士，诸如英国作家毛姆和戏剧家诺埃尔・考沃德、西班牙大提琴家卡萨斯、大科学家爱因斯坦、第一次飞越大西洋的飞行员林伯格、苏联名导演爱森斯坦、美国棒球健将巴贝・罗斯等，都曾是他们家中的座上客。有人曾说 20 年代初期美国两个最有名望之家就是白宫和“范福别墅”啦。

远渡重洋逢知己　宾至如归见友情

1929 年 11 月，范氏夫妇第七次出国旅行，远经瑞士、埃及、希腊、印度、中国和日本，12 月中旬抵达上海。当时我父亲同其他中国电影观众一样，早已仰慕美国影坛三杰——卓别林和范氏夫妇的卓越演技，当即打电报至沪欢迎范

① 布敦・海恩顿：《玛丽・璧克馥和道格拉斯・范朋克传》，美国诺东出版公司 1977 年版，第 9 页。

② 美国《新闻周报》1979 年 6 月 11 日一期，第 50 页。

氏夫妇来京游历，借此也可交流艺术，但他俩赴日行期已定，回电甚表歉意，答应下次访华时必定前来赴约。①

没过多久，父亲便率领剧团赴美访问演出，先在东岸几个城市上演获得成功，5 月份前往西岸。在到达旧金山的第二天，他就收到范朋克从洛杉矶拍来的电报，内称“梅君此次到美，本拟快聚多日，以慰热忱，奈有要事须往英伦，两日后便启程。又拟乘飞机一至金山，借谋把晤，而案头待理之公事猬集，又不克如愿，极为歉疚，故希梅君于洛城演剧时能来别墅小住数日，以便略尽地主之谊”②。接着又续来两次电报，我父亲三次回电辞谢均未获允。玛丽·璧克馥又来电说她丈夫临行前再三嘱咐务请梅先生惠临，语益诚恳，父亲只得应诺。

5 月 12 日，父亲抵达洛杉矶，市长的代表和各国驻该市领事公举的比利时领事前往车站迎接，范氏夫妇也派两名代表和摄影队在那里翘首迎候。父亲与欢迎者一一握手后，就乘范朋克所提供的汽车出站，市府特派警厅汽车数辆护卫，街道两旁许多热情的市民向我父亲招手致意。父亲先至市府拜访波特市长，然后就前往“范福别墅”。

玛丽·璧克馥热情接待，为了使我父亲就像回到自己家里一样，竟将全座别墅拨交我父亲和他的顾问齐如山先生居住，自己则迁到另一所住宅去住了。“范福别墅”坐落在海滨，前临太平洋，一望无际，风景优美，别墅内小园曲径，芳草如茵，百花盛开。父亲当时在美国已经上演半年，稍感劳累，在这四季如春、温暖宜人的加州海滨休息数日后，疲劳顿释。

在这期间，玛丽·璧克馥邀我父亲到她的摄影棚观看她拍摄两场戏，又陪他参观卓别林和范氏夫妇合办的联艺公司各处，详细介绍新发明的录音设备。父亲的秘书李斐叔先生当时曾用家庭摄影机把这一实况记录了下来。我记得其中有一段是玛丽·璧克馥和我父亲戴上了耳机，录音师在机器后面即兴表演，三人相互微笑，握手庆贺，洋溢着一片友好的情意。1962 年，阿英先生在编制《梅兰芳》传记片时，曾从我们家中借去这份珍贵的文献片，利用了其中若干

① 《北京画报》1929 年第 64 期。

② 齐如山：《梅兰芳游美记》，商务印书馆 1933 年版，附录第 7 页。

镜头。父亲后来回国后多次希望把他的表演拍成电影，我想那次参观访问也可能是个推动力。

玛丽·璧克馥还曾举行多次宴会，邀请许多电影界同行与我父亲见面，畅谈艺事，摄影留念，其中包括卓别林、西席·迪米尔、法国名演员薛华利（Maurice Chevalier）和墨西哥籍影星黛丽娥（Dolores Del Rio）。

在“范福别墅”休息数日后，父亲要在洛市城内演出，便迁至剧院附近的比尔特莫饭店居住。演出期间，他多次请玛丽·璧克馥至剧场观剧，每次她均至后台献花道乏。父亲在洛市的最后两天，范朋克从英国回来了，又特地举行一次茶会欢迎我父亲，还亲自教他怎样打高尔夫球，相聚甚为欢洽。父亲赴檀香山那天，范氏夫妇亲至码头欢送，父亲感谢他们的盛情接待，希望他们日后再次访华时务必到北京。

旧友重逢古燕城　武松赛似罗宾汉

1931 年初，范朋克同他的导演维克多·佛莱明和摄影师亨利·夏泼到东南亚、中国和日本游历，摄制纪录片《八十分钟遨游世界》，事先拍来电报给我父亲。父亲当即筹备一切接待事宜。2 月 4 日夜间，范氏抵京，父亲亲至前门车站迎迓，接他住在大方家胡同一所宽敞的住宅里。

第二天，父亲在家中举行茶会欢迎范朋克，出席作陪的有杨小楼、余叔岩、程砚秋、尚小云和荀慧生等京剧演员。范氏一进门就对我父亲说：“我妻玛丽·璧克馥因事不能同来，托我向您和您的夫人致候。”中美两国艺术家欢聚一堂，切磋技艺，范氏当场介绍了他在电影中的特技表演，大家一齐照了相。范氏摄影队也拍了纪录电影。第三天，父亲在开明戏院特为招待他上演《刺虎》一剧。剧终后，范氏登台和我父亲握手，并向观众致词，说他这次访华认识了中国的高尚文化，去年在美国没能看到梅氏的表演，今日才能得见，甚感兴奋。观众报以热烈的掌声。

梅兰芳与美国影星范朋克在北京合影

次日，范朋克和我父亲又在佛莱明的导演下，在家中的院子里拍了一段电影。第一组镜头是两人相见的情景，父亲用英语说了几句欢迎词，范氏用刚学会的中国话说：“梅先生，北京很好，我们明年还要来。”第二组镜头是范朋克打扮成《蜈蚣岭》里的行者武松。他头戴金箍箻头，身穿青缎打衣打裤，脚蹬厚底缎靴，佩着腰刀，手拿拂尘。父亲当场教他几个身段动作和亮相姿势，范朋克都一一做得很到家，赢得旁观者热烈鼓掌。父亲笑着对他说：“我看您大概是有史以来头一名外国武生扮演一名中国武生啦！”范朋克爽朗发笑，得意非凡。

范朋克在京一共逗留四天，游览了颐和园和故宫。在我父亲为他饯行的宴会上，他说：“我在北京认识了许多文艺界朋友，使我在很短时间内能够认识到中国悠久文化和传统美德，在故宫又见到许多珍贵文物，使我感到中国的文化对人类作出了伟大的贡献。”他还称赞京剧可与希腊正剧和莎士比亚戏剧相媲美，“我祝愿京剧永远保持它固有的特色，不断发扬光大”①。

在他离京前，父亲赠送他一批礼物，其中包括他所喜爱的那身武松的行头，还请他带回两套旦脚服装赠给玛丽·璧克馥，希望她也能有机会试扮一个中国古典美人。

此后十年里，由于国内动乱，两国艺友没能再次相见。1934 年，父亲听说

① 梅兰芳：《我的电影生活》，中国电影出版社 1962 年版，第 37 页。

范氏夫妇离了婚，感到十分诧异。范朋克后来由于主演《唐璜的私生活》不够理想，心情悒郁，又为了保持自己的仪态而加重了体育锻炼，乃至损伤了心脏，不幸于1939年过早逝世了。我父亲当时已经移居香港，听到这个消息甚表惋惜，还发去了唁电，哀悼他这位美国朋友。

昔日薄礼完璧归　大千世界何其小

20世纪70年代初，好莱坞华裔影星卢燕女士参加一次电影界的宴会，看到年迈的玛丽·璧克馥身穿一套炫眼华丽的中国古装，仪态大方地步入大厅，一时惊动四座，个个啧啧称赞不止。玛丽·璧克馥自豪地告诉大家："这套古装还是当年中国大戏剧家梅博士送给我的哪！"她看到卢燕女士紧紧盯视着她那套服装，流露出羡慕的表情，便跟她攀谈起来，邀请她有空到家中做客，畅谈美中两国艺术家的友谊。

卢燕应邀前往，玛丽·璧克馥请她楼上坐。正当卢燕登上楼梯时，她发现壁上挂着一幅中国花鸟画，便近前看看署名，不禁惊讶地"啊"了一声。走在前面的玛丽·璧克馥女士回头问道："怎么啦？"卢燕情不自禁地答道："这是我义父梅兰芳画的啊！"

玛丽·璧克馥知道了卢燕与梅家这层关系，后来又看到卢燕十分成功地扮演了《倾国倾城》里的慈禧太后，对她更加宠爱了。她自1974年后接连三个圣诞节把她几十年珍藏的那幅中国画和两套京剧戏装一一作为礼物转赠给卢燕，并嘱咐道，因为自己年事已高，将来一旦弃世，梅氏送的这几件礼物恐易散失，不如由卢燕继续妥善保存，作为纪念吧。

卢燕姐最近回国探亲，我便向她征询那几件礼物的细节，她说："那幅画画的是红梅和青鸟，格调和谐，五彩缤纷，煞是好看。两套戏装，一套是上下身的蓝色锦缎古装，另一件是花团锦簇的、杏黄色长帔，虽然是五十年前送的，现在依然完整如新哪！"

母亲听到后，脸上绽出笑容，对卢姐姐说："你寄爹当年送给玛丽·璧克馥的薄礼，她如此珍视，感人至极，但是万没想到今天又转回到自家人手里来了，天下可真小！你应当更加好好地保存起来，作为纪念。"卢燕频频点头说："您放心，一定，一定!"

昨天，母亲从箱子里取出冬衣时，顺便找出了一些旧照片。她指着其中两张对我说："你看，这张是你父亲和玛丽·璧克馥在好莱坞的合影。这一张是范朋克在咱们无量大人胡同故宅照的，有他、你父亲和我。前面站着的两个小孩，一个是你那已故的三哥，一个就是你。"我接过那张照片，久久凝视，怎么也没想到我这个平素最爱看武戏的人居然和一名外国勇猛武生照过相咧!

1979 年 11 月 20 日

梨园影坛两大师

——忆父亲和卓别林的友谊

曾使亿万电影观众悲喜交集的著名喜剧演员查利·卓别林 1977 年 12 月 25 日破晓之前溘然长逝于瑞士，享年 88 岁。噩耗传来，我们全家都感到十分沉痛，因为父亲生前和他相交甚笃，时常向我们谈起他那卓越的表演艺术，他就像我们家里的一个老相识似的。母亲嘱我拟一唁电，但因不知详细地址，未能发出，颇感遗憾。于是，我便情不自禁地写下拙文，追忆这两位同为贫寒出身、奋发学艺而闻名世界的艺术家的友谊，以表达自己对这两位长辈的怀念，借此也可代表卓氏的一个中国朋友的演员家庭向他表示深切的悼念，向他的夫人和家属表示亲切的慰问。

他乡遇知己　切磋论技艺

1930 年 5 月里的一天，父亲抵达洛杉矶的当晚，应剧场经理的邀请出席一个酒会，那里聚集着许多文艺界人士。父亲一到场便受到热烈的欢迎，刚刚坐下，迎面走过来一位神采奕奕的壮年人。父亲觉得似曾相识，正在思索之中，经理站起来介绍道："这位是卓别林先生。"

卓别林一边和我父亲紧紧握手，一边说道："我早就听到过你的名字，今日可算幸会。啊，你原来这么年轻就享有这样大名，真可算世界上第一个可羡慕的人啦!”

当时，父亲36岁，卓别林也不过41岁，但两人通过艰苦的艺术实践，都已经在表演上达到了不平凡的水平。

1930年初，父亲率领梅剧团抵达美国，先后在纽约、芝加哥、旧金山、洛杉矶、圣地亚哥和檀香山6个城市进行访问演出，历时半年之久，共演出72天戏。前三站都获得很大的成功，轰动了美国艺坛。第四站来到洛杉矶这个电影名城，更受到美国电影和艺术界的热烈欢迎。在以约翰·波特（John Porter）市长为首的60多名洛杉矶知名人士所组成的欢迎和赞助委员会名单上，就有著名影星卓别林、范朋克（Douglas Fairbanks）和玛丽·璧克馥（Mary Pickford）以及著名导演西席·迪米尔（Cecil De Mille）等人的大名。

50年代末，父亲回忆当时的会见时说，他在国内看过卓别林独创的流浪汉喜剧影片，印象里他是个矮个子，身穿一件破旧的短礼服和肥腿裤子，反穿着八字脚大皮鞋，头戴一顶小号圆顶呢帽，手拿一根竹手杖，再加一撮小胡子，完全是一副使人忍俊不禁的幽默而滑稽的样儿，可是见到的卓氏本人却原来是一位风度翩翩、态度严肃而和蔼的英国绅士。父亲向卓别林表达了自己对他的艺术的喜爱，称赞他在无声电影里完全依靠手势和面部表情，细腻地体现内心的活动来表达剧情，而且让观众都能看得懂，确实是一种难能可贵的哑剧艺术。卓氏对于父亲很能了解和欣赏他的表演，感到高兴，因为那时他正受到有声电影的冲击，无疑电影中出现对白会在一定程度上使表演艺术水平下降，尤其是给他的哑剧动作造成困难。卓氏告诉我父亲，他早年也是舞台演员，后来才投身电影界的，并征询京剧艺术中丑角的表演艺术。父亲答道，中国京戏里丑角也是很重要的，艺术也是很高的，可惜这次带来的节目当中，这类角色不多，希望他今后有机会访问中国，必能看到京剧界许多丑角的精彩表演。又说自己的老前辈当中就有一位是名丑萧长华先生。两人好像久已相识的知己，就艺术表演问题攀谈良久，十分融洽，最后还合影留念。

当时美国电影正在经历一条从无声转为有声的崭新道路，出现了有说白，有表演，有时再插入一段歌唱或舞蹈的电影，这种趋势颇受观众欢迎，但如何组织得更加巧妙却仍在探索之中。也就在这一时刻，父亲访美带去了中国古典京剧，许多电影导演和演员从洛杉矶赶到纽约和旧金山去观看，发现京戏中的唱做念打安排得既巧妙又高超，于是竞相转告有声电影的趋势颇有许多地方与京戏相似，因此父亲来到洛杉矶，受到电影界热烈而隆重的欢迎，便不足为奇了。有的演员起先对这种议论不大相信，看过之后方信传之不谬。

梅兰芳与电影大师卓别林

好莱坞电影界为我父亲举行了一次盛大的欢迎会，父亲记得那天其他电影界人士均穿礼服，早已到会，卓别林先生是最后一个匆匆赶来的，穿着便服，没系领带，但十分潇洒。他一到场，就引起大家的注意，相互悄悄传告："卓别林来了！"不少演员还站起来，对他表示尊敬，充分表明他当时在电影界的威望已经相当高了。卓氏对我父亲说他正在拍摄《城市之光》，刚从摄影棚抽身赶来，没来得及回家换装，连连道歉。那次会上，不少演员感谢我父亲把具有优秀传统的中国古典戏剧介绍给美国人民，使他们得到极大的艺术享受，而且对美国电影界的影响也是很大的。他们觉得从中得到了不少启发，认为中国京剧表演艺术是他们"宝贵的参考品"①。

父亲后来访问了好莱坞，范朋克和玛丽·璧克馥坚持邀请他住在他们夫妇的别墅里。许多电影公司也争相邀请他把他的几出戏就地拍成电影，父亲因有

① 齐如山：《梅兰芳游美记》卷四，商务印书馆1933年版，第12页。

约在先，还需去檀香山演出，感谢他们的盛情，婉言谢绝了。不过，他在纽约演出时曾允许派拉蒙公司驻纽约代表在他演完戏之后，在剧场里随便拍了一段新闻片，因条件没有摄影棚那样优越，拍得并不太理想，但今天看来也是相当珍贵的资料了。父亲当时参观了卓别林、范朋克和玛丽·璧克馥合办的联艺公司和其他诸如20世纪福克斯、米高梅、华纳兄弟、派拉蒙、雷电华、哥伦比亚等14家电影公司。在参观时，父亲再次见到卓氏，他竭诚招待，并介绍了拍摄电影的情况，两人又照了一张相片，一个穿着中式服装，一个穿着笔挺的西服，面带微笑，手握着手。两位艺人当时正当壮年，各自在艺术创作的道路上独树一帜，彼此仰慕，彼此勉励，结成了深厚的友谊。今天时隔49年，重看这幅照片，备感两位艺术家之间的友谊亲切而诚挚。

父亲访美归来后，在30年代中期看到珍妮·麦克唐纳、纳尔逊·埃迪等影星演的那类载歌载舞的电影，觉得其中时而道白、时而引吭高歌一曲，穿插别致，颇有些地方似京剧的组织安排。当然，父亲访美后，中国京剧的组织法是否真正给予当时美国某些电影一些影响，这要由美国电影史学家根据当时报刊的评论资料，自己来研究下判断了，我在这里不敢遑论。不过，看过随同我父亲一齐访美的齐如山先生1933年所写的《梅兰芳游美记》和父亲那部《我的电影生活》以后，不免使人觉得这种影响又确乎是有那么一点的。

迎宾千里至　欢聚在沪滨

1936年3月，卓别林和宝莲·高黛（Paulette Goddard）拍完《摩登时代》后结婚，蜜月旅行访问亚洲，路经横滨、上海、香港、新加坡、爪哇和巴厘等地。船抵上海，停泊两天，卓别林和我父亲在上海文艺界招待他的宴会上再次会晤。他感慨地说，六年前两人初次会面时头发都是黑的，而今他的头发已经斑白了，这真是太不公平了。父亲说：“您比我辛苦，每一部影片都是自编、自导、自演、自己亲手制作，太费脑筋了。我希望您保重身体。”两人又合影留念。

卓别林提出要再看看京戏的愿望，可惜当晚父亲没有演出，就建议他去观赏马连良先生在新光大戏院的演出。最近我在北京市文联大会上遇见马连良夫人，征询了此事。马伯母回忆道，那天上演的剧目是《法门寺》，卓别林夫妇到场时受到观众热烈鼓掌欢迎，他也频频招手致意。卓氏一边细听马先生的大段唱腔，一边在膝头试打节拍，并说“中西音乐歌唱，虽然各有风格，但我始终相信，把各种情绪表现出来的那种力量却是一样的”。演出后，卓氏夫妇登上舞台和扮演郿邬知县的马连良合影多幅照片。卓别林还对剧中的丑角贾桂的表演很感兴趣，自己也想扮个贾桂，再和马先生合照一张，但因他次日清晨就要乘原轮离沪，时间不容许他化装打扮，未能如愿。马伯母说：“这真遗憾。如果照了，那该多好啊！不过其他几张照片，我们都还珍藏着，其中还有一张两人面对面拱手作揖的哪。”就在那天晚上，父亲还陪卓氏先去观看了同台上演的一场连台本戏。卓氏对京戏的爱好，可说是真够浓厚的。

据卓别林之子回忆说，他父亲那次亚洲旅行回到美国后，挚友范朋克在家中设宴欢迎他归来，他整夜都用中国话同范家的华裔仆人交谈，惊动四座，大家都对卓氏的语言天赋赞佩不已，一时传为美谈。①

感君斥魑魅　同解心头恨

转瞬四年又过去了。

卓别林在1940年完成了那部反对德意法西斯主义的著名电影《大独裁者》，父亲那时已经移居香港。当地的利舞台经理想获得该片的首演权，知道我父亲和卓别林相识，便再三请他致电代为征询。父亲因曾在该剧院演过戏，友情难却，便答应一试，并在电文末尾提到自己不久前曾在该剧院演出过。卓别

① ［美］小查利·卓别林：《我的父亲，查利·卓别林》，兰登书屋1969年版，第152页。

林很快就复电同意，据亲友后来的分析，一来因为两人的友谊关系，二来因为电文中那么一句话多半起了很大的作用，卓氏相信我父亲能在该处演戏必定是个很好的剧场，所以欣然同意。当时美国电影在香港通常都在皇后和娱乐两家影院首演，唯独《大独裁者》竟在中国人办的一家主要上演粤剧和京剧的剧场首演，确实是个罕见的例子。

我还记得1941年秋，利舞台为了感谢父亲的协助，特地在星期日上午安排了一场专门招待他，父亲带我和葆琛兄去了，当时我们兄弟俩都在九龙青山岭南大学附中念书。父亲看后极为赞赏，后来还一连看了七次，嘴里常常谈论它。我想这主要是因为父亲当时对德意日法西斯主义的痛恨，他本人见到日本军国主义疯狂侵略中国，屠杀祖国人民，义愤填膺，毅然退出舞台，不与敌伪合作；《大独裁者》对于希特勒、墨索里尼之流的法西斯分子无情的讽刺和狠狠的鞭挞，正合父亲的心意，老朋友的杰作替他消愁解恨。他常常对卓别林那种大无畏的精神表示羡佩，逢友便问："看过《大独裁者》没有？快去看看。"甚至对于我当时只是个13岁的小孩也问："你喜欢其中哪一场？"

我说："耍气球那场戏挺好玩。"

父亲问："你明白那是什么意思吗？"

我答不上来。父亲便解释道："那是讽刺希特勒的疯狂野心啊！他妄想统治全球，肆意玩弄那个地球仪，用脚蹬，用头顶，得意忘形，不可一世，最后地球仪'啪'的一声破了，他的美梦也会跟那个气球一样破灭的。"父亲接着还给我解释了理发室里那场戏的含义，两个独裁者各自为了要比对方高出一头，扭动座椅的转轮使其升高，最后几乎达到天花板那里，座椅"哗啦"一下子垮下来，把两人摔个大马趴，意思也是讽刺那两个狂妄的家伙早晚会垮台的。父亲还解释了其他几场表演，可惜我现在都不大记得了。总之，现在回想起来，父亲当时对于这部电影的政治含义是相当敏感、深刻领会的。

对于卓别林在这部电影里的纯熟演技，父亲也是很折服的。他举出卓氏舞弄地球仪时纵身一跃，跳上桌子，身轻如燕，矫健灵活，另一场用双手抓住窗帘，几下子就干净利落地爬到半空中，这都跟他扎实的幼功很有关联，一般人是不容易做到的。另一场戏中，卓氏扮演理发师，按照所配的古典音乐节拍，一招一式地给人理发、刮胡子，乐毕，理发全过程也完毕，父亲说这真是一场绝妙的艺术表演，看得出是卓氏动了不少脑筋，反复推敲，精心设计出来的。

关于卓氏早期扮演的小流浪汉的形象，父亲也有过好评，常常提起他在《摩登时代》里扮演的那个小工，在资本主义社会的工厂里分工专拧螺丝，被折磨得从早到晚双手总在做那拧动的单一动作，出了工厂大门见到妇女身上的纽扣也误当螺丝，跑上前去不由自主地拧它一下，引人发笑。父亲理解卓氏在这里是深切同情工人的苦难遭遇的，认为他的表演意境较高，不同于那种单纯追求噱头而无多大意义的滑稽表演；他冷隽幽默，内心活动深藏不露，流露出“一种富有诗意的、含蓄的像淡云遮月、柳藏鹦鹉那样的意境”①，令人回味无穷，而且令人笑中有泪。在《大独裁者》中扮演酷似墨索里尼那个角色的贾克·奥凯（Jack Oakie）就曾对卓别林的儿子说过：“你父亲有一种本领，能使你喉中哽着泪珠，让你在笑中把它咳了出来。”②

惊闻友遭难　翘首盼来访

第二次世界大战后，卓别林由于战时曾呼吁开辟第二战场，冷战时期对美国政府驱逐作曲家汉斯·埃斯勒（Hanns Eisler）一事提出抗议等等原因，受到参议员麦卡锡所操纵的非美活动调查委员会的传讯，一些报刊也对他进行恶毒的人身攻击。卓氏乃于 1952 年在气愤之下离开了他居留 40 年的美国，返回故乡英国，后又定居在瑞士洛桑附近的韦威村。美国检察长当时曾宣布不再允许他入境，等于把他变相驱逐出境了。父亲当时听说此事，对于美国当局如此对待卓氏这样一位大艺术家甚感惊讶，愤愤不平，时常打听他的处境，对他十分挂念。

---

① 梅兰芳：《我的电影生活》，中国电影出版社 1962 年版，第 54 页。

② ［美］小卓别林：《我的父亲，查利·卓别林》，兰登书屋 1969 年版，第 233 页。

后来听说他还在继续编演电影而感到宽慰，但父亲没能看到他后期的几部电影。

1954 年，父亲听说周总理在日内瓦会议期间宴请卓别林，并请他观看《梁山伯与祝英台》电影，甚感高兴，以为卓氏很可能重访中国。卓别林当时看完《梁祝》，潸然泪下，夸赞它是部好片子，希望中国多拍这类电影，并对该片的优缺点提出了中肯的意见。他还对中国记者说："你们有数千年的文化，希望你们能充分发扬优秀的文化传统，你们的成就会吸引整个世界。"又说："我到过中国，但那是腐败的中国，干罪恶勾当的人可以逍遥法外。现在的中国已经历了巨大的变革。一切都在进步。你们是朝着正确的方向和正确的道路上前进。"卓氏这一席对中国充满诚挚友好的谈话，我父亲当时是听到了的，心中对卓氏十分感激，我想广大的中国人民也永远不会忘记的。

50 年代末，父亲对一位从海外归来的朋友说："我尤其盼望卓别林先生再到中国来，看看我们的建设，顺便也看一下我新编的《穆桂英挂帅》，比当年如何？"遗憾的是父亲在 1961 年病逝之前，两位朋友一直没有机会再欢聚一堂，重叙友情。

同是贫苦儿　勤奋震艺坛

父亲和卓别林都是三代艺人世家出身，少年的境遇也颇相似：年幼丧父，家境贫困。我父亲靠伯父赡养成人，卓别林进过孤儿院和贫民习艺所；父亲 6 岁学戏，卓别林 5 岁时因母亲嗓子突然嘶哑而登台代母奏艺。两人刻苦发愤学艺，勇于创新，精益求精，从而震惊艺坛，但他俩从来都不以为自己是什么天才。父亲说过"我是个笨拙的学艺者，没有充分的天才，全凭苦学"。关于父亲青少年时代的勤学苦练，我在《忆父亲的艺术生活》一文中已有过记载，这里不再赘述。单说卓别林先生，他常常为了拍好几个镜头而不停地工作数日，累得筋疲力尽，有时没有卸妆就回家往床上一躺，两个年幼的孩子不认得这位穿大皮鞋、戴小胡子的流浪汉是谁。卓别林摘下一半小胡子，做个怪脸说：“是你们的爸爸呀！”“这就是作为一名演员的难处。表演中百分之九十九的成分是汗水，百分之一才是天才。”还对他们说：“人们称我为天才。我压根儿就没想做那样一位。我不过是按照我所见到的，我所感受的，把事物反映出来罢了。”①

两位艺人成名之后，并未忘记苦难的过去。父亲一生从不骄傲自满，待人一向谦虚和蔼，在旧社会每逢赈灾义演时都是义不容辞地参加，同行甚至一些素不相识的人遇到困难，他都尽力解囊相助，这是京剧界许多内行人都知道的事实。卓别林一生扮演过许多角色，大都是资本主义社会最底层的“小人物”，诸如补鞋匠、理发师、清道夫、士兵、小贩、杂技团的小丑、乞丐、失业者、孤儿，等等，寄深切的同情予他们。他的化装室简陋不堪，范朋克曾建议他扩建得精致华丽些，他答道：“我如果有那样一间化装室，便刻画不出小流浪汉的形象来了。我需要的是一个跟他的身份相称的地方。”②

他俩在幼时都没有读过几年书，十分珍惜光阴的宝贵，抓紧时间学习，努力提高自己的文化和知识水平。父亲除专心钻研京剧本行业务之外，还学习南方昆曲和其他地方剧种的长处，学习绘画，学习英语。卓别林有空就读文艺和哲学著作，他喜爱阅读狄更斯、莫泊桑和马克·吐温的小说，从中吸取这些大作家对“小人物”的刻画的养料，以丰富自己的表演。他一生不爱出席无聊的宴会，宁愿待在家里伏案读书写作，或是踱来踱去，反复思考他下一部电影的创作计划，卧室里的地毯让他走得都在中间磨出一道深深的足痕，他珍惜那条刻着他呕心沥血记录的旧地毯，一直坚持不让他的妻子给他换掉。小卓别林说：“时间！爹爹总是把它看成好像是宝贵的珍珠。”

两位艺术家高贵的品质，勤奋的学习精神，是值得我们后辈们向他们认真学习的。

如今，艺坛上的两颗巨星均已陨落，使人不胜惆怅，无限怀念。但是他们

---

① ［美］小卓别林：《我的父亲，查利·卓别林》，兰登书屋1969年版，第117、231页。
② ［美］小卓别林：《我的父亲，查利·卓别林》，兰登书屋1969年版，第30页。

奋斗一生为世界人民留下了许多宝贵的表演艺术遗产，他们所塑造的许多艺术形象令人难忘，这种不朽的功绩会永远记载在世界文化艺术史中，两位大师会永远活在人们的记忆之中。同样，两人的友谊，我想也会为人们所乐意传诵的。

1977 年 12 月 27 日初稿

1978 年 9 月 30 日修改

梅兰芳·肖恩夫妇·《霸王别姬》

乍一看题目，您还当我要谈的是《打渔杀家》里的肖恩老英雄吧，非也，这里要写的是太平洋对岸的美国现代舞蹈之父泰德·肖恩（Ted Shawn）[①] 先生和那位被誉为美国舞蹈第一夫人的露丝·圣·丹尼斯（Ruth St. Denis）。[②] 这对伉俪我曾在拙作《我的父亲梅兰芳》第一集里提到过，说父亲1930年访美时，“同贝拉斯科和斯达克·杨等戏剧家，卓别林、范朋克和玛丽·璧克福等电影演员，露丝·圣·丹尼斯和泰德·肖恩等舞蹈家，结下了深厚友谊”。那几位戏剧家和电影演员我都曾分别叙述过，唯独这两位舞蹈家尚未细说过。

北京和泰州两地的梅兰芳纪念馆里都挂有父亲和他俩1925年在北京同台奏艺时合影的照片——我父亲扮演的虞姬站在当中，他右侧是裹着印度妇女莎丽服的露丝·圣·丹尼斯，左侧是身穿阿拉伯人服装的泰德·肖恩。参观者大都对那张照片瞧一眼，一晃而过，不大知晓他俩的来历。以前我写过一篇题为《传播京剧艺术的使者——早期介绍京剧给国际友人的实况》[③] 的文章，提到了1926年8月父亲曾在京同日本著名演员守田堪弥和村田嘉久子率领的访华日本歌舞伎团同台演出的盛况，却漏记了1925年11 月父亲还曾在北京真光剧院

---

① 详见泰瑞·瓦尔特《泰德·肖恩：美国现代舞蹈之父》一书，纽约日晷出版社1976年版。

② 详见《简明不列颠百科全书》（中文版）“露丝·圣·丹尼斯”条目。

③ 梅绍武：《我的父亲梅兰芳》，百花文艺出版社1984年版，第16~21页。

（今为中国儿童剧场）跟泰德·肖恩和露丝·圣·丹尼斯率领的丹尼斯肖恩（Denishawn）舞蹈团同台奏艺的情况。那次演出也颇有重要意义，因为那对美国舞蹈家夫妇观看了我父亲特地为他们演出的《霸王别姬》之后，曾把这出戏改编成西洋舞剧在新加坡、香港和美国上演过多次。近年我浏览西书，发现了他们演出该剧时的一张舞台照，洋胳臂洋腿儿，蛮有趣儿。

这里容我先来介绍一下这两位舞蹈家的艺术生涯。

美国现代舞蹈先驱

泰德·肖恩 1891 年生于密苏里州堪萨斯城，起先是位神学院学生，一次为了治病开始学习舞蹈，竟上了瘾，从此走上舞蹈生涯的道路。露丝·圣·丹尼斯生于新泽西州纽瓦克，比泰德大 14 岁，最初在美国戏剧家贝拉斯科编导的戏剧中担任女主角，还参加通俗歌剧和音乐喜剧的演出。1904 年，她受到香烟广告上埃及女神像的启发，下决心学习东方舞蹈，钻研印度哲学和艺术。嗣后，她便采用东方舞蹈形式和东方服装编出不少新颖的独舞，先在纽约表演，后赴欧洲巡回演出，大受欢迎。

1914 年，她跟泰德·肖恩相遇，两人志趣相投，遂结为连理。他俩在洛杉矶创办丹尼斯肖恩舞蹈学校和舞蹈团，提倡发扬各民族戏剧性的舞蹈风格，共同为舞蹈团设计丰富多彩的独舞和集体舞节目，从而培养出一大批优秀舞蹈家，其中包括后来闻名遐迩的现代舞蹈表演家玛莎·格雷厄姆（Martha Graham）。

露丝·圣·丹尼斯在编舞过程中大胆革新，运用“音乐视觉化”这一概念，就是说要求舞蹈动作跟乐曲的音色、力度、音型结构以及节奏基础相应等值。她还主张“同步乐队”，一种堪与雅克－达尔克罗兹[①]的身体律动术相媲美

① 埃米尔·雅克－达尔克罗兹（Emile Jaques－Dalcroze，1865—1950），瑞士音乐教师和作曲家，生于奥地利。他开创了音乐教学的身体律动体系，即用形体动作来体现音乐节奏，出版了《雅克－达尔克罗兹方法》、《身体律动术、艺术与教育》和《节奏、音乐与教育》等著作。

的技术，要求每个舞蹈演员体现管弦乐队中每件乐器的节奏。这对夫妇从美国流行舞蹈、东方舞蹈和其他民族舞蹈中汲取资源，编演了中国、日本、印度、锡兰、缅甸、西班牙、意大利、希腊、墨西哥、阿拉伯、吉卜赛等众多民族舞蹈节目，诸如《观音》、《孔雀舞》、《日本矛舞》、《印度舞》、《召唤雷神舞》、《爪哇宫廷舞》、《僧伽罗魔鬼舞》、《湿婆宇宙舞》、《埃及芭蕾》、《吉卜赛舞》等，还使印第安人舞蹈《鹰舞》首次登上了舞台。此外，他们还把许多欧洲作曲家的名曲编成优雅的舞蹈，如巴赫的《D 小调组曲》、贝多芬的《悲怆奏鸣曲》、肖邦的《革命练习曲》、李斯特的《春》、约翰·施特劳斯的《春之声》、舒曼的《幻想曲 OP. 12，飞翔》、勃拉姆斯的《降 A 调圆舞曲》、德彪西的《阿拉伯风格曲》等，上演后大受观众赞赏。他们以芭蕾舞为基础，发展非芭蕾舞动作，开创了美国现代舞蹈。

丹尼斯肖恩舞蹈团 1925—1926 年曾赴亚洲巡回演出，1927—1928 年参加齐格菲歌舞团在美国各地演出，都深受广大观众欢迎。

1931 年，他俩分居，但未宣布离婚。露丝·圣·丹尼斯开始致力于促进舞蹈在宗教方面的应用，创办宗教艺术团体，活跃于舞台直到 1960 年才退休，她的著名独舞均已拍成电影。她认为舞蹈应该属于精神范畴而不是单纯的娱乐或熟练的技巧；在这个信念的指导下，她促使美国舞蹈强调内在含义和思想交流。泰德·肖恩于 1933—1940 年间主持一个男演员舞蹈团体，设计了《劳工交响乐》、《奥林匹克竞技场》等舞蹈，创作出一种生气勃勃的男性舞蹈技艺，促进了男子从事舞蹈职业的兴趣。1933 年，他在马萨诸塞州创办雅科布斯·皮洛舞蹈节（Jacob's Pillow Dance Festival），把那里作为他的舞蹈演员的夏季根据地和剧场。后来那个团体解散后，肖恩把雅科布斯发展成为一个重要的国际舞蹈中心。

1964 年 8 月 13 日是这对舞蹈夫妇的金婚纪念日，当时泰德·肖恩已 73 岁，露丝·圣·丹尼斯 87 岁，亲友为他俩举办了一次庆祝会。他俩身穿便服，做出合舞过 2500 多次的《埃及芭蕾组曲》中的《再生之舞》（*Dance of Rebirth*）的舞姿，合影留念，终使“丹尼斯肖恩”这一名称的两部分再次合拢。

4年后，露丝·圣·丹尼斯去世，享年91岁。1972年，泰德·肖恩病故，终年81岁。他俩的名字永载于美国舞蹈史内。

真光剧院　同台奏艺

1925年，这对夫妇率领丹尼斯肖恩舞蹈团开始远东之行，这是有史以来第一个美国舞蹈团赴亚洲巡回演出。他们于9月1日抵达日本，在东京、大阪等城市演出，28日来华，途经大连和天津，11月8日抵达北京，逗留3日，至上海，随后去香港、新加坡、缅甸、印度、锡兰、马来西亚、爪哇、越南和菲律宾巡回演出，原本拟出访25个星期，后来竟长达15个月之久。他们于1926年10月再次途经上海，11月中旬由日本乘船回国。

泰德·肖恩在他1929年所著的《舞神》（*Gods Who Dance*）一书的序言中说："我们多年来一直从远方热爱着东方，现在就像孩子般进入了一个向往已久的、梦幻般的仙境。比起一般的旅客，我们更多地观光了四处。除去在旅途中，我们几乎每晚都有演出，我们还寻访了各地舞蹈家和舞蹈教师，观看了他们的表演，并向他们认真学习。我们还在市场上购买了服装、舞台道具、乐器和舞台上的帷幕；在接近巡回演出一半之前，我们其实已经把许多民族的舞蹈资源编排成自己的新节目……各地的舞蹈家和舞蹈教师都乐于无私地献出他们的宝贵时间和精力，提供信息，给予指导。他们热情地欢迎我们，不遗余力地向我们展示各自的民族舞蹈和民间舞蹈，像日本的松本幸四郎，中国的梅兰芳，缅甸的吴波盛①，爪哇的考德拉德（Kodrad）等知名人士，真使我自己作为一名舞蹈家深感自豪，因为他们都是具有非凡的睿智、优美的身材和高贵品格的

① 吴波盛，1885年后西方音乐舞蹈以及舞台技术传入缅甸，首先把平地戏变成剧院舞台演出人，是人称"缅甸戏剧大师"。他是个唱做俱佳的男角，首建活动帆布剧院，巡回各地，在唱腔、舞姿上进行了创新，并改编了不少佛经故事剧。

人士，同时又是杰出的艺术家。”①

丹尼斯肖恩舞蹈团1925年11月8日抵京，在真光剧院接连演出3场。首场演出时，我父亲在他们的节目结束后为他们演出《霸王别姬》中的一折。露丝·圣·丹尼斯在她1939年发表的《尚未结束的一生：自传》（*An Unfinished Life：An Autobiography*）一书中以日记体记述了当时的情景：

北京，11月8日，剧院化妆室。

……我们今晚演出结束后，体验到一次极不寻常的经历。抵京时，我们已经接到中国最伟大的演员梅兰芳的欢迎致意，可是我们只在北京逗留三日，没法看到他的表演，因此他今晚怀着东方特有的慷慨大度的胸怀，率领他的剧团来到我们演出的剧场，特地在我们演毕后为我们演出他的一出戏。不只是我们，还有我们的观众，都敏捷地意识到这一令人鼓舞的友好表示。梅兰芳会接着出场这一消息一传开，场内无一人离席。我们舞蹈团全体成员来不及卸妆就飞快地奔向观众席，兴奋地等待大幕升起。

这真是比我想象到的还要令人振奋：我从没见过他那样优美的舞蹈，也从没见过他那样深刻感人的异国情调的表演。后来，艺术鉴赏家金昆发（译音）先生为我们安排了前去梅宅出席一次茶会的机会，使泰德可以跟梅兰芳进行一次长谈。金先生能说一口流利的英语，我确信他们会相处得十分愉快。

11月10日。今天泰德和梅兰芳会晤交谈，我也应邀前去。玛丽·费格森陪我参观梅宅庭院，谈论中国园艺；泰德和金昆发跟梅兰芳进入另一间屋，一边饮茶，一边交谈。后来梅兰芳赠给我两套他自己的舞蹈戏装。

---

① ［美］泰德·肖恩：《舞神·序言》，纽约E. P. 达顿出版社1929年版。

在北京一直腾不出时间记日记。那真是令人激动的美好日子，我们并没觉得只在北京逗留了三天。我们为贵宾、各国使节和他们的夫人以及富有的中国人和日本人演出。我们见到了天坛和梅兰芳。我们在玛丽·费格森的协助下购买了不少为我们的舞剧添置的华丽的中国戏装以及一些美丽画卷，还遇到了许多谦和可亲的人——嗯，日子过得宛如一场美梦。①

泰德·肖恩在他写的那本书中也追忆了那次会晤：

通过北京美术学会的中国事务专家玛丽·费格森的协助，我们最终跟中国戏剧最优秀的代表梅兰芳先生取得了联系。

当时抵达北京可不是件容易的事，因为中国发生了内战，三方巨大的军事力量正在为争夺北京而激战。天津至北京那段铁路随时都可能被切断，北京和上海之间那条铁路已经瘫痪了好几周。梅先生由于这种动乱局面，已经很久没公开演出，但是我们通过费格森小姐的友好相助，得以邀请他和他的剧团为我们专演了一场。

梅兰芳先生是复兴中国舞蹈的唯一真正希望。他尽管年仅32岁，却极富天资和坚强性格，这在整个中国早已觉察到了。在那次专场演出之后的次日，我在一位聪慧的翻译陪同下，跟梅兰芳会晤，做了一次长达三小时的交谈，了解到了以下情况：

梅兰芳发现他表演的那个剧种已经近乎枯竭。这种戏剧沿袭传统规范，几个世纪以来已经变得越来越远离现实生活而渐渐难以抓住公众，而追随者又大都是市井俗民。梅先生在上海剧院里观摩过不少外国剧团的演出，认识到美国和欧洲的戏剧和舞蹈更具活力更忠实于生活。然

---

① ［美］露丝·圣·丹尼斯：《尚未结束的一生：自传》，纽约哈泼出版社1939年版，第275～276页。

而，他却非常明智，并没试图模仿外国舞蹈样式，反而拨转头来朝向舞蹈在千年以前的中国处于高峰的那个历史时期。他勤奋钻研古籍手稿、图片和音乐，重新创造出一种纯属优秀的中国舞蹈……他开创了一整套手姿，臂腕动作优美动人。他拥有一双漂亮的手，也许比世间任何一个别的男人更能精巧地运用它们……因此他现在已经遐迩闻名，给予剧界很大的影响，以至你不可能发现一位扮演旦脚的演员不在模仿梅兰芳。这可说是对他的天资最高的赞赏。我向他征询这种创新主要是出自一种个人的独特风格，还是基于规范而形成的一种教学体系。他答道后一种情况确实可行，他目前已有许多弟子，其中不少是当今中国舞台上最杰出的年轻演员。我们通过其他来源证实了这一点。看来向梅兰芳学习已经成为中国演员的一门研究生课程。

他特地为我们演出的舞蹈出自《霸王别姬》那出戏……在那场舞蹈里，他先披着斗篷起舞，大都使用斗篷来亮相，双手连带着做出温柔优雅的动作。斗篷卸去后，双剑脱鞘，乍一看是手执一把剑，几个动作后倏地变成双剑。舞蹈节奏越来越轻快，步法首次明显展现。步伐简洁不繁，两脚飞快旋转，有一两次的动作好似芭蕾舞中单腿跳起单腿落地的腾越。舞蹈快结束时，双剑由于是银色的，给舞得真是耀眼生辉，达到了一种使他全身周围呈现网状般闪闪光芒的效果。然而，这种优美的舞蹈才能看来主要归属于他个人独有的特色发挥，因为我们后来又看到别的年轻演员试着采取这种同样风格时，越发领会到梅兰芳的才能是多么的生气勃勃。……

若提到当地的天才，梅兰芳当属中国艺术家、舞蹈家独一无二的典范。这就像一棵参天栎树，顶端已经枯死而根茎却发芽滋长出一株嫩枝。中国仍然充满生机活力，一旦摆脱目前这段衰败、虚弱而分裂的阶段，还是会出现全国统一而富强的另一伟大时期。目前，尽管梅兰芳作为个人和艺术家都是无可争议地了不起，中国的舞蹈艺术仍然只是这株从一棵巨大的枯树躯干中滋长出来的嫩芽。①

上面摘译泰德·肖恩的这段话道出了这位美国舞蹈家对当时中国军阀混乱所表示的忧虑，对中国统一富强的前途所寄予的厚望以及对中国舞蹈向前蓬勃发展的殷切期望，当然也包括他对我父亲重振中国优秀民族古典舞蹈雄风的赞扬，可以说是语重心长，诚挚感人。

改编《霸王别姬》

根据前丹尼斯肖恩舞蹈团演员简·希尔曼 1979 年发表的《丹尼斯肖恩舞剧艺术》（*The Drama of Denishawn Dance*）一书的记载，肖恩夫妇 1925 年在北京观赏《霸王别姬》之后，很快就把它移植改编成一出 10 分钟的西洋舞剧，请克利福德·沃恩作曲（其中配有小锣、铙钹和梆子等乐器），由舞蹈团演员 1926 年 7 月 15 日首演于新加坡维多利亚剧院，后又在亚洲及美国各地演出多次，成为该团一个保留剧目。最后一次演出是在 1927 年 4 月纽约卡内基音乐厅。②

改编的剧名为《吴帅别妻》（*General Wu Says Farewell to His Wife*），项羽改为吴帅，剧情也有所变动。幕启，吴帅夫人斜身坐在舞台中央两把相对的椅子上，摆动一把木桨，象征她在湖上划船泛游，随后她下船来到一处花园，提篮采集花卉。吴帅身穿戎装，手持 6 尺长的刀枪，作骑马状匆匆登场，告知战败归来。吴妻为抚慰丈夫，唤出四名侍女做扇舞，以消除他的沮丧情绪。吴帅挥手驱去她们，内心愁闷，仍欲返回战场一决死战。吴帅之母闻讯后惊恐上场，两个女人一起劝阻，却毫无成效。吴夫人拔出吴帅佩带的宝剑，为他做了

---

① ［美］泰德·肖恩：《舞神》，纽约 E. P. 达顿出版社 1929 年版，第 50～57 页。
② ［美］简·希尔曼：《丹尼斯肖恩舞剧艺术》，威斯利恩大学出版社 1979 年版，第 145～148 页。

最后一次剑舞，结尾时自刎身亡。幕落。

台上还出现了一名检场人员，手持一根带树叶的竹竿站在一旁，象征一棵树，随后由他撤去舞台上的椅子和其他物件。料想当年他们在京观看京剧时尚未取消检场人员，因此把这一旧传统也照搬过去了。据简·希尔曼说，舞蹈演员乔治·斯蒂尔斯担任检场人员，身穿中式袴裤，每次出台都博得观众一阵会心的微笑和掌声。吴帅夫人所穿的那套带水袖的戏装是我父亲赠给露丝·圣·丹尼斯的。台后布置的幔帐、门帘和几名演员的戏装都是在北京购置的。台前上方还挂了两个大红灯笼，以突出东方氛围。

现在看来，这大概是美国演艺界最早根据京剧移植过去的一出舞剧，比20世纪80年代中期由夏威夷大学“洋贵妃”魏莉莎教授执导、美国学生上演的《凤还巢》整整早了60多年。

《观音》和《白玉》

另外值得一提的是，早在20世纪初，露丝·圣·丹尼斯就排演了几位东方女神形象的舞蹈，诸如印度的拉达（Radha）、埃及的伊希斯①、日本的观世音（Kwannon）、巴比伦的伊西塔②。1919年她又根据雕刻塑像和画卷等资料编演了名为《观音》的独舞。她曾说自己只想传达一个重要信息，那就是通过舞蹈来表现神祇的庄严仪态。《观音》这个独舞她十分看重，在赴远东巡回演出的节目专刊上，她特地挑选了自己扮演观音的相片作为封面照。1926年4月6日的印度加尔各答的《英人日报》和10月4日的中国《华北日报》都曾专文报道过这个节目，大加称赞露丝·圣·丹尼斯塑造的这位大慈大悲的菩萨形象端

① 伊希斯（Isis），古埃及女神，为古代埃及最受爱戴的女神，是温情之妻的象征。

② 伊西塔（Ishtar），美索不达米亚宗教中的重要女神，被认为是月神欣的女儿，太阳神夏秀西之妹及农业和春天之神杜才兹的情侣，具有双重性格，一是战神，另一是爱情和丰收之神，亦具医疗之神的性质。

庄而宁静，舞姿也颇恰当。

露丝·圣·丹尼斯1925年11月来到北京后，游览名胜，在她的自传中有如下记载：

> 在北京天坛，我见到了心目中的天国领域。我顿时感到这里确实是座宇宙之坛，它坐落在苍翠树丛之中，四周环绕着洁白石栏，面向日月星空和灵魂世界，呈现一片和平宁静气氛。我在那里流连忘返，内心真诚感恩景仰。我不禁向那覆盖世界各民族的苍穹致以简朴的敬意，试着在中国这个绝妙而温暖的秋日，体验片刻那注入我灵魂中的无形的生命阳光，而与此同时，那见得到的灿烂阳光正沐浴着我的身躯。
>
> 那作为华夏之美至高无上象征的白玉展现在我眼前，我一直在琢磨什么是中国人过去的精神生活的核心和含义，什么体现了他们认为是给人以最高层次的美感。经过毫不费劲儿的推理，我想到了观音和白玉……①

于是，露丝·圣·丹尼斯获得灵感，再次塑造观音形象，编演一出名为《白玉》的独舞。她把从前在《观音》独舞中所穿的镶金边的浅蓝绸装换为一袭雪白素衣，手持一朵长梗荷花，更显庄严宁静。舞台上，她的座坛两边放着两件道具，左边是一个象征生命之水的雪白小瓶，右边是一只象征健康富裕的鱼篓。她起身，先后拾起那两件道具翩跹起舞，美不胜收。简·希尔曼认为《白玉》是露丝·圣·丹尼斯从东方带回美国的一个最受欢迎的独舞，并说她为了怀念1925年在北京天坛度过的美好日子，还写了一首题为《白玉》的诗。这里试仿京剧台词译出其中两节：

---

① ［美］露丝·圣·丹尼斯：《尚未结束的一生：自传》，纽约哈泼出版社1939年版，第277页。

吾乃观音，居住天坛。
自然万物，水火氤氲，
尘世太空，环吾四周，
吾凝视山峦海洋，平原大地，
吾倾听繁星谱曲，水声潺潺，
万籁空间沉吟低鸣。

吾乃观音，慈悲女神。
人间男女老幼，飞禽走兽，
个个受我垂怜抚爱。
只因吾乃观音，慈悲之母，
倾听回应众生祈祷。

从简·希尔曼那本书中所附的《观音》和《白玉》的剧照来看，露丝·圣·丹尼斯塑造的洋观音菩萨形象，颇能给人一种庄严慈祥的美感，实为难能可贵。

近几十年，我每逢路过东华门大街儿童剧场（前真光剧院）门前，脑际总会浮现出父亲当年跟美国现代舞蹈之父和美国舞蹈第一夫人同台合演的情景，仿佛他正在里面的舞台上为他们表演《霸王别姬》中舞剑那一场呢。

总之，以上所记的这桩往事，真可谓中美两国艺术家早期文化交流的一段佳话。

1999 年 12 月

观梅剧受益甚多的美国单人剧大师露丝·德雷珀

露丝·德雷珀何许人也？读者诸君大概对这位美国演员感到陌生，不如卓别林、范朋克和玛丽·璧克福那样耳熟能详。

齐如山先生当年在《梅兰芳游美记》里提到过她，译为达佩尔女士（Mrs Ruth Draper）。那本书最早的版本（1933）有5篇附录，即（一）《谈西洋剧之用电光》，（二）《观达佩尔女士独角戏记》，（三）《梅兰芳接受博士学位记详》，（四）《飞来福别庄小住记》，（五）《加大里那岛游记》。1985年，湖南岳麓书社曾重新出版此书，5篇附录均有，而我有一本陈纪滢先生赠的他写的《齐如老与梅兰芳》（台湾传记文学出版社1970年版），其中附有齐先生的《梅兰芳游美记》，却只收了第三篇附录，编者按语称“本书选刊与梅兰芳有关之一篇”，看来是对第二篇所谈的达佩尔女士不甚了解，误以为她不过是个无足轻重的独脚戏艺人，跟梅兰芳没多大关联，故而删去，殊不知她却并非等闲之辈，而是一位大名鼎鼎的单人剧大师，跟先父那段交往也颇值得重视咧。

查《简明大不列颠百科全书》（中文版）里露丝·德雷珀条目，全文如下：

露丝·德雷珀（1884—1956），美国独演演员和单人剧女作家。其技艺受到全美国和欧洲公众的称赞。1917年在纽约初次登台。1920年在伦敦首次演出自己写的短剧，确立了她单人剧大师的地位。从那时起，直到1956年12月26日在纽约剧场最后一次演出为止，她在世界各地的演出均获成功。她还经常应邀为各国艺术名人和政治领袖表演。她的艺术是一种巧妙的暗示艺术。空荡的舞台上几乎没有道具。她只用一件衣服就变成另一角色，完全凭面部、手势和声音的微妙变化表现众人三五成群或交头接耳的场面。

齐先生在那篇文章里说我父亲1930年在纽约演出时，露丝·德雷珀女士"恒来参观，每来必至后台与梅君与余等晤面。对于梅君之艺术极为倾倒；对于中国剧之组织尤为钦佩，意想之高，出人意外"①。

她曾邀请我父亲前去观看她的表演，齐先生在文中记载道："入场见其正形容一大资本家之秘书，在公事房中接洽各种事件，此客方去，彼客又来，络绎不绝。秘书或只起立，或则离位，或多迎送几步。接谈时，或则低声和蔼，或则抗颜相向，或则言词委婉，或则言语犀利，或则低声下气，或则正颜厉色，见什么人说什么话。事未谈毕，电话又来。其种种忙碌态度，活现一极精能之秘书在公事房之情形。继又学一老年妇人，在汽车中与一亲眷闲谈，不是某人之祖母如何，便是某人之外公怎样，或则某家之花园某树甚佳，或则某家之小儿有病方愈，或则云现时之物价较数十年前昂过几倍，或则云近来之装饰较其青年时又差多少，亦能将一老妇人之脑思全完画出。共学十余种人物，或则胁肩谄笑，或则练达老成，或则精明强干，或则淫佚骄奢，种种情形，各有不同。云共能剧百余种，每日所演，则不过十余种耳。大致多含讥讽人情，或指导社会之语，意至善也。"②

露丝·德雷珀女士在表演时，台上只有一道灰幕和一两件桌椅。演女秘书一场，她迎接客人来访时，用手示意开门关门，用身体做进门出门的姿势。演老妇人一场，台上只有一把椅子，上汽车时全用身体来表现，车行时震动，也用身体来描绘，演得惟妙惟肖，颇与京剧中的虚拟性表演相似，真有异曲同工

①② 齐如山：《梅兰芳游美记》，岳麓书社1985年版，第162、162~163页。

之妙。

英国汉学家施高德教授（A. C. Scott）在他所写的《梨园魁首梅兰芳》（英文版）一书中也曾特别提到当年前去观赏我父亲演出的众多知名舞台演员当中，“去的次数最频繁的当属那位了不起的单人剧艺人露丝·德雷珀；她本人是一位集模拟、姿态和表情于一炉的表演大师，比起别人更有资格欣赏梅兰芳的艺术。梅氏在美演出结束后，她评论道：‘我经常听到读到东方戏剧艺术，但是直到现在才看到梅先生的表演，我完全理解他的艺术。’这可说是一位伟大的艺术家给予另一位伟大的艺术家一种最真诚的称赞。”①

美国作家斯特兹·特克尔②（Studs Terkel）1956 年曾访问过晚年的露丝·德雷珀，她不无感慨地说：“现在的影视观众只呆坐在那里接收，根本用不着动脑筋。但是，观众在剧场里却得付出不少精力。在古代剧场、东方剧场、古希腊剧场和17 世纪莎士比亚时代的剧场里，观众凭想象力提供了舞台上没显现的景象。莎翁的剧本里有人说：‘月光多么恬静地睡在山坡上！’③ 而演出时并没有月光，舞台上也没有打出月光效果。那是在大白天演出，因此观众显然得运用自己大量的想象力。当今的戏剧和影视则是在扼杀人们的想象力。”④ 露丝·德雷珀的这席话真乃精辟之言，耐人寻味。

她虽然已在 1956 年去世，但是人们并没忘记这位演员。1999 年，美国出版了著名女演员海伦·海斯⑤（Helen Hayes）和陶乐赛·沃伦撰写的专著《露丝·德雷珀的世界：一位女演员的画像》，书中高度评价了她的成就。《露丝·

---

① 施高德：《梨园魁首梅兰芳》（英文版），香港大学出版社 1959 年版，第 111 页。

② 斯特兹·特克尔，美国口述历史和实录文体最成功的作者，著有《酸辛岁月——美国经济大恐慌的口头历史》、《美国寻梦》和《劫后人语——二次世界大战亲历者谈话实录》等书。

③ 出自莎士比亚《威尼斯商人》第五幕第一场。此处引用朱生豪译文，见《莎士比亚全集》（第三卷），人民文学出版社 1978 年版，第 89 页。

④ ［美］斯特兹·特克尔：《观众·电影戏剧演员访谈录》，纽约现代出版社 1999 年版，第 264 ~265 页。

⑤ 海伦·海斯（1900—1999），20 世纪美国最受欢迎的舞台演员之一。1955 年纽约市的富尔顿剧院为对她表示敬意而改名海伦·海斯剧院。1932 年曾获奥斯卡奖。

德雷珀书信集：一位女演员的自我画像》也在1999年由南伊利诺大学出版社再版发行，英国大演员吉尔古德爵士[①]（Sir John Gielgud）在该书序言中说："我一向认为露丝·德雷珀（跟玛莎·格雷厄姆[②]一道）是美国给予我们的最伟大的独演艺术家。我十分荣幸跟她相识，她那独特微妙的表演艺术曾经给我带来了无穷的欢乐。"

齐如山先生当年曾经询问过露丝·德雷珀女士对京剧艺术的看法。她说："常看书并且常听人说东方的文化极高尚。唯独戏剧一层还没有人议论过，就是有说的，也不过一言两语，随便就带过去，绝没人详细议论过。这次梅君来演，才使人得亲眼见到真正的中国戏剧。我看了几回，真是叫人佩服得五体投地。中国剧组织法的高超，思想的奥妙，实在梦想不到。当初我创'独脚戏'的时候，就拿定主意不用布景，一切情节事故，都要用抽象的方法来表演；但是有好些地方若单用抽象的表演办不通，又想不起好法子来。这次看了中国戏以后，才恍然大悟，原来中国戏早就完全用这个法子了，并且处处安排得非常妥帖美观。有许多地方我没有办法的，以后也都有办法了，这是多么愉快的事呢，推其原，不能不谢谢梅君；倘若梅君不来，我往哪儿去看这样好戏，得来这些暗示呢！"[③] 她感慨地补充道："此次观看中国戏，真是受益甚多。"[④]

您看，京剧和我父亲的表演艺术对外国演员的启发多么大，我揣测这位西方单人剧大师后来想必汲取了不少京剧艺术的表演手法，使她的艺术更臻完善吧。

2002年9月

---

① 约翰·吉尔古德（1904—2001），英国演员，戏剧监制人和导演，被西方认为是莎士比亚戏剧表演最伟大的演员。1953年被封为爵士。

② 玛莎·格雷厄姆（1894—1991），美国现代舞表演家和编导，在50多年中创作近150部作品，有独舞，也有大型舞剧，题材广泛多样。

③④ 齐如山：《梅兰芳游美记》，第135、163页。

深切的怀念

——忆父亲和保罗·罗伯逊的友谊

最近，一位老同学在教授我的孩子们英语时，给他们唱了一首美国黑人歌曲。孩子们听后都为他那出色的低音歌喉鼓掌欢迎，并请他解释了歌词的内容。

这首歌曲最初的歌词是这样的：

黑人劳动在那密西西比，黑人劳动，白人来享乐，
黑人工作到死不得休息，从早拉船直到太阳落。
白人工头多凶恶，切莫乱动招灾祸，
弯下腰低下头，我拉起纤绳把船拖。

让我快快离开白人工头，快快离开密西西比河。
请你告诉我那个地方，我要渡过古老的约旦河。
老人河，啊，老人河！你知道一切，但总是沉默，
你滚滚奔流，你总是不停地流过。
你不种蕃薯，也不种棉花，那耕种的人早被人遗忘，
但老人河呀，却总是不停地流过。

我们流血又流汗，浑身酸痛受折磨。

为了免得坐监牢，还要拉船扛包裹。

我们这样地痛苦疲倦，既害怕死亡，又厌倦生活，

但老人河呀，你总是不停地流过。

听到这首名歌，不禁使我想起它的首唱者——美国黑人低音歌唱家保罗·罗伯逊。1926年，他在杰罗姆·克尔恩编写的歌舞剧《水上舞台》中，用他那低沉动听的歌喉头一次唱出这首歌曲之后，便赢得了观众热烈的欢迎，后来成为他独唱音乐会上的主要保留节目之一。

我记得小时候住在上海马斯南路87号时，在父亲的卧室里看到小桌儿的玻璃板底下有一张身穿破衣烂衫的黑人的六吋照片，曾几次好奇地问过父亲那人是谁。父亲答道："别瞧不起他，他可是一位世界闻名的歌唱家，名字叫罗伯逊！"这几句话至今使我对这位艺术家一直怀着敬仰的心情。

梅兰芳在伦敦与美国黑人歌唱家保罗·罗伯逊（左一）及黄柳霜（左二）、熊式一（左四）、余上沅（右一）等合影

那张照片正是罗伯逊扮演船夫吟唱《老人河》时的剧照。他衣衫褴褛，若有所思地托着腮，两眼射出忧郁而愤慨的目光，真实地刻画了当年受种族歧视的美国黑人的形象。照片距今已整整44年，尽管已经发脆变黄，却仍旧可以清晰地辨认出左下角有两行用绿墨水签署的字迹：

赠给梅兰芳

谨致一切良好的祝愿，并怀着最深切的敬仰。

保罗·罗伯逊

1935年6月于伦敦

照片背面还有几句说明：

保罗·罗伯逊1928年在伦敦特鲁利街戏院上演《水上舞台》一剧中饰“乔”，正在吟唱《老人河》。

50年代初，父亲给过我一些他所珍藏的外文书籍，嘱我妥善保存，其中有一本就是罗伯逊夫人1930年写的《黑人保罗·罗伯逊传》。当时自己的外文水平很低，没有细心阅读，事后搁在书柜里，也就没有再去翻阅。前些年，“四人帮”猖獗之时，外文书籍竟被视为“禁物”，只得把它们捆扎好，存放在一间堆杂物的斗室里隐蔽起来。最近，我把它们统统解放出来。当我欣喜地翻开《罗伯逊传》的封面时，霍然展现在眼前的是：左面一页贴着父亲的藏书签，

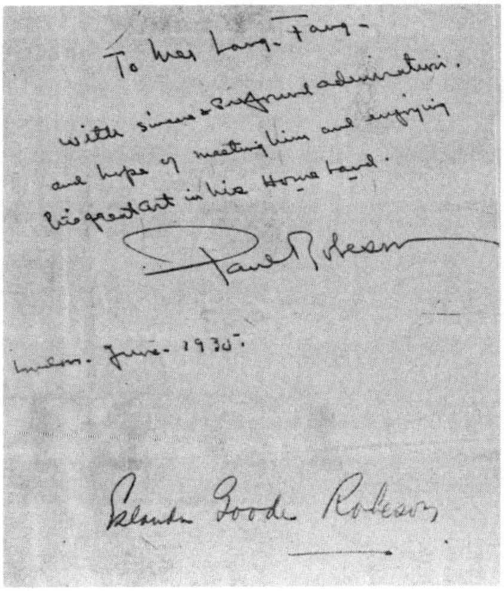
To Mei Lang-Fang -
with sincere & profound admiration.
and hope of meeting him and enjoying
his great art in his Home Land.
Paul Robeson
London - June - 1930
Eslanda Goode Robeson

保罗·罗伯逊在赠给梅兰芳的《黑人保罗·罗伯逊传》上题写的赠言，最下面一行是其夫人的签名

上绘几株挺拔的竹子，勃勃有生气；右面一页填满了罗伯逊俊秀的笔迹，下面还有他夫人的签名，也都是用绿墨水写的，显然是送照片那天同时赠与的：

赠给梅兰芳

怀着真诚和深切的敬仰，

希望能在他的祖国再次遇见他，并欣赏他的伟大的艺术。

保罗·罗伯逊

爱丝兰达·古蒂·罗伯逊

伦敦，1935 年 6 月

我核对笔迹，认出那张《老人河》照片背面的几行说明无疑是罗伯逊夫人添加的。

40 多年前，父亲在 1935 年去苏联访问演出结束后，同余上沅教授赴欧洲考察戏剧，夏季抵达伦敦，在那里结识了萧伯纳、J. M. 贝瑞等许多英国文艺界朋友。他还观看了不少歌剧和戏剧，恰逢罗伯逊正在那里演出，因此也怀着极大的兴趣观赏了他所上演的一出反映黑人斗争的《码头工人》。早在 1929—1930 年，父亲赴美演出时，就已知晓罗伯逊的大名，但是那次两人没有相遇，时隔 5 年后，这两位当时均已获得国际声誉的艺术家终于在伦敦会晤，彼此交流了歌唱和表演的心得，互赠了照片作为纪念。我父亲还希望他有机会到中国做客，再次交流艺术。父亲生前告诉我，他当时还同罗伯逊、好莱坞华裔电影明星黄柳霜和熊式一在伦敦合影留念过。1978 年，我同著名戏剧家黄佐临先生和外语学院王佐良教授谈起此事，两位老前辈都说当年见到过这张照片，并热情地允诺代为寻找。我真希望有一天能见到这张名贵的照片，把它复制一张挂在自己的书桌前面，经常瞻仰。

罗伯逊的名字在我国并不陌生。他 1898 年生于美国新泽西州普林斯顿的一个贫困的牧师家庭里，当过农场工人、码头工人和饭店侍役，靠工读毕业于哥伦比亚大学法律系。在学生时代，他就多才多艺，不仅学习成绩优异，年年名列前茅，而且又是校中第一流橄榄球运动员和卓越的演说辩论家。1921 年，他进入戏剧界，以上演莎士比亚的《奥赛罗》和美国著名剧作家尤金·奥尼尔的《琼斯皇》等剧著称，1925 年开始歌唱生涯，1926—1928 年在欧洲举行巡回音乐会后，就奠定了世界声誉。他还主演过《自由之歌》（1936）、《骄傲的山谷》（1939）和《河流之歌》（1954）等 13 部电影，一生曾先后 8 次获得国内外的名誉学位。

他 1936 年前往西班牙支援马德里保卫战，为国际纵队战士和伤员演唱歌曲，并首次把《老人河》结尾那句悲观失望的歌词“我们这样地痛苦疲倦，既害怕死亡，又厌倦生活”毅然改为“我不哭泣，信念坚定，永远战斗不停息”，博得当时 9000 名听众热烈的掌声，从而使这首忧郁的歌曲一变而为一首富有积极意义的歌曲。罗伯逊为此曾受到原词作者的指责，但是自此后他每唱此歌都坚定地以此句为结尾。

罗伯逊从 40 年代起，积极反对国内的种族歧视，维护黑人权利，第二次世界大战时为反对法西斯主义而多次举行义演，并主张开辟第二战场。战后，非美活动调查委员会多次传讯他，吊销了他的出国护照，并禁止他举办音乐会，直到 1958 年美国最高法院才最后作出判决，发还护照，再次允许他出国演唱。

罗伯逊对中国人民一向持友好态度。他为了要唱中国歌曲，早在 30 年代就开始学习中文。1934 年 3 月，他在《生活与学习》杂志上发表的一篇文章中提到“世界上一切黑人所分享的非洲文化，是与阿拉伯、中国和犹太的文化相联的”①。罗伯逊确实是位语言大师，一生学会了印欧、非洲和亚洲语系的 25 种语言，能用这些语言发音准确地歌唱各个民族的歌曲，美国艺术与文学科学院 1943 年曾颁发给他一枚优良发音奖章。他热爱新中国，1951 年曾申请发还护照，以便出席中华人民共和国成立两周年的庆祝活动，但受到阻挠，未能如愿以偿。

1958 年，他获得自由后，先在卡耐基音乐厅举行一次音乐会，获得了听众

---

① ［美］陶乐赛·勃·吉里安姆：《保罗·罗伯逊传》，美国新共和出版社 1976 年版，第 73 页。

长时间的鼓掌欢迎，后去英国、澳大利亚、新西兰等国演出，最后定居在伦敦。他 1963 年返回祖国后就退休了。1973 年，美国人民为祝贺他 75 岁诞辰，曾在卡耐基音乐厅举办了一次向他致以文化敬礼的庆祝会，许多知名人士参加了盛会，但罗伯逊因病未能出席，由他的儿子代表答谢。一代低音歌王于 1976 年 1 月 23 日因患脑血管失调而病逝，墓碑上刻着他 1937 年在西班牙内战时说过的一句名言："艺术家应当选定是为自由还是为奴役作斗争。我作出了选定。我别无其他选择。"

如今，麦卡锡主义已被美国正义的人民所唾弃。当今美国的开明人士都把罗伯逊和杜波依斯博士誉为当代美国黑人中的两位巨人。美国常驻联合国代表安德鲁·杨大使 1976 年称赞他道："保罗热爱所有色种和许多国家的人民。他热爱正义和自由，富有同情心。他不能容忍不公正、压迫和暴虐。很少人能遗留下给活着的人这样一份宝贵的遗产。"

我父亲生前每逢谈起他的美国文艺界的朋友时，首先提到的总是卓别林、罗伯逊和范朋克等卓越的艺术家。他称赞罗伯逊那气势磅礴、扣人心弦而富有感情的歌喉，并把他的照片和传记一直珍藏在身边，虽经多次动乱和迁移而没有散失，这充分显示了他对自己的外国同行们的尊敬和一片诚挚的友情。遗憾的是罗伯逊一直没能履行他 1935 年许下的诺言，来我国访问，中美两位艺术家没有再次相聚一堂，互叙友情，畅谈艺事。

正在结束此文时，又欣喜地听到中央人民广播电台在春节时播放了罗伯逊本人演唱的 10 支歌曲，其中包括《老人河》和青海民歌《在那遥远的地方》。他那激动人心的歌声，尤其是他铿锵有力地唱出《老人河》中经他改动的那句歌词，久久萦回在我的耳边……

今天，重看罗伯逊亲笔签署的照片和赠与的书籍备感亲切，这确实是十分珍贵的纪念品，我想，也可说是中美两国艺术家源远流长的友谊一个很好的见证吧！

1979 年 2 月

梅兰芳和美国工人“活报剧”

先父梅兰芳1935年在苏联访问演出后，京剧艺术影响了德国进步剧作家布莱希特的创作，这已为国内外所公认。但是，早在他1930年访美演出后，美国工人“活报剧”（The Living Newspaper）就已吸收他的表演手法，却在国内不大为人所知。那种“活报剧”后来在美国还引起一场政治色彩极为浓厚的风波，颇值得旧事重提一下。

30年代初期，由于美国经济大萧条，工人戏剧在美国蓬勃发展，各地相继出现了不少工人剧团；他们曾于1932年在纽约召开了一次全国性的工人戏剧斯巴达克大会，建立了一个工人戏剧同盟，还举行了一次全国工人戏剧节，声势十分浩大。上演的剧目内容大致可归纳为四类：（一）工人罢工事件；（二）个人的阶级觉悟，从而信仰共产主义；（三）社会底层人民的生活；（四）中产阶级的衰落；如《等待莱夫蒂》（*Waiting for Lefty*）、《码头装卸工》（*Stevedore*）、《让自由鸣响》（*Let Freedom Ring*）和《进行曲》（*Marching Song*）等剧均可说是起宣传鼓动作用的无产阶级戏剧。当时著名的美国戏剧家兼导演海丽·佛拉纳甘（Hallie Flanagan）女士曾说：“今日美国只有两种目的明确的戏剧：一种是商业性戏剧，为的是赚钱；另一种是工人戏剧，为的是促成一种新的社会秩序。”

1933年到1936年间，美国的工会组织有了很大的发展，陆续拥有150多万会员。1935年，剧作家埃尔莫·莱斯（Elmer Rice）力促罗斯福的“新政”

对戏剧和失业的戏剧工作者加以关注，当局遂制定一个“联邦剧院计划”机构总部设在华盛顿，由海丽·佛拉纳甘主管。联邦剧院协助那些靠领取救济金过活的戏剧工作者就业，管理46个州的剧院，雇佣的人员最高时达一万人。它上演古典剧、现代剧、歌舞剧和儿童剧等，票价低廉，65%的演出均免费入场。其中最活跃的是纽约的“活报剧”剧组，它以工人戏剧特有的简短而敏捷的素描手法，把时事新闻改编成讽刺剧上演，剧目中有谴责墨索里尼侵略的《埃塞俄比亚》（*Ethiopia*），反映农民困境的《锄翻农业调整法》（*Triple－Aplow Under*），叙述美国工人阶级受剥削的《禁令已下》（*Injunction Granted*），以及有关公用事业和贫民区住房问题的《一个国家的三分之一》（*One Third of a Nation*）和《权力》（*Power*）等。这些短剧或多或少都批评了政府当局的行政措施，颇受广大群众的欢迎。但是，联邦剧院演出越成功，争论也越大，以致美国国会最后认为它是一种共产主义威胁，终于在1939年6月通过法案把它扼杀了。

众议院非美活动调查委员会当时曾为此事传讯过不少艺术工作者。海丽·佛拉纳甘在听证会上阐明工人戏剧运动的性质时说：“工人戏剧与今日美国存在的其他艺术迥然不同，旨在从社会、政治和企业这三方面来描绘这个国家的人民生活面貌。它试图不在金钱资助下重新组成一个社会结构——仅这一抱负就使这项事业具有马洛式的狂热。”稍有知识的人都知道，马洛（Marlowe）是16世纪英国文艺复兴时期的剧作家和诗人，曾对莎士比亚的创作有较大影响，而当时阿拉巴马州众议员约瑟夫·斯达纳斯（Joseph Starnes）竖起耳朵，竟厉声问道：“你方才引证的马洛那个家伙，是一名共产党员吗？”此事记录在美国国会文献档案里，一时传为笑谈。

佛拉纳甘女士进一步说明，美国工人“活报剧”作为一种艺术形式，它的手法是“借自希腊阿里斯托芬的喜剧、意大利的即兴喜剧、莎士比亚戏剧的独白和梅兰芳的表意动作”①。

① 埃森·莫尔顿：《美国戏剧》，牛津大学出版社1981年版，第183页。

据我揣想，这大概是因为京剧的象征性表演手法灵活敏捷，既省去舞台上的大块真实性布景和道具什物，又解决了时空问题，正适用于那种流动性很强的“活报剧”剧组，因此便被他们“中为洋用”地吸收过去了。

由此使我联想到祖国的传统戏曲艺术早为西洋人所重视、所借鉴，伏尔泰曾根据元杂剧改编过《赵氏孤儿》，布莱希特直接套用中国戏剧的基本情节写成《高加索灰阑记》，法国剧作家让·热奈（Jean Jenet）50 年代中期看过中国京剧团在巴黎的演出后写了一出话剧，其中有一场完全模仿《三岔口》那种台上虽然亮着灯却谁也看不见谁的摸黑儿手法。最近在剧协召开的一次欢迎美国剧作家阿瑟·密勒的座谈会上，笔者提到他前年写的一出反映美国 30 年代经济大萧条的戏《美国时钟》（*American Clock*），其中有的人物出场先报名，说明身世，很像京剧里的“自报家门”的手法。密勒先生笑着答道：“是啊，我这是从你们的元曲学来的啊!”真是一连串的“中为洋用”，不禁使我们为祖国拥有这样一份宝贵的戏曲艺术遗产而深感自豪。

但是，近来也常听人说，传统戏曲中的“引子”、“定场诗”和“自报家门”是一套陈旧的出场手法而应以摈弃。这些究竟是精华还是糟粕，倒真是个值得商榷研究的问题。我个人同意黄佐临同志的观点：“一段‘自报家门，常常比整整一幕话剧交代得还要简明有力。”①

祖国现在实行对外开放政策，国际交往频繁，“洋为中用”和“拿来主义”之声不绝于耳，而祖国的艺术精华被“中为洋用”的例子，却较少听人提及。最近由报刊上得知国内学术界开始提倡比较文化和比较文学等方面的研究，我想比较戏剧也将会是个大有可为的研究项目。通过东西方戏剧比较，无疑会使我们深信祖国的传统戏曲艺术绝不逊于任何外国戏剧，而且还会取得更大的发展，正如先父 1935 年访问苏联时，曾在一次招待会上说过这样一段意味深长的话：

---

① 黄佐临：《梅兰芳、斯坦尼斯拉夫斯基和布莱希特戏剧观比较》，《人民日报》1981 年 8 月 12 日第 5 版。

> 中西的戏剧虽不相同，但是表演却可互相了解，艺术之可贵即在于这一点，所以“艺术是无国界的”一句话，诚非虚言。现在中西的戏剧，有一个相接触的机会，我很希望……不久即有新的艺术产生，熔中西艺术于一炉。[1]

至于中国传统戏曲艺术对外国戏剧所起的影响作用，诸如以上所提到的例子，似也应在中国戏曲史上记下一笔吧。

1983年8月30日

① 戈公振：《从东北到庶联》，生活书店1935年版，第207页。

梅兰芳和萧伯纳

父亲的外文藏书中有两种萧伯纳戏剧集，一种是伦敦奥达姆斯出版社 1934 年出版的《萧伯纳戏剧全集》，收 42 个剧本，厚厚的一册共 1219 页；另一种是伦敦康斯特布尔出版公司 1929 年出版的《萧氏戏剧集》，盒装金边精装本 13 册，收 36 个剧本，这种版本据说是萧翁专门用来赠友的，印刷装帧都极为讲究，硬盒内且有蓝绒布衬底，盒盖上刻有萧翁签名。前一种是熊式一先生在我父亲 1935 年访苏后去欧洲考察戏剧、6 月份路过伦敦时送给他的，后一种则是萧伯纳本人所赠。

熊先生在那部全集扉页上题了如下的字：

> 畹华兄虚心不耻下问，对于泰西戏剧孜孜攻之，常百观不厌，在英下榻我处，每晚必同至一剧院参观新剧，固不致有所遗漏，旧剧则难图晤对，今赠此册，暇中故可开卷揣摩也。

从这一题签可以看出父亲当年发愤学习的精神，他不仅刻苦钻研祖国的优秀传统戏曲艺术，而且也认真从外国戏剧中汲取养料，扩大眼界，以便提高自己的艺术修养和艺术水平。

这里我想先顺便说一说他在学习外语和西洋音乐这两方面的一些不大为人所知的事。

持之以恒与浅尝辄止

1930年夏，父亲访问美国归来后，深感在了解外国文艺或同外国同行交往时，不谙外语则多有不便，就决定学习英语。我记得小时候在上海马斯南路居住，每周二、四下午3点钟必有一位白发苍苍的英国老太太来家中教他两个钟头口语和文法。那位老太太总在3点钟以前就出现在我家附近，在弄堂里溜达，非等邻近吕班路那座天主教堂钟鸣3点才踏进门槛。有时外面刮风下雨，仆人开门请她提早进来，但她总拒绝道："不，我不能多占梅先生的宝贵时间。"父亲每次也都事先整装等待，准3点钟从楼梯上走下来迎接老师进入书房，闭门学习，在那两小时里概不会客，照今天的常用语来说，真有一股"雷打不动"的劲儿！父亲当时常教导我们子女要像那位老太太那样遵守时刻，而且上学要注意衣着整洁以对老师表示尊敬。至今我有时去办事或赴约误点，脑中就会闪现出那位严守时刻的老太太的形象，自愧弗如。

父亲中年对西洋音乐也热衷过一个时期，为此还购置了钢琴和小提琴，以及许多外国音乐书籍和乐谱。他1932年移居上海后，聘请陈能方先生做他的音乐老师，顺便还请他教教交际舞，因为他多次出国演出，每逢出席宴会后往往有盛大舞会，主人请他加入，可他对此道却一窍不通，颇觉尴尬。我记得那时从小学放学归来，每月总有几次听见客厅里传出留声机放送的舞曲，便从门缝中偷看，只见父亲在一板一眼地认真学跳华尔兹、狐步舞或探戈舞，但现在回想起来，他好像跳得并不很高明。后来，父亲的几位挚友劝他别再在那些洋玩意儿上面瞎费工夫了，而应把主要精力放在京剧艺术本行的钻研上面。父亲一向喜欢听取别人的批评意见，他常说："我几十年来，一贯地依靠我那许多师友，很不客气地经常指出我的缺点，使我能及时地得到纠正与改善。"他于是在懂得一点西洋音乐常识，凑合着会跳几步狐步舞之后便毅然放弃那方面的学习。他把北京家里的一架钢琴送给齐如山先生的小女儿，后者果然学得一手好钢琴，考入燕京大学音乐系深造；上海家里一架三角钢琴捐赠给前上海音专。舞曲唱片后来全归年幼的葆玖弟唱话匣子听着玩了。

家中只保留了一把意大利“阿马蒂”古琴，后来杨宝忠大哥觉得那把小提琴音质好，爱不释手，又因父亲不再练习，他便多次提出要求用自己一把德国仿制的“斯特拉迪瓦利”小提琴与之交换。父亲同意了。杨大哥不仅是胡琴圣手，而且也是一出色的小提琴手。他拜朱旭东先生①为师学习提琴，练了许多乐曲，如克赖斯勒（Fritz Kreisler）改编的曲子他差不多都会，尤其难得的是他下了很大功夫把萨拉沙泰（Sarasate）那首弓法较难的《吉卜赛之歌》（*Ziqeunerweisen*）练会了，奏得十分动听。抗战胜利后，他每次到上海必带小提琴来我家，演奏几段给我父母和友人听，还谦虚地拱手说：“这次再请诸位听听我有没有长进。”记得 1947 年夏季一个月明的夜晚，他在我们家的阳台上奏起《吉卜赛之歌》，使我听得入了迷，因此也产生了学学提琴的念头。50 年代末，杨大哥曾借出中国戏曲研究院收藏的祖伯父梅雨田使用过的一把胡琴，为葆玥妹伴奏《文昭关》，好琴遇到好手真是相得益彰，只见杨大哥弓法娴熟，速度极快，琴音铿锵悦耳，一曲下来真是令人难忘。我当时向他请教为何他的奏法与众不同。他答道：“这是我平时常练小提琴得来的好处。你有没有听出我用上了‘斯泰加脱’（Staccato，断奏）的弓法？”

我最后听到杨大哥的演奏是在 1968 年。那时他已年逾花甲，在天津戏校被诬蔑为“反动权威”，拉出来揪斗，后来因病来京治疗，仍常来我们家串门。他生性好说笑话，虽然受尽折磨，却仍十分乐观，还诙谐地表演他被勒令唱“牛鬼蛇神嚎歌”的怪样儿，逗得我母亲忍俊不止。母亲同情他年老体弱，又扣发了工资，请他常到家里来吃饭，他就每周三天到我家，三天到姜妙香先生家吃晚饭。杨大哥是我家老中小三辈都欢迎的人。他每次一来，先到母亲的上房问安礼仪一番，坐不到半小时就要借碴儿到我的西屋来。我和孩子们就把他

① 朱旭东，又名朱蛛隐，是清末文明戏“开明社”创办人，上演了许多反清的戏剧，晚年曾被清廷逮捕入狱，与汪精卫同住一间牢房。朱先生会各种西洋乐器，其子朱小隐也为音乐家，曾教当代乐团指挥金律声学习小提琴。

围起来，听他讲故事，内容多半是我父亲生前的事迹，梨园界的趣闻轶事，胡琴、提琴等乐器以及外国乐曲的知识，当然也不乏马路新闻。晚饭后，孩子们就非请杨大爷拉拉提琴不可；他就由我的女儿红红伴奏，精神抖擞地奏起《吉卜赛之歌》，乐曲豪放，琴声悠扬，结合他当时的处境还带有一丝哀愁的情调，听后令人潸然泪下。没过多久，这样一位贯通中西音乐的高手又被揪回天津接受管制，就在那年冬天，在没有取暖设备的逆境下，老艺人心脏病发作，竟因无人照管而冻死在宿舍里。每一思及此事，就叫人痛心疾首，无比仇恨“四人帮”那伙丑类。如果杨宝忠大哥今日尚在人间，真不知能为祖国戏曲音乐作出多少有益的贡献呵！但愿极“左”思潮别再卷土重来！

1947 年，我考入燕京大学西语系，父亲把杨大哥那把小提琴给了我作为奖励，我也就试拉起来，但终因学琴太晚，再加天赋不高，只会“叽叽嘎嘎”拉些小曲子，像俗称“拉锯”似的。1951 年，父亲赴维也纳出席世界保卫和平大会，还曾想给我买一把好琴弓。他和许姬传先生走进一家乐器商店，店老板听说是中国大艺术家来到，连声道歉说：“由于第二次世界大战后缺乏制作琴弓的良手，敝店一直没有收进值得您一买的弓子。”他还当我父亲要买一把价格高昂的琴弓呢，说什么也不肯把货架上的一般品种拿给他挑选。其实父亲那次出国，身边哪里有那么多钱！最后那位执拗的店主只肯卖些精制的琴弦给我父亲。十年动乱时，梅氏故居横遭洗劫，杨大哥当年同我父亲交换的那把德国小提琴也被抄走，不知如今落在哪位“造反派”手里。

父亲断然放弃学习西洋乐器和交际舞，但仍一直攻读英语，持之以恒；后来他移居香港，继续请了一位老师教授，那一时期，他还学了一阵子世界语。他终于能讲些普通英语会话，暇中开卷揣摩萧伯纳等外国作家的原著了。我至今还保存着他当年学习的一本纳氏文法书呢。

“京剧为何锣鼓喧天？”

1933 年初，77 岁高龄的萧伯纳偕老伴漫游世界，乘英国“皇后”号轮船，路经印度、新加波和香港，于2月17日晨抵达上海，仅逗留一天。当时正值日本军国主义者侵占我国东北领土，中国人民抗日热情高昂之际，因此作为世界反帝大同盟名誉主席的萧伯纳到来，上海进步团体和青年学生400多人前往码头热烈欢迎他，标语口号是“欢迎革命艺术家萧伯纳”、“欢迎戏剧家萧伯纳”、“欢迎和平之神萧伯纳”、“欢迎同情中国土地完整的萧”、“欢迎反帝国主义的先锋萧”、“欢迎萧，要打倒帝国主义”、“欢迎萧，要反对日本进攻华北”、“欢迎萧，要反对第二次世界大战”和“欢迎萧，不要做时代的落伍者”等。

但是，萧伯纳由于他的夫人沿途劳累略感不适而不拟上岸，还是在孙夫人宋庆龄女士（也是世界反帝大同盟的名誉主席）登船坚请下，才于10点半在杨树浦码头悄然登陆。他先访中央研究院院长蔡元培先生，中午赴孙宅午宴，出席作陪的有蔡元培、鲁迅、杨杏佛、林语堂和伊罗生等人。下午2点半至世界学社出席中国笔会的欢迎会，再回到孙宅接见中外记者，晚6点返回原船，11点离沪北上赴秦皇岛，然后转车至北京访问。

萧翁素来不喜欢同文艺界接触或交往，有时甚至故意逃避，但他这次来华之前已经知道父亲在1930年访美演出的盛况，抵沪后一反惯例，当即提出要同我父亲见见面。因此，父亲虽非笔会会员，也应邀出席了那次欢迎会，座中还有蔡元培、鲁迅、杨杏佛、叶恭绰、林语堂、邵洵美、张歆海、唐瑛等人。萧伯纳进入会场后，即由张歆海一一介绍与他握手，当介绍到父亲时，萧翁和他立谈颇久。

萧伯纳问道：“英国戏剧上演时没有锣鼓等声音，因为演剧时，一有杂声就会损害观众的注意力，而京剧演出时，颇觉过闹，锣鼓声甚为喧嚣，不知何故？”

父亲答道：“这是因为京剧来自民间，以往在乡间旷野演出，必先敲锣打鼓以招引观众前来观剧，后来京剧虽然移至城内剧场演出，这一锣鼓喧天的传统仍然保存了下来。”

萧翁点了点头。

父亲又补充道：“中国古典戏剧当中也有不喧闹的，如昆曲就是一种。”

这时，叶恭绰插话道："梅先生演剧，并无闹声，有之亦为音乐之相助而已。"

父亲接着对这位童颜鹤发、精神矍铄的老剧作家在我国国难之际前来访问表示感谢，并致景仰之意。他说自己已在舞台上表演30年，平素深知爱尔兰人富于忠实友谊，今后愿与萧翁共同发展中爱两国戏剧家之间的友谊，交流戏剧经验。萧翁听说他已有30年的舞台生涯甚表惊讶，注视着他的面容，说道："您可真有驻颜术！"萧翁大概以为父亲当时至少应该有四五十岁了，殊不知他8岁就登台演出，那年仅39岁。

随后萧伯纳便发表演讲，大意是说此刻演说实在毫无必要，因为在座诸君都是著作家，自己真是班门弄斧了。普通人都把作家视为神秘而伟大的人物，今诸君尽知底细，多言何益？况且作家实在亦是劳工，不过工资较之劳工更少。这时候，林语堂插嘴道："先生自己未必尽然吧。"萧翁答道："我的作品并非全有收入，而且我的戏剧赚钱，亦全靠演员所赠，在座梅君，料可证明我这话并非虚言。"接着他说："我在此地正像一个动物园里的陈列品，诸君已经看过，我也就不必多说了。"

演讲毕，笔会遂将我父亲提供的一套北京东安市场出售的锦盒装泥制京剧脸谱和一件锦绣戏装赠给萧伯纳。萧翁一边鉴赏，一边感叹道："戏剧中有战士、老生、小生、花旦、恶魔等不同角色，但都在面貌上鉴别得出来，可是我们人类的面目，虽则大都相同，内性却未必相似！"这两句话说得十分幽默，却耐人寻味。

With China's People United,
Who Could Resist Her?①

萧伯纳后来在接见中外记者时批评了英国的教育制度。他说："英国的大学

① 意即"中国人民，而能一心一德，敢问世界孰能与之抗衡乎？"

几乎把个人的自由意志摧残殆尽，而取陈腐无用的老古董注入学生的头脑，使他们成为一种定型的人物，在什么时候做什么事情，到什么环境有什么反应，都可以预料得到的。像这样所谓的西方文化，中国搬来又有何益?"

他接着热情颂扬苏联的成就："苏联近年来内部的现象，无论精神上与物质上，都有良好与充分的表现，然而这种有规模的进步，不仅是苏联自身能得极好的利益，能获极美满的成功，在其他各国也可以作为借镜，取它的长处而模仿，而实行。我相信社会主义迟早必得普遍实行于世界各国，虽革命的手段和步骤，在各国所采取的方式，或有不同，但是殊途同归，至最后的终点，必定仍旧一道是在一条路上，而达于同一的水平线上……用不着说，共产主义在苏联已经获得很大的成功。他们已经做出不少建设的事业，但是英国人还是主张俄皇复辟，岂非无聊之极。俄皇复辟，就等于恢复从前帝俄的腐败状况——那还行吗?"萧翁在当时世界上一片反苏的喧嚣中能说出上面一段话，确实令人钦佩不止。

他在路过香港时，还曾对香港大学的学生说过："如果你们在20岁时不做红色革命家，那么在50岁时，将成不可堪的僵石。你们要在20岁时，成一红色革命家，那么，你们才得在40岁时，不致有落伍的机会。"他还应上海《时事新报》特派记者之约，在香港发表了一篇《告中国人民书》，翻译界老前辈宋春舫先生曾用文言译出，内容如下：

承垂询对于中国人民之意见，是以现代孔子视我也，予何敢当。

中国人民，不能恃他人之意见以为生，且意见过多，即不成为新闻，而常为读者所厌弃矣。况予此来，正欲反叩中国人民，对余及西方人之意见若何？中国自一九一一年革命以来，以至将来完成之时，其间经过，足为研究政治学家之教训者实多。逆料其成功之日，足以根本疗治近世"文明"之病，改善之，可也，弃若敝屣，亦可也。余唯有旁观而坐视其变化耳。予今来自颠倒错乱之国家，危墙之下，事变正殷，何能对兹古国人民，努力改建之际，妄思有所忠告乎？

欧洲对于亚洲，实不能有任何建议，否则必贻反唇之讥，谓“医人者当先自医”也。中国今在危急存亡之秋，予不敢贡献何种意见，但谓中国人当自救耳。

中国人民，而能一心一德，敢问世界孰能与之抗衡乎？

萧伯纳

1933 年 2 月 15 日于香港①

有人曾把萧翁当时的思想归纳为四点：一、反对资本主义和绅士社会；二、反对军国主义和帝国主义；三、反对进攻社会主义国家和革命民众；四、反对压迫弱小民族和殖民地国家。

总之，萧伯纳在上海的言谈，诸如“中国人当自救”、“中国人民，而能一心一德，敢问一世界孰能与之抗衡乎”，以及他对苏联的赞扬，都给我父亲留下了深刻的印象。父亲本人也极想亲赴苏联去看看苏联人民的建设成就，后来在 1935 年果然有了机会，便决定前往。

父亲访问苏联后去欧洲考察戏剧，在英国又与萧伯纳相会，后者赠了一套他的戏剧集作为他俩在伦敦再次见面的纪念。此外，他还会见了威廉·萨姆塞特·毛姆（W. Somerset Maugham）、杰·马·贝蕾（J. M. Barrie）、罗纳德·高（Ronald Gow）和丹尼斯·约翰斯通（Denis Johnston）等剧作家，他们均有剧作集相赠，即《毛姆戏剧全集》六卷本（伦敦海内曼出版社，1934 年）、《贝蕾戏剧集》（霍德尔与斯图顿出版社，1928 年）、高的《施舍的爱情》（乔纳森·凯普出版社，1935 年）和约翰斯通的《风暴之歌与独角兽的新娘》（乔纳森·凯普出版社，1935 年）等书。

父亲与萧伯纳首次会晤于 1933 年，匆匆 50 年过去了，这里提到的中外文艺界人士大都亦已先后作古。今天，我翻阅着爱尔兰和英国剧作家赠给父亲的著作，见到他们亲笔签署的字迹，他们与父亲当年建立友谊的情景仿佛又一幕

① 石苇编译：《萧伯纳》，光明书局 1933 年版，第 223 页。

幕地再现在我这晚辈的眼前，不禁神往。进而思之，萧翁当年的预言早已在我国实现，中国通过自救，已经赢得胜利，获得解放，巍然屹立。中国人民如今正在一心一德地建立伟大的社会主义祖国，向着光辉灿烂的未来前进，敢问世界孰能与之抗衡乎？

1983 年 10 月 25 日

沟通文化　促进邦交

——记父亲首次访苏时的题词和通信

1935年，先父应苏联对外文化协会邀请，赴莫斯科和列宁格勒两地访问演出，受到苏联人民热烈的欢迎。斯坦尼斯拉夫斯基、丹钦科、梅耶荷德和爱森斯坦等艺术大师都和他结下了诚挚的友谊。

近60年过去了，俄罗斯人民并没有忘记他。在纪念先父百岁诞辰之际，俄罗斯科学院远东研究所俄中中心副主任阿·伊帕托娃女士通过俄罗斯驻华使馆参赞、俄中友协副主席嘉丽娜·库利科娃女士，转赠给中国梅兰芳研究会一批有关先父那次苏联之行的文献资料复印件，其中包括苏联对外文化协会当时为欢迎他而出版的专集《梅兰芳和中国戏剧》俄文版（内收阿洛舍夫会长的前言、汉学家王希理的《中国舞台上的伟大艺术家梅兰芳》、著名电影导演爱森斯坦的《梨园仙子》和剧作家特莱杰亚考夫的《五亿观众》4篇文章）以及苏联艺术家1935年讨论梅兰芳艺术的座谈会记录①等。我欣喜地发现其中还有先父当年赠给苏联对外文化协会的“沟通文化，促进邦交”的篆书题词以及他与阿洛舍夫会长的两封通信。这三件文献过去在国内都鲜为人知，弥足珍贵。

那幅题词无疑说明了他那次苏联之行的宗旨。当时他不仅仅是要把我国优秀的文化艺术介绍到苏联，沟通两国人民的了解，而且也由于面对当时日寇霸占东

① 此记录已由李小蒸译出，见《中华戏曲》1993年第14辑。

北，觊觎华北的严峻局势，加强与邻国苏联的友好往来实属必要，因此他毅然担当了促进邦交的民间使者的重任。据记载，苏方由于他不愿通过伪满洲国前往而特派“北方号”专轮至沪滨迎接他直赴海参崴，然后再转乘穿越西伯利亚的火车去莫斯科。他经过20多天的旅途劳顿，到达苏京的次日即去红场敬谒列宁墓。现在看来，他无疑是向伟大革命导师列宁之墓敬献花圈的头一位中国戏剧工作者。

先父离开苏联，又去欧洲各国旅游考察戏剧，回国后写给阿洛舍夫那封谢函是封英文信，现试译如下：

苏联莫斯科对外文化协会会长

敬爱的阿洛舍夫先生：

自从离开贵国之后，我虽然未能尽快驰书问候，却决没有忘记您，没有忘记珍视您们对我极为友好热情的接待。

8月2日回国后，我当即投入赈灾义演活动。我们的剧团刚刚在南京和杭州两地演毕，目前正在上海演出，希望以我们微薄的力量能为今年遭受水灾的苦难同胞筹集一些救济资金。

我已经荣幸地拜会了贵国驻华大使鲍格莫洛夫先生，就您和贵国人民对我极为友好热情的接待，表达了深切的谢意。今后在扩展我们两国人民之间更好的了解，进一步促进有关这方面的任何项目事宜，我当随时准备尽一份绵力。

访问西欧归来后，每逢朋友们跟我谈及欧洲之行时，我总是告诉他们：使我感受最深的是俄罗斯之行。我也向他们表示，如果说中国戏剧艺术在莫斯科和列宁格勒获得了些许成功，那也是由于您们热情友好的支持，而非我个人或剧团任何小小的功劳。

您和您的朋友若有意访问我国，即请函告，我当竭诚欢迎接待。

再次致以深切和热诚的问候。

梅兰芳谨启

1935年10月2日

又及：烦请转达我对林德夫人、车尔尼亚夫斯基、波洛沃伊[1]、特里杰亚考夫、斯坦尼斯拉夫斯基、聂米洛维奇－丹钦科、梅耶荷德、泰伊洛夫和爱森斯坦[2]各位先生的亲切问候，并请分送此函俄译本给各位一份。十分感谢。

阿洛舍夫会长很快就回了一封信，这里一并译出如下：

中国上海

敬爱的梅兰芳博士：

您的友好来信使我深受感动，欣喜万分。我已遵嘱分送此函复印本给信中所提到的各位。您在莫斯科和列宁格勒两地的赞赏者都记得并重视您的伟大艺术，这种艺术在我们的戏剧创作艺术中留下了极深的印迹。

我非常乐意访问贵国幅员辽阔而引人入胜的大地，并接触贵国人民的伟大文化。如果工作和条件许可，我当竭力争取在贵国荣幸地跟您握手。

对我们来说，但愿我们只是短暂的分手，我国观众也许不久就会再次见到您，而您也由于对我国和对您访问过的那些国家的考察而使您的艺术得到了丰富和补充。

我本人和对外文化协会同人向您并向张彭春和余上沅两位教授致以诚挚的敬礼。

阿洛舍夫谨启

从这两封信中可以看出先父当时为“沟通文化，促进邦交”所尽的一份力

① 此三人是苏联对外文化协会和外交部工作人员。

② 这六位都是当时苏方接待梅兰芳委员会的委员。

梅兰芳与中国驻苏大使颜惠庆及苏联导演爱森斯坦、道其可夫、施尼代洛夫、实验剧院院长阿罗可夫等合影

量，尤其是他承认使他感受最深的是苏联之行，这一点和他后来思想进步不能说没有一点关联。

这批珍贵文献已由梅兰芳纪念馆收藏并展览。这里谨代表梅研会向伊帕托娃和库利科娃两位女士致以衷心的谢忱！

一尊列宁塑像

1960年2月，父亲随同中苏友好协会代表团访问苏联，在参观阿塞拜疆共和国首都巴库市时，应邀观赏国立阿洪多夫歌舞剧院的歌剧《盲人之子》。该剧院总导演马麦多夫在休息厅里欢迎代表团，同每位团员一一握手。经人介绍到我父亲时，他起先没有理会，过了一会儿突然醒悟地向翻译问道：

“对不起，那一位是……”

“是梅兰芳同志，中国著名的演员。”翻译答道。

那位导演听完之后，睁大眼睛端详我父亲良久。过了片刻，他又把翻译拉过去，悄声问道：“难道他就是那一位梅兰芳？”语气中特别强调“那一位”这个词。经过证实自己没有听错，他便无比惊讶地说道：“1936年，我还在莫斯科卢那察尔斯基戏剧学院当学生的时候，就听老师提起过梅兰芳先生的大名，知道他是现代世界著名演员之一。事隔这么多年，我早已把他当作历史人物，至少以为他衰老得白发龙钟，走路离不开手杖呢。怎么也没想到他现在还是这样健壮，连根白发也没有！”

翻译又告诉他：“梅先生至今还能扮演中年妇女，经常为工农兵群众演出呢。”

他听后流露出一副难以用笔墨形容的惊讶表情，急忙走过去，十分敬仰地再次同我父亲紧紧握手，亲切地请他看完戏后提出宝贵意见……

以上这段轶事是乌兰汗同志告诉我的，那位翻译就是他本人。

确实，父亲的表演艺术在苏联文艺界曾有很大的影响，因为早在30年代中期，他就在莫斯科和列宁格勒演出过，同当时苏联著名的文艺界人士切磋艺术，建立了深厚的友谊。

那是在1934年年初，苏联对外文化协会发起邀请我父亲访苏演出的计划，并委托我国新闻界老前辈戈公振先生协助联系。经过几个月的接洽，一切商妥。但是前去苏联需要路经东北，而那时正逢伪满洲国成立，父亲是个爱国主义者，坚持拒绝通过那里，苏联之行看来由于交通问题而难以实现。苏方闻讯后，当即再次洽商，最后决定派专轮"北方"号到上海迎接他直赴苏联，并发出一封正式邀请书，全文如下：

梅兰芳先生：

阁下优美之艺术，已超越国界，遐迩闻名，而为苏联人士所钦仰。兹特敦请阁下莅临莫斯科表演，以求广为绍介于苏联民众之前。所有戈公振先生开示各节，遵当接受，惟盼阁下能于明年三月十五日前莅临。敝会自当竭诚招待，以谋阁下旅途之安适。并深信阁下此次莅临敝国，将使中苏两国间文化之关系，益臻亲密也。专此，即颂

时绥

苏联对外文化协会代理会长　库里斯科①

于是，1935年2月21日，父亲便在上海登上苏联特地派来接他的"北方"号轮船直赴海参崴，然后再转乘西伯利亚特别快车去莫斯科。苏方欢迎他的礼遇十分隆重，为此专门组织了一个接待委员会，委员中包括第一艺术剧院院长斯坦尼斯拉夫斯基，丹钦科剧院院长聂米洛维奇－丹钦科，梅耶荷德剧院院长梅耶荷德，卡美丽剧院院长泰伊洛夫，电影导演爱森斯坦和剧作家特列季亚科

① 戈公振：《从东北到庶联》，生活书店1935年版，第204页。

夫等著名文艺界人士。

经过 20 多天的旅途，父亲于 3 月 12 日抵达莫斯科，次日即备花圈去红场敬谒列宁墓。花圈缎带上，上款写着“敬献列宁先生”，下款落着“梅兰芳鞠躬”。我保存了一张当时拍摄的照片，现在看来，他无疑是向伟大革命导师列宁之墓敬献花圈的头一位中国戏剧工作者。

也就是在那天下午，父亲还亲自到高尔基大街一家美术品商店购得一尊列宁半身塑像，准备带回国后放在家中经常瞻仰，作为这次访苏的纪念。

按照双方最初商定，父亲原计划在莫斯科表演 5 场，列宁格勒 3 场，后因购票观众空前踊跃，经苏方要求，盛情难却，遂改为在莫斯科演 6 场，在列宁格勒增加到 8 场。最后苏联对外文化协会又请他在莫斯科大剧院再加演一场，作为临别纪念。先后上演的剧目计有《打渔杀家》、《汾河湾》、《宇宙锋》、《虹霓关》、《刺虎》和《贵妃醉酒》6 出戏，以及《红线盗盒》、《西施》、《麻姑献寿》、《木兰从军》、《思凡》和《抗金兵》中的舞蹈部分。整个演出期间，苏联人民热烈欢迎他，每场演毕，观众都叫帘多次，最后一场，他被掌声请出谢幕达 18 次之多，这在该剧院的舞台演出史上，亦是一桩破天荒的事。另有许多群众聚集在剧院门口等待着，以便一睹他的庐山真面目，以致需由警察维持秩序，开辟一条小道，才能使他登上汽车返回旅舍。那些日子里，甚至马路上的小孩，看见衣冠整洁的中国人走过，都会喊一声“梅兰芳”，可见影响之大。

他在莫斯科演出时，苏联党政领导人，如人民委员会主席莫洛托夫，外交人民委员会委员长李维诺夫，国防人民委员会委员长伏洛希罗夫，教育人民委员会副委员长布孛洛夫，文学家高尔基和阿列克赛·托尔斯泰，女演员契诃夫夫人，柯兰女士和静娜黛女士等人，均曾前往观剧。李维诺夫夫人则每场均到，并投掷花束，以示敬意。

苏联的剧评家发表了许多文章，指出我父亲多方面的才能，并强调他在发展中国戏剧艺术方面的巨大贡献，称他为“中国京剧改革者”，“永远是勇敢的、真正的革新者，而同时又继承了过去伟大的传统”。《工人与戏剧》杂志发表文章，认为“梅兰芳在莫斯科和列宁格勒的演出，应被视为苏中两国人民文

梅兰芳在莫斯科向列宁墓献花圈

化交流的新里程碑”。

苏联人民热情的友谊以及他们奋发建设祖国的精神，都给我父亲留下了深刻的印象。他回国后就把那尊列宁塑像放在上海马斯南路梅华诗屋的书架上。我小时候常到书房里翻看他从国外带回来的画册，父亲叮嘱我莫把塑像碰翻。列宁的名字我就是从父亲口中第一次得知的。后来几经战争和迁徙，他一直爱护而妥善地保存那尊塑像。新中国成立后，他又把它带到北京，放置在护国寺街 1 号住家的书房里。1959 年，他入党后，曾对一位来访的记者说：“25 年来，这尊塑像始终没有离开我身边，成为我精神上的鼓舞和支柱。在被日本军阀侵略的残酷处境里，流离颠沛的道路中，我看到他就增加了勇气，意志坚强地同恶势力作斗争。”①

遗憾的是，1966 年 8 月，一群闯进梅氏故居的所谓“造反派”竟把那尊塑

① 《北京晚报》1962 年 8 月 16 日。

像（居然没有认出那是列宁!）连同其他一些文物不分青红皂白地一齐砸毁了。呜呼，父亲在旧社会甘冒风险保存下来的这件具有历史意义的文物竟毁于一旦，真使人既痛心又愤慨！幸好那尊塑像的照片尚在，将来梅兰芳纪念馆成立后，我想只有根据照片配制一件复制品陈列了。

1983 年 8 月 10 日

梅兰芳和高尔基

让我先抄下一封信来：

我刚从武汉开会回来，才看到你的信，知道外文出版社约你写一篇你父亲与国际知名文艺界人士交往的文章①，甚为高兴！

回想起来，这已是四十五年以前的事啦。一九三五年二月二十一日，我随你的父亲率领的“梅剧团”乘“北方”号专轮前往苏联，三月十二日到达莫斯科，苏联文艺界人士到车站热烈欢迎。关于你父亲到苏联演出的情况，我和我的叔父戈公振曾合写了《梅兰芳在苏联》一文，发表在当年的《国闻周报》上，后又收在家叔的遗著《从东北到庶联》一书中。当时的一切情景，至今犹历历在目！

你问起你父亲在苏联访问时同高尔基交往的情况，并非见于高尔基的日记，而是记载在一九六〇年苏联科学院出版社出版的《高尔基生平与创作年谱》（*Летопие Жизни и ТворчестВа А. М. сворького*）第四卷中，其中共有两处地方：

---

① 指吴祖光、黄佐临、梅绍武等著《京剧与梅兰芳》（英文版）一书，由新世界出版社1981年出版。

一是第四七〇页提到：

“三月。

“接到正在莫斯科的中国演员梅兰芳赠送的照片，上有题字：‘高尔基先生惠存　梅兰芳敬赠。一九三五年三月’。照片存莫斯科高尔基博物馆。”

另一是第四七五页提到：

“四月，不晚于十四日。

“接到梅兰芳来信，邀请高尔基在四月十四日相会。

梅兰芳的信〔无日期〕

藏高尔基文献档案中。”

这里的“相会”原文是 Мей Лань-Фан …… Приглашает Горbкого посет ит ь его 14 апреля；如直译应为“梅兰芳邀请高尔基在四月十四日拜访他”，我觉得改为“相会”或“相见”较好。

查《梅兰芳在苏联》一文，你父亲在莫斯科大剧院的临别演出，是四月十三日午夜，至凌晨三时始毕，在观剧的人名中有高尔基，不知确否，待查。四月十四日晚，你父亲假大都会饭店（Metropole）举行晚宴，答谢苏联各界人士，因此我猜想你父亲邀请高尔基在四月十四日拜访他，可能是邀请高尔基参加晚宴，可惜无法见到你父亲的原信，如将来有机会到苏联查到高尔基博物馆收藏的原信，就可以解决这个问题了。又这两次重大活动，我都参加了。

以上情况，供你写文章时参考。

此致

敬礼

戈宝权

1980年4月29日

时光流逝得真快，近半个世纪过去了，如今知道我父亲同高尔基有过一段交往的人已经屈指可数了。戈宝权同志就是这少数人之中的一位，而且他当年作为天津《大公报》记者同我父亲一起乘“北方”号专轮前往苏联的，亲眼见到当时一切情景，因此他这封来信洋溢着深深怀念的感情，倍加珍贵，我就一字不漏地抄录下来了。

后来，我又曾收到他的一封来信，对前信末一节作了补充。他说：“据我猜想，梅先生那封信实即他当时发出的‘谨订于 4 月 14 日下午十一时半菲酌候光’的中文请帖，因为梅先生不可能邀请高尔基去访问他，他只能去拜访高尔基，大概是俄译者把‘候光’译成‘访问’了。”戈先生为我提出的一个问题花费了许多宝贵的时间查找文献，并详加考证，还纠正了俄译者的一个错误。这种治学严谨和负责的态度，使我由衷敬佩，谨在这里再次向他致谢。

父亲生前谈到他是在苏联文艺界欢迎他的招待会上见到了高尔基。在他的印象里，老作家当时德高望重，像个老长辈那样慈祥，朴实，待人亲切和蔼，没有一点大文豪的架子，而且尊重别的国家的民族艺术。他还记得梅剧团在莫斯科首先演出 6 场是在音乐厅，那个剧场就坐落在一条以高尔基命名的大街上，一条十分宽敞的大街，堪与巴黎香格里榭大街、柏林菩提树下大街和纽约第五大道相媲美。老作家对京剧发生兴趣，并亲临剧场观看，使我父亲很受感动，因此赠送照片，以表敬意和谢意。那年高尔基 67 岁，我父亲年仅 41。从戈宝权同志的来信中知道那张照片尚在，现存高尔基博物馆内，真是一件可喜的事。

4 月 13 日午夜，那场临别纪念演出改在莫斯科大剧院举行。大剧院建于沙皇时代，历史悠久，内部装潢华丽，画栋雕梁，中央为正厅，三面为包厢，共分为六层，是苏联戏剧界的最高学府，只演歌剧和芭蕾。当时我父亲能在该剧院上演，足见苏联剧坛给予他的表演艺术以十分崇高的地位。那天上演的节目是从他率领的梅剧团在苏联演出最成功的几出戏中挑选出来的，即他和王少亭合演的《打渔杀家》，杨盛春的《盗丹》，以及他和朱桂芳合演的《虹霓关》。据苏联报道，包括高尔基在内的文艺界知名人士几乎都到场了，盛况空前。父亲回忆当时的情景时曾说他看到二楼有一个包厢里灯光较暗，不易让人看出是哪位苏联领导同志前来观剧，据他揣测可能是斯大林同志。去年，我翻阅《纽约先驱论坛报》查找别的资料，无意中发现1935年4月21日版上有一条题为《梅兰芳结束访苏演出》的报道，是该报驻莫斯科记者拉尔夫·W. 巴尔纳斯发回去的消息，其中倒是提到斯大林和政治局大多数委员出席观看了，不知确否？

4月14日，父亲在莫斯科大都会饭店设宴告别，请帖也发给了高尔基。席间，父亲致辞感谢苏联各界盛意接待。随后，苏联对外文化协会会长阿洛舍夫致答辞说："梅博士这一次到苏联来演剧，留给苏联戏剧界一个很深的印象，想苏联戏剧界一定也给梅博士一个深刻的印象。希望梅博士能在莫斯科多住几日，除去往各大剧院观剧之外，更可一睹苏联其他许多新事业和新建设。"①

父亲在苏联逗留的一个半月里，除去演剧之外，参观了工厂学校，名胜古迹，确实观看了许多苏联戏剧、歌剧和芭蕾，每次都是各剧院邀请的。各剧院院长还备茶点招待他，在开演前先引导他到后台参观，与演员见面，然后他再到前厅落座。而且每当第一幕幕启时，全场灯光由浅至暗，观众安静下来之后，便有一柱灯光直照他的座位，同时扩音器把他介绍给观众，场内顿时掌声四起，热烈欢迎他光临。这时，他就站立起来，向观众频频点头致谢，待观众再一次静下来，正式演出才开始。

据他回忆，他在莫斯科看过：

（1）大剧院的歌剧《叶甫盖尼·奥涅金》和乌兰诺娃演出的《天鹅湖》以及另一出欧朗斯基的芭蕾《三个胖人》

（2）斯坦尼斯拉夫斯基剧院的穆索尔斯基歌剧《鲍里斯·戈东诺夫》

（3）丹钦科剧院的威尔第歌剧《茶花女》

（4）第一艺术剧院的契诃夫话剧《樱桃园》以及另两出话剧《恐惧》和《杜尔宾的时代》

① 戈公振：《从东北到庶联》，生活书店1935年版，第211页。

(5) 第二艺术剧院的话剧《钟表匠和鸡》

(6) 梅耶荷德剧院的小仲马话剧《茶花女》

(7) 卡美丽剧院的话剧《埃及之夜》和《乔弗莱–乔弗拉》

在列宁格勒看过:

(1) 大歌剧院的柴可夫斯基的《胡桃夹子》

(2) 小歌剧院的萧斯塔科维奇的《姆钦斯克县的麦克佩斯夫人》

(3) 话剧剧院的莎士比亚的《理查三世》

(4) 小话剧剧院的《为生命祈祷者》

(5) 儿童剧院的木偶戏

他还参观了戏剧学院、电影学院和莫斯科历史博物馆举办的苏联17年戏剧艺术展览会等。为了丰富知识,开阔眼界,提高自己的艺术修养,他孜孜不倦地吸收别国人民优秀的文化成果,以充实自己艺术创造的基础,正如他自己所说:“我一方面是想把中国的戏曲介绍到国外,一方面也是想借此观摩吸收外国戏剧艺术丰富我们的民族艺术。”

父亲知道高尔基不仅是个政论家、小说家、诗人,而且也是位剧作家,也知道他在前一年(1934)曾积极支持中国人民的革命斗争,对他是十分景仰的。新中国成立后,他再次赴苏访问,曾带回来一尊高尔基铜制浮雕像,以表示对他的怀念。我想,梅兰芳纪念馆成立后,这尊雕像应当陈列出来,就像莫斯科高尔基博物馆陈列梅兰芳的照片那样,这无疑会象征中苏两国文艺界源远流长的友谊。

新中国成立前,我国文艺界人士有幸与高尔基会晤的甚少。1934年,苏联举行第一次作家代表大会,曾邀请许多外国作家参加,其中包括鲁迅先生,但鲁迅、罗曼·罗兰、纪德、巴比塞、萧伯纳、德莱塞、艾普顿·辛克莱和亨利希·曼八位贵宾因种种原因未能赴会。1936年6月18日,高尔基就逝世了。

因此，我父亲和高尔基这段交往更是值得记载下来。

至于高尔基对中国传统戏曲和我父亲的表演艺术有何看法，我在父亲生前没有详加细问，至今引以为憾，这就只有期待戈宝权同志和其他俄语专家们进一步从苏联的文献资料中发现了。

1983 年 9 月 3 日

《梅兰芳和高尔基》补遗

去年夏季，在南京召开的一次外国文学会议期间，戈宝权先生兴高采烈地对我说："我给你带来了一件从苏联收到的礼物。"

交到我手里的是一个挺大的信封。我打开一看，原来是父亲梅兰芳五十年前赠给高尔基的一张六英寸照片的复制件。父亲那时正当中年，身穿中式服装，神采奕奕，照片上有他的亲笔题字和印章。我久久握着戈宝权先生的手，对他为我搜集到先父访苏的文献资料再次表示感谢。

为什么说再次感谢呢？这是因为1983年秋我写过一篇题为《梅兰芳和高尔基》的文章登载在《文艺报》1984年第1期上；动笔之前曾多次向戈宝权先生请教，征询了不少问题。他不仅提供给我一本他的叔父戈公振先生的遗著《从东北到庶联》，嘱我参考其中他们叔侄合写的《梅兰芳在苏联》一文，而且还为我查到了1960年苏联科学院出版的《高尔基生平与创作年谱》第四卷中有两处记载先父同高尔基交往的情况。

1935年，戈宝权先生是天津《大公报》记者，曾随梅剧团乘苏联特地派往沪滨接我父亲的"北方"号专轮一起前往苏联。父亲在苏联的一切重要活动，戈宝权先生都参加了，尤其可贵的是他还当场拍摄了许多照片，寄回国来登载在当年的《良友画报》上面。其中一张是父亲在列宁格勒艺术家俱乐部为苏联著名剧作家、导演和演员做一次有关中国戏曲的学术报告的场景，担任翻译的是我国翻译界老前辈耿济之先生，我发现在那些聚精会神听讲人当中还有当时流亡在苏联的德国剧作家布莱希特。

父亲和高尔基相晤后，后者给他留下了深刻的印象。因此赠送照片，以表敬意和谢意。事隔半个世纪，这张照片现在居然出现在我这晚辈的眼前，怎能不叫我激动呢？至于这个复制件是怎样得到的呢？戈宝权先生在去年 9 月给我的一封信中写道：

自从你写的《梅兰芳和高尔基》一文发表后，由于你的请求，当即写信到莫斯科去，请在苏联科学院高尔基世界文学研究所工作的苏联汉学家李福清协助查询：一是高尔基看过梅先生演戏后，有无这方面的评论资料可寻；二是可否从高尔基博物馆索取到梅先生送给高尔基的照片的复制件，因为高尔基博物馆同高尔基世界文学研究所在一起，他去查询很方便。

顺便告诉你，我和李福清很熟。他的原名是鲍里斯·里沃维奇·李维清，是苏联现在知名的中年汉学家。1983 年他曾来我国访问过，听说今后还要来。

他在 1984 年 9 月 1 日复我的信中说："给高尔基写信请他表示对梅兰芳的演出的意见，就是胡兰畦（两三年前我已在《文艺报》上看过她的回忆文章）。但因我所资料室负责这材料的人请假，我还未见过信，只看了卡片目录室的卡片。过些时候一定抽空写篇小补遗寄给你。"这里提到的胡兰畦是我国的一位女作家，曾写过《在德国女牢中》一书，参加过 1935 年苏联举行的第一次苏联作家代表大会。我在 1935 年去苏联时，曾由我的叔父带我去看过她，因此同她相识。

去年 11 月 24 日，他又来信，其中说："现托中国画家代表团带给你我所复制的梅兰芳送给高尔基的照片。"这就是我送给你的那张照片。

戈宝权先生在信中还说李福清告诉他，目前在列宁格勒大学任教的彼得罗夫教授也想起了梅兰芳在列宁格勒与阿列克赛耶夫以及一些汉学家交谈的往事，也准备写篇小文，因此他会写信给这两位苏联汉学家，请他们把有关文章寄来，以充实一些我的研究。他还嘱我把《我的父亲梅兰芳》一书赠给高尔基博物馆和李福清，我已在去年托戈先生转去，并请他代向李福清教授致以谢意，殷切盼望早日见到他们对我那篇拙文补遗的精彩文章。

坐落在北京护国寺街的梅兰芳故居博物馆，在党中央和文化部亲切关注下，现已修葺一新，预料不久即可开放。上述那张照片，父亲在解放后再次访苏联时带回来的一尊高尔基铜制浮雕像，以及苏联著名电影导演爱森斯坦当年亲自署名赠予的一本他的美学论著《电影造型的原则》等等文物资料都会陈列出来，我想，它们无疑会象征着中苏两国文艺工作者源远流长的友谊。

今年是高尔基逝世 50 周年和先父逝世 25 周年纪念，谨续写此文，以示缅怀。

1986 年 1 月 10 日写

梅兰芳和斯坦尼斯拉夫斯基

1954年国庆5周年的时候，莫斯科斯坦尼斯拉夫斯基和聂米洛维奇－丹钦科音乐剧院应邀来我国访问演出。在天桥剧场上演歌剧《叶甫盖尼·奥涅金》那天，我父亲看完之后，特地到后台向苏联演员们道谢。

他们笑着问道："您看到戏里面的四根柱子有何感想？"

他答道："我懂得，我完全懂得那四根柱子的含意，这是你们为了追念斯坦尼斯拉夫斯基在艺术思想上的巨大成就而把它们设计在这出名剧里的。当年老先生把自己住宅里的大客厅改为小型舞台，里面就有这样的四根柱子。"他们齐声说道："您说得对极了！"斯氏客厅里的布置我父亲怎么会知道得这样清楚呢？

这就要追溯到20世纪30年代中期他和斯坦尼斯拉夫斯基结下的一段友谊了。

切磋艺术话甘苦　诚邀观剧共心声

1935年春，苏联对外文化协会邀请我父亲前去访问演出时，曾经专门组织了一个接待委员会，委员当中为首的一位就是斯坦尼斯拉夫斯基。那当儿，父亲41岁，而斯氏已是70多岁的老人，虽患有心脏病，却仍然出席了欢迎会，并多次到剧场观看京剧。老前辈这番盛意使我父亲深受感动。于是，他便约定一个日期，与张彭春和余上沅两位艺术顾问同去拜访，以表谢意。

他们乘车来到斯氏住宅前方的街口，下车后还需走一段路才到达一座古老宅邸的门前，只见老先生早已在门口守候迎接哪。见面后，斯氏紧紧握住我父亲的双手足有一分钟之久，脸上流露出神交已久的神情；我父亲也十分激动，一时竟想不出适当的话语来表达感激的心情，两人携手走进一间宽敞的书房。父亲先把自己从北京带去的几个泥塑戏装人形、一套脸谱和一部关于自己的表演艺术论文集赠送给斯氏，老先生非常高兴，鉴赏良久，还询问了那几个戏装泥人所表演的剧情，然后郑重地把它们安放在书架上。

接着，两人便畅谈艺事，交换彼此在艺术上亲身体验到的甘苦得失。父亲详细介绍了中国戏曲的源流和发展情况，斯氏一边听，一边提出许多深感兴趣的问题。50年代初，父亲曾在一篇怀念斯氏的文章里记述了当时的情景，其中写道："老先生理解深刻的程度使人惊佩的，对于另外一个国家的民族形式的戏曲表演方式他能够常常有精辟深刻的了解，譬如他着重地指出'中国剧的表演，是一种有规则的自由动作'，这还是从来没人这样说过。"①

谈兴正浓时，有人进来请斯氏去审查他执导的《叶甫盖尼·奥涅金》中的两场戏。他便请客人一齐下楼到客厅去看他排戏。那间客厅很大，内有四根柱子，靠墙放着三把高背椅子。据闻当初老先生一搬进苏联政府赠给他的这座已有百年历史的房子，就说："这样一间华丽的客厅对我来说没有什么用途。"遂把它改成一个小型剧场，演出时，他还亲自拉幕，照料场子。大家坐在舞台前面临时摆好的一排椅子上观赏。斯氏一边聚精会神地看，一边小声地把修改意见告诉身旁的秘书记在本子上。戏排完后，天已经快黑了，父亲在告辞前，斯氏坚持请他坐在一把高背椅子上，自己则谦逊地坐在一把靠背稍低的椅子上，合影留念。在那次亲切的会晤中，斯氏对待艺术一丝不苟的精神和他那慈祥而

① 梅兰芳：《回忆斯坦尼斯拉夫斯基和聂米洛维奇－丹钦科》，《梅兰芳戏剧散论》，中国戏剧出版社1959年版，第203页。

严肃的面容，给我父亲留下了深刻的印象。无怪乎他脑际中深深记住了客厅里那四根柱子。

旧地重游怀故友　情谊当随世代传

1952 年岁末，父亲在参加维也纳召开的世界人民和平大会后，路过莫斯科，再次受到苏联对外文化协会的热情接待。斯坦尼斯拉夫斯基已于 1938 年辞世，父亲怀念旧友，前去参观斯氏故居纪念馆。

他首先给引到老先生那间非常朴素的卧室，斯氏生前的秘书指着靠墙摆着的一张单人木床说："老先生就是在这张床上去世的。"父亲凝视着那张床，不由得眼眶湿润了。接着又参观各间陈列室，见到斯氏一生扮演的众多角色的剧照、主演莎剧时全身披挂的甲胄以及其他许多珍贵文献，诸如斯氏亲笔删节的契诃夫剧本原稿，等等。

随后，秘书引进两位主人，是斯氏的儿子和女儿。他们陪同我父亲走进书房，并从书柜里取出当年他送的论文集、脸谱和戏装泥人，还从中挑出斯氏生

梅兰芳与苏联艺术大师斯坦尼斯拉夫斯基

前最喜爱的一个泥人给他看。父亲又赠了一本《舞台生活四十年》，在留言簿上写了几句深切怀念斯氏的话。下楼走进大客厅，我父亲又见到那个小型舞台、那四根柱子和那三把高背椅子，感慨地谈起当年他和老先生一起观剧和合影的情景，他们当即找出那张照片，只见老先生亲笔在上面记载了日期——1935 年 3 月 30 日。斯氏子女郑重地将那张照片送给他，还在上面签了字，以作纪念。父亲回国后就把它挂在护国寺街住宅的客厅里。如今国内画刊时常刊载的就是这张珍贵照片。

尤其使我父亲感动的是，他那次到达莫斯科的头一天，著名导演柯米沙日卫斯基告诉他，斯氏在导演最后一出戏的时候，还对演员和学生们经常提起他的名字。父亲在《纪念斯坦尼斯拉夫斯基》（1953）一文中写道："我听了这句话，既惭愧，又感到莫大的鼓舞。去年秋间，我曾重读斯坦尼斯拉夫斯基的名著《我的艺术生活》和《演员自我修养》，对他的'体系'有了进一步的了解，今后我要更深入地向这位伟大的艺术家学习。"① 后来，他常以斯氏所说的"爱你心目中的艺术而不是爱艺术中的你"这句名言教导他的学生，同时表示应该"把我们的戏曲遗产，也用科学方法整理出完整的体系，来为社会主义文化建设事业服务"②。

艺院重过百感生　斯翁老眼品评精

父亲 1961 年逝世，田汉老写了 25 首《梅兰芳纪事诗》，称"这几首拙作就算我献给他墓上的花环吧"。其中第 15 首是：

艺院重过百感生，
斯翁老眼品评精。

①② 梅兰芳：《回忆斯坦尼斯拉夫斯基和聂米洛维奇－丹钦科》，《梅兰芳戏剧散论》，中国戏剧出版社 1959 年版，第 200 页。

诗情画意输华剧，
莫负东方学派名。

并加注道："1957年兰芳同志参加中国劳动人民代表团，祝贺苏联十月革命40周年，曾同看莫斯科艺术剧院等剧团名剧。一次欢迎席上，大导演某氏谈了斯坦尼斯拉夫斯基逝世前一月曾推荐大家注意中国戏，说'中国戏有充满诗意的、样式化了的现实主义'。斯氏所接触的最好的中国戏当然主要是梅兰芳的表演。兰芳同志对完成戏剧的中国学派或东方学派的号召，也抱有雄大的理想，赍志以殁，可惜之至！"①

1962年，田汉老又写了一篇题为《追忆他，学习他，发扬他！》的文章怀念我的父亲，其中再次提到中国的戏剧学派，"应该承认中国戏剧艺术是早有它自己的学派的，千百年来无数戏剧艺术家的劳动和智慧创造了表现自己的生活和斗争的独特形式。我们戏剧的民族形式达到了高度发展，不只是为中国广大劳动人民所喜闻乐见，也受到一些外国人民的欢迎和尊敬。兰芳同志30年代以来几次出国，到日本，到美国，到苏联，替中国民族戏剧扩大了影响，宣扬了戏剧艺术的中国学派，他实际是中国戏剧学派的代表人。有些外国农民晓得的中国人，一个是孔夫子，一个是梅兰芳。一些外国戏剧家又把梅兰芳当成戏剧界的孔夫子。"②

田汉老接着说我父亲对斯坦尼斯拉夫斯基所论述的一系列的创作过程和表演法则，觉得与我国某些优秀演员所谈的心得，和他自己一生体会到的艺术经验有很多相通之处，但很显然，斯氏的体系又不能说明中国戏曲的全部精神，因此他一面说我们要"把他的体系适当地运用到中国戏曲里，使我们的传统表演艺术得到新的营养"，同时，他又着重地指出要"把我们的戏曲遗产，也用科学方法，整理出完整的体系，来为社会主义文化建设事业服务"。田汉老认为"这就是说我们要当仁不让地建立中国自己的戏剧学派"。③ 所幸的是，后来我

① 田汉：《梅兰芳纪事诗》（25首），《人民日报》1961年9月10日。
②③ 田汉：《追忆他，学习他，发扬他！》，《人民日报》1962年8月9日。

国戏剧大师黄佐临先生在他的两篇卓越论文《漫谈“戏剧观”》（1962）和《梅兰芳、斯坦尼斯拉夫斯基、布莱希特戏剧观比较》（1981）中精辟而全面地论证了中国传统戏曲（尤其是京剧）的八大外在和内在的特征，把它提升到理论高度，指出在运用戏剧手段方面，高超之处绝不逊于任何西方戏剧而自成一套完整的体系。与此同时，斯氏称赞京剧和我父亲的表演艺术是“有规律的自由动作”和“具有充满诗意的、样式化了的现实主义”那两句名言也经常挂在人们的口头上了。

最近，我从一本俄罗斯著名画家费德尔·拉夫连契耶维奇·希德罗夫（ФЕДОР ЛАВРЕНТЬЕВuu СuДороВ）的画册中发现了两幅画，一幅描绘的是我父亲当年跟斯坦尼斯拉夫斯基促膝交谈的情景，另一幅是我父亲的肖像。这是希德罗夫参加莫斯科州委会文化局和俄罗斯美术家协会1975年举办的画家展览会中的两幅大型油画，都画得十分逼真细致，足见俄罗斯人民并没忘记斯、梅两位戏剧大师那段友谊，弥足珍贵。

今年8月7日是斯坦尼斯拉夫斯基逝世63周年纪念日，8月8日是先父逝世40周年祭日，谨写此文，以缅怀两位终生为艺术而奋斗不息的长辈。

2001年8月

梅兰芳和爱森斯坦

伟大的中国艺术家梅兰芳的戏剧来到我国，这是苏中两国文化交流史上的一件大事。

中国的古典戏剧，由于梅兰芳把它的艺术提高到那样令人惊异的程度，无疑会引起苏联艺术家和广大戏剧观众极大的兴趣。

他们将会极其重视梅兰芳的伟大艺术，因为他的戏剧是千百万中国人民所喜爱的。

在我们的国家，多民族密切友好合作，他们的文化在苏维埃制度下兴旺发展，因此我们具备各种深入理解和研究梅兰芳伟大艺术的必要条件。

苏联对外文化协会代表苏联各科学艺术组织，热烈欢迎我们杰出的客人莅临苏联的首都。

谨向中国人民的伟大艺术家梅兰芳致以诚挚的敬意。

这段话是苏联对外文化协会会长阿洛舍夫（A. Y. Arosev）为该会欢迎父亲1935年访苏而出版的《梅兰芳和中国戏剧》一书所写的前言。那本书共收四篇文章：苏联汉学家王希理（B. Vassiliev）的《中国舞台上的伟大艺术家梅兰芳》、电影导演爱森斯坦（S. M. Eisenstein）的《梨园仙子》、剧作家特莱杰亚考夫（S. M. Tretyakov）的《五亿观众》和南开大学张彭春教授的《京剧艺术概观》，并附有父亲的剧照多幅。最近戈宝权同志把他珍藏的这本书的俄、英两种文字版本都慷慨地赠给我保存，据他告知这是当年他叔父戈公振先生在莫斯科剧场购得的，每本售价10戈比，但现在已是很珍贵的文物了。

爱森斯坦在他那篇文章起首是这样介绍父亲给苏联人民的：

梅兰芳的声望远远超越了中国的疆域；你在旧金山每个华裔知识分子家里，在纽约唐人街的店铺里，在柏林时新的中国餐馆里，在墨西哥约卡坦州的酒馆里——在凡是有一颗记得祖国的中国人的心在跳动的地方，你都能发现他的肖像或侧身像。梅兰芳遐迩闻名。你到处都会发现他遵循中国戏剧的传统在他表演的那些著名舞剧中所塑造的雕像般姿态的照片。但是梅兰芳不仅在他的同胞当中享有盛名，他那伟大的艺术也征服了其他国家具有不同文化传统的人民的心灵。头一位把这位伟大的中国艺术家的卓越成就讲给我听的人是查理·卓别林。

苏联电影艺术最卓越的代表

老一辈电影观众大概都知道爱森斯坦，他就是那部公认为世界电影杰作《战舰波将金号》的导演。该片1925年底完成后在苏联文艺界预演一场，卢那察尔斯基看完后激动地站起来说："我们是一件具有历史意义的文化事件的见证人。一种新艺术诞生了。从今天起，电影艺术将成为一种真正具有伟大前途的艺术。"[①] 后来此片在美国放映时，卓别林赞扬它是"世界上最好的电影"。据说这部电影中新颖的蒙太奇手法还影响了德国作家福伊希特万格（Lion Feucht-wanger）的小说创作技巧。我国南国电影剧社也曾于1926年在上海内部放映

① 转引自杨·巴尔纳《爱森斯坦传》，美国印第安纳大学出版社1973年版，第102页。

过一次，田汉同志回忆说："那晚我们看过之后，一致认为革命后俄国不仅政治经济的改革有了伟大的初步的成就，就在电影艺术领域也已经结出了这样美丽而坚实的果子了……友人间有右倾思想或艺术至上主义倾向的，虽不高兴它里面所含的煽动性，但对于它的摄制与表演都极恭维，承认这部片子传来了一种崭新的美与力。"① 洪深同志后来还曾把爱森斯坦的《有声电影的声明》一文译介过来，登载在1928年第8期的《电影月报》上面。

爱森斯坦1898年诞生在拉脱维亚里加城的一个祖籍是德国犹太族的建筑师家里，母亲是个船厂主的女儿。他幼小时，父母由于志趣不同经常龃龉不和以致分居，使他得不到一点家庭温暖，性格逐渐变为孤独内向。母亲希望他不要像他父亲那样专横霸道和趣味庸俗，便从小培养他的文化素质，因此他10岁时就会说一口流利的英、法、德语，并开始阅读古典文学名著，养成从书籍中寻求安慰的习惯。这使他拥有了广博的知识，此后他还涉足了数学、绘画、生理学、语言学、人种学和文学史等学科，为他后来的艺术和美学思想奠定了牢固的基础。他常说他幼时就像个瘦弱、羞怯的大卫·科波菲尔。

青少年时代，他阅读了大仲马的小说和米奈的《法国革命史》，了解到资产阶级的革命思想，接着看了雨果的《悲惨世界》，认识到社会上不公平的现象。继而翻阅有关巴黎公社和拿破仑第三的书，再读左拉的连续性作品《卢贡·马卡尔家族》以及有关马拉和罗伯斯庇尔的著作，进一步迷上了狄更斯的小说。进步的思想和对资本主义社会的认识一点一滴地在他头脑中积累起来，所以十月革命一爆发，他便毅然违背父亲对他的期望，放弃在彼得堡建筑工程学院的学习而投入红军的行列。他起先当工程技术兵，后来由于他从小就喜欢素描，遂转入部队文艺宣传队绘制革命宣传画。

1921年，他从部队转业进入戏剧界，先后为他自己根据杰克·伦敦的短篇小说改编的《墨西哥人》、萧伯纳的《伤心之家》、安德烈耶夫的《饥饿皇帝》和普列特尼约夫的《悬崖》等剧设计舞台装置，做了许多大胆创新的尝试。后

---

① 转引自俞虹《追求·探索·创新——爱森斯坦的伟大一生》一文，载《世界电影》1983年第4期，第104～105页。

来他开始担任导演，所导的第一出戏是他根据奥斯特洛夫斯基的《智者千虑必有一失》改编的讽刺剧《智者》。

他1924年转入电影界，成功地导演了《罢工》、《战舰波将金号》、《十月》和《旧与新》（又名《总路线》）4部影片，赢得了国际声誉。1929年8月，他出国讲学，并考察国外电影情况。在德、法、英三国，他结识了许多知名的文艺界人士，诸如厄恩斯特·托勒（Ernst Toller）、厄尔温·皮斯卡托（Erwin Piscator）、布莱希特（Brecht）、皮兰德娄（Pirandello）、巴比塞（Barbusse）、哥登·克雷格（Gordon Gieig）、詹姆斯·乔伊斯（James Joyce）和萧伯纳（Bernard Shaw）等人，但他也经常遭受警察的监视，甚至被勒令限期离境。有一次，他在巴黎索邦大学讲他的“理性电影”的美学理论，他那知识渊博而机智诙谐的演讲吸引了3000多名观众。在回答提问时，有个右派分子挑衅地问道：“苏联禁止人笑，对吗?”爱森斯坦听后沉着地发出一阵阵的扬声大笑，惹得全场人也都跟着笑起来。这就是他的答复。

1930年夏，美国好莱坞派拉蒙公司聘请他赴美拍片。他抵美后，对美国一套繁琐的接待和宣传方式感到厌烦，便在新闻记者招待会首次露面时故意不修边幅，还戴上一顶棉布帽出席，讽刺地对他们说：“我想你们不是要把苏联男人的照片都拍成长胡子的吗？所以我不想让诸位失望。”随后他说来美的目的是为了要拍一部“真正的美国电影”，一时惊动四座。后来，他提出五六个电影剧本，其中包括萧伯纳授权他改编的《武器和人》、威尔斯的《世界战争》。根据扎米金的小说改编的描绘美国现代生活的《玻璃房子》、揭露资本主义社会罪恶之源的《苏达的金子》和根据德莱塞的同名小说改编的《美国的悲剧》等，但都因他拒绝美方提出修改的要求而未能开拍。这一时期，他同卓别林、保罗·罗伯逊、范朋克夫妇、瓦特·狄斯奈以及科学家爱因斯坦等人建立了诚挚的友谊。1931年，他在美国作家厄普顿·辛克莱和某些基金会的资助下到墨西哥拍摄了长达8万米的影片《墨西哥万岁》，这是一部反映墨西哥文化史的壮丽的影片，包括史前时期、西班牙统治时期、封建时代、内战直到当今，并展望了未来，但又不是按年代顺序拍摄，而是以平行叙述手法展示墨西哥地域中共有的文化各个阶段。美方后来背信弃义，没有把胶片交给爱森斯坦带回国剪辑，使他十分沮丧，终身感到遗憾。这部影片后被国外一些导演剪辑成十几部长短不一的影片在世界各地放映，直到50年后才由爱森斯坦的助手亚历山大把陆续搜集到的胶片，根据爱氏生前的意图作出完整的剪辑，于1979年在苏联正式放映，获得该年莫斯科国际电影节上的荣誉金质奖。

爱森斯坦1932年回到祖国后拍摄了《白静草原》和《亚历山大·涅夫斯基》（由苏联著名音乐家普罗科菲耶夫作曲配乐），前者是一部以共青团员和少先队员对集体农庄的贡献为题材的影片，后者是一部描写13世纪俄罗斯爱国英雄抗拒条顿族入侵的古装片。1939年，他荣获列宁勋章。此后他全力投入《伊凡雷帝》三集彩色片的拍摄工作，1944年完成第一集，1946年将二、三集合成续集，仍由普罗科菲耶夫配乐；此片使他于1946年获得斯大林奖金，卓别林电贺他，赞扬那是“迄今制成的最伟大的历史片”。

梅兰芳在苏联拍摄《虹霓关》电影片段，导演为爱森斯坦（中）

但是，就在文艺界祝贺他获奖的晚会上，他突患心脏病，入院治疗。在休养期间，他仍念念不忘工作，并自知不久于人世，便抓紧时间写回忆录，思考并总结他的艺术实践。病情稍有好转，他又计划拍摄一部反映莫斯科城八百年历史的彩色片。1948 年 2 月 12 日，他伏案写一篇有关电影色彩的理论文章至深夜，凌晨逝世于桌前，终年仅 50 岁。

爱森斯坦一生勤奋治学，知识渊博，在电影的表现手法上不断地追求，不断地探索，为后世留下了约 400 余万字的有关电影美学理论的文章，苏联在 60 年代出版了他的论著六卷本。他还曾在电影大学任教，当今苏联许多名导演都是他的学生，他的讲稿如今已成为世界电影导演学的宝贵遗产。爱氏的先进的蒙太奇理论，在他生前未受到应有的重视，有一时期还曾遭到保守派和忌妒他的人的诋毁，以致未能充分加以运用发挥，但是在他逝世后越来越受到世界电影界的重视，许多国家的名导演都承认自己受到过他的影响。爱森斯坦今天已被世界公认为苏联电影艺术最卓越的代表和电影蒙太奇的伟大奠基人。

初次相逢　一见如故

1930 年上半年，父亲访美演出时结识了卓别林，后者又把他的表演艺术转告稍后到达好莱坞的爱森斯坦。两人虽未在美相晤，但是父亲在 1935 年抵达莫斯科之前已知晓爱氏的大名。他在海参崴候车，逗留了 4 天，无意中从一份上海《时事新报》（1935 年 2 月 25 日）上看到一篇苏联文艺界人士就他访苏演出答记者问的报道，其中有爱森斯坦的两段谈话：

爱森斯坦：四百年来中国戏剧的现实主义，比日本歌舞伎较为纯粹些，所以它影响苏俄现代戏剧的潜能性很大，不过，很明显的我们并不期待要模仿梅兰芳氏的风格。

记者：苏俄戏剧家对梅兰芳虽然这样深切的注意，但是寻常观众的态度又怎样呢？他们能否欣赏梅氏的创作？

爱森斯坦：语言问题并不能隔阂苏俄观众对梅兰芳所感的兴趣。格鲁吉亚民族剧团在莫斯科和列宁格勒也是很受欢迎的。其余像犹太、亚美尼亚、白俄罗斯的戏剧，在这两大城市里，也并没有发生语言上的困难。

这两段话使父亲看出爱森斯坦对中国怀有浓厚的兴趣，并对中国古典戏剧十分重视。

确实如此。爱森斯坦拍过《战舰波将金号》后，曾计划把特莱杰亚考夫的剧本《怒吼吧，中国!》[①] 改编成电影，定名为《中国》，1934 年又想把法国作家马尔洛的小说《人类的命运》[②] 搬上银幕，后因筹拍《白静草原》等片而未能实现。那一时期，他阅读大量有关中国的书籍，欣赏他所收藏的中国音乐唱片，工作室里一架钢琴上铺着一块中国的金线锦缎，总之，对中国产生了浓厚的兴趣，因此他非常欢迎父亲率领剧团访苏。他出席了苏联对外文化协会 3 月 14 日召开的欢迎会，与父亲见面后谈起两人共同的朋友卓别林，仿佛彼此早已相识似的，真是一见如故，十分融洽。席间，爱舍罗夫会长致欢迎词，父亲致答词，接着爱森斯坦作为接待委员会的成员，也热情洋溢地发言道："以梅兰芳为代表的中国戏剧艺术，可供苏联电影界的借鉴；更希望彼此为戏剧和电影的质量而奋斗。"他还预言道："联合苏中两国民族的力量，定能创造出一种新人类的艺术。"[③]

宴会后放电影，爱森斯坦陪同父亲坐在一起，首先放映的是他亲自指挥拍摄的梅剧团抵达莫斯科车站受到热烈欢迎的场面的新闻纪录片，接着放映《夏伯阳》。父亲看后夸赞那部电影不仅故事内容动人心魄，而且编剧、导演和演员

---

① 《怒吼吧，中国!》(1925) 描写四川万县码头工人 1924 年反对帝国主义者暴行的事件。

② 《人类的命运》(1933) 描写 1927 年上海工人举行武装起义，配合北伐军攻占上海的事件。

③ 梅兰芳：《我的电影生活》，中国电影出版社 1962 年版，第 42 页。

的水平都非常高超。爱氏告诉父亲那是苏联培养出来的两位同名的年轻艺术家瓦西里耶夫合作编导的，前不久刚刚荣获苏联举办的世界电影节上的头等奖。他还立即把在场的扮演夏伯阳的演员巴保其金和其他几位电影演员介绍给父亲，一齐合影留念。父亲发现爱森斯坦真是一位十分热情的朋友。

合作拍摄《虹霓关》

爱森斯坦看过我父亲在莫斯科音乐厅演出的6场戏之后，决定把他的演技拍成一段电影，发行到苏联各地，以便让广大的苏联观众看到。他选定《虹霓关》里对枪舞蹈那场戏，因为他觉得其中的舞蹈优美，塑形对位匀称，演员功底深厚，表演细腻。父亲欣然同意，爱氏笑着说："现在我们已经是好朋友，可等到拍电影时，您可不要恨我呀！"

父亲问道："何至于如此？"

爱森斯坦答道："您不知道，演员和导演在摄影棚里常常因为工作上意见不合，有时会变得跟仇人一般哩！"

父亲说："拍电影应该服从导演，一切听您指挥安排。"

3月29日晚上9点钟，父亲同扮演王伯党的朱桂芳先生以及乐队成员到莫斯科电影制片厂。爱氏拍片果然要求甚为严格，发现镜头角度不对或录音发生问题就必须重拍，有的镜头甚至要拍多次。那一场十几分钟的戏由于斟酌布置镜头，停停拍拍，耗时甚久，竟连续5个多小时尚未拍完。父亲和朱桂芳穿着戏装，勒着头，已经相当疲劳，乐队成员也有点厌烦了，但是爱氏发现最后一个镜头里花枪的尖头又出了画面还得重拍，便对父亲说："梅先生，希望您劝大家再坚持一下，拍完这个镜头就圆满完工啦。这虽然是一出戏的片段，但我并没有拿它当作新闻片来拍，而是作为一个完整的艺术作品来处理的。"父亲为他一片诚挚的态度和一丝不苟的精神所感动，便鼓励同事们振作起来，直到爱氏认为满意为止。

苏联著名电影演员契尔卡索夫在回忆他同爱森斯坦合作拍片时，也曾谈到爱氏这种严格要求的作风。他当年扮演伊凡雷帝，身穿沉重的铠甲，在炎热的夏天拍片，爱森斯坦要求他“在无数次预演和开拍阶段中，力图再现伊凡雷帝的痛苦感情，这搞得我全身感到不适，脾气急躁，火气上升，一触即发”①。

直到深夜3点，《虹霓关》这段电影才全部拍竣。爱森斯坦诙谐地对父亲说：“昨天我对您说的话，现在证实了吧！我相信在这几小时内，梅剧团的艺术家们都一定在骂我了。”他还翘起大拇指，称赞我父亲的表演，补充道：“在这短短一天的合作中，我已感到您是一位谦逊的、善纳忠言的演员。您如投身电影界，也必定是位出色的演员。”这当儿，一位苏联摄影师在一旁机敏地拍下一张照片，把这一动人的情景记录了下来。

随后，两人又畅谈了电影和戏剧之间的关系。爱森斯坦介绍了苏联重视电影事业的情况，认为电影是宣传和教育的最好方式，且易普及，并说苏联正在大力培养电影演员的基本队伍，以避免那种常需借重舞台演员的办法，因为舞台演员还需在剧院经常演出，致使电影生产效率降低。

父亲同意他这种观点，说道：“电影事业的发达，是世界潮流所趋，正像您所说的那样。1930年，我在美国演出对，有声电影刚刚兴起，许多舞台演员被电影公司所延揽，舞台剧也次第搬上银幕。有人颇抱杞人之忧，认为长此以往，舞台剧将被电影取而代之。我以为戏剧有其悠久的历史与传统，如色彩方面、立体方面、感觉方面都与电影有所不同，电影虽然可以剪辑修改，力求完善，但舞台剧每一次演出，演员都有机会发挥创造，给观众以新鲜的感觉。例如我在贵国演出《打渔杀家》就与在美国不同，因为环境变了，观众变了，演员的感情亦随之而有所改变，所以舞台剧被电影‘取而代之’的说法，我是不同意的。”

爱森斯坦答道：“您的话深得我心，这两种艺术必将相互影响，长期并存。苏联的政策是电影与戏剧都要负起教育广大群众的责任，所以它们的内容必须

---

① 详见契尔卡索夫《一名苏联演员的摘记》，莫斯科外文出版社。

是社会主义的内容，其对象则以工农群众为主。同时，内容和技巧必须并重，这样才能于潜移默化中使观众得到鼓励，受到教育。”①

1962年，阿英同志为中央新闻纪录制片厂拍摄《梅兰芳》传记片，曾向苏联电影局借来这部《虹霓关》电影，采用了其中的片段。我国观众由此欣赏到了苏联艺术大师当年为我父亲的表演所拍摄的具有特色的珍贵镜头。

爱森斯坦对京剧的评价

在前面提到的那篇《梨园仙子》的文章里，爱森斯坦谈到了如何向外国文化借鉴这一问题。他写道：

> 我们研究京剧，从中可以得到什么实际效益呢？对我们来说：毕竟不只是赞赏一下它的完整性就算完结。我们要从中寻求一种可以丰富我们自己的经验的手段。与此同时，我们又处于一种迥异的立场。我们在自己的创作实践中信奉现实主义，尤其是现实主义高度发展的形式——社会主义现实主义。问题于是产生了：这样一种恪守程式规范而且看起来同我们的思想体系不相一致的艺术，我们能从中得到什么呢？如果我们能得到些东西——那又是什么呢？
>
> 我们从其他高度发展的文化中汲取养料来丰富自己的经验，而又不能直接从中借取，那么，每逢涉及这一问题时，我们首先就应该探寻这两者之间是否有一种共同语言，找出我们自己的艺术当中哪种特殊领域同这种文化最为接近。例如，我们同日本歌舞伎交往时，就出现过这一问题。那种日本戏剧曾以一种完全独创的方式影响了我们的有声电影的

① 梅兰芳：《我的电影生活》，中国电影出版社1962年版，第47～48页。

美学。①

从京剧中汲取的经验，甚至会是更为广阔、更为深邃的。在它自身的领域里，那就是臻于完美的境地，就是构成任何一种艺术作品核心的那些要素的总和——艺术的形象化刻画。形象化刻画这个问题是我们新美学中的一个主要问题。我们在加紧学习从心理方面展现我们的人物性格，可是一涉及形象化刻画，我们就还很短缺。现在我们正接触到中国文化当中一个令人感兴趣的方面——戏剧。中国的艺术不拘泥于具体写实，而强调形象化刻画。这种强调正是我们的艺术仍然依据的那种异常的意象的对立面。

这两种截然相反的处理方式是否互不相容呢？一点也不是。它们只是那些特征在发展中所出现的两个极端，一旦两者融合为一种和谐的统一体，便会展现现实主义的最高阶段。而且中国文化传统所具有的那种极端，在它那些纯形象化刻画方面，在它那些变化多端的和程式规范的象征方面，都对我们很有启发性。

父亲访苏演出结束后，曾请戏剧家聂米洛维奇－丹钦科主持召开了一次苏联文艺界座谈会，以听取他们对京剧的看法和批评。许多文学家、戏剧家和音乐家在会上相继发了言。爱森斯坦再次谈出他的感想：

起初我听说东方的戏剧都是一样的，我曾经看过日本的歌舞伎，现在又看了中国的京剧，才明白两者之不同，犹如罗马之与希腊，美国初年之与欧西。在京剧里喜怒哀乐虽然都有一定的程式，但非呆滞的，俄罗斯戏剧里的所有优点，在京剧里面差不多都有了。我看京剧确有许多特点，为什么在中国的电影中没有汲取呢？苏联的电影将采用京剧的方

---

① 指日本歌舞伎1928年访苏，影响了爱森斯坦的蒙太奇手法。他写过一篇论述日本演员演技的文章，认为歌舞伎符合他的“一元化集体”理论，就是说剧中的音响、动作和空间等因素并非只是相互配合，而是都作为同样重要的因素在起作用。

式来丰富表演。我希望梅先生回国之后，能够培养出许多新的人才，使这种优美的中国戏剧能够继续发展下去。

接着，他对我父亲作了如下的评价：

梅先生不仅是表演艺术家，也是一位学者，他正从事研究如何发展古代舞台艺术综合性的特点，这种特点就是绘声绘色地完成动作、音乐和古装的结合。但梅先生不是复古主义者，他还以新的内容来充实传统形式，在新编的剧目题材中涉及了社会问题。金格林先生曾指明此点，他从梅先生所编的大量剧本中，指出某剧涉及妇女社会地位低贱问题，某剧向落后宗教迷信与成见作斗争，而且善于运用传统形式和历史故事来比喻现代问题，使中国古典戏剧具有特殊的生气。另外，艺术家往往只适宜扮演某种角色，梅先生却能扮演各种类型的人物，惟妙惟肖。从金格林先生的论述中，可以看出梅先生是密切注视和研究古代和现代各个时期的历史背景、风俗习惯，具有丰富的生活经验和敏锐的观察力，以精练的艺术刻画出许多典型的女性形象，活跃于中国和国际舞台上。

爱森斯坦最后语重心长地说："传统的中国京剧必须保存和发展，因为它是中国戏剧艺术的基础，我们必须研究和分析，将它的规律系统地加以整理，这是学者和戏剧界的宝贵事业。"①

父亲认为爱氏这一席诚恳的谈话对京剧的看法和评价是公允而精确的，给他留下了深刻的印象。

"最伟大的造型大师"

爱森斯坦一向不是一位只重视表面现象写实的艺术家，他不断地追求表象

① 梅兰芳：《我的电影生活》，中国电影出版社 1962 年版，第 48～49 页。

背后的内在真实和理念关系，所以他重视艺术的类型化手段，明晰地从现实表象抽取典型性。他的蒙太奇美学观点，是主张把电影中的各个片段要以稍许夸张而突出的形态来表达，让观众在心理上产生震惊的效果，但是在这种夸张而突出的表达形式背后却存在着一定的现实内容，蕴含着高度的哲理。法国电影学者让·米特里（Jean Mitry）曾这样解释爱森斯坦的蒙太奇："对他来说，蒙太奇运用两种形象之间的关系以产生某种使人震惊的效果（当然同情节的激动人心的情理相协调），目的是在使观众首先意识到一个单一的概念，接着再意识到一个复杂的概念，借此可以使作品达到它那种激起情感的或辩证的高潮气氛。"① 爱氏后来又把他这种"感性蒙太奇"（Montage of Attraction）发展到"理性蒙太奇"（Intellectual Montage），旨在使观众达到理性认识，例如《十月》那部影片里有一组镜头描绘克伦斯基的地位高升是以他踩着一成不变的单调步伐登上冬宫的台阶来表现的，借此讽喻他是个无能和无足轻重的人物。

京剧常以夸张的方式体现人物的思想感情和动作而又不失其真；父亲扮演女性也决不是单纯模仿一般妇女的形态，而是从女性特征中抽出精髓，加以再创造，使之富有女性的典型特征。此外，京剧又不是把生活原封不动地搬上舞台，而是把生活加以提炼、集中、典型化之后，艺术地再现于舞台，正如布莱希特所说，"这种创作已被提到理性的高度"。因此，京剧艺术无疑有些地方颇与爱森斯坦的美学观点相符，从而引起他极大的兴趣。他尤其对京剧丰富多彩而美不胜收的艺术形式赞赏不已。

中苏两位艺术家在莫斯科分手时，爱森斯坦赠给我父亲一本他的美学论著。那是他1931年在英国电影刊物《特写镜头》（Close Up）第八卷第3期上发表的一篇题为《电影造型的原则》（*The Principle of Film Form*）的论文，写于他在拍摄《墨西哥万岁》那一时期。当时他正在专心研究解决电影画面的结构问题，追求完美的造型结构。他在给出版社的信上说明他相信这篇论文是他对电影艺术所做的思考最严肃而基本的阐述。文中还附有《墨西哥万岁》那部电影

---

① ［法］让·米特里：《爱森斯坦》，巴黎，1955年。

中的特写镜头照片多幅，画面结构新颖而匀称，诗意盎然。罗马尼亚电影学者杨·巴尔纳曾把美国著名导演格里菲思同爱森斯坦在运用特写镜头上作了比较，认为前者用它只是为了强调人物或物体的细节，后者则通过它来表达一种概念，赋予一种象征意义。“格里菲思只是在叙述故事，而爱森斯坦则是在构成一首诗。”①

爱森斯坦在他所赠的著作扉页上写道：

谨将我论述造型这一问题的文章

赠给最伟大的造型大师梅兰芳博士

谢·米·爱森斯坦

1935 年于莫斯科

父亲在 50 年代末回忆他同爱森斯坦等朋友这段友好合作的往事时，曾说：“我们相聚的日子，只不过短短的一个多月，而我们的友谊和我对他们的怀念，却是深厚绵长，永恒无穷的。”他生前还曾将爱森斯坦那本著作交给我，嘱我有空把它译出来。只因我对电影美学知识浅陋，一直未敢动笔。十年浩劫时，我把它藏在箱底，幸未被抄走，得以保存下来。梅兰芳纪念馆成立之后，这件珍贵的文物将会展现在观众面前；它无疑象征着中苏两位艺术大师纯真的友谊。爱森斯坦亲自署名赠与的著作，我想，国内恐怕也就仅此一本吧。

今年是爱森斯坦诞生 85 周年、逝世 35 周年，我阅读了杨·巴尔纳的《爱森斯坦传》，发现其中有两处提到父亲和爱森斯坦合拍电影的往事，这促使我提笔写成此文，以怀念两位终生为革新艺术而孜孜不倦奋斗的长辈。

1983 年 11 月 3 日

---

① 杨·巴尔纳：《爱森斯坦传》，美国印第安纳大学出版社 1973 年版，第 74 页。（此书罗马尼亚原文版于 1966 年在布加勒斯特出版。）

梅兰芳和布莱希特

自从1979年中国青年艺术剧院在北京上演了黄佐临同志导演的《伽利略传》之后，人们对当代德国戏剧家布莱希特产生了浓厚的兴趣。人民文学出版社出版了他的《布莱希特戏剧选》，不少学者在研究他的戏剧理论和他对世界戏剧发展的影响。国际上自70年代初也出现了一片“布莱希特热”，国际性的布莱希特学术讨论会经常在各地召开。

但是，中国古典京剧以及我父亲对布莱希特的影响似乎论述得不多。记得1978年冬，我在广州参加一次外国文学工作会议时，有一位专攻德国文学的朋友向我打听道：“令尊新中国成立前当真去过苏联？”我一时感到诧异，问他为何对此产生怀疑。他便给我讲了这样一件事：那年北京某大学聘请了一位德国戏剧专家来讲学，他在一次讲堂上谈到布莱希特30年代曾在苏联看过梅兰芳的京剧，甚表折服，并从中汲取了不少养料运用到他后来的剧作中去。下课后就有些同学议论纷纷，认为这位专家大概是在胡扯，梅兰芳新中国成立前怎么可能去过苏联呢，又怎么会影响布莱希特呢？

其实这也不能怪年轻同学提出这样的疑问。“四人帮”把祖国优秀的传统戏曲禁锢了十几年，新一代青年对京剧确实产生了一种陌生感，对我父亲为了使京剧跻入世界戏剧之林而毕生所做的努力自然也就相应缺乏了解了。

佐临同志1981年8月12日在《人民日报》上发表了一篇题为《梅兰芳、

斯坦尼斯拉夫斯基和布莱希特的戏剧观比较》的论文，全面论证了我国传统戏曲的八大外在和内在的特征，把它提升到理论高度，指出在运用戏剧手段方面，京剧艺术高超之处并不逊于任何西方戏剧。这篇卓越的比较研究的论文无疑有助于人们，尤其是青年朋友，对祖国传统戏曲的实质加深理解，同时也会使我们为祖国拥有这样一份宝贵的文化遗产而感到自豪。

那是在1935年，父亲应苏联对外文化协会盛情邀请，把京剧艺术介绍给苏联人民，到莫斯科和列宁格勒演出了15场。当时，布莱希特受希特勒的迫害，正在苏联政治避难，他观看演出之后，对京剧确实着了迷，就在次年写了一篇《论中国戏曲与间离效果》的论文。佐临同志说，布氏在那篇文章里“狂赞梅兰芳和我国戏曲艺术，兴奋地指出他多年来所朦胧追求而尚未达到的，在梅兰芳却已经发展到极高的艺术境界。可以说，梅先生的精湛表演深深影响了布莱希特戏剧观的形成，至少起了画龙点睛的作用”。

布莱希特素来主张破除舞台上的真实生活幻觉，要求演员、角色、观众相互之间保持一定的距离而万不可合而为一。他不赞成演员或观众过于受感情的支配，以致不能理智地思考，不能冷静而科学地认识剧中的生活现实，从而也就不能改造生活，改造现实。他一直在寻求一种理智和感情相结合的辩证的戏剧，因此他一看到我父亲表演的京剧不是把生活原封不动地搬上舞台，而是把生活加以提炼、集中、典型化之后，艺术地再现于舞台，就十分钦佩地赞扬道：

> 这种演技比较健康，（依我们的看法）它和人这个有理智的动物更为相称。它要求演员具有更高的修养，更丰富的生活知识，更敏锐的对社会价值的理解力。当然这里仍然要求创造性的工作，但它的质量比迷信幻觉的技巧要提高许多，因为它的创作已被提到理性的高度。

早在40多年前，布莱希特就一语道破了我国传统戏曲的主要特征和精神实质，真可说是独具慧眼。

布氏对《打渔杀家》这出戏尤其惊叹不已。他认为，京剧手段比运用状似真船真水的大块布景道具的西洋戏剧手段，要高明得多，也灵活巧妙得多。他描绘道：

> 一个年轻女子，渔夫的女儿，在舞台上站立着划动一艘想象中的小船。为了操纵它，她只用一柄长不过膝的木桨。水流湍急时，她极为艰难地保持身体的平衡。接着小船进入一个小湾，她便比较平稳地划着。就是这样的划船，这一情景却仿佛是许多民谣所吟咏过的、众所周知的事。这个女子的每一动作都宛如一幅画那样令人熟悉；河流的每一转弯处都是一处已知的险境；连下一次的转弯处也在临近前就让观众觉察到了。观众的这种感觉完全是通过演员的表演而产生的；看来正是演员使这种情景叫人难以忘怀。

值得注意的是，我想，布莱希特特别赞赏《打渔杀家》，恐怕还因为这出戏具有反抗暴虐势力而奋起斗争的积极意义吧。当时，希特勒攫取了政权，布莱希特被迫离开了祖国，过着颠沛流离的日子，但他一直积极参加反法西斯的斗争，创作了大量反法西斯的诗歌、剧本和小说。1937 年，他以西班牙内战为背景而写的独幕话剧《卡拉尔大娘的枪》，有可能受到《打渔杀家》这出戏的启发。《打渔杀家》又名《庆顶珠》或《讨渔税》，是根据《水浒后传》中李俊事迹改编而成的，情节为“阮小二易名萧恩，与女桂英打鱼为生，遇梁山故友李俊与倪荣来访，同饮舟中。土豪丁自燮遣家奴催讨渔税，李、倪斥之。家奴回报，丁又遣大教师至萧家勒索，被萧恩痛殴而逃。萧至县衙首告，反被赃官吕子秋杖责，且逼萧恩过江至丁府赔礼。萧恩忍无可忍，携女黑夜过江，假献庆顶珠为名，闯入丁府，杀死其全家”。《卡拉尔大娘的枪》描写一个渔家善良的妇女，因为丈夫已在反佛朗哥斗争中牺牲，而希望保住自己两个儿子的生命，便企图超脱政治，采取中立的态度，但是她的儿子后来在打鱼时也平白无故地遭佛朗哥匪军枪杀，这才迫使她醒悟，丢掉幻想，拿起武器，奋勇投入反法西斯斗争的行列。两剧的主人公同样是遭受恶势力残酷迫害的渔家。

莫斯科和列宁格勒两地的艺术家俱乐部，当时还曾邀请我父亲作一次有关中国戏曲的学术报告，他便去讲了一个多小时，当场示范表演了各种手势、步法和歌唱。前去听讲的大都是各剧院的著名剧作家、导演和演员，他们听完之后感到受益匪浅，誉他为“大师中的大师”。布莱希特在一篇文章中也提到了这件事，并说：

> 除了一两个喜剧演员之外，西方有哪一位演员，比得上梅兰芳，穿着日常服装，在一间挤满了专家和评论家的普通客厅里，不用化装，不用灯光，当众示范表演自己舞台艺术的各种要素而能如此引人入胜呢？

50年代末，我曾问父亲记不记得布莱希特，有没有同他在苏联合影。他想了想说，倒是记得同另一位德国剧作家艾尔文·皮斯卡托有过交往；苏联电影导演爱森斯坦在为他拍摄《虹霓关》片段时，皮斯卡托也在场观看，三人曾合影留念。皮斯卡托是20年代为创立具有高度政治倾向的无产阶级戏剧而进行“时代戏剧”实验的创始人，他的实验曾给予布莱希特很大启发，成为后者所创立的“史诗剧”的一个主要推动力，显见皮斯卡托是布莱希特的前辈，当时在声望上要比后者高。

但是，我总希望能找到父亲当年在苏联访问时的一些照片，也许在一些聚会中会有布莱希特在场，从而可以帮助解除本文开始提到的那些同学的疑问。最近在翻阅旧《良友》杂志时，我欣喜地发现了戈宝权先生1935年在苏联拍摄的一些照片，其中有多幅真实地记录了我父亲访苏时的情景，尤其珍贵的是也包括他那次作学术报告时的场面。您看，前几排坐的都是苏联文艺界的著名人士，布莱希特不是坐在后面一排中间，正在聚精会神地听梅兰芳演讲吗？

1983年8月18日改定

梅兰芳与新加坡一段缘

“梅先生到过新加坡吗？”

这是《中国京剧史》主编胡冬生同志前几年向我提出的一个问题。冬生兄是我的学长，当年我们在燕京大学求学时，他读历史系，我读西语系。他让我考证一下。我想他大概是要把这事确定后写入《京剧史》（修订本）吧。

在我的记忆中，父亲1935年访苏演出后，跟余上沅教授于该年7月赴欧洲考察戏剧，后从英国经埃及、印度回国。那一次他是否有可能路过新加坡呢？由于父亲生前未曾提过此事，我一时不敢贸然答复冬生兄。

不过，这个问题一直萦回在我脑际，使我总想解开这个谜。

去年夏天，我访问美国，常到图书馆去翻阅书刊，浏览海外有关京剧和我父亲的文章。一日居然从新加坡的《联合晚报》1987年10月28日那份的“大特写”版面上发现一篇署名张生的文章，题为《锣鼓喧天不开台——戏剧大师梅兰芳与新加坡一段缘》，并附有父亲在新加坡跟接待他的人员合影的两张照片。这真叫我惊喜万分。

文章前有大字标出的这样一段话：“被誉为‘中国伶界大王’和‘京剧第一名旦’的梅兰芳，虽然已辞世26载，他的表演才华，至今仍为中外人士所津津乐道。梅兰芳曾三度赴日本演出，日本文艺界称赞他的表演艺术为‘梅舞’；美国当局还颁赠‘文艺博士’的荣衔给他……或许很多人并不知道，梅兰芳曾经到过我国，他还表示有意来狮岛演出，可惜，这个愿望最终并无实现。那已经是一甲子以前的事了……”

正文开首写道：“梅兰芳博士生平的最大宏愿，便是到新加坡演出，他不是想来南洋淘金，而是为新加坡的京戏广结戏缘。1924 年（应为 1935 年——梅注），梅兰芳由苏联归国，转道欧洲路经新加坡，曾同当地的侨领、娱乐界同人等，考察演出剧场结构和舞台设施，并游览各处名胜。那是63 年前的事了，能够知道的人于今已寥寥无几。”

继而提起已故漫画家马骏 1956 年发表在《夜行报》上一篇题为《梅兰芳在星洲》的文章，曾对梅氏一行人行踪有过详尽的报道，并摘引了其中一段：

忆起 32 年前（1924）（应为 1935 年——梅注），中国之宝——梅兰芳，初次出国，由苏联经欧洲回国时，路经新加坡，曾在本坡参观剧场，漫游市区之往事。……梅兰芳回国时，在厦门之黄伯权先生，致电本坡王丙丁先生，信中言及梅氏将路经星洲，嘱请友好招待之。梅氏抵达印度时，又致一电予本坡雷江岩，请他于意邮船“康脱罗索”号抵新时上船接待。

不数日，本坡侨领李光前等十余人登轮迎迓。这位中国伶界大王、京剧第一名旦梅兰芳（时年 30 岁）（应为 42 岁——梅注），及其秘书余上沅在众人陪同下登岸畅游，各侨领设筵款待，并邀同游植物园，参观南国特产胡姬花等。

当年陪同梅氏考察剧场和游览名胜者，有侨领李光前、王丙丁、中华民国驻新总领事刁作谦、中华总商会会长林庆年、新加坡银行经理周莲生、广东省银行经理王盛治、前快乐世界经理雷江岩、大经纪股份丘继显等人。

据当时考察后的意见，维多利亚纪念堂是英国古典型小剧场，建筑结构颇能符合京戏演出条件，其缺点是座位太少，容纳观众不多，舞台的调度与深度，演京戏还不大理想。

当时新建的天演舞台，旧称庆升平，大华戏院现址，舞台够阔，惟后台太浅，也不是京戏演出的好场所。比较适宜京戏演出的，他认为还是首都戏院，其建筑结构，颇适合演传统戏要求，舞台前后，够阔够深。

关于票价问题，大家经过一番讨论后，暂定一元、三元、五元三种。

照60多年前新加坡的币值来说，上面所定的票价，不能算是大众化，但也不算是贵族化，喜爱京戏的人，他们还是有能力付得起的。

据笔者所知，梅氏60年前在上海演出，票价是一元、三元、四元、六元、八元、十元六种，一场告满，大约可收两万多元，按照他们那次在新加坡所拟的票价，一元、三元、五元三种，每日一场告满，充其量也不过三千五百元之数。

梅氏许下宏愿要来新加坡演出，当时未有后论，原因是什么，时隔数十年已无人知道。不过梅氏离开这里之前，临别他曾留言云："以后如有机会，我一定要来新加坡表演，赚钱亏本是小事，我要让南洋侨胞真正欣赏到华族戏曲艺术的传统特点，为新加坡的京戏发展带来更繁荣的灿烂前途！

在这段引文之后，张生先生补充道："1937年中日战争爆发后，梅氏与新加坡方面，双方曾有过接触。那时候，梅氏举家避难香港，消息传来，新加坡南侨筹赈会主席陈嘉庚老先生致函港友人康镜坡先生，托其前往与梅氏接洽率梅剧团南来新加坡义演，既可为国难略尽绵力，又可偿还当年许下的心愿，公私两便。但问题是梅剧团班底40多人，此时均散居在上海（应包括北京——梅注），由于调集有很大困难，故无法成行。当新加坡中华总商会于1956年组织工商访问团赴中国考察，据说团员之中，曾有人旧事重提，准备于抵达北京之后，再与梅兰芳接洽南来演出之事，相信梅氏为了了却30年前之心愿，或能乐意促成此行。然而工商访问团赴中国考察商业期间，也正是梅氏率领中国京剧团受聘日本之时，所以与梅氏接洽南来之事，竟又落空。5年后，梅兰芳逝世的噩耗由北京传出，新加坡方面，闻者在哀悼之余，莫不深感惋惜！”

接下来该文详细介绍了我父亲的生平事迹和访日、访美、访苏演出的盛况，最后结尾道：

梅兰芳博士逝世至今已有26载了，他身后遗下的剧目甚为丰富，艺术价值很高；他的表演艺术，给人的影响太大了。

想当年，日本文艺界称誉梅兰芳的表演艺术为“梅舞”，美国的“梅热”疯狂地为他的表演艺术所折服，竟一厢情愿地赠送了“文艺博士”的荣衔给他，说他离开了舞台，他的生命将失去意义！

他的《贵妃醉酒》，在今日的日本和美国，仍盘旋在大量“梅迷”的脑际间犹未消失；尤其在美国各地的京戏票房，除了华族票友扮演的“杨贵妃”之外，还有不少高鼻深眼粉墨登台演唱的“洋贵妃”，而且是英语唱出的，不管是用中州韵白，或用英语韵白唱的，他们都唱得很动听，很受人欢迎。

也许有人会这么想，假如梅兰芳当年许下到新加坡演出的心愿，真能实现，那么我国的京戏发展前途，必然也会发射出灿烂奇异的光彩！这里唯一的京戏票房——平社，今日至少也会出现一些“印度贵妃”或“马来贵妃”吧？

俗话说无独有偶或无巧不成书。葆玖弟近日转给我南京中国第二历史档案馆编辑的刊物《民国档案》2001年第4期，内有该馆纪清彬同志编选的《梅兰芳访苏档案史料》一文，收了当年来往的92封电文。我翻阅时又发现了一条重要信息，其中有一条是驻新加坡领事馆1935年4月13日致驻苏大使电，全文如下：

新嘉坡殷商陈嘉庚拟请梅兰芳博士回国过新时留演十日，筹助其创办厦门大学经费，陈君除供全膳宿外，应酬国币若干，乞商梅君电复。

刁作廉

十三日[①]

发电人刁作廉的“廉”字似应为“谦”，恐系误排。由此我估计父亲当年在莫斯科演出时听到这个消息，便萌生了访欧回国时新加坡一行的念头吧。

上述的张生先生的文章和刁作谦先生那封电文两相印证，我现在可以满有把握地告知冬生兄，老爷子确实到过新加坡，时为1935年，现有文有相片为证，没错儿！

顺便在这里再补充几句。

尽管我父亲生前没能到新加坡演出，他的弟子胡芝风女士倒是在1994年应新加坡天韵京剧社聘请为艺术顾问，前去协助该社为纪念先父百周年诞辰暨该社成立两周年的双庆演出。8月13日和14日，该社演出了两场，剧目有《空城计》、《大登殿》、《奇双会》、《将相和》、《凤还巢》、《贵妃醉酒》、《廉锦枫》、《生死恨》、《霸王别姬》等剧，胡芝风女士参演了《霸王别姬》和《贩马记·写状》。参与演出者有毛威、侯深湖、陈韵、戴镜湖、侯勤等业余京剧爱好者。在这之前，4月16日，胡芝风女士还同旅居新加坡数十年并获1993年新加坡文化奖的老艺人潘月红女士合演了一折《坐宫》。

此外，1999年先父诞生105周年纪念时，泰州市曾邀请新加坡平社京剧艺术团一行17人于10月18日至24日到泰州祝贺演出。据闻平社已成立60余年，以弘扬华族文化，服务社会为己任，持之以恒地学习、传播京剧艺术，在历任社长的关怀支持下，他们排演过近30台大戏和百余出折子戏，涌现出严忠胜、黄淑华、党立萍、王亚平、谢丽玫、彭业华等一批业余京剧人才，在丰富民众文化生活、推广华语、辅助公益事业、促进中新文化交流等方面曾发挥过积极作用。他们在泰州演出了《霸王别姬》、《李慧娘》、《姚期》、《楼台会》、

① 《民国档案》2001年第4期，第20页。

《长亭送别》、《游龙戏凤》等剧，受到泰州观众的热烈欢迎。新加坡客人还饶有兴味地参观了泰州新区、引江河工程、古光孝律寺和梅兰芳纪念馆。现任平社社长陈木辉先生说："梅兰芳故乡城市美丽，人民好客，艺术氛围浓厚，到处充满了青春活力和勃勃生机。梅大师故乡之行是我们新加坡平社发展史上的又一个里程碑。"陈先生还为泰州梅兰芳纪念馆题写了八个大字："梅兰并妍，中新留芳"。

看来我父亲与新加坡这段缘会由后辈不断延续下去，京剧艺术这朵芬芳之花会在两国持久盛开！

2002 年 11 月

“梅学”在国外

宗江兄近日赠我一本他的大作《剧人集》，内有一篇题为《梅图·梅传·梅学》的文章，开首写道：

包容一千多幅珍贵图片的《梅兰芳》画传①出版，是中国京剧史、艺术史上的一件大事。

有幸参加首发式。梅绍武提到我在美国讲学谈“梅学”。事情是这样的：二十年前我在圣地亚哥加里弗尼亚大学开了一学年三学期的课，讲授中国戏曲、中国戏剧及中国电影。

我在戏曲课将近结业时，着重地讲了梅兰芳表演体系，放映了梅先生的《霸王别姬》以及葆玖的《挂帅》等录像，并与斯坦尼、布莱希特，即佐临师首先提出的二十世纪世界三大表演体系，作了比较学的论述。我在黑板上写下了英语Meiology，汉译为“梅学”。课后，我的洋学生说，教授此字，英语词典中尚无，但将来要有的。我也相信会有的。

近日，有些同志认为提“梅学”，集于一人，似仍欠妥。我想世界

① 指《一代宗师梅兰芳》大型画传，北京出版社1997年版。

上各种大成就，称主义、称思想、称方法、称体系，既都是时代的、集体的结晶，也多是个人的、集中的、大师的结晶。称“梅学”是有其代表性的，形象鲜明，思想深刻。在“梅学”上可以大做文章，宏观地可上溯宋元戏曲，下达梅门众弟子，有如散花来自天女；微观地可及一招一式，乃至精微的指法。

展阅画传，梅的数十种指法，赫然在目。不能不想到苏联剧艺大师梅耶荷德当年在莫斯科观看了梅兰芳的表演后，出语惊人曰：“看到了梅的表演、梅的手势，感到苏联演员的手都可以砍去。”此语固夸张，却是极有艺术见地，参透了“梅学”的。

我是少年时候在齐如山等创办的国剧学会，在北京绒线胡同的展览室里见到梅的指法图数十幅，过目难忘，深受其艺术之道的感染与点拨。数十载多年难觅，惧其已失传于世，今日又得见其重见天日，欣慰何可言说！仅从微至手指的表现艺术也足见梅学的深广了。[①]

前几年，宗江兄还曾赠我他当年在美讲学时的两张照片，背后分别诙谐地写着“梅家弟兄一笑，羊毛创洋字，海外传梅学”和“Meiology（梅学）及I-dealism（写意主义）二字均为当世英文字典所无，唯诸洋生首肯，认为来日必有也”。

宗江兄把“梅学”的含义讲得十分透彻。这不禁使我联想到先父1930年访美演出时，两位著名的戏剧评论家斯达克·杨（Stark Young）和贾斯廷·布鲁克斯·阿特金森（J. B. Atkinson）分别发表过《梅兰芳》和《艺术大使梅兰芳》两篇文章，对京剧和先父的表演艺术作过颇有真知灼见的评论，现在看来，堪称国外早期的“梅学”。

前年我访美时，宗江兄的女儿、美国哥伦比亚大学社会学博士阮丹青小姐从她任教的加州大学给我找到了该校一位叫米丽莎·简·理查逊的大学生1974

---

① 黄宗江：《剧人集》，上海人民出版社1999年版，第21～22页。

年的硕士论文，题目是《梅兰芳两出名剧研究》（*A Study of Two Famous Operas Performed by Larafang Mei*）。我发现该论文不仅对先父的生平和京剧音乐的发展作了阐述和研究，而且把《霸王别姬》和《贵妃醉酒》两剧全部译成英文，并结合历史背景作了探讨，似可称作国外学术上的“梅学”了。

据我所知，近年来我国也有两位留学生以研究梅兰芳的表演艺术为论文题目，分别在法、德两国两所大学荣获博士学位，一位是傅秋敏女士，另一位是俞唯洁先生。

先说傅秋敏女士。她原在上海艺术研究所理论研究室工作，20 世纪 90 年代赴巴黎第三大学攻读博士学位，论文题目是《梅兰芳戏剧艺术研究》（*L'Art Theatralde Lanfang Mei*），1996 年通过答辩获得学位。前几年她担任了中国比较文学会旅法分会理事会会长，在该会刊物《对流》（*Confluent*）总第 3 期（1998）上发表了她的博士论文“绪论”和“结论”两部分（法文），并用中文写了她那部论文的提要，兹录如下：

> 梅兰芳（1894—1961）是举世闻名的京剧表演艺术大师，他在五十七年的舞台和银幕生涯中，创造了一百多个优美的女性形象，形成了独具风格的艺术流派——梅派。他不仅演戏，也参与导演和编剧工作。自 1919 年起，梅兰芳多次出国演出，为东西方戏剧的交流作出了杰出的贡献，而被国际剧坛视为中国戏剧的代表人物。
>
> 早在七十年代，著名戏剧家黄佐临提出了一个被普遍认同的概念：“梅兰芳戏剧体系”。这种提法引发了一些耐人寻味的思考：这个体系是否真正存在？如是，作为“体系”，它的精髓，它的具体性、理论性和科学性又体现于何处？它与中国传统戏曲、文化、艺术、哲学有无继承发展关系？它与西方戏剧又有何双向影响？……虽然半个多世纪以来，涉及梅兰芳的文字可谓浩如烟海，却从未对上述问题予以全面系统的回答。这部论文（1996 年答辩），正是以此为起点，进行了深入的探索研究。

早在1995年，傅女士还曾在《对流》刊物总第2期上发表过一篇《梅兰芳与导演艺术》（法文）的文章，也写了个中文提要，这里一并录下：

> 本文为《梅兰芳戏剧艺术研究》论文中第二章的摘要。研究梅兰芳体系，导演艺术也是其中不容忽视的重要组成部分。故论文这一章对此进行专题研究。该章共60页，分两大部分：第一部分从理论和实践两个方面重点考察了导演的称谓、概念、职能等与中国古典戏曲及西方戏剧的关系；第二部分分析研究了梅兰芳与齐如山的合作关系、他们导演工作内容及导演特点；然后在此基础上进一步探讨了梅兰芳导演艺术与中国古典戏剧的关系及异同。具体的分析比较是在对梅兰芳和中国传统戏曲的导演工作各自进行系统化的归类后展开的，论文采用了两个示意图来表示归类的结果。
>
> 在戏剧研究领域，梅兰芳导演艺术研究是个新课题，本文算是抛砖引玉吧。

值得注意的是，傅女士的博导、巴黎第三大学戏剧研究系乔治·巴纽教授（Geroges Banu）也是一位学识渊博的“梅学”专家，曾在法国《美学杂志》（*Revue de l’Esthètique*）1983年第5期上发表过一篇意义深邃的研究论文，题为《梅兰芳——西方舞台的诉讼案和理想国》（*Lanfang Mei*：*Procès et Utopiè de la Scène Occidentale*），全文约18000字。巴纽教授认为梅兰芳1935年那次访苏演出是一次重要事件，由于众多西方戏剧大师看到了京剧艺术，西方从中国戏剧获得了认知，梅兰芳在西方成了一个象征性形象，“梅兰芳是西方演员梦想的一种表演方法的有形证据。戏剧可以通过有形的身体来表现无形，西方导演们敏感地意识到了这一点。中国演员使一种理想国的精神结晶化。”巴纽教授接着指出：“西方演员抛弃身体的资源，把表演方法仅局限于表情，其实面部表情也是多样化的。布莱希特认为，西方的表演只有‘一堆杂乱无章的模仿，这些商品被包装起来，为了在黑暗的大厅里卖给那些被陷于混乱的观众。’这是对该时代概括性的观察。

与此相反，东方演员则从整个身体展开他的艺术。他从童年开始，就进行了形体训练。梅耶荷德也指出了西方演员身体表演的局限性。批评西方演员表演资源的局限性，实际上是人们对当时西方占主导地位的美学提出诉讼。”

这位法国教授还断定当时的西方戏剧大师是借梅兰芳访苏演出的机会，以谈论中国演员艺术为契机展开了一场对现实主义的大辩论，并且对当时独占美学领域的“社会主义现实主义”进行了婉转曲折的反驳。巴纽教授指出：“布莱希特在有关现实主义的辩论中，首先强调了中国舞台上并不像人们所认为的那样，真实性消灭了。梅兰芳所用的符号是在被改编的形式下回归真实，回归到强调它思索的个性选择。梅兰芳和京剧使戏剧成为美的表演，戏曲舞台通过这种美的本身拒绝与现实混为一体，但它又像一面放大了习惯视觉的、不全部背离具体性的放大镜。在中国，美不使人失去理智，它远离所有与真实的相似性，因此它不停地使人们意识到它是戏剧性的。”在谈到两位苏联戏剧大师时，巴纽教授认为梅耶荷德指出把京剧艺术列为形式主义是个可怕的错误，其实是要利用中国艺术来拐弯抹角地谈论他自己的权益，以反对当时把所有要求运用自身特有语言的艺术实践统统贴上形式主义标签的那种错误倾向。而爱森斯坦则“更激进地依赖梅兰芳……通过梅兰芳的演出，爱森斯坦不仅了解了连续性程式的运用，而且认识到戏曲程式符号的运用，其含义就像象形文字，经常是复数的。由此，爱森斯坦强调戏剧这门艺术和戏剧动作要向多重性含义发展，并在演出过程中逐渐表现出这种多重性”。

感谢傅秋敏女士已把她的导师这篇具有独到见解的论文摘译了部分要点，刊载在《对流》1994 年创刊号上，现把它附录在本书后面，以飨有识之士。

再谈谈俞唯洁先生。他 1980 年毕业于上海师范学院英文系，后在上海戏剧学院取得硕士学位，1997 年在德国拜罗伊特大学（Universitzt Bayreuth）获哲学博士学位。德国的作曲家瓦格纳曾在拜罗伊特市建造一座专门上演歌剧的剧场，至今它仍用于每年夏天瓦格纳作品的节庆会演。俞先生的博士论文题目是《梅兰芳对京剧的革新》（*Lanfang Mei's Innovation in Beijing Opera*），他在前言中说由于梅兰芳的京剧表演在世界上引起了反响，其论文着重于两个问题：

（1）梅兰芳几次出国演出为何并怎样给国外观众和一些西方主要戏剧专家留下了深刻印象，以及达到了何等程度？（2）什么是梅兰芳京剧艺术表演的戏剧形态和美学本质，论文中还阐述并探讨了京剧的传统历史和梅兰芳的生平及历史背景。俞博士现任职于德国鲁尔剧院。

从傅、俞两位的论文提要和前言可以看出他们俩显然比前面提到的那位美国硕士生研究得更加透彻，两部论文可说是更有深度而名副其实的“梅学”。我们期望这两位学者能早日把他们的论文译成中文跟读者见面。

此外，日本田登志子女士曾在《日本演剧学会纪要》1986 年第 34 期发表过《梅兰芳 1919、1924 年来日公演的报告》，后由来华进修深造的细井尚子女士，在北大吴小如教授的指导下，把它译成中文发表于我国《戏曲艺术》1989 年第 1 ~4 期。与此同时，东京桐明学园大学图书馆的伊藤绰彦先生也写了一篇同样的论文。这两篇资料详尽的研究报告似也可归属于“梅学”。

另有一位瑞典的拉尔斯·克莱贝尔格先生，20 世纪 70 年代在苏联攻读戏剧博士学位，后在斯德哥尔摩大学教授戏剧，还曾担任过瑞典驻俄罗斯大使馆文化参赞。这位先生也对“梅学”深感兴趣，曾从一些欧洲戏剧大师的文章和书信中得知苏联对外文化协会 1935 年举办过一次纪念梅兰芳旅行演出的座谈会，但他多年来一直没找到那份座谈会记录，便根据自己掌握的那些文章书信等历史资料整理了一份题为《仙子的学生们》的记录，我当时误以为那是一份真实记录，遂译成中文，刊载于 1988 年《中华戏曲》第 7 辑上。后来克莱贝尔格先生终于在苏联国家十月革命档案馆里找到了那次座谈会的原始记录，并把它整理后发表于俄罗斯的《电影艺术》1992 年第 1 期上，中国艺术研究院李小蒸先生已把它译成中文刊登在《中华戏曲》1993 年第 14 辑上。我从克莱贝尔格先生的序文中才知他原先发表的《仙子的学生们》原来是他以话剧形式整理的一份臆想记录。

在这份真实的发言记录中，聂米罗维奇 – 丹钦科赞扬京剧“以一种完美的，在精确性和鲜明性方面无与伦比的形式体现了自己民族的艺术……我从未想到过，舞台艺术可以运用这样杰出的技巧，可以把深刻的含义和精练的表现结合在一起。”特烈杰亚柯夫认为京剧文学水平很高，甚至从题材方面来说也很接近莎士比亚。梅耶荷德不仅赞叹梅兰芳的手，还特别称赞他演出的节奏结构的巨大力量。音乐家格涅欧觉得京剧的音乐太美了，完全没必要按照欧洲乐队的方式重组以使它适合欧洲的体系。泰伊洛夫认为京剧“是一种从人民古老文化中发展起来的戏剧，是不断慎重细心地完善着自己体系的戏剧，是一个走向综合性的戏剧，而这种综合性戏剧具有极不寻常的有机性。当舞台上梅兰芳博士的手势转化为舞蹈，舞蹈转化为言语，言语转化为吟唱，我们就看到了这个戏剧的有机性的特点。在梅兰芳的戏剧中，最有趣的是，那些我们称之为程式化的表现因素，只不过是为了有机而完整地、恰当地体现整个演出的内在结构的必不可少的形式罢了。我觉得，对于我们来说，这是最本质的东西”。爱森斯坦则把京剧比作鼎盛时期的希腊艺术，具有杰出的勃勃生气和有机性，使它与其他戏剧那种机械化的、数学式的成分迥然不同；他赞赏京剧使用莎士比亚时代演出时常用的假定性方法，表现夜间的场面而舞台并不暗下来，演员却可以充分把夜晚的感觉传达出来，“我们在梅兰芳的戏剧中也看到这一点，《虹霓关》中的一场戏表现得特别鲜明，黑暗的表现很突出……梅兰芳博士给我们的最重要的启示之一，就是这种形式和性格的令人惊异的掌握。”他发觉京剧令人惊异地善于发挥艺术领域的一切因素，对有声电影是特别重要、特别有迫切意义的，并说：“人类的戏剧文化，完全可以保留这个戏剧现有的极其完美的形式，而不会影响自己的进步。”他希望梅兰芳把他所积累的完美的经验继续发展下去。

从苏联艺术家的这些发言中，我们还可以领会到法国巴纽教授所说的现象：他们也是在为各自的艺术观点进行辩护，且时有观点上的碰撞。不管怎么说，这些发言也可列入国外早期的“梅学”。现把这份真实的座谈记录也附录在本书后面，供研究者今后摘引时以此为准。

以上所述的只是我迄今所掌握的一些国外“梅学”的情况，继续搜索想必还会有所发现。宗江兄创造的“Meiology”这个词汇将来也许真会出现在英语词典中，也未可知。

2002 年 12 月

附录

梅馨远流樱花国

——1924年日本《演剧新潮》杂志社邀请著名戏剧家为梅兰芳举行座谈会（速记稿）

金凤吉　译

梅绍武按语：

1990年，我随中国戏剧代表团访问日本，在参观东京桐朋学园大学时，该校图书馆伊藤绰彦先生赠送给我一批他多年费心收集的有关先父梅兰芳三次访日时报刊上报道的资料印本，其中包括1924年日本《演剧新潮》杂志社邀请先父参加的一次座谈会的发言记录，参加者大都是当时日本戏剧界和剧评界的名流。在座谈会上，中日戏剧家对中日戏剧作了有趣的比较，并谈及化妆、脸谱、布景、剧场等各方面的问题，可以说是一份相当难得的珍贵史料。今请北京图书馆金凤吉同志译成中文，并请《新文化史料》杂志发表，以飨读者。伊藤绰彦先生是一位酷爱京剧的日本学者，最近又发表了一篇题为《梅兰芳1919年和1929年来日公演的报告》的论文，内容十分详尽，也是一份十分珍贵的史料，将来有机会也会译出发表，谨在此向伊藤绰彦先生致以诚挚的谢意！

参加者：梅兰芳、沈恒、波多野乾一、山本久三郎、久米秀治、宇野四郎、芥川龙之介、伊原青青园、中村古藏、长田秀雄、久米正雄、久保田万太郎、山本有三、菊池宽、能岛武文。

山本有三：今晚您在百忙中，为我们《演剧新潮》特别腾出时间出席这个会，在此表示深切的谢意。5 年前，梅兰芳先生来日时，我们几乎每天晚上都去帝国剧院，为那优美的唱腔和典雅的演技而如痴如醉。而且每当想起当时的情景，就想一定要再一次欣赏您的艺术，这次先生来日，使我们能够如愿以偿，感到无比喜悦。其实，还在您来日之前，由于我们过于渴望见到您的艺术，我们这些同人就商量着，等您来了之后要好好聚一聚，无拘无束地聊一个晚上。今晚我们有幸如愿以偿，先生腾出了演出前的宝贵时间来出席这个聚会，真不知怎样感谢才好。请允许我代表《演剧新潮》的同人表示由衷的感谢。因为不久就要上台演出，客套话就免了，请随便，一边用餐一边漫谈。

（梅兰芳先生起立，沈恒先生做翻译）

梅兰芳：请允许我说两句。今晚承蒙邀请，不胜荣幸。前一次是 1919 年访问贵国的，有机会在诸位面前演出了拙剧，我感到非常高兴，当时得到了诸位的大力支持，在此表示深切的谢意。这次又得到诸位的一如既往的大力支持，我感到由衷的喜悦。刚才的致词，使我感到受之有愧。请先生们今后也多关照。（鼓掌）

久米（正）：您到了日本之后，看了什么日本戏？

梅：由松竹招待，看了本乡座《十月兴行》。当时看到了中村歌右卫门。以后看了《劝进帐》。以后还看了帝国影院的戏。

久米（正）：上一次您来日本，还看了一些舞蹈吗？

梅：上次来的时候，看到了藤间先生的舞蹈。藤间先生还健在吗？

久米（正）：是藤间静枝氏吗？是女士吗？

梅：是，先生。

久米（正）：那么就是勘翁的舞蹈。

山本（有）：您还想看日本的舞蹈吗？

梅：日本的舞蹈是另一种舞蹈，与中国舞蹈有相似之处，从我的专业考虑，很想再看。

伊原：您看过日本的“能”吗？

梅：我还没有看过日本的“能”。不过，听说二日由福地信世先生的夫人招待，要看梅若的“能”。

山本（久）：看来梅先生现在不大用餐，是从剧场回来之后再吃吗？

沈恒：听说现在吃多了就不能跳舞了。

久米（秀）：昨天我看了《奇双会》，同在中国演的一样吗？还是多少有些省略？

沈：在中国演出是一个长戏，因为时间有限，所以作一些处理。

久米（秀）：那里有很强烈的场面，也和在中国演出时一样吗？还是作了一些处理比较含蓄了？

沈：原来就那样。

久米（秀）：完全是原封不动的吗？

沈：是的。本来中国的戏就是强烈的，不过那出戏是特别强烈的戏。

久米（秀）：另外，还有很多人问我，丑角的鼻子上涂上白色的，那是什么意思？

梅：在中国，根据脸确定演员的职能。红脸表示是忠义之士，白脸是奸臣。鼻子上涂白色的是表示滑稽。

关于脸谱，波多野先生很熟悉。

久米（秀）：那就是说，一看了脸，就知道是好人还是坏人。

波多野：是那样的。是固定的。

山本（久）：那么说，日本也有类似的情况。红脸是坏人，白脸是好人。

久米（秀）：在中国是红脸是好人，白脸是坏人吗？和日本正相反呢。

沈：可以看一看曹操的脸谱。

能岛：那种脸谱，我有一套许多张，他们的颜色和脸谱都是固定的。

久米（正）：扮妆的涂料也和日本的不一样吗？

波多野：前些时候，左团次来看了之后说，涂料是一样的。我不懂那些，但据说没有什么很特别的。

久米（正）：涂成通红的面孔的是胭脂吗？

沈：是朱砂。是做印泥的。

久米（正）：那就很不一样了。

沈：像关羽那种通红的面孔，只涂胭脂一种。那种涂料叫作胭脂膏。

波多野：这次梅君所使用的都是日本涂料。据说是产于大阪一带的“都之花白粉”。

久米（正）：那不是含铅之物吗？不过据说敷着情况最佳。

沈：据梅先生讲，那种白粉非常好涂，所以只好用它。

能岛：在关西，从很早以前就有优质的。

山本（久）：日本的演员不是使用御园白粉吗？

沈：听说日本的御园白粉是无铅的。

波多野：本来说要是使用御园白粉，总店会赠送的，但是梅君认为反正是要赠送的话，就想要都之花白粉。（笑声）

山本（有）：不会中铅毒吗？

沈：在中国没有铅毒之说。中国的演员还不知道这一点。因此，对它也不加以研究。

梅：我自己原来不知道有铅毒，但是都之花白粉的铅毒很厉害的话，我就不用它了。

久米（正）：大概也没有那么厉害。

宇野：那可能是因在中国要吸收大量脂肪成分。

山本（有）：实际上多摄取脂肪成分听说就能增加弹性。旦脚多吃猪肉，听说吃猪肉很有好处。

芥川：这是个新发现。

沈：可能是由于那种原因，在中国没听说过什么铅毒。

山本（有）：我想您上次来日时已经见过面的、帝国剧院的叫作宗之助的旦脚，在大约半年前因为铅毒而去世了。日本的旦脚，很多人因铅毒而死掉了。

梅：我试用过御园白粉，可是，不好用。

久米（秀）：现在的日本演员使用的是“钝色白粉”。

久米（正）：您是从什么时候使用“都之花”的？是从上次来日本时开始的吗？

梅：七八年前开始用的。

山本（久）：在中国好像多用粉色，对吗？

沈：在北京，许多妇女擦胭脂。在中国，大体上是北方擦胭脂，南方涂白粉。这叫南朝金粉、北地胭脂，南方人不大涂红，北方人是要涂红的。

梅：在戏剧方面，我认为每个地方都有一种习惯。在贵国饰旦脚的人把白粉涂得厚厚的，在中国，旦脚不多擦胭脂，舞台就没有起色。我想这是个习惯吧。不过，北方人以前涂胭脂很浓，但是现在有渐渐变淡的倾向。

山本（有）：为什么要变淡呢？

梅：是革命后变淡的。这是因为南方的风俗传到了北方，现在是取南北方的中庸，稍微变淡了一些。

山本（久）：怎么样，梅先生，在日本能吃上很味美的中国菜肴，很开心吧？（笑声）

久米（正）：在日本，能在帝国剧场这样地方演出感到很高兴吧！（笑声）

梅：在日本能吃上这么好的中国菜，感到非常高兴。（笑声）再有就是，五年前见过的朋友，都健在，能再次在此相见，这是我感到非常高兴的第二点。

（一时以中国菜肴为话题的谈话充满宴席）

久米（正）：芥川君，你在中国看了什么戏？看了梅先生的戏吗？

芥川：波多野先生请我看的，看了梅先生的《五毒传》。还有五月节……秦朝赵高把姑娘怎么怎么的了的戏。

沈：那是《宇宙锋》。

山本（有）：梅先生不演像《西厢记》一类的元曲吗？

沈：在《西厢记》中有指责少女的场面……

波多野：梅君是扮演红娘的。

山本（有）：比起那些旧戏，梅先生是不是对新戏更为拿手？

波多野：梅君的特点是，自己创作演出，演自己编的戏是他的特长。

芥川：梅先生，您认为中国的旦脚演员中，哪些人演得好？

梅：我自己有两名旦脚弟子。程砚秋和徐碧云。我自己说他们演得好，感到难为情，但是我要说老实话，就觉得他们二人演得好。另外，还有一个叫尚小云的我觉得他也好。

芥川：可是他们并不漂亮。还有叫绿牡丹的吧。

梅：他们有他们的长处，但是在表演方法上有不同之处。

沈：芥川先生，在北京看了什么戏？

芥川：波多野先生每天晚上都领着我到处走，搞不清在哪儿看了什么戏。

波多野：芥川君，你觉得哪个最好？

芥川：还是梅先生的戏。（笑声）

山本（久）：这可不是奉承吧。

芥川：另外，程砚秋长得非常漂亮。

梅：不过，我觉得他个子稍微高了一点。而且嗓音不大好。我想在演练过程中会渐渐好起来的，但是现在还不大好。

山本（久）：沈先生，我又要谈菜肴了。请你不要说恭维话，上这些中国菜，在中国恐怕也算可以的了吧？

沈：不坏。

（然后谈了许多关于中国菜的话）

久米（正）：菊池君，你已经看了这次梅先生的舞蹈吗？

菊池：还没有看呢。原本想今天要去看的。

山本（有）：波多野先生，戏曲的“戏”字，有两种写法，“戲”和“戲”，哪一种写法是对的？

波多野：是呀……

山本：这个戏字，在《演剧新潮》里每月不知要出现多少次。因此，在出创刊号时，经过各种议论，结果统一为现在的这个“戲”字。但是一查《辞林》或盐谷先生的《支那文学概论讲话》，那里是“戲”。今关先生的《支那戏曲》里用的是“戲”字。所以我们正感迷惑不解呢。既然是演剧的杂志，像这种字应该搞准确才好。

宇野：我读过上海发行的戏剧杂志，他们用的是“戲”字。

沈：我认为，这个字右偏旁是戈字，但这个戈不是真刀，是假的，所以它的左偏旁应当是“虚”字。

山本（有）：是吗？

沈：我想“戲”是对的。要是“戱”的，发不出“XI”的音。

（第二天，沈氏与李君相见又谈起了这件事，当时认为“戲”是对的。山本追记）

中村：梅先生，有自己的戏院吗？

梅：我想以后建。

中村：没有单独的官立或国立剧场吗？

梅：没有。在北京有许多旧式的剧场，也有像帝国剧院那样的新剧场。

沈：梅先生大都在新剧场演出。新剧场，又新又干净。听梅先生说，进新剧场，心情好。总之，梅先生头脑很新。

久米（正）：这次使用的帝国剧院的舞台装置是效法中国的舞台建筑建造的，据说是仿照贵国的舞台，建得和贵国的舞台样式一样，是这样的吗？

沈：那是中国旧式剧场的样式，同现在的新形式就不同了。新形式并不是那个样子。新形式剧场没有那种柱子，旧式才有柱子。

宇野：总之，那是为了衬托出中国情趣才造成那个样子。还因为担任顾问的福地信世先生主张中国的旧式舞台，认为不使用布景为好……梅先生的所谓古装歌舞剧，大概都使用布景。这次却没有坚持一定使用布景。那是……

梅：有一出戏叫《洛神》。我原本想演那出戏来着，但是上演《洛神》必须有布景。因为这次不能使用布景，所以无法演那出戏。

山本（久）：因为梅先生主张进步，钻研新事物，所以上次来日时上演了像《天女散花》一类崭新的剧目，还使用了全套的新布景。可是一般认为，虽然从中国来了这种人物，可却没让他们看到纯粹的中国剧。帝国剧院花了钱办了件大蠢事。花钱办蠢事是最愚蠢的。但是，这次我们考虑到要演真正的中国戏，就决定避免使用布景，剧目也避免新剧目，而演出旧剧目。换句话说，这次（的剧目）是鉴于对上次的批评所决定的。我对戏剧一点不懂，所以主要是同福地信世等先生商量，听取了中国剧场方面的意见之后决定的。梅先生也不是来这次之后，以后就不再来，今后还想请梅先生来第二次、第三次，所以想尽可能广泛听取各方面的意见，把事情办好。

久米（正）：上次来的时候，是有过那种批评。当时从中国带来了类似带花的厚幕，把它挂在后边。可是当演《天女散花》时，刚巧有前面一场演出时用过的熊谷的扭打场面的布景，于是原封不动地使用了那个海的布景。所以有人提出与其使用那个布景，倒不如使用梅先生从中国带来的带花厚幕。我还记着那件事。

宇野：所以使用了熊谷的那个布景，是梅先生看到之后说想使用它才用的。并不是勉强使用那个古董的。

中村：看来这次带来的是非常浓艳的。在中国也是那样浓艳的吗？

宇野：还有比那更浓艳的垂幕。

沈：梅先生所持有的是很漂亮的。那是不需要布景的戏所使用的。

中村：那是不是专为在日本使用而带来的，在中国使用的不是很简单吗？

久米（正）：这次的不是很好吗？上次拿来的也挺好……

久米（秀）：那种经常改变场面的戏，要是使用布景怎么办呢？

沈：那就要更换场景，要有幕间休息。

山本（久）：每次都要幕间休息吗？

沈：是的。

山本（有）：幕是不落下吧！

沈：要落幕的。

波多野：不是从上往下落幕，而是从两边拉幕。

沈：有时拉上幕之后，在幕间由狂言的滑稽演员出台说一些闲话。

波多野：这次带来的舞台幕布和服装放在一起，我想会不会弄乱了。

久米（正）：我倒不那么认为。我想是充分考虑到了服装和舞台幕布的调配。像是要混在一起却没有混在一起。

山本（久）： 一种挂在后面的舞台幕布，或者叫作布景的垂幕，在中国也是可以借用的。据说主要是借用。听说下级演员的服装也是借用的。可是，像梅先生这样的人是自备的。但在日本，像梅先生这样的一流演员也没有自己的服装。

伊原： 日本的古代演员也是自备的。

山本（久）： 是那样的。梅幸和歌右卫门他们就是有自己的。

久米（秀）： 还是那样为好。要是演员自备的话，就可以避免胡乱花钱买高级的，很经济。

山本（有）： 那样做好是好，不过要是那样一来，会不会大家为了只突出自己而失去统一？只要能保持统一平衡，那倒是很经济的好办法。

波多野： 在中国，出色的演员都有自己的服装。不过，像这次这样要演许多剧目的时候，由梅先生付租金租来使用。要是借来了不中意的服装，那就由梅先生自己设法使用。

山本（久）： 在这种情况下，完全应该由梅先生自己统一。

山本（有）： 从一定意义上讲，梅先生把戏看作是梅先生的戏，这样梅先生就成了像是舞台监督似的。

山本（有）： 另外没有舞台监督吗？

梅： 在中国，分为前台和后台。……就是前方的舞台和后方的舞台……有类似后台监督的人。所谓后台是指从乐池起到舞台后面。

山本（有）： 那也由梅先生负责吗？

梅： 那项工作由一个姓李的人负责，他也要演戏。

久米（正）： 那是管理人员。

梅： 另外还有管理人员。

能岛： 那么说就是舞台监督。在日本就是幕内主任。另外，梅先生排练新剧目，需要多长时间？

梅： 大概需要二十天到一个月。

山本（有）：那可不简单。

波多野：在中国，很少有新剧目。梅君一年也只创作三出左右。

梅：那也是因为要设计唱腔。必须很好地研究琴师、鼓师和唱腔是否统一。

山本（久）：梅先生自己设计舞蹈吗？在日本，有舞蹈设计师，由他们向演员教授。梅先生是自己亲自钻研舞蹈吗？

梅：是自己钻研。同时要听取朋友和其他人的意见，加以研究。

山本（久）：我们外行人不懂，可是确实有些非常漂亮的舞姿。那样舞姿，在日本是由舞蹈设计师编排出来的。当然也有的演员是自己下功夫编排出来的，不过，大部分是别人设计的。而梅先生是自己研究编排吗？

梅：是，是自己研究编排。或者同朋友商量，听取他们的意见，这样做怎么样，那种舞姿如何，就是这样编舞的。在北京，一般都由年长者，具有长时间舞台经验的演员，负责舞蹈设计。

久米（正）：梅先生自己觉得最得意的演技……最得意的剧目是什么？不是别人的评价，而是自己觉得最满意的角色。

梅：自己觉得好……还没有自己满意的戏。自己演的戏都觉得很难看。

久米（正）：可是，在排演过程中，总会有两三出觉得比较开心的。

山本（久）：也就是说拿手的戏。就像团十郎的拿手戏是《劝进帐》。

中村：就像市川家传的新旧各十八出拿手戏。

梅：自己演出觉得开心的，旧戏是《玉堂春》，自己演这出戏觉得很有意思。另外还有《黛玉葬花》……

山本（久）：这是我很想看的，这次在帝国剧院上演。

梅：新的脚本，我喜欢《洛神》。《洛神》是反映曹操的第三个儿子曹子建的理想的。

久米（正）：《黛玉葬花》这出戏，我上次看过，当时我就觉得那是梅先生的得意戏。不过，那出戏很近似于日本戏。情感很淡……淡彩……很抒情。说抒情也许不妥，非常接近日本人的心情……与其说接近日本人的心情，倒不如说更接近我们的情感。我们本以为贵国的戏剧更追求强烈的刺激……

梅：那是一出非常悲切的戏，我自己喜欢演悲剧，所以我最高兴演那出戏。

沈：在北京也是一上演《黛玉葬花》，就受到一些文人们的赞美。

宇野：那是梅先生最拿手的戏，要是梅先生上演三天得意的戏，就必定会有《黛玉葬花》。

波多野：最受欢迎的是《霸王别姬》，项羽离别虞姬的戏，还有《洛神》。这两出戏是梅先生最受观众欢迎的戏。

久米（正）：这次为什么不演出《洛神》？

波多野：《洛神》是必须有布景的戏，因为解决不了布景，所以没能演出。那布景上要出现一块大岩石，在那上面，要有十二三名仙女翩翩起舞……

山本（有）：那种布景是什么人制作的？

波多野：梅君的支持者们创建了缀玉轩社。在缀玉轩里有各种各样的人，他们又是写脚本，又是思考布景，还要筹划资金。

沈：梅先生一搜集到古董等物，就要在上面写上缀玉轩藏。梅兰芳是艺名，名字是澜。

久米（秀）：在舞蹈当中，题材有没有取之现代的？或者材料全是古代的吗？

梅：题材也有取自现代报纸的，也有取自小说的。但这些全是新派的做法，旧派几乎全部取历史题材。

山本（有）：在新剧里也采用一些唱段吗？

梅：是的。有唱段，边表演边唱。

山本（久）：在日本近来出了一些好的脚本，要是能把它翻译一下，由梅君试演一下会怎么样呢。在座的人中也有好几位写脚本的权威。要是梅君演的话，我可以把脚本要来送给您。

梅：那就太好了！我自己很早以前就希望把日本的脚本翻译过来演出。

久米（秀）：要是梅先生想演出的话，我想会有很多人非常高兴地赠送。怎么样？

梅：请赠送。

久米（秀）：很好！

沈：太好了！梅先生也很高兴。他说要把它译成中文，作为中国戏演出。

山本（久）：这次要出版的《现代戏曲全集》里，诸位的戏剧大概全都被收录进去了吧？

久米（正）：虽然净是些粗俗的戏……

山本（久）：咱们把《现代戏曲全集》送给梅先生吧。这是我在这里刚想到的。沈先生，要把它赠送给你们。在座的菊池先生的、久米先生的、山本先生的、长田先生的作品全都收在里面。有一年半就能出版了。要把它送给梅先生作纪念。然后请你们找人翻译一下。从中选一下上演，怎么样？

梅：非常感谢。

山本（有）：梅先生，您没有演过法国的或俄国的那些外国戏剧吗？

沈：没有。上海有演出那种戏的剧团。上海是新剧的发源地，那里有新派剧。

中村：那是一些学生出身的人所搞的吧！

沈：是学生出身的人搞的，他们也是职业作家、小说家。原来在日本的帝大文科上过学的人，回国后创建了剧团，还上演了题为《不如归》的日本戏。那个人就是新剧的鼻祖。

山本（有）：新剧在中国很受欢迎吗？

沈：在上海很受欢迎。总的来说，北京人是以听为主，而上海不大喜欢听唱。新派戏比起听，更适合于看。但是要演日本戏的话，反倒在中国更容易看。上一次，左团次君访华的时候，梅先生欢迎左团次君一起演戏，可是后来发生了战争，左团次君很快回到了日本，梅先生也感到非常遗憾。

山本（有）：长田君，请梅先生看一下市村座怎么样？我真想请梅先生看一下第六代的舞蹈。

长田：梅先生，假如明天您有时间的话，我想请您去市村座看一下菊五郎的舞蹈，怎么样？这是典型的日本舞蹈。

沈：明天似乎没有时间……

长田：明天是闭幕演出，是最后一天……

山本（久）：应该看一看，会很有益处的。

梅：我自己也非常想看，可是明天有约会……

山本（有）：我们原本打算请您看市村座，可是据说别人要邀请，我们想重复也没意思，就没请。

沈：那位先生只是讲过要请，可是以后一直没有确切的消息，没看成，很可惜。

久米（秀）：作为舞蹈来说，《鹭娘》比《劝进帐》更具代表性。

山本（有）：特别是请梅先生观看《鹭娘》就好了。

梅：从我这方面看，日本戏剧净是台词，有没有演员一边唱一边表演的戏？

长田：是演员本人唱吗？

梅：是的。

长田：那就是“能”了。虽然有舞蹈词，但是没有唱的。

久米（正）：您看了《劝进帐》，觉得怎么样？

梅：我觉得非常好。

山本（久）：沈先生，我告诉你，那个演员叫菊五郎，舞蹈很好，是一流的。能不能设法去看一看呢，我认为看了，一定会有参考价值的。

波多野：歌是长歌吧？

山本（有）：是长歌和常盘津节。

山本（久）：总之，他要演三出。那是可以说明的。请谁只把剧情给翻译一下。梅先生，与其请您吃好的，不如请您看戏吧。

久米（正）：怎么翻译《鹭娘》？

山本（久）：要是直译的话，恐怕不明白吧。

长田：要只看《鹭娘》的话，30分钟就够了。

山本（有）：与《雪月花》一起，同时连续上演三出。我认为分三个台阶的道具很值得参考。

沈：《劝进帐》也是长歌吗？

山本（有）：是。虽然都是长戏，《劝进帐》却是不用台词的。

宇野：还有，那里有脱去外袋的场面，我真想请你们看看，并不是在背地里脱，而是在现场脱掉外衣，再换上。

沈：那么，就设法安排20分钟或者30分钟……

长田：那就事先安排一下座位。六点半前后去，幕间休息时可以会见一下菊五郎。

久米（秀）：现在的日本妇女的化妆，你们看了，觉得怎么样？

梅：我认为普通妇女的化妆和用的白粉正合适，可是，演戏的化妆过于浓了。

梅兰芳在日本留影

长田：日本戏剧的女演员化妆很白，据说那么白，在中国就和死人面孔一样，是这样的吗？

梅：我没有那种感觉。只是觉得过于浓了一点。

（引起杂谈）

山本（有）：梅先生，您看了《劝进帐》，觉得有意思吗？

梅：看起来还是很有意思。（笑声）

山本（有）：但是，听台词就为难了吧？

沈：看《劝进帐》时，我也一起去了，向梅先生作了一点说明。

久米（正）：哪些地方有意思？

沈：那个戏同中国有的戏有相似之处。同中国剧《黄金台》……梅先生在看《劝进帐》时就说非常像《黄金台》。

山本（有）：剧情是怎样的？

波多野：有一个叫田单的人，在齐国的太子被追时，扶助太子逃走。逃走时遇到了关口，这里和《劝进帐》的情况稍微不同，田单他们是使用贿赂通过了关口，这一点有些不同。不过和《劝进帐》似乎相似。

山本（有）：《劝进帐》没准儿是它的翻版呢，说不定它们有过某种关系。

沈：梅先生曾说羽左卫门先生非常出色。

山本（有）：在本乡座，除了《劝进帐》，还看过什么？

沈：看了歌右卫门的《山科闲居》。

山本（有）：那个戏剧情复杂，不好懂吧？

沈：我们是从半截开始看的，所以不太明白。《劝进帐》，我以前看过。

梅：戏里使用的铠甲和头盔，要花很多钱吗？

山本（久）：铠甲需要花三千至四千元。简直贵得可怕！

长田：这次使用的蒙古铠甲也需要那么多钱吗？

山本（久）：不！那个不那么贵。

沈：梅先生看了日本的铠甲很感兴趣。他说，哪怕是模型也好，也要买回去。在什么地方出售那些东西？

能岛：本石町的十轩店里有。那是端午节所使用的武士偶人。

久米（秀）：不，已经没有了。因为节日已经过去了，即使有，也不会从库房里给你拿出来。我那里曾需要过，那是武士偶人，好像那个是从京都给寄来的。

梅：我还想看日本的脸谱，在日本有标准脸谱吗？

久米（正）：求求伊原先生看怎么样。他是日本旧戏的权威。求求他看看。

梅：请多关照。

伊原：关于脸谱，还有书呢。不过只有旧书店里才有。

梅：我带来了脸谱的样品。都是手画的。我收集了从明朝以来的脸谱。我对脸谱很感兴趣。

山本（有）：不是说在中国，脸谱是父子相传，或者是怎么也不外传的吗？

沈：是的。梅先生收集的是从宫中获得的。从宫中是怎么传出来的，不清楚，梅先生是花钱买的。上面分别写着，什么戏用什么脸谱，什么戏用哪种脸谱。

伊原：在日本的书中，也有描写中国戏脸谱的。一看那种书，就知道，中国的幽灵好像是白色麻脸。

波多野：现在是采用蒙白布的方法。颜色涂成青白色的。

伊原：然后再点上白点。

梅：有那样的。

山本（久）：这样看梅先生，是个很出色的人。可是上次来时，我觉得脸涂得过于红，心想要画得再白一点就好了，不理解为什么不画得白一些。于是我问了别人，听他们说，在中国，涂白了是死人。……还听说正面女性必须是红脸。这次见到梅先生，也许是因为看惯了，觉得不那么红，非常漂亮。

沈：这次，红颜色稍微淡了一点。

伊原：像龙和虎的脸谱，仍然像是受中国的启发而画出来的。

沈：梅先生对脸谱和服装非常感兴趣。我们带来了许多脸谱，如果诸位有时间的话，请去饭店看一看。

山本（有）：除此之外还对什么感兴趣？比方说娱乐游戏什么的。

梅：那些事情不大做。还喜欢养鸟和养花。

沈：他这个人是睡得晚起得晚的人。

山本（有）：日本的演员也一样。

山本（久）：这次是一次很有意义很有益处的聚会。

山本（有）：好像演出的时间快到了。今晚你们在百忙中能出席这个聚会，表示由衷的感谢！

▲ 日本大正十三年十月二十七日于新潮社楼上，佃速记所员速记。

▲ 原载日本大正十三年十二月号《演剧新潮》。标题为《新文化史料》编辑部所加。

梅兰芳曾留过胡子

［日］尾崎宏次　著
［日］菅谷音　　译

在《贵妃醉酒》、《洛神》、《白蛇传》等剧目中扮演美丽女主角的杰出中国京剧男演员梅兰芳，曾经留过胡子。那是在什么时期？为了什么呢？

1992 年 7 月，我和 5 个朋友一同访问了北京。为纪念北京人民艺术剧院成立 40 周年，于是之和夏淳两位先生特地来函邀请我去参加北京人民艺术剧院成立 40 周年纪念的国际学术研讨会。

在这次访问期间，我曾有个愿望，就是一定要再观赏一次由最佳演员演出的《茶馆》和《推销员之死》。不过也许大家不知道，除此之外，我还有另一个更加强烈的愿望，那就是我心头有一个隐藏了近半个世纪的疑问——我想了解梅兰芳留小胡子一事。得到留胡子的详情细节是我这次访问中的最大目的。

我听说梅兰芳留胡子一事还是在半个世纪前，可我没有丝毫有关这个传说的资料根据，只凭自己的记忆来写恐怕有些不负责任。不过还是让我说明一下我是怎样得知此事的吧。第一次听说梅兰芳留胡子是在 1938 年。那年是中日战争（1937）的第二个年头，也是我进入工作岗位不久的日子。当时我在《东京都报》文化部工作。从中国前线归来的特派员的一次报告会上，我得知了这一消息。报社内部那时经常举行这类内部报告，把一些无法刊登而又是事实的前线消息传达给各部记者，其中有一条就是有关梅兰芳的消息。报告是这样说的：

“日本驻上海派遣军司令官松井石根大将想看梅兰芳的舞台表演并派人去找，可是扮演旦脚的梅兰芳因留胡子的缘故而拒绝登台。”

也许我的记忆不完善。不过对当时从海外传来的抗日消息大家都是十分敏感的。我对这个报告的印象极为深刻，一直把它隐藏在内心里。

战后，访问中国的机会渐渐增多。我有意识地从《舞台生活四十年》和其他刊物中寻找有关记载。但是梅兰芳留胡子的照片一直未能亲眼见到。还是到了1988年或1989年，有位叫伊藤巴子的朋友寄来一本《梅兰芳》摄影集给我。这是一本记录了梅兰芳从幼年直到逝世为止的相片集。其中以“蓄须明志”为题的那部分登载着三张他蓄着唇髭的照片，都是1942年在上海拍的。唇髭长得像用细毛笔画的似的，很像美国电影明星考尔曼的唇髭，呈现出我半个世纪前所无法想象的绅士风度。这位名旦的唇髭显然是抗议战争的鲜明标志。

前驻日苏联大使费德林是一位汉学家。他曾写过一本题为《新中国的艺术家》的著作（日文版，木村浩译）。在书中那篇《梅兰芳和舞台生活》的文章里，费德林写了有关梅兰芳留胡子一事：

“1939年，我被派遣到中国去工作。……我一边看着中国地图，一边在联想梅兰芳现在究竟在哪里？他会出现在我将要赴任的重庆吗？或是还生存在敌军占领下的某一城市？不久我便得知，梅兰芳没在重庆。

“我听朋友说，梅兰芳因为日军进攻猛烈而未能从北京脱身出来。

“当时，重庆还没陷入枪林弹雨之中。有许多奇迹般逃到重庆的中国艺术界人士都在传说梅兰芳从北京消逝这一小道消息。梅兰芳到底在哪里？连各报也众说纷纭。有的报纸甚至说梅兰芳早已离开人世。我也曾亲眼在报纸上看到过有关追悼梅兰芳的文章。当然不久大家就明白了这些消息纯属误传，因为梅兰芳身居上海的消息很快就如春风一般吹到了每个人耳中。据传说，当时已过45岁的梅兰芳以体力不佳而不能再登台演戏为借口，早已退出了舞台。我还有一位朋友在上海偶然碰到过蓄着唇髭的梅兰芳，说连认都认不得了。这是可以理解的。谁又能想象得到一位名旦蓄着唇髭呢?！这也是唯一能证明梅兰芳勇敢退出舞台的最可靠的根据吧。……日本占领军从中国被一扫而出，上海光复后不到两天，便又传来梅兰芳不但生存在沪滨，而且这位富有极大创造力的梅兰芳目前正准备在抗日战争胜利后首次公演这一振奋人心的消息。

“我到上海的第二天便在市内繁华街道和广场上见到梅兰芳公演的广告。据说广告尚未贴完，戏票就早已一抢而空。我费了很大力气才搞到一张，有幸观赏了梅兰芳战后的首次舞台表演。”

费德林是以一名外交官和学者身份从1939—1952年在中国工作的。1956年，他又以驻日大使身份来到日本，亲眼观赏到日本侵华后梅兰芳在东京的舞台演出，他会是抱着什么样的心情呢？我觉得从我摘引的文字里读者是会有所感受的。

我那茫无头绪的记忆大概是从1937或1938年开始的。正当我幻想梅兰芳是否变成了一个满脸胡子、接近老年的男子时，费德林也从上海的朋友那里听到了同样的传说。多么令人不可思议啊！等我在《梅兰芳》摄影集里亲眼看到蓄着唇髭的梅兰芳时，我却不禁大吃一惊。他的容貌并非不佳，甚至还很潇洒哩。

我和梅绍武先生重逢是在1992年7月13日上午9时。交谈是在北京人民艺术剧院里进行的。我们之间通过翻译整整谈了两个半小时。畅谈父亲形象时，绍武先生始终保持着温柔笑脸。就我来说，我实在想知道梅氏演员世家第三代的梅兰芳在中日战争中留胡子拒不登台的详情。我并不是只想写下这段有趣的小故事，留胡子一事绝不那么简单。这里包含着一位伟大艺术家的思想境界，我们应当理解到这一点才对。绍武先生给我讲了梅兰芳留胡子的经过：

“父亲生于1894年，1994年将是他诞辰百周年。我家祖籍在离扬州很近的泰州市。从家谱上看，曾祖梅巧玲的名气很大，西太后也看过他的戏。父亲对祖代也有过寻根的调查，1957年曾经发现他的祖代是世代相传雕刻佛像的手艺人。梅巧玲虽然是个演员，但在1850年太平天国战乱时也曾流离失所。父亲的爱国之举也许出自梅家那种血缘吧。

“父亲第一次去日本公演是在他25岁时，也就是1919年。他获得了极大成功。1923年日本关东大地震，他听说东京受灾甚大，当即在北京举行了大规模的义演，并把一万元收入悉数捐赠给日本。当时在北京买一所四合院只需两百元就够了。日本为了答谢父亲的义举，1924年再次邀请他去东京帝国剧场举行第二次访日演出。

“1931 年东三省事变，1937 年“七七”事变。到了 8 月，中日两军在上海也投入了交战。这时父亲便作出了直到战争结束为止决不再登台演出这一坚强意志的决定。

“我那时还在上小学。一天晚上，父亲把我们全都召集在一起说：‘爸爸以后不再演戏啦。’我们听后都很诧异。果然不出几天，父亲就留起小胡子出现在我们面前了。到抗战胜利那一天为止，父亲就这样一直没刮掉小胡子。不过，一不演戏，家里的经济就出现了危机。父亲除了要照顾我们一家人，还要维持剧团 30 多人的生活。他不得不把当时北京的住宅卖掉。起初观众对父亲退出舞台颇有惊奇之感，后来才慢慢理解了他的抗战思想，并把父亲不登台一事作为抗战的一种动力。我听说那位流亡到重庆的著名漫画家丰子恺先生，曾在战争结束前，始终把我父亲留胡子的相片贴在他住家的墙上，作为对自己的激励。

“1940 年 3 月，汪精卫和日本政府妥协后成立了伪国民政府。那是抗战最激烈的年头。1942 年，汪伪政权为了讨好日本政府就决定派梅剧团去赴日公演。父亲接到了汪伪政府发出的强行赴日的命令，连启程的日期也强行定下了。父亲毫无办法，只好连续打了三次伤寒预防针使自己发高烧近四十度，昏睡不醒。汪伪政府产生了怀疑，并派医生前来查诊，但看到父亲的病况也就只好回去了。在祖国被侵略的那段时期，父亲就是这样一次次地不跟他们妥协。我对当时的细节记得很清楚。

“漫长的战争结束了。在战争结束那一天，父亲又把我们聚集到一块儿。他刚刚从广播里听到抗战胜利的消息，只见他迈着轻快的步伐走进我们的房间，手里拿着一把扇子遮住他的嘴。我们谁都不知道怎么回事。可父亲却用明亮的嗓音对我们说，今天我要给你们表演个小节目，说罢便把那只拿着扇子的手一抖。啊，小胡子不见了，几个小孩拍着手叫起来。父亲给我们表演的这个节目像是在告诉我们和平又回到了身边。他虽然留了那么久胡子，却用如此干净利落的举动一瞬间就恢复了他本来的面貌。那天我们一家人的欢乐情景真是难以用言语来形容……”

绍武先生的话仍在继续。有关梅兰芳留胡子一事我还需补充几句。据说梅兰芳逃亡香港后看了卓别林的《大独裁者》。看后他非常激动，后受友人之托致电卓别林，要求卓氏把那部电影的香港首映权给予利舞台，并着重提到自己以前曾在该剧院演出过。卓别林爽快地答应了梅兰芳的要求。据绍武先生说，梅兰芳也许是因为看了《大独裁者》才想起自己也留起小胡子吧。但是，《大独裁者》是1940年拍制的。要是这样的话，也许是我的记忆不准确。但前述的费德林赴任中国也是在1939年。所以，留胡子的时期是否有些不确切。① 我觉得应该是梅兰芳先留了小胡子，后来看了卓别林的《大独裁者》，才决定战争不结束绝不再把它刮掉。当然，这也可能是翻译的误译或我的手记有误。

附注：

1. 新潮社：1904年由佐藤义亮创办的出版社，主要出版文艺书刊，其前身新声社创办于1899年。先后出版过田山花袋等自然主义派的文艺书籍《近代名著文库》、《新潮文库》、《世界文学全集》等。此外还出版了《新潮》、《演剧新潮》、《小说新潮》、《艺术新潮》和《周刊新潮》等刊物。

2. 《演剧新潮》：日本的戏剧杂志。第一次（1914—1915）出了18册，由新潮社发行；第二次（1916—1927）也出了18册，由文艺春秋社发行。第一次为同人刊物，主编先后由山本有三和久米正雄担任，同人中以菊池宽为首，计有小山内薰、谷崎润一郊、吉井勇、长田秀雄、久保田万太郎、里见弴、长与善郎、冈本绮堂、伊原青青园、山崎紫红、中村吉藏、池田大伍等人，当时各派剧作家几乎都参加了。第二次由三宅周太郎任主编，转为商业杂志。菊池宽利用文艺春秋社的名称组建了新剧协会。《演剧新潮》发表了不少剧作家同人的剧本，并介绍了欧美戏剧界情况。

3. 波多野乾一（1890—1963），日本新闻工作者，汉学家。1912年入大阪朝日新闻社，后又先后任大阪每日新闻社北京特派员、《北京新闻》主干事和《时事新报》北京特派员。1932年服务于外务省。第二次世界大战后任

---

① 据绍武先生告知梅兰芳是在1941年12月末，日军占领香港后正式决定长期蓄起唇髭，前几年是时蓄时剃。

《产经新闻》评论员。著有《支那剧大观》、《现代支那的政治和人物》、《支那的政党》和《中国共产党史》等书。

4. 芥川龙之介（1892—1927），日本小说家。1913 年入东京大学英文系，学习期间成为第三次和第四次出版的《新思潮》杂志同人。1915 年发表《罗生门》。1916 年发表的《鼻子》受到夏目漱石的赞赏。大学毕业后在镰仓海军机关学校任教三年。1919 年入大阪每日新闻社。1921 年以新闻社海外特派员身份到中国游览，回国后写了《上海游记》和《江南游记》。他是新思潮派的代表作家，创作上既有浪漫主义特点，也具有现实主义倾向。十月革命后，日本无产阶级文学开始萌芽，他在时代影响下，也着重写反映现实的作品。后由于精神苦闷而于 1927 年服毒自杀。在短短 12 年的创作中，他写下了大量作品。1935 年，文艺春秋社为纪念芥川在文学上的成就，设立了“芥川文学奖”，此后该奖成为奖励优秀青年作家的最高文学奖。

5. 菊池宽（1888—1948），日本小说家、戏剧家。1916 年毕业于京都大学英文系，入时事新报社工作。读书期间，在芥川龙之介等人的劝说下成为第三次和第四次出版的《新思潮》杂志同人。发表过《无名作家的日记》、《忠直卿的行状》、《恩仇之外》和《笑》等短篇小说以及《屋顶上的狂人》、《父归》和《藤十郎之恋》等独幕剧。后期致力于通俗小说的写作，代表作有《珍珠夫人》和《新珠》等。1923 年创建文艺家协会。1939 年设菊池宽奖。《菊池宽全集》共 10 卷。

6. 久保田万太郎（1889—1963），日本小说家、剧作家、俳句诗人。1914 年毕业于庆应大学。大学期间开始在永井荷风主办的《三田文学》刊物上发表小说《朝颜》和剧本《游戏》。1912 年，剧本《黄昏》上演，受到演剧界的重视。1915 年以小山内薰为首，与吉井勇等人成立“旧剧研究会”。1917 年发表《草木初凋》，奠定了他在文坛上的地位。1937 年获菊池宽文学奖。二次世界大战后任日本演剧协会会长，1945 年创办俳句期刊《春灯》。1949 年任日本广播协会理事。1950—1957 年以文化使节团团长身份多次到中国了解演剧情况。他的作品大都以东京商业区小市民为题材，描写他们在时代浪潮冲击下的颠沛流离的生活，抒发了他们对旧时代的眷恋的感伤情绪。《久保田万太郎全集》共19卷于1947年出版。

7. 山本有三（1887—1974），日本剧作家、小说家。1914年与芥川龙之介等人创办第三次《新思潮》杂志，后任剧团编剧和早稻田大学讲师。1920年发表的《婴儿杀戮》是日本现代戏剧的一部著名作品，同年发表的剧本《生命之冠》鞭挞了损人利己的资产阶级行为，随后又发表了《同志的人们》、《西乡和大久保》和《女人哀词》等写实性剧本。1925年开始创作小说，著有《想活而能活的人》、《波浪》、《女人的一生》等。晚年的剧作《米百俵》批判了军国主义。1947年当选为参议员，1965年获文化勋章。他是新思潮派中最有影响的作家，作品以其主题严肃和结构严谨而赢得广泛的声誉。

8. 久米正雄（1891—1952），日本小说家、剧作家、俳人。毕业于东京大学英文系，读书期间加入第三次《新思潮》杂志出版工作，发表了社会剧《牛奶房的兄弟》，后由新时代剧协会上演。除写社会剧和农民剧之外，还发表了小说《应考生的日记》（1918）等反映学生生活的作品。1922年发表了长篇通俗小说《破船》，取材于他跟他的老师夏目漱石的女儿恋的情故事。他和芥川龙之介、菊池宽一起是大正后期至昭和十年时代的文坛重要权威。《现代日本文学全集》第15卷为《久米正雄集》。

9. 伊原青青园（1870—1941），日本戏剧评论家、小说家。中学毕业后入二六新报社写剧评，后任《早稻田文学》编辑。以批驳依田学海的写实主义的歌舞伎改革论而成名。同乌村抱月等创办《新著月刊》，发表大众小说和戏剧。1904年发表《日本演剧史》，1913年发表《近世日本演剧史》，这些著作起了日本戏剧史开拓者的作用。

10. 长田秀雄（1885—1949），日本诗人、剧作家。没有继承医生的家业，立志从事文学，在《明星》刊物上发表诗作。1909年同木下杢太郎和北原白秋一起创办诗刊《屋上庭园》。1910年在《三田文学》刊物上发表戏剧处女作《欢乐之鬼》，翌年由自由剧场上演，获得好评。后又发表了《死骸的哄笑》（1914）、《饥渴》（1915）等现代戏曲。1920年发表的长篇历史剧《大佛开眼》博得好评。另外还创作了《净海入道》、《高松城水攻》和《石山开城记》等历史剧。

11. 中村吉藏（1877—1941），日本小说家、剧作家。在东京专门学校（早稻田大学前身）读书时以春雨笔名所写的《无花果》（1901）小说获奖。毕业后留学欧美，回国后成为剧作家，先后发表了《牧师之家》（1910）、《剃刀》（1914）、《饭》（1915）等剧，成为社会剧的开拓先驱。代表作有历史剧《井伊大老之死》（1920）、《大贺平八郎》（1921）等。

12. 久米秀治（1887—1925），日本小说家。

13. 宇野四郎（1893—1931），日本剧作家、导演、作家。笔名为伊豆四郎、坂下一六。

14. 能岛武文（生卒年不详），日本翻译家，1916 年以来译过英国女作家阿加莎·克里斯蒂的侦探小说，并翻译了大量欧美科幻小说。

15. 山本久三郎（生卒年不详），日本东海道地方经营药材的大商人，发明的“和中散”为当时旅行必备之药。建有“梅屋敷”私人庭院，内植数百株梅花，明治天皇曾多次前往观赏，现已成为国家公园。

16. 沈恒（生卒年不详），梅兰芳访日的艺术顾问兼日文翻译。

（金凤吉　梅卫东提供）

梅兰芳

［美］斯达克·杨著

梅绍武　　译

中国京戏的程式规范或多或少为许多外国人所知，即使不熟悉，也易于从书本中获知，诸如弯身走几步表示正在穿过一道门，舞台上移动什物的检场人只当没让人看见，马鞭代表一匹马，这些方式方法都是众所周知的。另外还有无数方式，简单点的像持尘拂者表明他是仙人或名士，跪着蹉步表示惊吓得发抖，复杂些的像舞蹈中的程式，乐器和音乐的效果，水袖的运用，上下场变化多端的方式，服装的众多样式，勾画的各种脸型——大多数按古老脸谱勾画——突出的红色表示英勇，蓝色表示残忍，等等。这些程式规范有时叫人感到陌生而难以捉摸；那些比较简单的方式往往在外国观众当中引起微笑，就像古罗马拜占庭①或波堤切利②的绘画中人的跷起的头部和方位安排得古怪的四肢或早期希腊雕像古色古香的眼神和笑容那样会引人发笑一样；人们还幼稚地认为这表明那位艺术家眼花缭乱地踉踉跄跄朝亮光走去而没看清事物的真貌。如此细究任何这种远离真实的现象，当然比学习一种艺术且能看懂它，要容易得

---

① 拜占庭，指4世纪到15世纪以君士坦丁堡为中心的拜占庭帝国（即东罗马帝国），其绘画多为崇拜帝王和宣扬基督教神学之作，风格特点是罗马晚期艺术形式和以小亚细亚、叙利亚、埃及为中心的东方艺术形式相结合，有浓厚的东方色彩，后期风格倾向于公式化和概念化。

② 波堤切利（1444—1510），意大利文艺复兴时期的佛罗仑萨画派画家和雕刻家，所作多幅宗教画及以神话、历史为题材的寓意画富有诗意和世俗气息。他运用15世纪的装饰风格，创造出富于线条节奏、精致明净的独特画风。代表作有《春》、《维纳斯的诞生》及但丁的《神曲》插图等。

多，但是过分细究梅兰芳艺术中这些程式规范则是个错误。

叙述一下梅兰芳的生活和工作，很容易让人发现就等于在叙述中国的戏剧。他7岁便是个音乐家，12岁成功地扮演了旦脚；他现在是中国最伟大的演员，"梨园泰斗"，精忠庙庙首①——他在艺术上最高的称号。他拥有400个保留剧目。他对中国艺术有很深刻的研究，促使戏剧、音乐和舞蹈中许多古老形式得以复兴，而且通过他的机智和天赋，把它们同他祖国的现代艺术相结合，例如，他把中国古典舞蹈配以近代音乐。他把中国传统中迄今分为不同行当的闺门旦与花旦的表演风格相结合，而且得心应手地从这两者之中汲取精华，以这种融合灵活地丰富和扩大他所扮演的人物的形象。他创建了一个流派或者说一种传统，其中包括戏剧、服装、音乐、现实主义、风格、道白和歌唱等等因素在内。我们可以说，在我们听来，他的音乐尽管多么陌生，他的嗓音作为一种表演艺术的媒介，却显然表达了一种十分了不起的柔和、响亮而富有戏剧性的音色；他那种控制肌肉的能力基于舞蹈和杂技的训练，是卓越非凡的；面部表情准确而且提炼到我们在中国优美的雕像中所见到的那种谨严而纯净的地步；两只眼睛比一般中国人的稍大些而极富表情；两只出名的手十分纤细，而且在他那种艺术的传统和复杂的动作应用中，受过严格的训练。他中等身材，鹅蛋脸，作为他许多身段的枢纽的腰部柔软而结实，受过彻底的锻炼。他在台上对周围的活动是那样明显地相应配合，并且对观众的反应也是那样几乎不可思议地敏感，以至这种神经上的协调成为他的魅力主要根源之一；但是，他如果在这方面为外国观众做得过久的话，这真可能又会成为一种有损于他的艺术之纯洁和完整的根源。

梅兰芳带给我们的中国戏剧未必是最伟大的戏剧艺术，如果我们陷入这种讨论，那只会是浪费时间。目前这次演出成为一件大事并且值得我们重视，主要是因为它纯洁而完整，远远超过任何西方戏剧中的东西。说它是一种纯

① 精忠庙为清朝京剧艺人的组织，庙首四人由朝廷昇平署指派，入民国改称"正乐育化会"，由谭鑫培任会长，田际云任副会长，以后又改为梨园公会，梅兰芳首任会长。

洁的艺术，并不意味着它像音乐或建筑那样单纯存在于自身条件之内而与它的外在条件完全无关，因为没有哪一种戏剧能不带某种程度的真实性。这种中国戏剧，就跟任何其他戏剧一样，总是基于相似性，根基于我们所见到的人民生活和我们所观察或所向往的世界的真实情况，甚至它的程式规范也主要是场所或活动的实际情况予以风格化的典型。这是主要之点，而且是须加注意的事：这种中国戏剧的纯洁性在于它所运用的一切手段——动作，面部表情，声音，速度，道白，故事，场所等——绝对服从于艺术性目的，所以结出来的果实本身便是一个完全合乎理想的统一体，一种艺术品，绝不会让人错当作现实。说这种中国艺术未必包容人类一切经验在内，但作为戏剧艺术却是完整的，意思是说它汲取了这种特殊艺术的一切手段——表演，道白，歌唱，音乐，广泛意义上的舞蹈，形象化舞台装置，最后还包括观众在内，因为演员明确而坦率地把观众像其他任何因素一样包括在他的艺技之内。此外，这种戏剧具有一种热情流传下来的严密传统，一种严格的训练和学徒制，还有要求严厉的观众，所以演员表演得好坏，能让人看出是照既定的演法还是故意敷衍了事，以等待接受观众的评判。它还建立在精雕细琢的基础上，因为观众除去不知道临时的插科打诨之外，已经对剧情和剧中人物十分熟悉，只关心表演本身、表演的质量和表演的展开。所以，梅兰芳的戏剧是一种具有真正原则性的学派，需要我们认真加以看待。

我们看到梅兰芳演出的《费贞娥刺虎》，这是一出16世纪明代的戏。我拿它来举例是因为它是梅兰芳目前上演的剧目中最完整而令人赞叹的节目，比起那出关于一只鞋的戏①，在表演上较少自由灵活性或轻松感，而在风格上却更为庄丽严谨。舞台布景是一套固定装置，上绘墙砖或漆柱，后面有左右两扇门，墙上挂有锦缎幔帐。费贞娥是个宫女，代替公主应允嫁给虎将，以便更有把握地把他刺死，以报他使她全家归于毁灭之仇。她上场，唱一大段唱腔，阐述她的意图，在唱段、独白和舞蹈中表达出她那极为复杂的心情——复仇，羞愧，

① 指《汾河湾》一剧。

恐惧，决心，诱惑和谋刺。虎将上场，由于他的同僚祝酒庆贺他的婚礼而使他有点醺醉。费贞娥劝诱他再多饮几杯，检场人布置好婚礼床榻，虎将脱下头盔铠甲，昏然睡下。费贞娥招呼侍女们为她卸装。她们摘去她的凤冠和玉带，脱下她那件华丽的蟒袍。然后她遣走侍女，窥视帐后的虎将是否睡熟，接着把匕首刺入他的胸膛。接下来是一场触痛旧日伤疤的挣扎搏斗，他颓然倒下，她夺取他那把挂在床幔上面的宝剑，把他刺死。然后是一大段唱，表达她对士兵、羞辱和死亡的恐惧；结尾是她用宝剑自刎，倒地而亡。

我激动得浑身发抖，怪就怪在这种激动比我多半能从任何对死亡和恐惧仅是摄影般的描绘所感受到的那种激动要强烈得多，而同时又显得更朦胧、更纯净。于是那些对我来说至关重要的、且对我们西方戏剧也同样十分重要的特征开始萦回在我的脑际。

我倾听乐队的笛子、铙钹、箫和其他乐器演奏的乐曲，其中笛子是过去古老的贵族剧院常使用的，而现在通过梅兰芳的影响再次得到复兴，受到中国人民的欢迎。它的音阶使我们听来感到陌生，不过大部分音乐在效果上还是容易辨别出来的，且十分激动人心。我发现这种中国艺术是建立在音乐基础上的，或者至少让人有一种音乐感，觉出它是持续不断地活跃在音乐领域里。我注意到它用音乐，像击一下鼓，来微妙地强调姿态，尤其在这出古典剧里，笛子吹奏出来的高雅曲调，没有四分音符，没有某些乐调所允许的那种颤音，却显得肃穆沉稳，烘托出哀伤的气氛。有时场上这种感情成分一开始就很饱满，随着乐队给予的音乐意境发挥下去。我越发理解到一部戏剧艺术作品最终的质量，既纯洁又理想，是要用它接近音乐的程度，那种无论听到还是持续觉察到音乐都仰赖音乐活力的意识来衡量。

我发现每逢感情激动得似乎需要歌唱就唱起来，这从生物学的观点来看是正确的——因为我们情绪一旦激昂就会很自然地引吭高歌——依我看来，这是戏剧艺术高度发展中一种正常而必然的现象。在这方面，希腊人实践过，教会一向知道在宗教剧中怎样保存这种道白和歌唱相互交替表达感情的水平；莎士比亚和马洛[①]在当时没有这种技巧可能性的情况下，却能以一种极其出色的风格使他们的诗文这一艺术手段达到非常狂放神妙的境界来弥补这种缺陷。

我发现在这种中国戏剧里所包含的各种艺术手段中，演员这一媒介显然是最主要的；这是合理的原则，因为在所有这些手段当中，他同那些与他同属人类的观众最为紧密相连。

我当即注意到梅兰芳的化装是我所见到过的最美的，那些浓淡不同的胭脂涂染在他的眼睛周围，使它们呈现中国古代雕像那种眼睛的轮廓，浓黑的眉毛下面衬以红彩，渐与周围白底交融，像彩瓷般美丽，鬓发梳理得线条分明，以确定所扮演的人物典型。

我注意到梅兰芳在表演当中自始至终身体的节奏感完整和谐。如果右手做个手势，不仅由右肩出发（我们在这里附近各处看到的表演，大多数连这一点都没有做到），而且影响到左肩，以便整个身躯呈现一种恰如其分的相应节奏感。头部在脖端敏感活跃，不时移动，一个微细的动作可能被观众所忽略，就跟我们常常忽视精美的雕刻中所显现的、状似颤动的线条和平面那个道理一样。梅兰芳运用他那超过手腕的长长的白水袖的功夫，被中国观众视作他的成就中的一个高峰。一个外国人只有对他的艺术经过一段长时间的熟悉，才会发现这种水袖运用之广泛，出现种种规范和多端的变化，但是他运用水袖而产生的舞蹈美和戏剧性气氛是显而易见的。在这出戏里有一时刻，费贞娥摘去凤冠，脱下蟒袍，身穿白色长服和青坎肩，白衬裙，白长袖，她恐惧地逃离那个狂怒的虎将，你可以看到他那水袖扬起，就像一只白鸽那样展翅飞翔，你甚至可以听到翅翼发出的“啪啪”作响声；他表演得如此细腻完美，使你简直不敢相信这真会发生似的，而这一切又确实以极其自然而富有精巧设计的图案的方式表演出来了，甚至连舞台上所规定的位置也准确得分毫不差。

我还发现这种中国戏剧表演中所展示的杂技动作是依据不同的人物性格而

① 克里斯托弗·马洛（1564—1593），英国文艺复兴时期的剧作家和诗人。剧作有《帖木耳大帝》、《浮士德博士的悲剧》和《马尔他的犹太人》等，广泛运用无韵诗形式，对英国戏剧和莎士比亚的创作有较大影响。

有柔软和僵硬之别。关于这一点，我们可以说这种技艺一则基于我们体内肌肉的一种基本冲力，二则是用来使演员通过他的身体这一媒介能够更加流畅而精确地同他的艺术所仰赖的音乐基础联系起来。

至于其中许多程式规范和象征，我发现就连那些像文字一样象征性的东西，除非你认识，否则当然不解其意——都由于它们的含义和联想而使其本身趋于达到尽善尽美的程度，例如弯身进门，某些时刻由于感情激动而用袖遮脸，那些象征性物件——装饰性的马鞭、拂尘和行头的某些部分。我发现一旦为了取得完整效果而要求精确性就出现精确性——例如，一个吹灭灯盏的动作就跟最有天赋的现实主义演员所能做到的一样细腻准确。

我体验到这一切之后，脑中充满了各种想法。首先是有关艺术的现实主义。这毕竟是艺术中最主要的问题，堪与我们生活中最主要的问题相比，这也就是我们周围的现实同我们本身之间的关系，我们自己的躯体同我们的精神之间的关系，永恒的东西同正在消逝的东西之间的关系，世界与我们相关的程度以及我们为了自需而在内心使它再现的程度，我们感到要以想象的名义来显示我们所体验的世界的那种必要性。这种中国戏剧常被说成是完全非现实主义的艺术，性质上也彻底理想化。这在笼统的意义上来说可能是对的，但是我们应当避免由此而导致错误的结论。梅兰芳的戏剧艺术并非完全没有现实主义的成分，它并不具有立体派绘画、抽象的阿拉伯装饰或几何舞蹈设计所具有的那种含义。跟它确切相似的是中国绘画和雕刻。遗留在我们记忆里的是对它们的抽象化和装饰性的印象，但是我们往往对那种精确性感到惊讶；自然界，一片叶子，一束花朵，一只鸟，一只手，一件斗篷，都被观察得极为精确细致，同时我们也对它们那具有特征的细节所呈现的使人眼花缭乱的色彩缤纷标志感到惊奇。这种精确的标志绝妙地镶嵌在整个艺术之中，这种艺术臻于完美而理想，犹如梦境一般迷人。就拿他们的普通绘画和小型雕塑来判断，中国人对这种结合着传统、规范和抽象风格的、机敏的现实主义而感到的喜悦，想必是相当强烈的。我们听到有人说梅兰芳的艺术完全是非现实主义的时候，应该记住上面所说的这一点。我们还应该记住我们要向中国戏剧艺术学习的一点，不是需要非现实主义或其相反的东西，而是要学习它在每一部分中所运用现实主义的精确度。手势、念白、表演，甚至争论甚多的旦脚使用的假嗓，以及动作，等等，尽管都与现实有一定距离，但可以说，这种艺术取得了一种风格上完整的统一。

但是另有一种对这种艺术颠倒的观察，也使人误入歧途。我们无须乎关心常听人说的“女性扮演者”这件事。中国人自己就曾经时常提醒我们，而且我们只消多用点脑筋也就可以看出，梅兰芳并不旨在单纯摹拟女人的一姿一态。他旨在发现和再创造妇女的动作、情感的节奏、优雅、意志的力量、魅力、活泼或温柔的某些本质上的特征，而从这些方面来扮演一个人物，稳妥地富有女性的特征，而以舞蹈方式再现，诗意盎然。我们常听人谈论有关对情感和思想状态的摹拟——对恐惧、怨恨和爱等等方面的摹拟，但是我们在这件事上必须把观点搞清楚。这里并无意图作出一种情感或装扮出那种伴随生活当中这类情感而会出现的实际表情。它的意图又是我们在中国优美的雕塑和绘画中所见到的那种意图，旨在止于不那么直接之处，而不在于如实表现生活中的实际情感；它设法并不插入摹拟或摄影术，却又使我们对那种真实性感到惊讶；我们能觉察到静中有动，形态不断流动的终结，一些美而难以捉摸的东西。言语简直难以形容这一点；不过我们为了理解它，只消从我们自己的文化领域里挑出诸如米诺·达·费索尔①、戴赛德里奥·达·赛蒂格纳诺②、罗赛里诺③或杜契奥④的作品来观察一下，注意那些主要线条的流动，那种臻于理想的和谐集中，那种以某种手法再现现实的美感，以及那种在构思中从现实飞跃到永恒境界的横溢才智，就明白这个道理了。

---

① 米诺·达·费索尔（1431—1484），意大利塔斯康派雕塑家，擅刻半身胸像、浮雕等，作品完美细腻。

② 戴赛德里奥·达·赛蒂格纳诺（1428—1464），意大利早期文艺复兴时代的雕塑家，佛罗仑萨派，所塑的妇女和儿童半身胸像和浮雕以手法细腻著称，大型作品具有装饰性。

③ 阿东尼奥·罗赛里诺（1427—1479），意大利雕塑家，作品精致，著名作品有现收藏在美国博物馆内的《处女和儿童》、《玛东纳和儿童》等。

④ 杜契奥（1255—1319），意大利13、14世纪的锡耶纳学派画家，作品具有平静沉稳的拜占庭传统。

这种运用现实的完美灵活手法使中国戏剧艺术能进入我们最深邃的真理的自由领域，能再现本质的纯洁性，能证实人的精神不靠外表来体现也是许多现实当中的一种现实。在那出戏的最后一场，费贞娥绝望地匍匐在地以剑自刎，接着躺倒下来，蜷曲而静止不动——那阵平静，就宛如那阵想必是猝然进入那个痛苦的灵魂中的平静和骤然的黑暗——这比任何鲜血四溢或最后一阵痉挛那类表现方式更为精确。另外，我们在这些戏里常见到一种作为理所当然的事是凡人和神怪自由混合，这是我们最普遍的感觉一种简单的处理方式；我的意思是指神祇，回忆，祖代亡人，幻想，爱神，常常出现在我们内心，甚至好像就在我们身边，都是那样真实似的。有些内心的现实，如用外表来证实，只会对它们完整的程度给予一种无力的干扰；没有一种动作或表情外表上的真实不会干扰这种完整效果的；在这方面，这种中国的表现方式，如果需要的话，就不容许出现任何真实的表露；比如，在某些悲惨的时刻，脸是用水袖遮住的，突然掩盖那种悲伤的表情使我们看不到，因为就是在我们现实生活当中，别人在极为悲痛的时刻，无论外表出现什么迹象，也必然会这样做的。中国戏剧享有这种灵活性的许多好处，上述仅是个别的例子。事实上，扼要地说，梅兰芳受他的艺术中那些程式规范的传统约束比我们的戏剧受它那种现实主义的约束要少得多而更自由些；因为他不论任何时刻想造成一点震惊和牵制的效果，都能成功地穿插一些现实主义的细节，而我们的一位演员，不管他或许能渴望在他所喜爱的某些段落里怎样改动一下，运用一下什么风格，却都受到日常生活当中那些想见得到的姿态、举止和实际可能性的约束而并不自由。

我曾见过其他时代的戏剧复兴的情况——例如法国古典戏剧，但是在没看到梅兰芳的中国戏剧之前，我从来没见过一种同时代的、具有古典精神的戏剧艺术达到如此高超地步的例子。我这里所说的古典意义并非指需与希腊和罗马有任何关系，而是说它与一种思想境界，一种艺术观有关，大体上接受某些形式，某些典型概念，特性，风格，而且理所当然地认为艺术家是在这些领域里表达自己的思想感情。在这个意义上，贝多芬一方面采用一些严格的音乐形式，一方面又用他自己的浪漫主义精神改变、批驳并丰富它们，因此他并不是古典派，同样，米开朗基罗[①]也不是，他那宏伟而有时反常的处理方式，例如他为佛罗伦萨市政厅大厅绘制的那幅草图[②]，充满一种神奇而独特的狂热性。拉辛[③]，日本古老的能乐[④]，菲狄亚斯[⑤]的雕塑和天主教会的弥撒仪式，也是具有古典精神的。至于梅兰芳的戏剧，正是在这一点上引起一种最严重的误解。我们听说其中一切表演都有固定程式，不可改变的规范，它那种美的魅力之奥秘就在于它不具独创性，不受自我和个性的干扰，而一切都是由传统批准固定下来的，通过几个世纪而完善起来的。尽管这是对古典艺术的一种惯常的说法，其实只是把一种艺术说成是僵死的。形式里如有这样的束缚，那就没有艺术了，多半只剩下外壳，干巴巴的外壳，不可能包含那些期待表达的生动内容。不是的，这种古典精神的实质在于你在这种形式和特征里并不闪避或否定自己，而是充分表达自己的思想感情。一种格式尽管可能多么趋向于固定化，那股体现它时的创作冲动却仍能发挥出来；就像许多不同的人眺望大海，尽管海的性质不变，还是会产生不同的自我感觉或表达出不同的心情；仰望辽阔的天空也一样，各人有各人的想象而迥然不同。有人明白，也有人不明白，一段祈祷上千年来已有千百万人重复咏诵过，却仍会包含着人们新的祈求要素，就像人体，形状总是一样，却人各有异，还是装着无数变化无穷的灵魂。当然，在艺术上，这种古典精神不一定是一种独一无二的精神，也未必是最令人赞美的。随着时势潮流的变化，最广泛的风格和形式也会改变的。问题只是，就以中国戏剧来说，由于种种深深根植于这个民族的精神和历史之中的原因，这种变化以往不

---

① 米开朗基罗（1475—1564），意大利文艺复兴盛期的雕塑家、画家、建筑师和诗人。

② 此处所指的是米开朗基罗为佛罗伦萨市政厅一面墙的绘画预先绘制的一幅很大的草图，描绘的是一群士兵赤身露体，正在水中游水乘凉，突闻军号，急忙穿衣赶赴战场迎敌的景象。

③ 拉辛（1639—1699），法国剧作家，作品多借用古希腊、罗马的历史传说，暴露宫廷贵族的荒淫和残暴。他善于刻画贵族妇女形象，着重心理分析，运用古典主义创作而又不受其拘束。

④ 能乐，日本剧种之一，源出于猿乐。14 世纪后半叶到 15 世纪，经阿弥及其子世阿弥等艺人加以改革，发展成为歌舞剧，大都取材于历史故事或神话传说。

⑤ 菲狄亚斯（前 480—前 430），古希腊雕塑家，擅长神像雕塑。

是震撼性或消灭性的，那种古典精神依然长存。

但是，梅兰芳的艺术其实绝不是像所有这些暗含所指的那样墨守成规，一成不变。他不仅迫使传统形式表现自己的诗意、活力和惊人的成就，而且创始了许多新手法，使中国戏剧中许多已丧失的特征得以复兴，焕发出光采，单一地或创造性地结合现代形式使它们再现。他的表演生动活泼，带有显见的个性，从不枯燥乏味，从无学究气。它不是单纯的机械制成品，而像一切艺术品那样，经常冲击形式而同时又存乎其中，通过这种既冲击又遵循的方式保持生机；这很像那种到处都会发生的事：一个人对自己的生存方式不满而在内心作自我斗争，同时却又摆脱不掉那种生存方式，除非他是个怪人，则当别论。艺术同样有这种创见和限制的结合，因此在风格上，手工艺品则有别于机械制成品。不过，总的说来，这种中国戏剧是古典的；一些形式仍然保持同自然界各个主要方面相似，这些方面人们都能接受，且按照自己的需要加以想象。

梅兰芳的戏剧，不仅对任何国家皆可能出现的这种古典艺术性，而且也对希腊古剧，都是一种富有启发性的诠释。伊丽莎白时代的戏剧和这种中国戏剧十分明显地相似，外表或多或少相像。情节场面固定，如你恰好看到的那样，有一些朴实的或并不朴实的道具和程式规范。伦敦环球剧场上演的伊丽莎白时代戏剧中有矮树丛充当森林，京剧中有马鞭代替一匹马，四个龙套表明千军万马，舞台上任意确定的位置表明不同的场所，等等。还有定场诗，京剧演员上下场都念两句诗，就像莎士比亚戏剧中每场常以类似下列两行诗来表明结尾一样：

> 这是一个颠倒混乱的时代；唉，倒霉的我，却要负起重整乾坤的责任！①

另外还有男人扮演女性角色。散文和韵诗可以交错替换，一出戏随便写多少场

---

① 莎士比亚：《哈姆莱特》第一幕第五场结尾。

都可以。

但是，梅兰芳的戏剧是我所见到的一种对希腊古剧最深刻的诠释。我看过德国和英国重新上演的希腊古剧，演得精巧别致，间或还很有雄伟的气魄，但是希腊因素在这些戏里只是回顾性的，很不自然，也往往过于理论化，尽管时而由于它本身牢靠的普遍性而也相当激动人心并令人信服，姑且不谈这些演出给予我们的阐释有没有真正歪曲之处。我还看过意大利演出的欧里庇得斯①的悲剧和《俄狄浦斯王》②，草草率率，却又不无活力和雄辩口才；场景是蓝天和古罗马废墟，显得庄严辽阔；另外还带点岁月只使人们对哀诗里的风雹和永别加深认识的感受。无论我们多么感受到它的诗意和美，这些却都不是希腊因素的固有性质，也不是细心钻研的结果。我还看过许多法国古典剧，诸如《波里厄克特》③ 和《安德洛玛克》④，古典主义的布景，具有希腊精神的优雅演出，我还有幸看过一次穆奈－苏里⑤扮演的俄狄浦斯。后一出戏，凭借法国古典剧院300年的传统力量，具有一种内在精神，十分庄严雅致，常常极其感人。而且，通过这种真正的法国传统，加以索福克勒斯的天才力量和这个动人故事里的希腊人性格，全剧似乎包含着相当大程度的古希腊特征，尽管只是一种在雅典成为一个纯粹的折中派艺术中心之后很久才出现的、较后期的希腊特征。但是中国的京剧对希腊古剧作了一种深刻的诠释，因为那些使人联想到的希腊特征，以一种自然的思考方式，一种深刻的内在精神，体现在中国戏剧里。两者之间不仅有显著的相似之处，诸如男人扮演女性角色，中国演员常常勾画的具

---

① 欧里庇得斯（约前480—前406），古希腊三大悲剧家之一，相传写有悲剧90余部，现存《美狄亚》、《希波吕托斯》、《特洛亚妇女》、《阿尔刻斯狄斯》等18部。

② 《俄狄浦斯王》系古希腊悲剧家索福克勒斯所写的名剧。俄狄浦斯是希腊神话中的底比斯王子，曾解怪物斯芬克斯的谜后误杀其父并娶自己的母亲，发觉后自刺双目，流浪而死。

③ 《波里厄克特》是法国古典主义剧作家高乃依（1606—1684）以古罗马帝国治下的亚美尼亚为背景，描写基督教徒殉教的悲剧。

④ 《安德洛玛克》是法国古典主义剧作家让·拉辛（1639—1699）所写的一出五幕悲剧，情节取自希腊故事。

⑤ 让·穆奈－苏里（1841—1916），法国著名悲剧演员。

有传统风格和定规含义的脸谱，同雅典戏剧中实在的面具几乎没有多大区别，布景都是简朴的，而且在思想和精神深处的特征方面也有相似的地方。登场、退场和舞台上的动作都有固定的程式，利用真正的舞蹈为艺术手段，音乐伴奏作为戏剧的基础，运用音乐加强气氛，感情需要充分加以表达时即引吭高歌。道白、歌唱、音乐、舞蹈和舞台装置熔为一炉，形成一种综合性艺术。常规的情节基于熟悉的格式，诸如相逢、别离、讽喻、论辩等情节场面，尽管都是固定程式的，但由于具有类似我们的许多音乐形式，处理的方式极其巧妙，依然使人喜爱赞赏。这里面包含着风格的探索，个人感情从属于激情的提炼和谨严的原则。它自始至终贯穿着一种独特风格，具有一种探求美、雅致或崇高的意向。

但是，应该说一下，希腊古剧中有时出现一种莽撞或冲动的举止，这对中国人来说会是过分的。比如，在《俄狄浦斯王》一剧中，那位国王挖掉自己的眼睛后，上场时满脸是血，痛苦地道白，声调好似来自遥远的地方以衬托出肉体痛苦的细节，接着他转而想到冥界等待他前去的那种恐怖。在这场戏里，肉体痛苦的细节是用来让观众留下深刻的印象，使他们牢记这一契机而深信无疑，那些诗韵的细节则是用来强调这一契机合乎理想的重要意义，使之增添分量。中国人和他们真正的戏剧却没有这样的情景。他们不愿呈现这种肉体上极端痛苦的状态，这无疑是跟那个民族的精神有关，死亡和恐惧在他们的灵魂里有它们应有的地位，而且是拿悠久的历史眼光和耐心思考来看待的。费贞娥走近虎将的床榻时，把一束头发搁在嘴里，用牙咬紧——连这种深仇大恨的感情也需要用这种方式来遮掩，或者是在某种程度上为了避免丑态毕露，总之，最终必须是美的。

这就导致我们涉及最后一个要点，一些有关谈论梅兰芳戏剧的文章常在这一点上出现错误和误解。常听人说这种中国艺术唯一的目的就是为了达到雅致和美。这可完全弄混了，尽管应该承认这对那些也许优美感甚少的人和民族来说，倒是一种不大费劲就能摆脱难题的说法。

说我们探求美和雅致本身就如同说为自由而寻求自由一样愚蠢：我们寻求

自由只是为了反而能达到我们所期望达到的目的。我们现在需要大大翻回头去再重说一遍，然后我们就可以说，这种中国艺术主要寻求的是人们所缺乏的、我们可称之为奋发图强的那种精神。这意思是说，你只把需要做的做了，不管你干得多么卓越而灵巧，可你这时并未达到你的目的。你力求争取的应是你熟练而圆满地完成工作之后继续下去的事物，我的意思是说，其他一切俱已完成，还有目标方向需要最终去争取；其他一切俱已完成，还有花朵、芬芳、精神，它那最终的优美，需要去争取。因此企图给我们的是那种风格美、风格的发现和风格的持久性。这种风格意味着并包含着我们的精神。我一面观赏梅兰芳表演他的一个悲剧场面，一面在沉思生活在它本身美丽的形式中这样持久编织着，怎样既束缚着我们又使我们欣悦。但是，甚至这种雅致或精神或美——不管我们想怎样称呼它——并不那样遗留下来就算完结。它构成一种连续统一体，由它提供一种持续性，从一个动作到另一个动作，从一句话语到另一句话语，从一个意境到另一个意境，自始至终贯穿在这出戏依次相连的各个部分之中，从而为它构成一种音乐或自由要素任它游刃有余。此外，我们把这种戏剧看成一种社会因素，可以说大概就是这种美和雅致最终的本质赋予了整个中国戏剧一种驰骋自由的天地，更是由此而衍生出中国戏剧在那个民族当中的连续性和持久性，就仿佛它不仅是一种艺术，而且也是一种精神本质。

附注：

斯达克·杨（1881—1963）是当代美国著名戏剧家、剧评家、诗人和小说家。他曾在密西西比大学、德克萨斯大学和阿姆赫斯特大学文学系任教。20年代起，他任《新共和》杂志的戏剧编辑，并经常为《戏剧艺术月刊》和《纽约时报》撰写剧评文章，1923年出版评论集《戏剧之花》。他的主要作品有诗集《盲人》（1906）、诗剧《格奈维尔》（1906）和四部小说《天堂之树》（1926）、《火炬之光》（1927）、《河滨之屋》（1929）、《玫瑰那么红艳》（1934）等。最后一部著作是戏剧评论集《不朽的影子》（1948）。50年代，他还曾翻译契诃夫的剧本多出，晚年改习绘画，并举办过展览会。

这篇《梅兰芳》是他1930年观看先父访美演出后所写的一篇评论文章，其中将京剧同希腊古剧和英国伊丽莎白时代戏剧作了深刻比较，并对京剧艺术和先父的表演艺术作出高度评价，载于美国《戏剧艺术月刊》1930年4月号。这篇文章写于50多年前，至今读来仍使人感到颇有真知灼见和启发性。斯达克·杨当时曾多次与先父探讨戏剧艺术，两人结成深厚友谊。今年是斯达克·杨逝世20周年，特译出这篇旧文以纪念这位极为推崇京剧艺术的老一辈美国朋友。

1983年5月

梅兰芳、斯坦尼斯拉夫斯基、布莱希特戏剧观比较[①]

黄佐临

戏剧工作者运用戏剧手段来反映生活、影响生活，就跟其他艺术工作者运用其他艺术手段来反映生活、影响生活一样。人们的世界观和艺术观在每个历史时期、每个阶级社会里，都是限定的，因此，戏剧手段也因时代不同而异。总的说来，一般都受时代和阶级的支配，尽管并非总是那样一成不变。

不断寻求新的戏剧真理

人类的戏剧史是一部不断寻求戏剧手段和新的戏剧真理的经验总结。好的经验必被保留，坏的经验必被淘汰。2500 年的戏剧史中曾经出现过无数的戏剧手段，那就是说每个历史时期都有戏剧工作者在舞台实践中寻求那个尽可能完美的形式来表达一定的思想和政治内容。古希腊人有表现“命运”论的戏剧手段，当人们的意志和命运发生冲突时，戏剧家只得发明像“降神机”之类的舞台设备，使神灵从天而降，来解决当时没有其他方法解决的矛盾。有天使、魔鬼出现的中世纪宗教剧需要另外一套戏剧手段，而莎士比亚得使用那种“舞台空间多型运用法”才能淋漓尽致地倾泻出文艺复兴时代人们充沛的思想感情。17 世纪的巴罗克学派使用一种华而不实的形式来宣传君主专制的反动思想，并

① 本文原为英文稿，发表在新世界出版社出版的英文版《京剧与梅兰芳》(1981) 一书内，此中文稿由梅绍武翻译，发表于《人民日报》1981 年 8 月 12 日。

迎合贵族趣味。18 世纪后期的浪漫主义戏剧只沉醉于个人灵魂的伟大，严重地脱离实际生活，堕落为公式主义和形式主义。因此，各个时代有各个不同的戏剧手段，而经过长期演变过程之后，好的经验被保留下来，成为珍贵遗产，流传后代。这份遗产，当它系统化了，变成体系了，就形成一种戏剧学派，具有独特而完整的特征。

为了便于讨论，我想围绕着三个截然不同的戏剧观来谈一谈，那就是：梅兰芳戏剧观、斯坦尼斯拉夫斯基戏剧观和布莱希特戏剧观——目的是想找出他们的共同点和根本差别。我想探索一下三者之间的相互影响，看一看是否起了推陈出新的作用。

中国传统戏剧显著的特征

梅兰芳、斯坦尼斯拉夫斯基和布莱希特是三位现实主义大师，运用的戏剧手段却各有巧妙不同。梅兰芳是中国传统戏剧最具代表性、最成熟的代表，这种传统戏剧同西方戏剧区别甚大——确实根本不同。依我的看法，我国的戏曲传统有着下列四大特征：

(1) 流畅性：它不像话剧那样换幕换景，而是连续不断的，有速度、节奏和蒙太奇。

(2) 伸缩性：非常灵活，不受空间时间限制，可作任何表现。

(3) 雕塑性：话剧是把人摆在镜框里呈平面感，我国传统戏曲却突出人，呈立体感。

(4) 规范性（通常称“程式化”）：意思是约定俗成。大家公认，这是戏曲传统最根本的特征。我认为把生活原封不动地搬上舞台如若不是可厌也是不可能的。坦白告诉观众，演戏便是演戏。为此我们创造了一整套规范，打破了时间空间的限制，使生活可以更崇高、更驰骋自由地呈现在舞台上。

梅兰芳艺术的伟大之处就在于他把这四种特征发挥到臻于完美的地步。布莱希特看过梅兰芳的一次演出后，热情赞扬道：

> 这种演技比较健康，而且（依我们的看法）它和人这个有理智的动物更为相称。它要求演员具有更高的修养，更丰富的生活知识和经验，更敏锐地对社会价值的理解力。当然，这里仍然要求创造性的工作，但它的质量比迷信幻觉的技巧要提高许多，因为它的创作已被提到理性的高度。

布莱希特和斯坦尼斯拉夫斯基在戏剧理论上的区别

布莱希特戏剧理论的最基本特征是：他主张演员和角色之间、观众和演员之间、观众和角色之间必须保持一定的距离。换言之，他不要演员和角色合而为一，也不要观众和演员合而为一，更不要观众和角色合而为一。演员、角色、观众的相互关系要保持一定的距离。布莱希特曾这样写道："要演员完全变成他所表演的人物，这是一秒钟也不容许的事。"这和斯坦尼斯拉夫斯基要求演员应该"进入角色"的理论迥然不同。斯氏的学生萨多夫斯基就曾说过"演员和角色之间要连一根针也放不下"。布莱希特则不然。他主张保持"距离"的目的是要防止把剧场和舞台神秘化，成为一个变魔术的场所，起"如醉如痴，催眠作用"的活动阵地；防止演员用倾盆大雨的感情来刺激观众的感情，使观众以着了迷的状态进入剧中人物和规定情境。布莱希特之所以要防止这些，他之所以要运用一切艺术手段来破除幻觉，就是生怕演员和观众都过于感情用事，从而失去理智，不能以一个冷静清醒的头脑去领会剧作家所要说的话，不能抱着一个批判的态度去感受剧本的思想性、哲理性，去探索事物的本质。换言之，如果演员或观众过于沉醉在剧情、人物感情之中，他们就不能够理智地以冷静、科学的头脑，去认识剧中的生活和现实，更谈不上改造生活、改造现实。

有人曾经指责布莱希特反对演员运用感情，而只主张让他们作干巴巴、枯燥无味的说教。应该指出实际上并非如此。他所反对的是以感情来迷人心窍，而主张以理智去开人心窍。布莱希特的朋友、著名的评论家艾雷克·班特雷有一次说布莱希特希望人人“以心去想，以脑子去感觉”。布莱希特自己也曾这样写道：“几句术语去阐述一下什么是史诗剧是不可能的。最根本的也许是史诗剧不激动观众的感情，而激动他们的理智。”他又说过：“在感情和理性的过程中，就产生了真正的感情，这是我们所需要的。”他的意思就是指：理智、思想激动到一定程度则变成感情。按我的理解，艺术的感染力应该就在这个地方。表演艺术家不要受情感所支配，而要支配情感。布莱希特强调应该寻求一种理智和感情相结合的辩证的戏剧。

三位现实主义大师的共同点

布莱希特和斯坦尼斯拉夫斯基是否对立呢？可以说又对立又一致。因为他们在艺术观上大体是一致的，但在戏剧观上却是完全对立的。布和斯有许多相同之处，比如说，他们都是现实主义者，坚决反对自然主义。斯氏常被人误认为自然主义者，但事实上他并不是。斯氏在《我的艺术生活》中这样写道：“特写记者，为了博取哄笑，肯定地说我们培养蚊虫、苍蝇、蟋蟀和其他昆虫……说我们强迫受过训练的蟋蟀鸣叫，好在舞台上创造忠实于生活的气氛。”由此可见斯氏虽然主张将真实生活搬上舞台，但绝不是不经加工，原封不动地搬上舞台。斯氏和布莱希特另一相同之处就是两人都强调舞台上的形体动作。布莱希特说：“演员必须为他的角色的感情找到一个外部的……动作，以便尽可能地随时展露内心的状态。有感情就必须流露出来，必须得到发泄，这样才能赋予形状和意义。”斯氏也说：“人的形象——这就是他的行动的形象。在舞台上需要行动。行动能动性——这就是表演艺术的基础……看不见的必须成为看得见的……我们这一派演员不仅要比其他各派的演员更多地注意产生体验过程的内部器官，而且要比他们更多地注意正确表达情感……的外部器官。”在这一问题上，布莱希特、斯坦尼斯拉夫斯基和梅兰芳三位戏剧艺术大师观点相同。我国另一位著名的川剧大师张德成老先生有一句名言——“情动于中而行于外”——就很概括地说明了这一点。

最根本的区别

梅兰芳、斯坦尼斯拉夫斯基和布莱希特的共同点如上所述。那么，他们三位的区别究竟何在？简单扼要地说，最根本的区别是：斯坦尼斯拉夫斯基相信第四堵墙，布莱希特要推翻这堵墙，而对于梅兰芳，这堵墙根本就不存在，用不着推翻。这是因为中国传统戏剧一向具有高度的规范化，从来不会给观众造成真实的生活幻觉。在戏剧圈内，“第四堵墙”是个相当流行的术语，但是也许很少有人追求它的来历或充分地领会它在戏剧理论中的含义和在舞台上实践中的深远作用和影响。这个术语首次提出于 1887 年的 3 月 30 日，距今已 94 年。当时西方话剧的情况很糟糕，舞台上净是些虚假、空洞、造作、陈旧，只有形式，没有内容，只讲情节，缺乏生活的作品，也即是左拉所说的：“昨日戏剧腐朽的废墟。”有一位著名的评论家 P. 梅里美曾将这时期的法国戏剧概括地、形象地归纳为如下的公式：“乒—乒—乒，三声响。幕启：微笑—挫折—哭鼻子—搏斗：男主角断送了生命，女主角也呜呼哀哉。完。”为了突破这个陈腐的公式，左拉和他同时代其他艺术家不约而同地大声疾呼要“救救话剧”。而他们提出的口号是：“用科学来救！”因为科学在当时，甚至在文学艺术界也是个动力，任何事情没有经过科学的准确的考验，都不能成立。此外，法国资产阶级大革命和巴黎公社之后的广大群众对戏剧中所表现的帝王将相、个人灵魂等等大抵都不感兴趣，他们迫切要求一些反映自己现实斗争的戏、日常生活的戏。于是戏剧家们在要改变生活必须先认识生活的前提下，将生活搬上舞台，机械地、原封不动地搬上舞台，而却称这为“科学”。自然主义戏剧学派就是由此产生的。这派戏剧的主力是 1887 年 3 月 30 日创办“自由剧场”的安德莱·安图昂。另外一位剧作家让·柔琏是这个学派的宣传大员，他几乎是在同日宣称："演员必须表演得好像在家里生活一样，不要去理会他在观众中所激起的感情；观众鼓掌也好，反感也好，都不要管；舞台前面必须有一面第四堵墙，这堵墙对观众来说是透明的，对演员是不透明的。"这就导致斯坦尼斯拉夫斯基的"当众孤独"的原理。自从安图昂等人在观众和演员当中"砌"起了这堵墙，将观众隔绝以来，话剧面貌为之一变，出现了许多优秀作品，由自然主义发展到批判的现实主义，将资产阶级社会中的一切卑鄙、愚蠢、伪善、不可告人的肮脏勾当在舞台上暴露无遗；其中最出色的剧作家有易卜生、萧伯纳、霍普曼、契诃夫等19世纪大师。我们知道，我国的话剧也就是在这一学派全盛时期诞生的，并且在过去70年当中作用很大，成绩也很卓著，在人民的心目中赢得了应有的地位。

这里我想唤起大家注意一个问题，那就是说这个企图在舞台上造成生活幻觉的"第四堵墙"的表现方法仅仅是话剧许多表现方法中之一种。在2500年戏剧发展史中，它仅占了94年，而在这短短的94年内，戏剧工作者也并不是完全采用这个方法。可是，它的影响很大，以致有些人似乎只认定这是话剧唯一的创作方法。这就受尽束缚，被舞台框框所限制，严重地扼制住我们的创造力。为了解脱这些束缚、限制，布莱希特主张破除第四堵墙，破除生活幻觉。他使用了"间离效果"或"离情作用"来代替，也就是"破除生活幻觉"的技巧，防止观众、演员、角色合而为一的技巧。布对斯氏体系有一段评语很能说明问题：

> 蜕变（即演员、角色合而为一，进入角色的意思）是一种最麻烦的玩意儿。斯坦尼斯拉夫斯基为它出了许多点子，甚至创造了整套体系，以便创造性的情绪在每场演出时产生，但演员不可能持久地进入角色；他很快地便枯竭了，然后他便开始模仿人物的外在的一些特征、举止或音调，于是在观众面前所引起的效果便削弱到一种可怜的地步。

布莱希特接着说：

这些困难，在一个中国戏曲演员身上是不会有的，因为首先他否认这种蜕变的概念，自始至终只限于“引证”他所扮演的角色，可是他“引证”得多么艺术啊！除了一两个喜剧演员之外，西方有哪个演员比得上梅兰芳，穿着日常西装，在一间挤满了专家和评论家的普通客厅里，不用化装，不用灯光，当众示范表演而能如此引人入胜？

这话是布莱希特46年前写的。

布莱希特对梅兰芳艺术的赞赏

1935年，梅兰芳到苏联访问演出，布莱希特那时受希特勒迫害正巧在莫斯科政治避难。他看了梅兰芳的表演艺术，深深地着了迷，于1936年写了一篇题为《论中国戏曲与间离效果》的文章，盛赞梅兰芳和我国戏剧艺术，兴奋地指出他多年来所朦胧追求而尚未达到的，在梅兰芳却已经发展到极高的艺术境界。他最欣赏的是梅兰芳演的《打渔杀家》。文章里作了细致的描绘，热情地赞扬梅兰芳的手势和动作，特别是对桨的运用，尤为惊叹不已，那样一个简单的工具却表明了划船、弯曲的河流等等方面。

一个年轻女子，渔夫的女儿，在舞台上站立着划动一艘想象中的小船。为了操纵它，她用一把长不过膝的木桨。水流湍急时，她极为艰难地保持身体平衡。接着小船进入一个小湾，她便比较平稳地划着。就是这样的划船，但这一情景却富有诗情画意，仿佛是许多民谣所吟咏过、众所周知的事。这个女子的每一动作都宛如一幅画那样令人熟悉；河流的每一转弯处都是一处已知的险境；连下一次的转弯处在临近之前就使观众觉察到了。观众的这种感觉是通过演员的表演而产生的；看来正是演员使这种情景叫人难以忘怀。

这使我联想起另外一件事：1935 年前后，莫斯科同时上演了斯坦尼斯拉夫斯基导演的《奥赛罗》。他在导演札记里说明了他怎样来处理威尼斯小船：船下装上一些橡皮小轮子，使船能平稳地滑动……向歌剧《飞行的荷兰人》中两艘大船借鉴，用 12 个人推动船身，又用电扇吹动麻布口袋，激起浪花……又如何对细节作了指示：船夫所用的橹是锡做的，空心的，在橹的空心里灌上一半水——摇橹时里面便会动荡，发出典型威尼斯的冲击的水声。《奥赛罗》小船的处理就是企图在舞台上造成逼真的境界，而京剧《打渔杀家》却采用了一种破除这种生活幻觉的手法。

但是，斯氏对梅兰芳的表演也是敬佩的，认为中国戏曲艺术是“有规则的自由行动”。同时，梅兰芳的表演也并非完全是外部技巧，他也像斯氏那样对内在感情的创作活动极为重视。有这样一段故事说明了这一点。

有一位京剧著名女演员曾拜梅兰芳为师，学会了一出《洛神》，演出后大家颇为赞赏，一致承认学得很像，梅先生的一举一动，一腔一调，没有一样不模仿得惟妙惟肖。某一位评论家指出，只有一个地方没有学到家，那就是：她的洛神还差点“仙气”。听到这意见，我们这位刻苦钻研的女演员着了急，到处寻师访友，请教人家这“仙气”该如何取得。有一天，有一位高明的行家对她的苦闷一语道破：“梅先生演的是‘洛神’，您演的是梅先生！”于是，这位女演员恍然大悟。由此可见，内在的创作，而不是外部的标志，才是我国传统戏剧艺术的精神实质。

不同的戏剧观和戏剧手段

以上我主要是说明梅、斯、布三位大师既一致又对立的辩证关系，即是艺术观上或多或少的一致，戏剧观上的对立。我们可以从另一角度来思考这个问题。有些戏曲改革工作者，因为对戏剧观问题注意不够，常常将西方戏剧技巧强加于传统戏曲上，造成不协调的结果。戏剧家应该深入生活，但那不等于说我们该把生活原封不动、依样画葫芦地搬上舞台。毛泽东同志说过艺术“应该比普通的实际生活更高，更强烈，更有集中性，更典型，更理想，因此就更带普遍性”。这个要求和毛泽东同志所提出的其他要求一样，是有群众基础的。因为现实世界和戏剧中的世界不完全相同。我们话剧队过去下乡演出话剧，而不是传统戏曲，不是时常遇到这样一种尴尬的局面吗？幕已经开了，老百姓还待在外面乘凉、抽烟或聊天；请他们进去入座，他们会说：“不忙，还没开锣哪，人家还在台上闲扯淡哪！他们一唱，我们就进去。”

归纳起来说，2500 年曾经出现无数的戏剧手段，但概括地看，可以说共有两种主要的戏剧观：造成生活幻觉的戏剧观和破除生活幻觉的戏剧观，或者说，写实的戏剧观和写意的戏剧观。除此之外，可能还有写实写意混合的戏剧观。纯写实戏剧观只有 94 年历史，而产生这种戏剧观的自然主义戏剧可以说已完成了它的历史任务。可我们的话剧剧作家好像还受这个戏剧观的残余所约束。剧本，剧本，一剧之本；如果一个剧本是以写实戏剧观写的，我们就很难用其他方式演出，否则就不免发生编导纠纷。但是我国传统戏曲却具有一种远比现代话剧技巧更加灵活而巧妙的技巧。举一个浅显的例子来说：一段“自报家门”常常比整整一幕话剧交代得还要简明有力；一个“背供”就可以同观众分享一个秘密，角色就可以暴露出多少内心活动啊！

布莱希特采用中国戏曲的编剧技巧

布莱希特写戏时确实采用了我国传统戏曲的编剧技巧。比如，在他的许多编剧技巧中有一条叫“引文”技巧，即是让演员引证角色的话的技巧，像我国传统的评弹艺人那样，忽而进入角色，忽而跳出角色，以艺人身份发表一些评语和感想，忽进忽出，若即若离，大大有助于剧情的进展、人物内心的刻画、作者主观意图的阐述。布莱希特这种做法已经在他的戏剧论文集《街景》中提到理论高度，这本论文集阐述了“史诗剧”几个主要的特点。

布莱希特编剧的原则是：先由动作出发，然后塑造人物性格，而不是先有人物性格再找动作体现性格。他另外有一种独特的编剧技巧，即他命名为“日常生活历史化”的技巧。他说：“历史事件只发生一次，一去不复返。某一特定时代有某一特定特征，当代的事物也有当代的特征。特定历史条件下，就产生特定的时代特征和人物特征。”这种说法，实质上即是恩格斯所说的“典型环境中的典型人物”的意思。恩格斯在给拉萨尔的信中说：“主要的人物事实上代表了一定的阶级和倾向，因而也代表了他们当时一定的思想。他们的行动的动机不是从琐碎的个人欲望里，而是从那把他们浮在上面的历史潮流里汲取来的。”布莱希特所反映的现代生活斗争的剧本，如他的《第三帝国下的恐惧和痛苦》，就是从“浮在上面的历史潮流里汲取来的”。

“日常生活历史化”技巧是一个值得我们研究的技巧。如果我们把它和毛泽东同志《在延安文艺座谈会上的讲话》中的一段话联系起来推敲，就更会得益不浅：

> 革命的文艺，应当根据实际生活创造出各种各样的人物来，帮助群众推动历史的前进。例如一方面是人们受饿、受冻、受压迫，一方面是人剥削人、人压迫人，这个事实到处存在着，人们也看得很平淡；文艺就把这种日常的现象集中起来，把其中的矛盾和斗争典型化，造成文学作品或艺术作品，就能使人民群众惊醒起来，感奋起来，推动人民群众走向团结和斗争，实行改造自己的环境。

一个关于演技好坏的有趣问题

前年我会见一位外国朋友，一位戏剧同行，他问了我一个非常有趣的问题。他说：“传闻意大利某城有个著名反派演员，有一次扮演莎士比亚《奥赛罗》中的依雅古，演得那么惟妙惟肖，观众恨之入骨，其中一人当场举枪把他打死在舞台上。全城为了纪念这位有名的演员，特地给他建了一座讲究的坟墓。有一天，斯坦尼斯拉夫斯基来此一游，听说了这件事，就决定为这位可怜的演员树一块碑，上刻‘某某某——世界最好演员之墓’。过了几年，布莱希特也到此一游，他也决定为这位名演员树一块碑，并立在斯氏所树墓碑之旁。碑文是：‘某某某——世界最坏演员之墓’。”那位外国朋友问我：“先生，您怎样想呢？那个演员是最好还是最坏？”我简略答复：一、事件发生时我不在场，因此难以置评，没有调查研究没有发言权。二、我认为斯氏之所以评那个演员好，无非是因为演员和角色合成一体了。而布氏之所以评那个演员坏，无非是因为他没有采取一种客观的、批判的态度对待角色，让观众识破依雅古的邪恶；相反，他反而使观众着了迷，失去了理智。我有个体会：看了这样的戏之后，凡是恨这个人物而爱这个演员，那就是好演员。反之，则是坏演员。

我国的传统演技

因此表演是好是坏，我们不应该像斯、布二氏那样武断和绝对。对梅兰芳，也就是对我国传统的戏剧表演艺术来说，理想的方法是把表现内心活动的“内在技巧”和外部的表现技巧相结合。拿梅兰芳的《宇宙锋》为例，他在这出戏中扮演一个年轻女子装疯来嘲讽想把她嫁给皇帝的父亲。他在表演时，一方面装疯，一方面又像扮演者本人那样清醒。

再举一个例子，有一出旧戏叫《写蛮书》，昆曲叫《太白醉写》。唐明皇召见李太白，当时太白宿酒未醒，接到圣旨，必须快马加鞭进宫面圣。陈腐的表演方法都是让演员像醉汉那样两腿不稳，失去平衡，趔趔趄趄。

但是传统的表演方法却并非如此。因为诗人虽醉，演员却不应忘记他是骑在马上，因此他的两条腿并不属于诗人而是属于滴酒未沾的马。著名京剧演员汪笑侬在20世纪初表演时，上半身晃晃悠悠，完全是酒醉的诗人，下半身却稳稳当当、清清楚楚，是那匹马。所以，是不是可以说：这位表演大师的上半身是斯坦尼，而下半身是布莱希特?！醒和醉，神态清醒和疯疯癫癫，相对立的两者辩证相结合，正是我国传统戏剧的高超迷人之处。

我国传统戏剧内在的特征

我在这篇文章一开始谈到我国传统戏剧艺术有四大特征，即流畅性、伸缩性、雕塑性和规范性（程式化），其中规范性是最根本的。但这还不够确切。把我国传统戏剧称之为“规范化”（程式化）是从形式上看问题，这不是中国戏曲的实质。如果说西方艺术的基调是写实的话，那么传统的中国艺术的实质是什么呢？很难找到一个相当的词汇。在中文里我们有“写意”这个词汇，但是我还没找到一个适当的英译文；和外国朋友们谈到这个问题时，我只得用绘画来作比喻。古典西洋画基本是写实的，国画则主要是写意的。以北京故宫博物院展出的清代御用意大利画家郎世宁的画为例，他画的马是形似的，也即是写实的；但是如果看一看徐悲鸿画的马却远远超过真马，从透视学角度来说深谙此道的徐悲鸿画的马与真马相差无几，但他画马用极为简练的线条，大笔勾勒。不仅体态逼真，而更其神似，也即是说是写意的。

国外论述西洋画与国画的区别，说西洋艺术像“苦功夫下在忠实于他眼睛中所看到的上面，而中国艺术家却把苦功夫下在他脑子里所洞察到的”。这也就是说中国画家“所关注的是对象的精神和本质而不是对象的表面”。这里我发现一个很有启发性的字眼“本质”（Essence）。由于没有恰当的译法，我们是不是可以说写实（Realism）是西方艺术的基调，而“写意”（Essentialism）则是中国艺术的基调？如果我们同意这一对比，那么这也同样适用于我国的传统戏剧。

总括地说，除了前述的四种外部特征之外，我国传统戏剧还有以下四种内在特征：

(1) 生活写意性，就是说不是写实的生活，而是源于生活，又是对生活加以提炼、集中、典型化。创作不应当仅仅是来自生活，而应当是提炼过的高于生活的东西。

（2）动作写意性，即一种达到更高意境的动作。

（3）语言写意性，即不是大白话，而是提炼为有一定意境的艺术语言，达到诗体的语言。

（4）舞美写意性，即不是实际的环境，而是达到高度艺术水平的设计。

这四种我称之为内在的特征，再加上前述的四种外部的特征，就是我国优秀传统戏剧风格的主要条件，梅兰芳正是我国这种戏剧风格的大师。

艺术的强大动力

——1935 年苏联艺术家讨论梅兰芳艺术记录[1]

[瑞典] 拉尔斯·克莱贝尔格整理

李小蒸　　译

早在 70 年代，我就接触过关于 1935 年著名中国演员梅兰芳在苏联访问演出的记述文字。使我惊奇的是，在莫斯科，几乎当时所有伟大的导演，而且不仅是俄罗斯导演，都观看了中国戏剧，如斯坦尼斯拉夫斯基、聂米罗维奇－丹钦科、梅耶荷德、泰依洛夫、爱森斯坦，以及 1935 年 4 月正在莫斯科的戈登·克雷、贝尔托特·布莱希特、艾尔温·皮斯卡托等。

后来，他们都留下了自己接触中国戏剧时产生的印象——有的通过文章，有的通过书信。当我从一些回忆文章中得知，苏联对外文化协会曾举行过一次纪念梅兰芳旅行演出的座谈会时，我曾长时间在各类档案中寻找过那次讨论的记录，但没有结果。但是，关于这些极不相同的、各具自己鲜明个性的、决定着 20 世纪戏剧面貌的导演观点的艺术家们相互“碰撞”的想法，仍然在吸引着我。我决定写一部“臆想记录”。于是就出现了话剧《仙子的学生们》[2]。它于 1986 年在克拉科夫[3]首次公演，两年以后又在阿维昂涅[4]艺术节上演出。导演是已故的安东·维特斯，他还在剧中扮演斯坦尼斯拉夫斯基一角。

在完成《仙子的学生们》以后，我突然找到了当时讨论梅兰芳演出的记

---

① 副题为译者所加。

② 在梅兰芳访苏时，爱森斯坦曾写了一篇介绍文章，题为《梨园仙子》。——译者注

③ 波兰的城市。——译者注

④ 法国的城市。——译者注

录，它是保存在国家十月革命档案馆中的（Ф. 5283，оп. 4，ед. хр. 211）。

依我看来，这份记录从很多方面来说都是具有重要意义的。而对于我，一个“臆想”记录的作者，更对它产生了双倍的兴趣。如果说，我在话剧中迫使“学生们”借讨论梅兰芳艺术的机会，以一种亦庄亦谐的方式来阐释自己对于当时文化——政治局势的态度的话，那么，这个“异国情调的”戏剧的到来，使这次讨论会的参加者们从那种由于政治气候而被迫产生的、几乎已习以为常的瞻前顾后的状态中解放出来，有可能表达自己对艺术问题的看法，而没有因为任何意识形态的原因使自己的看法含混不清。

在寻找记录原稿的过程中，我得到了Ю. А. 佐琪诺娃的亲切帮助，特此致谢。

拉尔斯·克莱贝尔格

聂米罗维奇－丹钦科：

我想，还是由我们尊贵的客人先开始吧。（掌声）

梅兰芳：

我要感谢在座诸位，使我有机会到莫斯科来，并有可能在此演出。我对友好亲切的接待表示感谢。

我特别高兴的是，今天大家在此聚会，是为了谈谈对我国戏剧的观感，使我以后能够采纳，并使我能够根据在莫斯科的所闻所见，在表演上能有新的发挥。（掌声）

张教授[①]：

（译意）张教授指出，最令人珍视和愉快之处在于，他们有机会和苏联戏

① 当为陪同梅兰芳访苏的张彭春。——译者注

剧界的杰出代表交谈。他们想知道，对中国戏剧及其前途有何印象。

聂米罗维奇－丹钦科：

对于我们来说，最珍贵的是看到了中国舞台艺术最鲜明、最理想的体现，也就是中国文化贡献给全人类文化的最精美、最完善的东西。

中国戏剧以一种完美的，在精确性和鲜明性方面无与伦比的形式体现了自己民族的艺术。

我国戏剧的代表自然会从中得到很多有价值的东西。

我从未想到过，舞台艺术可以运用这样杰出的技巧，可以把深刻的含义和精练的表现手段结合在一起。

我本来还想继续谈下去，但我希望在座的同志们都能谈一谈。不过，我要为自己保留再次发言的权利。

谢·特烈杰亚柯夫：

我已经谈过很多，并且写过关于梅兰芳戏剧的文章，因此我很难再补充什么了。但我觉得，梅兰芳剧团到此地来，是做了一件带有根本意义的、特别重要的事情，是张教授在自己的几次发言中也提到的。那就是：对于在西方特别盛行的、对中国艺术持“异国情调”的看法，打开一个有决定意义的缺口。它也结束了另一个臆造，很令人不愉快的臆造——那就是说，中国戏剧从头到尾都是程式化的。

我们希望，这个戏剧，尽管有极其独特之处，尽管它可能使我们难以理解，但正如张教授说的，仍然找到了能够使我们接受的途径。他的意图，也就是送这个剧团到这里来的中国社会各界的意图，现在已完全实现了。

关于我自己，可以说，7 年来没有一个剧团能像这个剧团那样，让我看过这么多次。它的所有演出，我只有一次没看过。而且应当说，一次比一次获得更大的享受。只要能进入这种戏剧的形象语言之中，它就会成为清澈透明的，特别容易理解的，非常真实的。

我还想谈谈这种戏剧的现实主义的数量和质量方面的积累。我觉得，它的前途就在这些积累之中。这个戏剧有这样悠久的历史，这样深厚的历史的沉积，因而容易僵化。毫无疑问，这样的戏剧是有它的困难的。但是，在这些五光十色的固定形式之中，却跳动着生意盎然的脉搏，它会打破任何的僵化。

我们中国戏剧的朋友们谈到，他们很难利用自己的手段表现今天的题材。但我觉得并不完全是这样。当你观看像《渔夫的复仇》[①] 这样的戏，也就是表现被压迫者的复仇的戏时，就会明白，尽管渔女的服装上打着装饰性的补丁，尽管她戴着珍贵的宝石戒指，尽管嗓音很特别，而整个演出是在我们不习惯的乐队伴奏下进行的。尽管如此，只要你稍稍做些努力，整个戏剧就能被理解了。

还有一个问题，与其说涉及中国戏剧，不如说涉及我们，当然在这个会议桌旁是难以解决的。我认为，从中国戏剧的演出中，可以为我们苏联各民族独特的戏剧作出重要的结论。我觉得，这个戏剧必然证明，具有自己独特的民族戏剧或是具有可以构成这种戏剧的各种成分的共和国，不一定非要模仿欧洲戏剧的范例不可。

当看到生机勃勃的中国戏剧时，就可以考虑，在苏联许许多多民族中，也可以有各自的戏剧风格，它们可以和我们的文化、我们的欧洲式戏剧并行于世。特别是那些在历史上也曾给中国戏剧以巨大文化影响的民族。它们可以和欧洲戏剧展开独特的竞赛。我指的是中亚。它们可以向中国戏剧学点什么。

当有些人半开玩笑半认真地谈到，梅兰芳剧团可以演出什么的时候，我想，梅兰芳剧团不妨演出《罗密欧与朱丽叶》，由梅兰芳扮演朱丽叶。中国戏剧文学水平很高，甚至从题材方面来说也很接近莎士比亚。我觉得，这方面存在着一些新的可能性，找到一些新的途径，使像梅兰芳博士这样的大师，可以发挥自己惊人的才能。这种才能，是在扮演《虹霓关》中的女将这个角色中充分证明了的。梅兰芳的中国戏剧可以使梅兰芳在新的条件下展示自己无与伦比的天才。

---

① 即《打渔杀家》。——译者注

弗·梅耶荷德：

梅兰芳博士的剧团在我们这里出现，其意义远比我们设想的更为深远。我们这些正在建设新戏剧的人，现在感到惊奇和欣喜，同时我们也非常激动。因为我们确信，当梅兰芳离开我国以后，我们仍然会感觉到他的特殊影响的存在。

恰好现在我要重新排演我的旧作《聪明误》（作者格里包耶多夫）。我来到排演场时，刚好看完梅兰芳的两三场戏。我当时感觉到，我应当把以前所做的全部推倒重来。

在这里应当坦率承认，在我们苏联导演中间，有很多人文化素养不高。许多人想笨拙地模仿这个戏剧，也就是套用它的一些东西，如跨过看不见的门槛，在一块地毯上既表现“室外”，又表现“室内”。可这些只是小事。而那些感觉到自己获得了一种新的力量，想要有所表达的导演，那些成熟的大师们，当然是在吸收着梅兰芳戏剧中本质的东西。

在谈到梅兰芳博士戏剧本质的东西时，现在当然不可能全部涉及，我只想指出必须指出的一点。

我们有很多人谈到舞台上面部表情的表演，谈到眼睛和嘴的表演。最近很多人又谈到动作的表演，语言和动作的协调。但是我们忘记了主要的一点——这是梅兰芳博士提醒了我们的，那就是手。

我没有在舞台上看见过任何一个女演员，能像梅兰芳那样传神地表现出来女性的特点。我不想在这里举例，因为那可能得罪不少导演。但指出这一点是需要的。

我们还有很多人谈到所谓演出的节奏结构。但是，谁要是看过梅兰芳的表演，就会为这位天才的舞台大师，就会为他的表演节奏的巨大力量所折服。

我们知道苏联戏剧的力量，可是，在看了中国戏剧杰出大师的表演之后，我们就会发现自己有很多缺陷。我曾经从各个方面研究过这个问题，因为我不仅是导演，还是教师，我必须对在我们学校学习的学生负责。

现在我们已经能够清楚地看到，这次旅行演出将成为苏联戏剧生活中意义重大的事件。我们将一次又一次回忆起梅兰芳博士表演中所体现的东西。

莫·格涅欣[1]：

虽然我是一个音乐理论家，但我主要还是一个音乐实践家——作曲家。因此，可能，我作为一个音乐实践家，对于梅兰芳博士的戏剧演出，特别是这个戏剧的音乐的印象，还是值得一谈的。

接受外来文化的音乐有时是很困难的。我们都知道，这种异域的陌生性会妨碍人们对美的理解。可是这一点，这次我却全然没有感觉到。不错，由于我曾从事民族志学的研究，看见过日本戏剧和我国一些民族的戏剧，因此我有过一些训练。但梅兰芳戏剧的音乐是太美了。我作为一个专家，从曲调结构的角度说，完全理解这个音乐。此外，这个音乐的乐队构成，也是很有特色的。

当我就这个问题和中国大使馆的一位代表进行讨论的时候，他问我，如果把乐队扩大，按照欧洲乐队的方式，使它适应欧洲的体系，是否会更好。当时我坚定地回答说，我反对这样做，这是完全不必要的。它的美正体现在这样的音乐构成之中。重新组织乐队是完全不需要的。

还有一点也是毫无疑问的。这之中有一些音乐主题非常之好，完全值得单独加工，把它们改成交响乐。这是些非常好的素材。不论是我国的，还是西方的作曲家都会愿意从事这项工作。当然，这是戏剧以外的事。

此外，我还要指出，对音乐的印象是和对所有其他戏剧成分的印象密切联系在一起的。

所有戏剧演出的成分都贯穿着音乐。这给鉴赏家带来极大的快乐。我们知道，使戏剧的一切成分都在音乐的基础上统一起来是多么困难，因此中国戏剧取得的成就就特别重要。

我觉得，如果把梅兰芳博士的中国戏剧的表演体系说成是象征主义的体系，那是最正确的。“程式化”这个词远不能体现出它的性质。因为程式性也许可

---

① 格涅欣（1883—1957），苏联著名作曲家、音乐教育家。——译者注

能更易被接受，但它却不能表达情绪。而象征是体现一定内容的，它也能表达情绪。

我觉得，在研究这个戏剧的特性方面，还有许多事情没有做。

我曾请一位中国代表按照中国语音学特有的“四声”规则为我读一系列的字。他指出，所有这些字都相当清晰地揭示出其心理学的根据。所有搞音乐的人都知道，上升的语调意味着进程尚未完成，意味着未来，而下降的语调表明已存在的东西。一系列与阐释中国语言的理论和实践的问题，都由此而产生。这就是为什么我觉得，梅兰芳博士的中国戏剧非常值得认真地研究。

阿·泰依洛夫：

我觉得，对于我们来说，特别重要，特别珍贵的是，我们看到了，所有流行的对中国戏剧的看法，如说这是一种程式化的戏剧，如说这个戏剧的主要特点就是没有布景，就是象征性的动作——所有这些都只是这个巨大体系中的琐细的小事。这个体系的实质完全在另一点上。

我想，我们看到了确定不移的一点：这是一种从人民古老文化中发展起来的戏剧，是不断慎重细心地完善着自己体系的戏剧，是一个走向综合性的戏剧，而这种综合性戏剧具有极不寻常的有机性。

当舞台上梅兰芳博士的手势转化为舞蹈，舞蹈转化为言语，言语转化为吟唱（从音乐和声乐的角度看，吟唱的曲调是特别复杂的，在大多数情况下都表现得完美无瑕），我们就看到了这个戏剧的有机性的特点。

在梅兰芳的戏剧中，最有趣的是，那些我们称之为程式化的表现因素，只不过是为了有机而完整地、恰当地体现整个演出的内在结构的必不可少的形式罢了。我觉得，对于我们来说，这是最本质的东西。

很有趣的一点是，我甚至把这点运用到我国戏剧中来，而且运用到世界戏剧的发展中去。我谈的是我在梅兰芳剧团的演员身上看到的那种了不起的、巨大的凝聚精神。

我们一直在和自然主义戏剧争论，演员外形变化的极限在哪里，而梅兰芳博士的创作实践告诉我们，实际上所有这些内在的困难都是可以克服的。我们现在在这里看见的梅兰芳，是一个实实在在的、有血有肉的男人，可是他扮演的是女性。这个最困难、最复杂、最不可思议的变化，由这位演员完美地实现了。

我坚信，梅兰芳的戏剧会对我们，对我国戏剧产生影响。同时我希望，我们不要走上外部模仿的道路（也许有的人会追求这点），而是要掌握其内在结构，内在组织。

我要再次感谢梅兰芳博士所给予我们的一切，使我们在观看他的演出时体会到一种巨大的享受。我全心全意地欢迎他。

谢·爱森斯坦：

我想很简短地谈几句，因为就这个问题已经谈了很多。结论是非常有意义的，不仅对戏剧、对舞台是如此，而且对电影也是如此，也就是说，对整个我们的艺术都是有意义的。至于说到概括性的结论，那么现在来做可能为时尚早，而且也比较困难。因此，我只想指出一些目前从中国戏剧在我们这里出现这个事实中已经可以得出的结论。

中国戏剧使我们大开眼界，使得东方戏剧领域中的形象界限变得清晰了。

我不知道别人怎么样，我自己原来的看法是，日本戏剧和中国戏剧没什么区别。现在我清清楚楚地看见了这个区别。这个区别使我想到艺术史上存在于希腊和罗马之间的那种深刻的、原则性的差异。我愿意把中国戏剧艺术比作鼎盛时期的希腊艺术，而把日本戏剧艺术比作发展时期的罗马艺术。我想，我们大家都感觉到，在罗马艺术中，有一种机械化和数学式的简化的沉积层，这使它和希腊的本性和特点截然不同。罗马人和希腊人的关系，在一定程度上可以比作“美国佬”，就像美国人和欧洲人的关系那样。

而中国戏剧所具有的那种杰出的生气和有机性，使它与其他戏剧那种机械化的、数学式的成分完全不同。对我来说，这是一种最有价值的发现和感觉。

第二个鲜明而令人惊喜的感觉在于这样一点。我们一直尊重莎士比亚时代。我们经常想象着这个杰出时期的戏剧。那时演出常用假定性的方法，表现夜间的场面时舞台上有时也不暗下来，但是，演员却可以充分把夜晚的感觉传达出来。我们在梅兰芳的戏剧中也看到这一点。《虹霓关》中的一场戏表现得特别鲜明。黑暗的表现很突出。在锣声中，能够感觉到在黑暗的地方行走。此外，如果提到莎士比亚时代，提到那个时代的话剧的类型，我很景仰莎士比亚、维布斯特①、马洛②，这个作家群，他们的艺术形式十分完美。在维布斯特和马洛以及其他人的创作中，可以强烈感觉到他们之间的相互影响。这种相互影响，要比在莎士比亚那里感觉到的更强烈。应当说，我们在中国戏剧中所看到的，与马洛和维布斯特传给我们的很相似。这种戏剧类型正经历着一个特别有趣的发展阶段，这在舞台上很鲜明地表现出来。这种由一种戏剧原则向另一种戏剧原则的过渡，向着一种生气勃勃的运动，向着每一个形象的独立自主性的过渡，就是戏剧领域中运动的综合。

当我看到舞台上梅兰芳博士的表演时，我就特别回忆起这一切，因为我们在他的表演中看到了他的舞台动作的每一片段的发展过程。我们看到，他怎样完成一系列的手法，一系列几乎是像汉字组成般的不可缺少的运动。于是我们明白，这是对一些经过特别深思熟虑才得到的完美组合的完全固定的表达方式。为了反映重要的传统，制定了一系列必要的原则。可是，从一场戏到一场戏，梅兰芳却在用对人物性格的生动而出色的展示来丰富和充实着这些传统。因此，梅兰芳博士给我们的最重要的启示之一，就是这种对形象和性格的令人惊异的掌握。我用不着来谈，比如说《顽皮的女学生》③ 或《虎将军》④。不过由这个传统所形成的，非常细致，又非常概括的性格刻画方式，正是这个戏剧的令人惊异的特点之一。这种生动的创作个性的感觉，

① 维布斯特（1580—1625），英国剧作家。——译者注

② 马洛（1564—1593），英国诗人、剧作家，被称为莎士比亚先驱者。——译者注

③ 似为《春香闹学》，但据梅兰芳《我的电影生活》所记，访苏时并未演出《春香闹学》，此处存疑。——译者注

④ 即《刺虎》。——译者注

正是最令人震动的印象之一。

由此就产生了一个问题，是我们在接触梅兰芳博士时所遇到的，那就是对现实主义的总的概念问题。我们都知道书本上给现实主义下的定义。我们都知道，通过个别可以表现众多事物，通过个别可以达到概括。在这种相互渗透中，就产生了现实主义。

如果从这个观点来看梅兰芳的技巧，那么可能会发现一个很有趣的特点：在梅兰芳博士的表演中，这两种对立面都被引导到极限的程度。概括达到了象征、符号的地步，而具体的表演又体现着表演者的个性特征。因此，我们就看到了由演员的独特个性所体现出来的美妙的标志。换句话说，这两种对立面的框架好像还可以扩展得更宽。我想，由于我们正在为社会主义现实主义而斗争，对我们来说特别有益的是，要坚信，这种仿佛差别极微小的概念，却可以对我们的艺术有极重要的帮助。现在我们的艺术几乎完全被束缚在它的一个组成部分之中，那就是描述。这给形象带来很大损害。我们现在亲眼看到，不仅在我们的戏剧中，而且在我们的电影中，形象文化，也就是高度诗意形式的文化，几乎已经完全消失了。我们可以以我国默片电影时代为证，那是纯粹的形象结构，而不仅是对人的描述，可以起着巨大的作用。如果我们用过去电影中的艺术成果和今天来对照的话，那么我们就会看到，过分的描述性在损害着形式的形象性。而在梅兰芳博士那里我们看到的正相反：那是特别丰富的形象领域，是得到特别有力的发展的形象领域。

我不同意莫·格涅欣的意见。我认为这个形象更具个性，而不是象征；这个形象和我们的标准概念联系在一起。大师立足于直接的形象——情感方面。我认为，这一点最有意义，最有价值。因为我们在形式文化方面，特别是在电影中，正明显处于可怕的停滞状态。我们在梅兰芳博士的戏剧中所看到的现象，即令人惊异地善于发挥艺术领域的一切因素，对有声电影是特别重要，特别有迫切意义的。凡是在电影部门工作的人都会意识到这一点。因为，毫无疑问，这正应该是有声电影的基本特点之一。在梅兰芳博士到来之前，我们在形式方面处于严重凝固状态，这一点在电影中比在戏剧中更可怕。

梅兰芳与苏联戏剧家梅耶荷德合影

说到戏剧，我倒发现我们有一个剧院和梅兰芳博士的手法比较接近，那就是梅耶荷德剧院。无怪乎梅兰芳的开始正和梅耶荷德一样……①

我们的客人提出一个问题：我们能向他们提出什么建议。我很怕被视为一个反动者，但我个人觉得，艺术领域中的现代化——也包括技术领域，是这个戏剧应该极力加以避免的。我甚至想对我们的朋友们稍微提点批评。我有一个印象，在他们从列宁格勒回来以后，除了梅兰芳博士没有受到任何影响，仍然表现出令人惊异的完美技巧外，他周围的人的表演好像染上了我们的情调。我认为，这不会给演出带来益处。我觉得，甚至昨天演出的纪律都有些松懈了。如果俄国演员们喜欢这一点，那就更可悲。

我想，人类的戏剧文化，完全可以保留这个戏剧现有的极其完美的形式，而不会影响自己的进步。

在这方面我还有一个问题。今后为了保护这个传统应该做些什么？梅兰芳博士周围有许多研究家和由追随者组成的相当完美的学派。他们会继承他并加以发展。如果在这方面做得不够或有欠缺，那么我想，我们共同的责任就是，请求梅兰芳博士关心一下，要使他所积聚的完美的经验继续发展下去。

---

① 此处记录不全。——原注

在结束时我想说，我非常高兴能欢迎梅兰芳博士。他在刚到这里来的时候曾表示相信，我国的演员和专家会正确评价他的戏剧手法。现在我要说，用我们习惯的说法，他所拟定的计划，甚至超额完成了，而且百分比很高。(掌声)

张教授:

(译意) 教授准备发言谈三个部分：第一，对这里一些发言的印象；第二，中国戏剧对我们苏联各民族戏剧的作用和影响；第三，简单谈谈中国戏剧的未来。

他们对今天给予中国文化的高度评价表示感谢。梅兰芳博士请张教授代他表示，他感到很惶恐，因为大家对他过奖了，有溢美之感。

教授想谈谈这里对中国文化的评价。在西方，对中国文化的评价是从三个不同的角度进行的，那就是片面性看法的理论，异国情调看法的理论和创造性的观点。对中国戏剧的片面性的看法流行于18 世纪，当时有一些中国作品的片段开始传入欧洲。其中一个片段为伏尔泰所看到，于是他写了《中国孤儿》一剧，当然，是作了很大改动的。

20 年前对中国戏剧开始出现异国情调式的兴趣。这种兴趣也出现在美国和日本。张教授说，他一生都在与这种异国情调式的看法作斗争。

现在的情况是，片面的和异国情调式的兴趣已经过时了。现在开始出现了对中国戏剧的新的、创造性的兴趣。

教授高度评价对于所取得的成就的看法。尽管他清楚地知道，除了成就外，还存在着一定的局限性。他认为，这次会见非常重要，因为它证实了对中国戏剧的新的态度，并且打开了新的光辉的可能性。

这种可能性是十分大的，因为在这里发言的是一些不同艺术部类的代表——戏剧艺术、电影艺术和音乐艺术。

今天的发言体现了极大的真诚和理解的巨大渴望，以及运用从中国戏剧中得到的启示的愿望。

然后张教授转到自己发言的第二部分，那就是，现代艺术可以从中国戏剧艺术中汲取什么。尽管他在这些问题上并不是权威，但还是可以提出一些看法。

有些发言表示了这样的看法，即中国戏剧好像是建立在象征的基础上，而有些人用了“程式化”这个词。但是，中国戏剧是怎样会有能力打破这个程式化的束缚呢？

最好是和中国绘画作一些类比。比如，中国画是怎样描绘树木的呢？对树木的描绘是根据已经固定的画法来作的。中国画中的这些画法，就和在戏剧艺术中一样，是这些艺术的基础手法。在这些手法中没有任何个人的、突然出现的、富于个性的东西。就和在绘画中一样，演员一开始也只是学一些现成的手法。只有在他们已经掌握了这些基本手法以后，他们才能进行个人的创造。他说，在这些手法中，没有任何偶然性的，富于个性的东西，但是，当你拿起笔来画树的时候，风格却是属于你个人的。但无论如何，你画的树应该让每个人都明白，这确实是一棵树。

谈谈现实主义的定义。当形象被体现出来的时候，这并不是一个简单的体现，因为它要引起一定的感觉，而这种感觉和自然所给予的感觉是不一样的。

因此，所有这些一代传一代的固定的手法，在体现一定的象征的道路上，会使你感到轻快。

当演员掌握了这些手法后，他本人的生活经验就会在表演中起作用。那时就会创造出新的象征，新的手法，比如说，就像梅兰芳博士运用的那些。

因此，最终目的是在掌握现成手法的基础上，利用个人的经验，以创造出更完美的形象。

第二点看法可能是肤浅的：在西方戏剧中，这些舞台表演成分都是独立发展的，因此也没有必要把它们联结在一起。

第三点，谈谈正在现代中国戏剧中发生的变化。他觉得，戏的内容应该变化，但与其说要在情节方面变化，不如说要在心理方面变化。情节应当不变，而心理方面应当变。在情节方面，应该保持一定的距离，使得情节不要太和今天靠近，而心理阐释方面，应当作些改变。张教授强调指出，应当特别注意使运动按照已形成的传统进行下去。

张教授指出，从前大部分剧院照明很差，布景单一化，与剧情毫无关系。张教授认为，在照明和布景方面可以做些新的尝试。但这种照明应当是独特的，不应当和其他任何别的戏剧照明一样。

他认为，为了在现代艺术中保存中国戏剧，可以利用一些技术成果——电影、录音和其他，等等。

他对于中国戏剧的愿望就是，在中国戏剧的剧目中运用新的心理描写方法，同时为中国舞台利用新的戏剧技术成果。(掌声)

聂米罗维奇－丹钦科：

请允许我在结束时讲几句话。我们也认为，今天的会见是十分有意义的。

大家都承认，中国戏剧给了我国戏剧生活以深刻重要的冲击。当然，仅从这次简短的会见中，还不能充分判断，中国戏剧给我国艺术带来了什么，因为弗·梅耶荷德说得完全正确：对这种影响还需要加以研究，并使我国戏剧青年对它有深入的了解。但对中国戏剧的印象仍然是深刻的。今天的会见对于莫斯科和列宁格勒在中国戏剧中所体验的感激之情作了特别突出的总结。

关于苏联艺术、俄罗斯艺术能够向中国艺术提供些什么，这一点这次谈得很少。可能，这是我们谦虚的结果。也就是说，我们本来可以提一些建议，虽然我们的习惯总是回避这一点。也许，也应该完全真诚地谈一谈回避不谈的原因。我想，我的同志们是会同意我的看法的。我们对于任何具有突出特点的艺术都特别谨慎。大家很害怕谈出自己的想法来，会产生一些吸引力，会引人注意，可是要吸收这些想法，却对艺术起了破坏作用。因此我们在这方面是应当谨慎的。

但我仍然想谈一个想法。教授本人的声明在这方面支持了我。

我已经谈到整个文化的宝库，每个民族都把自己的、完全独特的东西带到这个宝库中来。在这个宝库中，艺术，这就是各民族最优秀的表现的综合。

在这方面，在我允许自己向我们天才的客人提出一些建议之前，我先向自己提出一个问题。我们的艺术给这个文化带来了什么，还将带来什么？我想，从梅耶荷德提到的普希金开始，到屠格涅夫和托尔斯泰为止，我国所有伟大的作家都有一个特点，它过去和现在一直充实着我国艺术，它迫使我们这些在很大程度上是从事着形式工作的——在这个词的狭窄意义上说——艺术工作者，必须把内容放在第一位。

正是这个俄罗斯艺术的内容，几百年来拨动着我国诗歌的琴弦，我们的愿望的心弦——那就是对美好生活的向往，对美好生活的思念，为美好生活而斗争。

正是这个对美好生活的向往，对美好生活的思念，为美好生活而进行的斗争，是我国艺术的最主要的动力。

我要说，我们天才的客人可以为自己的艺术感到万分欣慰。我们非常赞赏这个艺术，认为在手法方面、色彩方面，在人类本性一切可能性的综合方面，对我们来说都是理想的。

可是尽管这是我们的理想，但在我们观看梅兰芳的天才的表演的时候，我们产生了一个想法：如果他还能推动对美好生活的追求的话，那就更好了。（掌声）

梅兰芳：

（译意）他请求转达，他高度评价这个希望。他将鼓起勇气努力追求美好的生活。

聂米罗维奇－丹钦科：

我们希望，梅兰芳不是最后一次到我们这里来。

（译自独联体《电影艺术》1992 年第 1 期）

梅兰芳

——西方舞台的诉讼案和理想国

［法］乔治·巴纽　著

傅秋敏　王慷　　译

译者按：

1994 年是中国杰出的戏曲艺术大师梅兰芳诞辰 100 周年。为了纪念梅兰芳先生，进一步沟通中法戏剧艺术的交流，我们翻译了法国巴黎第三大学戏剧研究系乔治·巴纽教授的这篇研究论文。全文共 18000 字，发表于《美学杂志》1983 年第 5 期。因限于篇幅，仅摘译其中部分要点。

认识亚洲

对西方戏剧家来说，东方戏剧是充满视觉享受而非中性的学问，它凸显了中国、日本或巴林演员的用语。面对东方舞台，西方导演对这种陌生的、无法想象的艺术产生了反馈。几位决定性人物和事件对这个世纪产生了影响：1900 年的莎达·雅戈，1904 年的花木，1928 年市川左团次的巡回演出和 1931 年的巴林戏剧。也许除莎达·雅戈外，没有人能像梅兰芳和他的古典形式新戏剧在 1935 年访问苏联演出时使观众如此之惊讶。观众厅聚集了几代戏剧大师（斯坦尼斯拉夫斯基和梅耶荷德、克雷·戈登和布莱希特、爱森斯坦和皮斯卡托、泰伊洛夫和特莱杰亚考夫）。西方从中国戏剧中获得认知。梅兰芳在西方成为一个象征性形象。

到场不等于认知，但在莫斯科的大部分艺术家都进行了认知。因为他们国家的戏剧存在着等待，一种危机中的等待。他们以各自的方式向西方演员提出问题，即使不像克雷·戈登那样宣传完全排斥戏剧，也在思考改革方案。梅耶荷德毫不犹豫地提出："如果它已被否定，我们就结束它；如果它有生命，我们就复活它。"① 因此对东方模式的阅读早已有准备，又有不很确定的探询痕迹。……梅兰芳是西方演员梦想的一种表演方法的有形证据。戏剧可以通过有形的身体来表现无形，西方导演们敏感地意识到了这一点。中国演员使一种理想国的精神结晶化……

中国事件

在中国，梅兰芳早已享有盛誉。他曾两次赴日，日本著名的艺术家例如村田女士以及森田先生都异口同声地称道梅兰芳表演的独到之处。1930 年，梅兰芳又出访美国。在那里，他的演出获得了名副其实的成功。新闻界对他的赞誉可谓前所未有，但以我们所知而言，在这首次东西方的相遇中，没有出现一篇重要的理论文章。

5 年后，梅兰芳带领他的古典形式新戏剧去了苏联。自始至终，他的演出形成一个重要事件。斯坦尼斯拉夫斯基、梅耶荷德和爱森斯坦都是在欢迎委员会的成员，他们身边还可找到高尔基和阿·托尔斯泰。爱森斯坦为梅兰芳摄制了一个很长的戏剧片段，并写了著名的研究论文《梨园仙子》。梅耶荷德在致完重要的欢迎辞后，奉献了他导演的经改编后再度搬上舞台的《智慧的痛苦》一剧。他说在此戏中能找到借鉴于中国演员的"形式"的成分。

对布莱希特来说，重要的是发现。此番莫斯科之行使他发现了一种陌生的

---

① 梅耶荷德：《导演的艺术·一次演讲节录》，1927 年 11 月 14 日，梅耶荷德《戏剧散论》第二卷，1975 年版，第 225 页。

艺术和契科罗夫斯基的陌生化效果的理论。经过这双重认识，“陌生化效果”的理论首先出现在布氏《圆脑袋和尖脑袋》一文里，接着又重提于他著名的研究论文《中国表演艺术中的陌生化效果》中。

……1935 年在莫斯科，两条道路互相沟通，从此它们互相依赖。

记忆和身体的自由

西方演员抛弃身体的资源，把表演方法仅局限在表情，其实面部表情也是多样化的。布莱希特认为，西方的表演只有“一堆杂乱无章的模仿，这些商品被包装起来，为了在黑暗的大厅里卖给那些被陷于混乱的观众”①。这是对该时代概括性的观察。与此相反，东方演员则从整个身体展开他的艺术。他从童年开始，就进行了形体训练。梅耶荷德也指出了西方演员身体表现的局限性。批评西方演员表演资源的局限性，实际上是人们对当时西方占主导地位的美学提出诉讼。

除了提倡戏剧演员要像杂技演员那样进行身体训练外，梅耶荷德甚至设想了一种时间的“信号”，目的是使演员不迷失方向，避免无序的危险。梅耶荷德对斯坦尼斯拉夫斯基体系最为唾弃之处是混乱。为了不陷入混乱，便求助于戏剧传统，像泰伊洛夫那样，致力于训练的组织效能。除对斯坦尼斯拉夫斯基体系的批评外，这还令人意识到另一种尺度，即这位导演思想中存在着有关控制的梦想。抽象地说，梅耶荷德首先建立了演员理想范本的木偶——他把服从规范，拒绝任意性的东方演员作为效法的模特儿。东方演员被当成了木偶的活的代用品。分析的错误来自导演和仅仅作为传播者的学者们的中性知识的主观意念过于急速的同化。中国演员不是受人操纵的木偶，他是受过去（le paseé）控制的木偶：他被传统的规律所推动。

布莱希特也承认控制对他的吸引力。首先他拒绝被斯坦尼斯拉夫斯基当作演员的材料的“下意识”。他认为“下意识”只能被重复的激动所损坏，最后

① 布莱希特：《中国戏曲艺术的陌生化效果》，《戏剧散论》第一卷，巴黎：阿尔希出版社 1972 年版，第 594 页。

变成僵死之物。布莱希特坚持认为“下意识”是无法真正控制的。梅兰芳向他显示了变形的奇迹。中国演员不让身体化身为另一个人，他通过能准确传递，能被完美掌握的古老符号的运用来表现身体。

构成传统的符号保存了完整的美，这种“美的完善是伟大的”[①] 东方艺术家不仅没有残缺和破碎，反而拥有保持良好状态的工具。无论唱和舞，身体的每一粒“种子”都在起作用：“身段，它的节奏”，“声腔，它的气口”。所有这些因素都使得规则发生轻微变化。丰富而无连接的传统符号被独一无二的身体所修正和改变，因此在排练内部便重新出现了不同性。由于演员身体的真实性，使他既保持传统又不牺牲他身体的真实。应该说是身体的整体灌溉了被重新赋予生命的符号。传统则起着控制作用。

中国或日本的观众不拒绝演员对传统的加工，但也不因此接受所有的改变。布莱希特认为，中国既拥有具备演剧方法的演员，也存在一批内行观众。这些观众不是简单的传统保存者，他们在剧场更多的是为了检查革新，为了阻止主观性的膨胀。内行观众延长了古典的权威性，起了阻止传染的过滤作用。布莱希特明晰地对照了两类演员：“在中国，一位演员演得像其他演员被视为优秀演员。在德国，正好反其道而行之。”[②] 由于在亚洲，新东西从不因其自身而被抬高身价，演员不会“因为单纯的改革，而是由于改革的价值”才获得声誉[③]。因此，新东西不会师出无名，只是在要求发言权时，它要受到检查。这种在传统的移动中冒险的中国演员和作为可怕的评判的观众之间的关系使布莱希特醉心。在东方戏剧里，布莱希特才抓住了那似乎是正确的、在“持久性，真正的艺术标准”和“造反的，自然的因素”之间的关系。这种关系决定了压力持久的两极之间的演员的工作结构。

年迈的大师斯坦尼斯拉夫斯基也意识到这种关系。一位观看了梅兰芳全部

---

① 布莱希特：《论中国戏曲》，《戏剧散论》第一卷，巴黎：阿尔希出版社 1972 年版，第 410 页。

② Klaus Volker, Brecht Chronik, Daten zu Leben and Werke, Muniche, Carl Hansen Verlag, 1971, p120。

演出的女士很惊奇梅兰芳在不同夜晚的细微改动（西方人总以为规范定死了亚洲的表演）。为了回答她的问题，斯坦尼斯拉夫斯基说："梅兰芳先生从艺术程式中获取了动作自由。"① 自由和约束，记忆和个性。梅兰芳赞同斯坦尼斯拉夫斯基这位伟大艺术家的回答。

距离和幻觉，运动中的矛盾

戏剧，最根本涉及到两极：舞台和观众厅，演员和观众。如不对准这两极，就无法真正重新评估。或者人们仅仅是进行修补而已。当戏剧自我质疑时，更胜于其他艺术，它在其本身的物质性里，进攻生产和接受两个方面。如果我们将整个身体视为演员的工具，演员的技巧和非自然便是分内之物。那么观众厅无须再保持为全部变形和幻觉所需的黑暗了。梅兰芳的表演展示了梅耶荷德和布莱希特的共同认知：梅兰芳的表演意味着另一种接受，另一种与舞台的关系。

准备重演《教师布布斯》时，梅耶荷德甚至引用了一种过程：戏前戏（Lepréjeu）。他说，戏前戏是手势表意，它"准备让观众看到这样的舞台情景；它使观众在如此加工过的形式下，接受所有这个情节的细节，而不必为理解戏的意思而浪费努力。这就是古代中国和日本戏剧最偏爱的表现手法②"。戏前戏是不是布莱希特的歌唱和布告的视觉化的变形呢？因为它们也是为了把对故事情节发展的兴趣转移至戏的结局方式上去。

布莱希特谈到，是部分变形保证了最少幻觉。中国演员并非总远离他的角色，有时靠近，有时甚至混为一体，随之再远离。演员和角色并无固定化，但有持续的修改关系（很像木偶演员和木偶的关系）。布莱希特认为，在控制不受威胁的情况下，部分变形保证了远近距离的交替：完全陷入一种距离的情形

① 梅绍武：《外国观众和批评家眼中的梅兰芳》，《京剧和梅兰芳》，新世界出版社 1981 年版，第 62 页。

② 梅耶荷德：《教师布布斯和一次演出所提出的音乐问题》，1925 年 1 月 1 日讲演，载梅耶荷德：《戏剧散论》第二卷，1975 年版，第 129 页。

是暂时的、间断的、绝对不连续的。但是我们应注意到，这不是在使激活表演的两极中平分秋色，因为就重温毛泽东的矛盾理论而言，可以认为被表现构成了主要方面，被体验从属于次要方面。这使布莱希特发现运动中的矛盾是梅兰芳表演的依据。

布莱希特介绍了戏曲表演的一个特点，即中国演员是有侧重点的，而不是以均匀的方式去表现一个角色。观众则是通过诱发体验瞬间的光亮来认识角色的存在。剧场里“他自己不是观众，他的邻居是观众”①。观众由此通过一个第三者的中间状态来进行体验，观众和这个第三者产生狭窄的共处关系，因为这位邻居既是最邻近者，但又不是观众自己，也非陌生人。他是演员和观众之间的接壤者：由于他产生了对个性的体验，有侧重的体验。在我们完全习惯了的演员和观众的两者关系中，中国引入了第三个成分，这第三者打碎了过分紧密的联系，焚毁了规则，他让我们隐约看到一种移动的多重关系，一种四项关系：角色—演员—观众—邻居。

现实主义的赌注

30 年代，关于现实主义的辩论激动了文学界。卢卡奇和布莱希特的论战凝聚了表演上现实主义的主要的对立观。这两位仅以理论作为论据的对手在一个更悲剧性的对抗中得到共鸣。日丹诺夫在高尔基道义上的支持下，提出了称之为“社会主义现实主义”的理论。面对美学独裁的攻势，艺术家们试图采用灵活的防御战术进行反抗。梅兰芳对他们来说几乎是不可缺少的良机，梅耶荷德和爱森斯坦等艺术家都利用此机会，让人们意识到他们对新文化计划的不满。

布莱希特在有关现实主义的辩论中，首先强调了中国舞台上并不像人们所认为的那样，真实性消灭了。梅兰芳所用的符号是在被改编的形式下回归真实，回归到强调它思索的个性的挑选。梅兰芳和京剧使戏剧成为美的表演，戏曲舞

---

① 布莱希特：《中国戏曲艺术的陌生化效果》，《戏剧散论》，巴黎：阿尔希出版社 1972 年版，第 592 页。

台通过这种美的本身拒绝与现实混为一体，但它又像一面放大了习惯视觉的、不全部背离具体性的放大镜。在中国，美不使人失去理智，它远离所有与真实的相似性，因此它不停地使人们意识到它是戏剧性的。

梅耶荷德肯定道："我们应该指出，承认这种公式的正确性，即认为中国艺术属于形式主义，这是个可怕的错误。"① 不过，这里不涉及以保护真实性的名义去复兴有关中国艺术的真理，他更大程度上是利用中国艺术来拐弯抹角地谈论他自己的权益。实际上，梅耶荷德是起来反对这个时代共有的倾向：给所有要求运用其自身特有语言的艺术实践都贴上形式主义的标签。

爱森斯坦则更激进地依赖梅兰芳的方法。他的战略与梅耶荷德相似，只是几乎毫无掩饰而已。通过梅兰芳的演出，爱森斯坦不仅了解了连续性程式的运用，而且认识到戏曲程式符号的运用，其含义就像象形文字，经常是复数的。由此，爱森斯坦强调戏剧类型和动作要向多重性含义发展，并在演出过程中逐渐表现出这种多重性。

纵观梅耶荷德和爱森斯坦等人对中国演员艺术的谈论，可以感受到萦绕他们脑际的担忧。悲剧性果然很快地显示了。特莱杰亚考夫被枪毙了，梅耶荷德走上了去古拉格之路，爱森斯坦勉强地逃避了打击苏联知识分子的恐怖浪潮。唯有临近死亡的斯坦尼斯拉夫斯基，在他最后执导排练时，还继续向演员们讲述梅兰芳表演的高超之处。② 随后战争爆发，夜幕降临世界。布莱希特写了首诗，谨慎地抒发了对梅兰芳的追忆，也许是对遥远的1935年，这灾难前的一年的追忆：

> 这一年，
> 军舰，织成背景的炮声连绵；
> 鲜花，白得像拳头，美得像一位中国演员。③

---

① 梅耶荷德：《卓别林和卓别林主义》，第234页。

② 梅绍武：《外国观众和批评家眼中的梅兰芳》，《京剧和梅兰芳》，新世界出版社1981年版，第62页。

③ 布莱希特：《诗集》（第四卷），巴黎，1967年版，第97页。

国际文艺界论梅兰芳

梅兰芳是我国向海外传播京剧艺术的先驱者。他曾于1919年、1924年、1956年三次访日，1930年访美，1935年和1952年两次访苏，把京剧艺术推向了世界。他的表演艺术受到国外广大观众的热烈欢迎和文艺界的高度评价。通过他的努力，不仅使京剧艺术跻身世界戏剧之林，也使外国戏剧家从中受到启迪。值此徽班进京200周年纪念之际，谨将国际文艺界（包括一些西方艺术大师）当年对京剧和梅兰芳表演艺术的评论做一概述，以显示博大精深的京剧艺术早已在世界上被公认为第一流的戏剧，伟大的艺术。

一、京剧艺术两次东渡的影响（1919年、1924年）

1919年，梅兰芳25岁，声名已远播海外，几个国家争相邀请他去演出，他决定先去近邻，因为他考虑中国古典戏剧在日本可能更易让人接受，同时他也想趁此机会研究一下日本的歌舞伎和谣曲。我国早期刊物《春柳》1919年第4期曾经报道说："梅兰芳就日本之聘，言明一个月。出五万元之包银，在日本已为破天荒之高价，而中国伶界得如此之重聘，亦未之前闻。已定议四月中旬前往，美国以为兰芳宜先到美国一行，来回约五个月，以三十万美金聘之。法国以为兰芳不到法国，则以法国之剧艺美术论，不足以光荣。无论须银若干，法国不惜。一名优出洋小事也，外国当仁不让，亦可见矣。然而兰芳不肯作拍卖场之行为，仍按约先至日本。"

1919年4月，梅兰芳率领剧团29人离京赴日，5月1日至12日在东京帝国剧场演出12场，剧目为《天女散花》、《御碑亭》、《黛玉葬花》、《虹霓关》

和《贵妃醉酒》。演出方式是与歌舞伎同台奏艺，京剧插在中间。东京演出成功后，又赴大阪演出两场，剧目为《思凡》、《御碑亭》、《琴挑》和《天女散花》。随后又应神户华侨为兴办中华学校筹募基金之约赴该市与团员一起共演出三场更加丰富多采的剧目，三场演出，除开销外，盈余悉数捐赠。这可以说是京剧演员首次在国外的义演，赢得了华侨的赞扬。

关于京剧艺术，日本评论界写了不少文章，大都认为京剧的规范朴素大方，特有的形式美和象征美要比写实的戏剧更新鲜，更带有本质性。评论家神田鬯盦说："我这回看了梅兰芳的演出，作为象征主义的艺术，没有想到它卓越得令我十分惊讶。中国戏剧不用幕，而且完全不用布景。它跟日本戏剧不一样，不用各种各样的道具，只用简朴的桌椅。这是中国戏剧非常发展的地方。如果有人对此感到不足，那就是说他到底没有欣赏艺术的资格……使用布景和道具绝对不是戏剧的进步，却意味着看戏的观众脑子迟钝。"① 另一位评论家落叶庵附和道："我看了梅剧，觉得不用布景是无所谓的。像都踊那样的日本舞蹈，用布景比不用布景好，但要演出让各种人物互相联系互相影响使之都能活在舞台上的戏，不用布景却能使观众的注意力集中在人物身上，有时效果也挺好。"②

在评论梅兰芳的表演方面，文艺界人士称赞他"嗓音玲珑透彻，音质和音量都很鲜明，据说这是他有天赋之才，再加上锻炼的结果。但他的嗓音始终如一，连一点儿凝滞枯涩也没有，而且同音乐配合得相当和谐，有一种使听众感到悦耳的本领，真令人不胜佩服"③。"他舞天女之舞时的步子、腰身、手势都很纤柔细腻，蹁跹地走路的场面很自然，人们看到这个地方只觉得天女走在云端，不禁感叹梅氏的技艺真是天斧神工。"④ "他那自如的动作和落落大方的舞

① ［日］神田鬯盦：《看梅兰芳》，见《品梅记》（转引自吉田登志子《梅兰芳 1919、1924 年来日公演的报告》，《戏曲艺术》1987 年第 1 ~4 期）。

② ［日］落叶庵：《看梅兰芳剧》，见《品梅记》，日本京都汇文堂书店 1919 年版。

③ ［日］丰岗圭资：《看中国戏剧》，见《品梅记》，日本京都汇文堂书店 1919 年版。

④ ［日］洪羊盦：《梅剧一见记》，见《品梅记》，日本京都汇文堂书店 1919 年版。

台技巧有着第一流演员的风范。总而言之，给人留下的印象是非常愉快的。”①

日本汉学家内藤湖南、狩野君山、滨田青陵和戏剧家青木正儿等人也纷纷著文介绍中国古典戏剧的源流演变和梅兰芳的艺术创造，并由汇文堂书店辑为《品梅记》行世。当时北京的报章报道说：“彼都士女空巷争看，名公巨卿多有投高纾赠之雅。名优竞效其舞态，谓之梅舞。”著名歌舞伎演员中村歌右卫门就曾在浅草的“吾妻座”上演过移植成日文的《天女散花》。《春柳》杂志刊载的一篇题为《梅兰芳到日本之影响》的文章提出“甲午后，日本人心目中，未尝知有中国文明，每每发为言论，亦多轻侮之词。至于中国之美术，则无所闻见，除老年人外，多不知中国之历史，学校中所讲授者，甲午之战也，台湾满洲之现状也，中国政治之腐败也，中国人之缠足赌博吸鸦片也。至于数千年中国之所以立国者，未有研究之。今番兰芳等前去，以演剧为指导，现身说法，俾知中国文明于万一”②。所以可以说，梅兰芳首次访日演出成功，在宣扬祖国文化和改善民族形象方面或多或少起了一些作用。

1923 年 9 月，日本东京遭到关东大地震的灾害，死伤达 13 万余人，剧场几乎全部被毁。梅兰芳听说后，当即在北京主办几场义演，把全部收益 1 万余元捐献给日本红十字会。1924 年 10 月，东京帝国剧场修复，再次邀请梅兰芳赴日演出，以举行隆重的开幕式，梅兰芳遂在帝国剧场演出 15 场，剧目是《麻姑献寿》、《廉锦枫》、《红线盗盒》、《奇双会》、《审头刺汤》、《虹霓关》、《御碑亭》、《黛玉葬花》和《贵妃醉酒》，仍与歌舞伎演员同台奏艺，但这次京剧改在大轴上演了。

东京《万朝报》1924 年 10 月 29 日刊载一篇戏剧评论家内中蝶二写的《帝剧所见，最精采的是梅兰芳》的文章，其中说道：“作为纪念剧场改建的首场演出，大家都认为梅兰芳的表演最为精采。对帝剧的专属演员来说，这是个很尖锐的讽刺。从他们的立场来看问题，这可以算做受尽了侮辱；在旁观者的眼中，则会说

---

① ［日］凡乌：《显示了天赋的艺术风貌，梅兰芳第一天的演出》，日本《国民新闻》1919 年 5 月 3 日。

② 《春柳》1919 年第 5 期，第 10 页。

他们没有志气。他们实在没有志气。时至今日，这确是一场本领的竞赛，是梅氏争取观众还是我们争取观众的问题。现在正是我们应该发挥本领的时刻，我们要把中国戏曲压倒……现在他们应当有这种气概，可是他们在舞台上却一点儿声势也没有。”接下来评论道：“梅兰芳的中国戏曲第一天的剧目是《麻姑献寿》，虽然是一出祝贺喜庆的戏，只要文雅与美丽就行了；然而一看到梅氏那种端庄优美的姿态和恰到好处的顿挫有节的动作，再听到他那用纤细尖新的嗓音唱出来的美妙唱腔，人们就像遨游于另一个天地之中，这里有盛开着的美丽的香花，有漂亮的禽鸟彼此和鸣，这里是如此温馨，真是令人感到无比快乐。”

评论家南部修太郎赞赏梅兰芳在《黛玉葬花》一剧中表演细腻，“这不是一般中国戏曲常用的那种夸张的线条和形态表现出来的神情，而属于写实的并且是心理的或精神的技艺。我想，这是梅氏在尽量努力地表示《红楼梦》中林黛玉的性格和心情。这就是梅氏对原有的中国戏曲的技艺感到不满足，而在这种‘古装歌舞剧’的新作里开拓出来的新的艺术境界”①。

梅兰芳后来又在大阪和京都演出 6 场。《大阪朝日新闻》1924 年 11 月 10 日发表玖琉盘的文章，赞扬梅兰芳扮演的杨贵妃“虽然很艳丽，但并不妖媚，其醉态的确可爱，却丝毫不含邪念。演这种花旦戏居然如此高雅，这是梅氏的特点之一”。他还夸赞载歌载舞的《洛神》是一出音乐曲调很美的、华丽的爱情梦幻剧。

当时，大阪市小阪电影片厂为梅兰芳拍摄了《红线盗盒》、《廉锦枫》和《虹霓关》三剧的片断，在各地放映。日本蓄音器商会为他录制了五张唱片（包括《红线盗盒》、《御碑亭》、《天女散花》、《贵妃醉酒》、《廉锦枫》和《六月雪》的唱段）在日本出售。

梅兰芳两次访日后，他的名字遂在日本家喻户晓。日本老百姓通常对中国人的姓名都用日语的念法，就连当年赫赫有名的李鸿章，一般都称他为“Li Kou Chiu”，唯独对梅兰芳一律用北京音“Mei Ran Fan”称之，这在日本是非常罕见的事，可以说是对他的一种特殊的尊敬。在梅兰芳演出的影响下，日本

① 《梅兰芳的〈黛玉葬花〉》，《新演艺》1924 年 12 月号。

剧坛后来以中国故事为题材的剧目演出逐渐增多，他的《天女散花》、《思凡》、《贵妃醉酒》和《虹霓关》都曾被日本演员移植不断上演，甚至每年过年时例行的羽子板①集市上，也出现了绘有梅兰芳扮演的仙女、麻姑的羽子板出售，足以看出日本民间有众多的梅兰芳的崇拜者。

二、京剧艺术风靡美国（1930年）

梅兰芳早在20年代初就有意将京剧艺术介绍给美国人民，同时也想借机考察一下西方戏剧的情况。两次访日演出成功增强了他的信心，经过七八年的艰辛筹备，他终于在1929年冬率领梅剧团24人远渡重洋，先后在纽约、芝加哥、华盛顿、旧金山、洛杉矶、圣地亚哥、西雅图和檀香山等城市演出了72天戏，历时半年之久。当时恰逢美国经济大萧条，但绚丽多彩的梅兰芳舞台艺术依然赢得了美国人民的热烈欢迎。他带去的剧目计有《汾河湾》、《贵妃醉酒》、《打渔杀家》、《春香闹学》、《刺虎》、《虹霓关》、《廉锦枫》、《天女散花》和《霸王别姬》，以及剑舞（《红线盗盒》）、羽舞（《西施》）、杯盘舞（《麻姑献寿》）、镰舞（《嫦娥奔月》）、袖舞（《上元夫人》）等舞蹈节目。京剧艺术一时风靡了美国，许多知名文艺评论家著文加以评论。

京剧艺术深邃高超

著名戏剧家斯达克·杨（Stark Young）在一篇题为《梅兰芳和他的剧团的节目》② 的文章中说："在一个属于古老民族的传统艺术和一位被他们的人民承认为伟大的艺术家面前，我们大多数观众必定会感到谦卑……梅兰芳的表演是

---

① 羽子是日本过年时的一种传统玩具，很像羽毛球。

② 《新共和》1930年3月5日第1期。

本季度戏剧的最高峰，也是自杜丝①的访问和莫斯科艺术剧院上演契诃夫戏剧以后的任何一个戏剧季节里的最高峰。”

知名文艺评论家布鲁克斯·阿特金逊（J. Brooks Atkinson）称赞道：“梅先生带来的京剧跟我们所熟悉的戏剧几乎毫无相似之处……这种艺术具有独特的风格和规范，犹如青山一般古老，却像中国的古瓷瓶和挂毯一样优美。如果你能摆脱仅因它与众不同而就认为它可笑的浅薄错觉，你就能开始欣赏它的哑剧和服装的精美之处，你还会依稀觉得自己不是在与瞬忽即逝的感觉接触，而是与那经过几个世纪千锤百炼而取得的奇特而成熟的经验相接触，你甚至会一时痛苦地想到，我们自己的戏剧形式尽管非常鲜明，却显得僵硬刻板，在想像力方面从未像京剧那样驰骋自由。”②

著名舞蹈评论家玛丽·瓦特金斯（Mary F. Watkins）称赞梅兰芳在《霸王别姬》中的剑舞是“灵巧熟练而优美的艺术杰作，其中形式和象征性紧密结合，而整个舞蹈又没有受到它们的干扰”③。另一位评论家威廉·鲍里索（William Bolitho）给予梅兰芳的舞蹈以极高的评价：“对我来说，梅兰芳首先是个舞蹈家，在这方面我毫不犹豫地把他归入最有成就的舞蹈家的行列……在看他表演《红线盗盒》的剑舞时，我清醒地认识到他的舞蹈已达到最高境界。”④ 著名的美国舞蹈家泰德·肖恩（Ted Shown）觉得“在积累艺术经验和从事艺术教育方面，你可以从梅兰芳那里学到一些不可估量的、宝贵而独特的东西”。早在 1926 年，泰德·肖恩和他的妻子露丝·圣·丹尼斯（Ruth St. Denis）⑤ 就曾根据梅兰芳的《霸王别姬》改编成一出芭蕾舞剧，在美国和

---

① 爱丽奥诺拉·杜丝（EteonoraDuse，1859—1924），著名意大利演员，以演技简练而不矫揉造作著称。

② 《纽约·世界报》1930 年 2 月 17 日。

③ 美国《舞蹈》杂志 1930 年 5 月第 1 期。

④ 纽约《世界报》1930 年 2 月 20 日。

⑤ 露丝·圣·丹尼斯（1880—1968），美国舞蹈家，和她的丈夫于 1915 年创建丹尼斯－肖恩舞蹈学校，被公认为现代舞的摇篮，培养了玛莎·格雷厄姆等优秀的舞蹈演员。1925 年 11 月，梅兰芳在北京接待过这对夫妇，并为他们的舞蹈团做过专场演出。

东南亚各地上演，受到好评。①

京剧酷似希腊古剧和伊利莎白时代的戏剧

斯达克·杨谈到他看过京剧之后，联想到希腊古剧和伊利莎白时代的戏剧，使他茅塞顿开，解决了戏剧研究中的一些疑团，加深了对希腊古剧组织法的理解。他说："希腊古剧和伊利莎白时代的戏剧同京剧颇为相似……京剧对希腊古剧作了一种深刻的诠释，因为那些使人联想到希腊的特征，以一种自然的思考方式，一种深刻的内在精神，体现在中国戏剧里。两者之间不仅有显著的相似之处，比如男人扮演女性角色，中国演员常常勾画的具有传统风格和一定涵义的脸谱，同雅典戏剧中的面具几乎没有多大区别。布景都是很简朴的。在思想和精神深处的特征方面也有相似的地方。登场、退场和舞台上的动作都有固定的样式，利用真正的舞蹈为艺术手段，音乐伴奏作为戏剧的基础，运用音乐加强气氛，需要充分表达感情时便引吭高歌。道白、歌唱、音乐、舞蹈和舞台装置熔为一炉，形成一种综合艺术。常规的情节基于熟悉的样式，诸如相逢、别离、讽喻、论辩等情节场面，尽管都是固定程式的，却由于具有类似我们的音乐形式，处理的方法极为巧妙，依然使人喜爱赞赏。这里面包含着样式的探索，个人感情从属于激情的提炼和严谨的原则，它自始至终贯穿着一种独特风格，旨在对美、雅致和崇高的探求。"

"伊利莎白时代的戏剧和京剧也十分明显地相似，外表或多或少相像。"斯达克·杨接着说，"情节场面固定，有一些朴实或不朴实的道具和常规惯例。伊利莎白时代的戏剧中有矮树丛充当森林，京剧中有马鞭代替一匹马，四个龙套表明千军万马，舞台上任意确定的位置表明不同场所等等。还有定场诗，京剧演员上下场都念两句诗，就像莎士比亚戏剧中常常以类似的两行诗来表明结尾一样……另外还有男人扮演女性角色，散文和韵诗可以交错转换，一出戏随便

---

① 简·舍曼：《丹尼斯肖恩舞剧》，韦斯利安大学出版社 1979 年版，第 145—148 页。

写多少场都可以。”

京剧艺术具有现实主义成分

京剧常被人误解为非现实主义的艺术，表演程式化，不真实，不自然等等。斯达克·杨则独具慧眼，颇有卓见，认为京剧中的表演非常真实，不过不是生活的真实，而是艺术的真实，使观众看了觉得比本来的生活还要真实。他说：“京剧常被说成是完全非现实主义的艺术，性质上也彻底理想化。笼统说来可能是如此，但是我们应当避免由此而导致错误的结论。梅兰芳的戏剧艺术并非完全没有现实主义成分，它并不具有立体派绘画、抽象的阿拉伯装饰或几何舞蹈设计所具有的那种涵义。跟它确切相似的是中国绘画和雕刻。遗留在我们记忆里的是对它们的抽象化和装饰性的印象，但是那种精确性往往使人感到惊讶；自然界，一片叶子，一束花朵，一只鸟，一只手，一件斗篷，都被观察得极为精确细致，同时我们也对它们那具有特征的细节所呈现的使人眼花缭乱的色彩缤纷标志感到惊奇。这种精确的标志绝妙地镶嵌在整个艺术之中，使这种艺术臻于完美和理想，犹如仙境一般迷人。就拿他们的普通绘画和小型雕像来判断，中国人对于这种结合着传统、规范和抽象样式的、机敏的现实主义而感到的喜悦，想必是相当强烈的。我们听到有人说梅兰芳的艺术是非现实主义的时候，应该记住上面所说的这一点。我们还应该记住我们要向中国戏剧艺术学习的一点，不是需要非现实主义或其相反的东西，而是要学习京剧在每一部分中运用现实主义的精确度。手势、念白、表演，甚至争论甚多的旦脚使用的假嗓，以及动作等等，尽管都与现实有一定距离，但这种艺术取得了一种风格上的完整统一。”

R. D. 斯金南（Skinnen）也在1930年3月号的《公益》杂志上说：“中国古典戏剧至少有700年未中断的传统作为后盾。某些手势、服装和化装的细节和某些道具都达到了一种体现某些极易理解的现实的地步，清楚得就像印制的标签。我了解梅先生反对用‘象征主义’这个字眼来形容这些常规惯例，而宁取‘典范化’这个字眼，主要因为西方文化中的象征主义具有他所认为的一种比较粗糙的东西。他觉得京剧的常规是从某些现实中抽取其主要样式而得出的结果，而西方的象征主义则比较更侧重于以某种迥然不同的客体来体现某个对象或某种感情。这足以使我们承认京剧旨在表达行动或感情中最普遍性的成分，使它们同特定的时间、地点或形式不加混淆，这种努力即使在西方人的心目中也是成功的。”

京剧的这种独特风格曾使美国著名的剧作家桑顿·怀尔德（Thornton Wilder）甚表折服，他后来写成的名剧《小城风光》（*Our Town*，1938）就采取了京剧艺术的手法，台上无布景，戏剧动作都靠演员的虚拟手势来表达。他的传记作家认为怀尔德后期尾成熟的作品深受梅兰芳戏剧的影响。

京剧旦脚并非单纯模仿女子，而是以艺术手段再创造妇女的形象

关于京剧中男扮女这个问题，美国剧评家们认为这跟希腊古剧和伊利莎白时代的戏剧相似，这里引证他们的几段原话：

> 梅兰芳并没有企图模仿女人。他旨在发现和再创造妇女的动作、情感或温柔的某些本质上的特征，而从这些方面来扮演一个人物，稳妥地富有女性的特征，而以舞蹈方式再现，诗意盎然……他扮演旦脚，只是力求传达女性特征的精髓，连带所有的优美、深刻的感情，温柔和力量的节奏。（斯达克·杨语）

> 他所扮演的不是一般妇女的形象，而是中国概念中的永恒的女性化身。处处象征化，却具有特定和使人易于理解的涵义。这位男演员

完全融合在他所创造设计的图案中，正如[①]萨金特或干斯巴罗那样的画家绘制的画像，使他们的男性融合在他们所绘制的女性的肖像中去那样，具有异曲同工之妙。（阿瑟·卢尔语）

梅兰芳扮演旦角，但是梅先生的表演不是模仿女子，而是在创造本质和意象——柔顺、和谐、秀丽、高雅、栩栩如生的特征。（布鲁克斯·阿特金逊语）

端庄正派的风格大师

评论家吉尔伯特·赛尔迪斯（Gilbert Seldes）认为美国观众能够欣赏到的是“梅兰芳这位演员特殊的体质，他对身躯绝对有把握的掌握和控制能力，他那异常敏感的眼睛和一双灵巧的手，他那完整的表演特色，和他那一直深入角色的情绪，尽管样样似乎都是陌生的，其中一样至少是非常陌生的，因为它在我们国内不常见，那就是艺术上的端庄正派。尽管你对他的剧情和表演了解不多，可是你会觉得梅先生在表演上从来没有降低要求，从来没有不适当地加以渲染，或者舍弃他为自己制定的高标准”。

另一评论家约翰·梅逊·布朗（John Mason Brown）写道：“你不需要花多大功夫就能认识到梅兰芳是一位多么罕见的风格大师，他作为一名演员，天赋是多么的非凡。他以变化多端的方式揭示他那炉火纯青的艺术，这表现在他所完成的各种手势的方式上，表现在他用极其优美的手势摆弄行头而出现每个新位置时手指的细纤的姿势上，表现在他运用身躯的准确性上，同时也表现在他的一切动作都显然流露出来的美丽的图案上。”

斯达克·杨注意到梅兰芳在表演当中自始至终身体的节奏感完整和谐，惊

① 约翰·辛格·萨金特（John Singer Sargent，1856—1925），美国肖像画家，技法纯熟，色调明亮，代表性作品有《列布尔斯台尔爵士像》、《温汉姐妹图》等。

叹道："他如果右手做个手势，不仅由右肩出发（我们在这里附近各处看到的表演，大多数连这一点都没有做到），而且影响到左肩，以便整个身躯呈现一种恰如其分的相应节奏感……梅兰芳运用他那超过手腕的长长的白水袖的功夫，被中国观众视作他的成就中的一个高峰，一个外国人只有对他的艺术经过一段长时间的熟悉，才会发现这种水袖运用之广泛，出现种种规范和多端的变化，但是他运用水袖而产生的舞蹈美和戏剧性气氛是显而易见的。在《刺虎》这出戏里，有一时刻费贞娥摘去凤冠，脱下蟒袍，身穿白色长服和青坎肩，白衬裙，白长袖，她恐惧地逃离那位狂怒的虎将，你可以看到他那水袖扬起，就像一只白鸽那样展翅飞翔，你甚至可以听到翅翼发出的啪啪作响声，他表演得如此细腻完美，使你简直不敢相信这真会发生似的，而这一切又确实以极其自然而富有精巧设计的图案方式表演出来了，甚至连舞台上所规定的位置也准确得分毫不差。"

其他一些评论家评论道："他的嗓子本身尽管有奇特的假音，却具有特殊的音色。""他扮演旦脚，但是我们无宁说那是在一位阿罗狄蒂，或者也许是一个像特洛伊的海伦那样美貌的女子。""梅先生运用他那具有素养的天赋，使整个其他戏剧黯然失色。"

中国文化的使节

梅兰芳访美两年后，斯达克·杨在《新共和》杂志 1932 年 4 月号上发表了一篇题为《艺术使节》的长文，十分怀念地追述当时的盛况，文章的结尾说："我不仅认为梅兰芳是我在剧院里所见到的最完美的艺术家，他的整个艺术形式畅晓明朗，而且也觉得他是我在艺术界所遇到的一种最纯净的精神，一位艺术上登峰造极的专家，他为人通情达理而纯朴，渴望见识外国舞台上所能显示的新形式和风格，但他又一刻也没有被它们迷惑。他同张彭春博士和齐如山教授洞察到外国的东西，除非根据中国的传统和思想来加以创新，否则就没有什么能对中国有用，不会取得进展（设若其结果是进展的话），也就一无所获。……他和他的两位朋友回国之前，疲劳得脸色苍白，但我仅有一次听到他们暗示累了。我只想指明梅先生和他的剧团成员一直把他们自己视作中国文化的使节，并指出他们为此而付出巨大劳动的程度。”

美国学术界也非常重视梅兰芳的访问演出，许多大学校长和教授前往剧场观剧，哥伦比亚大学、芝加哥大学、旧金山大学等邀请梅兰芳前去作有关京剧艺术的报告。南加州大学和波摩拿学院为表彰梅兰芳对介绍东方艺术，联络中美两国人民之间的感情，沟通世界文化所尽的力量，向他颁发了文学博士荣誉证书。

总之，梅兰芳访美演出，使西方人士亲眼目睹了富有高水平的文学艺术价值的京剧，诚如 R. D. 斯金南所说：“梅兰芳的艺术无疑超越了东西方之间所存在的障碍。”一扫自 18 世纪以来某些西方作者在评论中国戏曲时所发表的错误观点和带有偏见的谬论，什么“中国剧场依然停留在它的婴儿时期”啦，“中国舞台装置像旅行演出的马戏团”啦，“无法在中国戏剧里发现我们对戏剧要求的规则，他们不以琢磨过的艺术来增加自然的美丽”啦，“京剧虽有儿童似的神仙故事的清新，却又是一种四不像的诗的剧场。中国戏剧内容太过简单，缺乏深度，表现了中国人无知的天真，这种天真只能使西方人视为可笑的幽默”啦，等等。斯达克·杨下面一席话恰恰驳斥了这类无知的怪论。

梅兰芳这次演出成为一桩大事并且值得我们重视，主要是因为它纯洁而完整，远远超过任何西方戏剧中的东西。说它是一种纯洁的艺术，并不意味着它像音乐或建筑那样单纯存在于自身条件之内而与它的外在条件完全无关，因为没有哪一种戏剧能不带某种程度的真实性。这种中国戏剧，就跟任何其他戏剧一样，总是基于相似性，根植于我们所见到的人民生活和我们所观察或所向往的世界的真实情况，甚至它的程式规范也主要是场所或活动的实际情况予以风格化的典型。这是主要之点，而且是须加注意的事。这种中国戏剧的纯洁性在于它所运用的一切手段——动作、面部表情、声音、速度、道白、故事、场所等等，绝对服从于艺术性目的，所以结出来的果实本身便是一个完全合乎理想的统一体，一种艺术品，绝不会让人错当作现实。说这种中国艺术未必包含人类一切经验在内，但作为戏剧艺术却是完整的，意思是说它汲取了这种特殊艺术的一切手段——表演、道白、歌唱、音乐，广泛意义上的舞蹈，形象化的舞台装置，最后还包括观众在内，因为演员明确而坦率地把观众像其他任何因素一样包括在他的艺技之内。此外，这种戏剧具有一种热情留传下来的严密传统，一种严格的训练和学徒制，还有要求严厉的观众，所以演员表演得好坏能让人看出是照既定的演法，还是故意敷衍了事，以等待接受观众的评判。它还建立在精雕细凿的基础上，因为观众除去不知道临时的插科打诨之外，已经对剧情和剧中人物十分熟悉，只关心表演本身，表演的质量和表演的展开。所以梅兰芳的戏剧是一种具有真正原则性的学派，需要我们认真加以看待。

三、京剧艺术首次传到社会主义国家（1935 年）

1935 年 2 月，梅兰芳应苏联对外文化协会的邀请，率领梅剧团 23 人赴莫斯科和列宁格勒两地进行访问演出。当时苏联专门成立了一个接待委员会，成员中包括戏剧家斯坦尼斯拉夫斯基、丹钦科、梅耶荷德、泰伊洛夫和电影导演爱森斯坦等人。梅兰芳带去了《打渔杀家》、《汾河湾》、《刺虎》、《宇宙锋》、《虹霓关》、《贵妃醉酒》，以及《红线盗盒》中的剑舞、《西施》中的羽舞、《麻姑献寿》中的袖舞、《木兰从军》中的戟舞、《思凡》中的拂尘舞、《抗金兵》中的戎装舞等节目。整个演出期间，京剧受到苏联人民热烈的欢迎，甚至马路上的孩子看见衣冠整洁的中国人走过，都会喊一声“梅兰芳”，足见影响之大。

苏联评论家发表了许多文章，指出梅兰芳多方面的才能，并强调他在发展中国戏剧艺术方面的巨大贡献，称他为“中国京剧改革者”，“永远是勇敢的、真正的革新者，而同时又继承了伟大的传统”。《工人与戏剧》杂志发表文章，认为“梅兰芳在莫斯科和列宁格勒的演出，应被视为苏中两国人民文化交流的新里程碑”。

梅兰芳在演出结束后曾约请苏联戏剧家聂米洛维奇－丹钦科于1935年4月14日主持了一次文艺界座谈会，听取他们对京剧的看法和批评。斯坦尼斯拉夫斯基、梅耶荷德、爱森斯坦、皮斯卡托、布莱希特、戈登·克雷等国际知名的戏剧家、导演和演员出席了座谈会，均先后发言，高度赞扬了京剧和梅兰芳的表演艺术，并且围绕着中国古典戏剧为各自的学派进行了十分激烈而有趣的争辩，充分表露了中国古典戏剧在国外的重大影响作用。

京剧是“伟大的艺术，第一流的戏剧”

——斯坦尼斯拉夫斯基的评语

斯坦尼斯拉夫斯基有句名言：“中国剧的表演，是一种有规则的自由动作。”现已常被人引用，但他在上述那次座谈会上发表的一篇热情洋溢的重要讲话，却在我国鲜为人知。全文如下，足以看出这位大导演对京剧艺术的高度重视。

> 我有幸结识了梅兰芳博士的戏剧，这次接触使我惊叹不已，同时也使我深受鼓舞。这是同伟大的艺术，第一流的戏剧，相结识。在我们的舞台上，我们经常看到的往往是些刻板的俗套，平凡的技艺，一般化的戏剧。不管一名演员认为自己属于哪个学派，情况都是如此。我不无感伤地被迫承认这也适用于所谓的斯坦尼斯拉夫斯基体系的某些信徒——说实在的，也许是最富有战斗精神的信徒，他们那股夸大了热情跟东方市场上的斗鸡一样，同真正的戏剧艺术简直是风马牛不相及。
>
> 不过，还是让我谈谈梅兰芳博士以他那一系列令人难忘的表演使

我们着迷的第一流戏剧吧。这种体验尤其珍贵之处在于这种把我们征服了的艺术是来自一个异国的文化。请允许我联想到列夫·尼古拉耶维奇·托尔斯泰那篇意义深远而尚未被人完全理解的论文《什么是艺术?》中的一段话吧。托尔斯泰在文中指出，我如果不懂中国话就没法理解一句中国话所表达的含意，但是一件中国艺术品仍然能够使我感动，使我“受到感染”——是的，托尔斯泰用的就是这个词汇——“受到感染”。“艺术有别于其他一切精神活动方式之处，就在于艺术语言能为所有的人理解，在于它能使所有的人无一例外地受到感染。”一个中国人的哭笑，正像一个俄罗斯人的哭笑那样使我同样受到感染。这也适用于中国的绘画、音乐或诗歌，后者如果能给译成我看得懂的语言的话，我确信列夫·尼古拉耶维奇·托尔斯泰生前若知梅兰芳博士，想必也会把“中国戏剧”增添到他所喜爱的事物名单中去的，尽管他对戏剧性艺术持怀疑态度一向是很有名的。

我们的贵宾让我们体验到的首先是这一事实，伟大的艺术感动所有的人，无一例外，他们表明人——尽管阶级、语言和种族不同——仍然极其惊人而可靠的相似，人是指那个大写的“人”，一切艺术对他来说都是一种贡献。“人啊！是庄严而高贵的！……响彻着……自豪！人!”这几句话是我在1902年高尔基的《在底层》首场演出时说的，后来我又重复过三百多遍。每一次，这几句话听起来都给人以新鲜感，都保持着同样重要的意义。

但是，人除非改变自己的现状而对自己提出更高的要求，才是那个大写的“人”。人自我认识的最高方式就是艺术，特别是戏剧，揭示人类灵魂深处的本质，而且把它清楚而生动地交待给大家——这就是艺术的功能。

梅兰芳博士以他那无比优美的姿态开启了一扇看不见的门，或者突然转身面对他那看不见的对手，他这时让我们看到的不仅是动作，而且也是行动本身，有目的的行动。我一边观赏这位中国人的表演，一边再次深信凡是对表演艺术真正感兴趣的人都可以在此取得一致的观点：不在于动作而在于行动，不在于言词而在于表达。所以，梅兰芳博士，这位动作节奏匀称、姿态精雕细凿的大师，在一次同我的交谈中强调心理的真实是表演自始至终的要素时，我并不感到惊奇，反而更加坚信艺术的普遍规律。他说，中国戏剧艺术的高峰只能通过实践和检验才能达到；接着他又阐述一项我们业已达到的原则，尽管所走的道路截然不同，那就是“演员应该觉得自己就是他所扮演的那个女主人公，他应该忘记自己是个演员，而且好像同他那个角色融合在一起了”。

我感谢梅兰芳博士在我去世之前给了我一个机会来观赏另一位伟大的现实主义演员——一位堪与萨尔维尼或叶尔莫洛娃那样的演员相媲美的艺术家的表演！

据苏联著名导演柯米沙日卫斯基说，斯氏在导演最后一出戏时，对演员和学生还经常提到梅兰芳的名字，并说：“中国戏剧是充满诗义的、样式化了现实主义。”

若按京剧手法上演普希金剧作，必能更加体现原作精神

——梅耶荷德的观点

梅耶荷德看过梅兰芳的表演后说：“在我们的中国客人走后，他们给予我们这些本国新戏剧的创建人的影响，将会像一枚定时炸弹那样爆炸开来。”他觉得自己正在导演的格里鲍耶陀夫的《智慧的痛苦》全部都得彻底重排。他还认为若按梅兰芳的方式排演普希金的《鲍里斯·戈都诺夫》，“那就会是一次穿越诗人精妙绝伦的画廊的游览，从而避免走许多弯路，不会掉进那个把一切都砸进深底的自然主义泥坑。”

梅耶荷德尤其赞赏梅兰芳富有意义而变化多端的手姿，感叹而夸张地说，

该把苏联所有演员的手都剁掉，“因为那些手对他们来说毫无用场！剁掉那些手，它们从袖口里伸出来，根本什么意思也没表达——要么什么也没表达，要么倒是表达了点什么，却不是应该表达”！

梅耶荷德还注意到京剧艺术节奏严谨，评论道：“任何人看过梅氏的戏剧都不得不承认我们在这方面同这些舞台上的卓越大师相比，真是令人绝望地落后了。在我们的演出中——歌剧也好，话剧也好——没有什么来迫使演员服从舞台时间，我们没有时间感。我们不懂得节约时间是什么意思，在对待时间上，中国人是以十分之一秒来计算的，我们却以分来计算。我们该把我们手表上的秒针干脆去掉算了，因为它们完全多余！”

梅兰芳、余上沅、吴邦本及接待人士在欧洲一火车站合影

在那次座谈会上，梅耶荷德语重心长地说：“我认为对苏联的戏剧来说，中国戏剧具有重大意义。也许再过二三十年，我们就会看到这些不同经验的综合。那时我们就会看到普希金的遗产得以被人充分理解，梅兰芳博士让我们稍稍瞥见了这件事将会怎样发生，未来的戏剧不会是模棱两可的戏剧，而是一种现实

主义和理想达到新的综合的戏剧，一种高度的现实主义，一种社会主义现实主义。”

梅兰芳是“最伟大的造型大师”

——爱森斯坦的颂语

爱森斯坦一向不是一位只重视表面现象写实的电影艺术家，他不断追求表象背后的内在真实和理念关系，所以他重视艺术的类型化手段，明晰地从现实表象抽取典型性。他的蒙太奇美学观点是主张把电影中的各个片段以稍许夸张而突出的形态来表达，让观众在心理上产生震惊的效果，但是在这种夸张而突出的表达形式背后却存在着一定的现实内容，蕴含着高度的哲理。京剧常以夸张的方式体现人物的思想感情和动作而又不失其真，因此有些地方颇与爱森斯坦的美学观点相符，从而引起他极大的兴趣。

在那次座谈会上，爱森斯坦探讨了京剧继承传统的问题以及电影和戏剧之间的关系，他说：“中国艺术通过它那严格的传统，把我们领回到感性思维阶段，领回到中国象形文字所保存的那种形象、思维和感性相统一的整体。因为今天的艺术希望能够感动群众并带领他们前进，这种语言就比那种直线式的、干巴巴的、‘模仿’的局限性语言优越得多，中国戏剧引导我们回归到我们自己的思维底层去，凡是具有创造性的艺术家都永远不应该与传统失去联系。回归到古代意识领域那个充满光辉灿烂的宝藏的洞穴中去，在那里我们可以探索原始的统一的奥秘，形象与表达的统一，理性和感性的统一，阴阳原则的统一……中国和西方的艺术曾以那么截然不同的方式探索过那条通往更高层次意识领域的道路——一方保持与源泉的联系，另一方则舍此而不断向往一种新的综合，但那条道路则是我们作为艺术家在创作每一部作品和每一个栩栩如生的形象时都必须探索之路。中国人给我们指出那种回归到必要的起点的方式。”

爱森斯坦还认为根据历史发展的逻辑，电影注定要成为新型的综合性艺术，“中国戏剧在这方面给它指出了方向。电影结合了艺术的其他分支，其发展的轮廓今天对我们来说还不太明显——我指的是立体声和彩色电影；但是，它如果与胜利的社会主义共同前进，就不可避免地必须符合感性思维的基本规律，这些基本规律我们可以在伟大的梅兰芳博士的每个造型姿态中觉察到！今天，这种正在我们的电影学院和制片厂发展起来的综合性艺术，在建设未来的伟大社团——共产主义社会的事业中，可以从这种古老的中国文化典范中学到许多东西！”爱森斯坦为此拍摄了梅兰芳的《虹霓关》的片断，以便让广大的苏联观众欣赏。他还把他的美学论著《电影造型的原则》赠给梅兰芳，在扉页上写道：“谨将我论述造型这一问题的文章，赠给最伟大的造型大师梅兰芳博士。”

“中国戏剧的间离化方式看来极为有用”

——布莱希特的评语

布莱希特向来主张破除舞台上的真实生活幻觉，要求演员、角色、观众相互之间保持一定的距离而万不可合而为一。他不赞成演员或观众过于受感情的支配，以致不能理智地思考，不能冷静而科学地认识剧中的生活现实，从而也就不能改造生活，改造现实。他一直在寻求一种理智与感情相结合的辩证的戏剧，因此这位德国戏剧家当时流亡在莫斯科期间，看到梅兰芳表演的京剧不是把生活原封不动地搬上舞台，而是把生活加以提炼、集中、典型化之后，艺术地再现于舞台，不禁十分钦佩地赞扬道：“这种演技比较健康……它和人这个有理智的动物更为相称。它要求演员具有更高的修养，更丰富的生活知识，更敏锐的对社会价值的理解力。当然这里仍然要求创造性的工作，但它的质量比迷信幻觉的技巧要提高许多，因此它的创作已被提到理性的高度。”

布氏对《打渔杀家》这出戏尤其惊叹不已，认为京剧手段比运用状似真船真水的大块布景的西洋戏剧手段更高明得多，也灵活巧妙得多。

在莫斯科那次座谈会上，布莱希特提到“中国戏剧对我们这些已经习惯于西方戏剧艺术的人来说，提供了一种有益的清除幻觉的作用，它不要求观众自始至终保持那种把戏剧当成真事的幻觉。舞台布置方面也表现得简便，但也并非像我们在西方某些实验性舞台上可以见到的那样，以自我标榜的含混方式

‘清除’一切。在演出的过程中，观众席的灯一直亮着，观众相互之间清晰可见。中国观众没有那种自然主义幻觉，而西方观众却好像对那种幻觉就像对鸦片烟那样上了瘾……中国戏剧能教导我们的是，以惊讶的眼光观察寻常的情势，不仅观察那些暴露出来的而非隐蔽的戏剧‘奥秘’，而且主要观察那些能给揭去那层覆盖着‘理所当然’和不可改变的面纱的社会关系……因此，中国戏剧所发展的间离化方式看来极为有用，它教导我们观察那些我们素来被教导视为自然的现象所展现的令人惊讶的一面，观察那位表演者和表现出来的人物之间的区别。在这种惊讶和间隔中间留有批判性思考的余地，而这种思考正是资产阶级社会和资产阶级戏剧所畏惧的”。

布莱希特后来写了一篇《论中国戏曲与间离效果》的论文（1936 年），兴奋地指出他多年来朦胧追求而尚未达到的，在梅兰芳却已发展到极高的艺术境界。因此，以梅兰芳为代表的京剧艺术无疑影响了布莱希特戏剧学派的形成。

“愿梅兰芳艺术成为一盏指导我们演员的明灯！”

——戈登·克雷的祝愿

当代英国著名的戏剧理论家和舞美设计家戈登·克雷（Gordon Craig）一向号召演员同自己职业当中那种懒散、浅薄和单调作斗争，反对演员受感情支配而无节制地在舞台上自我表现出风头，以致丧失戏剧作品和剧场艺术的完整概念，从而做了感情和文学作品的奴隶。他也像布莱希特那样认为演员应该严格自我控制，站在角色之外，通过想象和理智塑造人物，以达到一种基于想象力的创造性、象征性的表演水平。他尤其不赞成舞台上那种对现实生活直接而笨拙的简单化复制模仿。因此，他 1935 年在莫斯科看到京剧高超的象征性表现手法把他梦寐以求的事变成了现实，不由得惊喜万分，感触良多。

在那次座谈会上，克雷发言道：“观赏梅兰芳的戏剧，犹如步入我从未相信会变成现实的梦境一般。这是‘视觉音乐’的典范，其中每一细节都服从有机结构的要求……梅兰芳扮演白衣娘子时，摒弃一切‘模仿’手法，一切陈腐的心理状态，而成为纯正的形态。我们亲眼目睹了那一瞬间，正如尼采所说：‘人已不再是一位艺术家，而是自己变成了一件艺术品。’当然，这种独特的艺术只能来自东方。我们的戏剧受到文学性和解说性要求的威胁。我在莫斯科这段逗留期间能够观察到甚至苏联也有类似情况，尽管我很景仰苏联戏剧，而且它已经比西方任何其他戏剧更加成为一种独立而优秀的艺术形式。愿梅兰芳艺术那种超凡的修养成为一种追求的理想，一盏指导我们演员的明灯！请允许一位年迈的戏剧梦想家向一位把他的梦想变成现实的艺术家鞠躬致敬！”

当时，克雷已经63岁，梅兰芳仅41岁，然而京剧艺术的深邃高超使得这位年高德劭的英国戏剧家不得不向这位比他年轻得多的中国表演艺术家表示由衷的敬意。

综上所述，足以看出京剧艺术在国际上的地位和深远影响。黄佐临先生早在60年代初即著文提出当今世界上存在着梅兰芳、斯坦尼斯拉夫斯基、布莱希特三大表演体系，并作了精辟的论证和比较，最后指出京剧艺术的高超之处绝不逊于任何西方戏剧。梅兰芳体系其实指的就是具有独特民族风格的中国戏剧艺术体系，正如李希凡同志所说：“梅兰芳的京剧艺术，就是中国戏剧艺术风格与特色的标准。”在当今弘扬民族文化的大好形势下，相信京剧艺术会继续发扬光大，在世界戏剧舞台上焕发出更加灿烂的光辉。

1990年11月

后　记

拙作《我的父亲梅兰芳》1984年由百花文艺出版社出版后，好几位传记作家摘引了其中不少段落，为此深感欣慰。在那本书的《后记》结尾，我提到“父亲一生事迹甚多，尚待我回忆整理续写”。但是由于本职工作较忙，一直没能专心做这件事，只应报刊之约偶尔断断续续写过几篇。直到1999年，百花文艺出版社再版了那本旧作，总编谢大光同志敦促我续写，我才于近两年集中精力写成多篇，加上几篇旧文，累积起来已有25篇，遂汇集成这本续集。

前一集里虽记述了父亲赴日、美、苏访问演出时的盛况以及他与众多国际文艺界人士的交往事迹，却仍有不少遗漏。因此，本集前11篇仍侧重于这一方面，诸如苏联的高尔基和斯坦尼斯拉夫斯基，美国的大剧作家贝拉斯科、现代舞蹈先驱肖恩夫妇和单人剧大师露丝·德雷珀以及日本戏剧之父坪内消遥等知名人士都跟我父亲有过交往或会晤，我根据现有资料追记了几篇，以作补充。

父亲早年与南通张謇老先生的忘年交，实为当年实业家与艺术家携手弘扬祖国优秀文化、促进戏曲发展和改革的典范，对当今的企业家和文艺界人士仍具有很大的启发性和现实意义。父亲和俞振飞这两位京昆艺术大师一生的深厚友谊也值得大加称颂。由此写了两篇追忆文章。

胡适先生早期力主废弃旧剧，可我发现他后来却跟我父亲颇多交往，交情甚笃。父亲为筹建国剧学会而宴请各界人士商讨，胡博士也出席了。我还见到适之先生1930年用英文写的一篇题为《梅兰芳和中国戏剧》的文章，其中对京剧的态度缓和多了，且有赞美之词，颇有历史文献价值，但查《胡适全集》，却并未收入，我遂不揣冒昧地译出来，略加评述，收入本集。

众所周知，抗战时期，父亲蓄须明志，深居简出，而1944年上海苦干剧团排演吴祖光先生的话剧《牛郎织女》，费穆与黄佐临两位导演邀请我父亲当顾问，为演员说说舞蹈身段，他却慨然允诺，为演员设计了一系列优美的古典舞蹈以提高演出质量，且多次至剧场亲自指导排练，并不收取分文报酬。这个鲜为人知的佳话是黄老1994年告诉我的。丰子恺先生敬佩我父亲拒不为敌伪演出，曾在他重庆居住的沙坪坝毫无装饰的小屋内，只在墙上挂一张梅兰芳留须照片作为自励；抗战胜利后，他一回到沪滨立即两次拜晤我父亲，并合影留念，也堪称佳话。为此我写了两篇记述文章。新中国成立后，父亲在他的著述中很少提及自己在抗战期间那段艰苦经历，这当然是他为人谦虚的表现；最近我读到了他新中国成立前发表的三篇旧文，颇有感触，写了一篇读后感，谈谈他的爱国情操和一生以诚信为本的生活准则。

前一集中有一篇《和王琴生先生的一次谈话》，发表后受到爱好京剧的读者欢迎。1998年，我有机会跟王老再次畅谈艺事，话题涉及父亲的表演艺术、移步不换形的理论原则、梅斯布三大表演体系以及艺术教育等等方面。王老现已90岁高龄，是跟先父同台演出硕果仅存的老艺人，这次他谈得更加深入，鞭辟入里，见解独到。经王老同意，现根据录音整理出来，以飨读者。此外，已故许姬传老先生在“文革”动乱期间曾把他侥幸抢救下来的一本《梅兰芳记事》（1955年1—5月）交我妥善保存，留作纪念；最近我从箱底检出那部残卷，读后深感从这25000字的记录中可以了解到我父亲在新中国成立后演出和社会活动的忙碌情况，便也略加整理加注，在本集中公诸于世。

另有三篇，一篇记述父亲返回故乡寻根的经过，一篇考证父亲是否到过新加坡，另一篇则是受黄宗江兄创造“Meiology”（梅学）这个英文新词汇的启发，探索了一下国外的“梅学”。

文中多次提到黄佐临先生的论文《梅兰芳、斯坦尼斯拉夫斯基、布莱希特戏剧观比较》，该文原为英文稿，佐临先生当年曾委托我译成中文，发表于1981年8月12日《人民日报》上，现把它连同瑞典拉尔斯·克莱贝尔整理的1935年苏联艺术家讨论梅兰芳艺术记录、法国乔治·巴纽教授的论文《梅兰芳——西方舞台的诉讼案和理想国》（摘译）和日本尾崎宏次先生的文章《梅兰芳曾留过胡子》一并作为附录，便于读者参阅。

1924年日本演剧新潮杂志社曾邀请我父亲参加一次座谈会，出席者均为日本戏剧界和剧评界的名流。在座谈会上，中日戏剧家对中日戏剧作了有趣的比较，并谈及化妆、脸谱、布景、剧场等方面的问题，可以说是一份相当珍贵的史料，因此也把这份座谈会记录附在本书结尾。

承蒙哲学家叶秀山先生在百忙中为本书作序，百花文艺出版社和谢大光同志对拙作一贯关注，在此一并致以深切谢意。

2004年将是先父诞生110周年纪念，谨献此书，以示无限缅怀。

梅绍武

2003年1月15日

（此为梅绍武为2004年百花文艺出版社出版的《我的父亲梅兰芳》（续集）撰写的《后记》）